KB153646

훈민정음 제자원리

지은이 문효근(文孝根)

연희대학교 문과대학 국어국문학과 졸업. 문학사.
연희대학교 문학석사, 건국대학교 문학박사.
이화여자중·고등학교 교사.
연희대학교(부산분교) 국어국문학과 전임강사.
연세대학교 국어국문학과 교수.
연세대학교 인문과학연구소 소장, 우리말연구회 회장, 한글학회 감사 등을 역임.
저서는『한국어 성조(聲調)의 분석적 연구』가 있고, 논문은 「대구 방언의 고저장단(高低長短)」, 「한국의 금기어(禁忌語) I, II」, 「한국어 성조의 변천」, 「한국 방언 성조의 실험음성학적 연구」, 「훈민정음의 'ㆆ'와 'ㆀ' 음가에 관한 몇 가지 문제」, 「『훈민정음』의 '終聲復用初聲'의 이해」, 「김윤경의 말본 연구와 '월'을 조가르는 기준」 등 수십 편이 있음.

훈민정음 제자원리
The Principle of Invention of Hunminjeongeum

© 문효근, 2015

1판 1쇄 인쇄_2015년 06월 10일
1판 1쇄 발행_2015년 06월 20일

지은이_문효근
펴낸이_양정섭
펴낸곳_도서출판 경진
    등록_제2010-000004호
    블로그_http://kyungjinmunhwa.tistory.com
    이메일_mykorea01@naver.com

공급처_(주)글로벌콘텐츠출판그룹
    대표_홍정표
    편집_김현열 송은주 **디자인**_김미미 **기획·마케팅**_노경민 **경영지원**_안선영
    주소_서울특별시 강동구 천중로 196 정일빌딩 401호
    전화_02) 488-3280 **팩스**_02) 488-3281
    홈페이지_http://www.gcbook.co.kr

값 25,000원
ISBN 978-89-5996-465-9 93710

※ 이 책은 본사와 저자의 허락 없이는 내용의 일부 또는 전체의 무단 전재나 복제, 광전자 매체 수록 등을 금합니다.
※ 잘못된 책은 구입처에서 바꾸어 드립니다.
※ 이 도서의 국립중앙도서관 출판예정도서목록(CIP)은 서지정보유통지원시스템 홈페이지(http://seoji.nl.go.kr)와 국가자료공동목록시스템(http://www.nl.go.kr/kolisnet)에서 이용하실 수 있습니다.
    (CIP제어번호: CIP2015015261)

[국어학] 훈민정음

● ● ● ● ● ●

The Principle of Invention of Hunminjeongeum

● ● ● ● ●

훈민정음
제자원리

● ● ● ● ● ●

문 효 근 지음
Mun, Hyo-guen

'훈민정음' 제자원리

'훈민정음' 제자원리는『설문해자(說文解字)』류의 문자형체학적(文字形體學的)인 이론방법과 연계성을 가지며, 그 제자원리에는『역(易)』의 음양오행(陰陽五行)의 생성론과『노자(老子)』의 유출사상(流出思想)에 기반을 둔 송학적인 이일분수(理一分殊)의 이론이 전개되어 있다.

　『훈민정음訓民正音』의 제자制字 풀이에 나타난 문자형체학적文字形體學的 이론과 방법에는 『역易』의 음양오행陰陽五行의 생성론生成論과 『노자老子』의 유출사상流出思想에 기반을 둔 송학적宋學的인 이일분수理一分殊의 사상 이론이 깔려 있다. 그런데 여기서 주목할 것은 이러한 '훈민정음' 제자 풀이의 이론과 방법이 거슬러 올라가면, 후한後漢의 허신許愼이 지은 『설문해자說文解字』를 위시하여, 남당南唐의 서개徐鍇가 지은 『설문계전說文繫傳』의 문자형체학적 풀이에도 짙게 나타난다는 사실이다. 그러므로 '훈민정음' 창제의 원리를 밝혀 보는 데는 무엇보다도 중국에서 문자학文字學의 성전聖典으로 일컬어지는 『설문해자』, 『설문계전』류의 문자형체학적인 풀이 내용과의 연계성을 대조·대비시켜 보는 연구가 선행되어야 할 것으로 생각된다. 분명한 것은 『설문해자』, 『설문계전』, 『고금운회거요古今韻會擧要』, 『홍무정운洪武正韻』은 연계성을 가지고 있으며, 이것은 '훈민정음' 제자 풀이의 이론과 방법으로 이어진다고 할 수 있다.

　이 같은 관점에서 여기서는 '훈민정음' 창제의 이론과 방법을 밝혀 보기 위해 전체를 두 편編으로 가르되, 제1편에서는 『설문해자』, 『설문계전』의 문자형체학적 성격과 그것에 연계된 『고금운회거요』, 『홍무정운역훈』에 대하여 '훈민정음' 창제 이전의 것과의 연계성에서 먼저 생각해 보고, 제2편에서는 '훈민정음' 제자 풀이의 원리는 『주역周易』의 음양오행의 생성론과 『노자』의 유출사상에 기반을 둔 송학적인 이일분수의 이론 전개를 『설문해자』류의 문자형체학적인 이론 전개의 내용과 대조·대비해 가면서 '훈민정음' 제자의 구조적인 원리를 생각해 보고자 한다.

　이 내용에는 미치지 못했거나 잘못된 것이 많으리라 생각된다. 처음으로 시도되는 내용인 만큼 부각浮刻시켜야 할 내용 때문에 했던 말을 여러 번 되풀이하는 경우도 있다. 천학비재淺學非才의 탓이다. 시간과 기회가 주어진다면, 다듬고 깁고 바로잡으려 한다. 읽으시는 분들의 도움의 말씀을 듣고 싶다. 그리고 이 순간에도, 이 방면의 연구에 앞장서서 애쓰신 여러분들, 학문적으로 많은 도움을 주신 여러분들을 기억하면서 고맙다는 말씀을 드린다.

2015년 6월
문효근

차 례

제 **1** 편
『설문』류의 문자형체학적 성격

世_솅宗_종御_엉製_졩訓_훈民_민正_졍音_흠
製_졩ᄂᆞᆫ글지ᅀᅳᆯ씨니御_엉製_졩ᄂᆞᆫ님금지스샨
그리라訓_훈은ᄀᆞᄅ칠씨오民_민은百_{ᄇᆡᆨ}姓_셩
이오音_흠은소리니訓_훈民_민正_졍音_흠
은百_{ᄇᆡᆨ}姓_셩ᄀᆞᄅ치시ᄂᆞᆫ正_졍훈소리라

『훈민정음訓民正音』의 제자制字 풀이의 문자형체학적文字形體學的인 이론
과 방법에는 후한後漢의 허신許慎이 지은 『설문해자說文解字』의 문자형체
학적인 이론과 방법의 것과 너무나도 비슷한 데가 많다.

첫째는 『역易』과 『노자老子』의 생성론生成論의 원용援用이 그러하다. 『설
문說文』(『설문해자』의 약칭)에 보면, 거기에는 중국 고대의 기본적이며
보편적 철학이라 할 수 있는 「음양오행설陰陽五行說」을 바탕에 깔고 있
다. 또 『역』의 삼재三才인 천天·지地·인人의 철학을 문자의 세계에도 나
타내려고 한 것은 특히 주목을 끌고 있으며, 『노자』의 "道生一……"(42
장)의 유출론적流出論的 사상 역시 바탕에 깔고 있어 주목을 끈다.

둘째로, 『설문』에 보면, 전체의 글자 9,353자를 두고, 이를 범주론적
인 방법을 써서 부수部首의 글자 540을 내세우고, 그것을 원체原體 형체
소形體素의 글자로 삼았고, 부수의 글자마다 '凡某之屬 皆從某'라는 글자
구성의 형체학적 형식을 내세웠다. 그리하여 가령 형체소이자 부수라
할 수 있는 '一'의 경우를 보면, "一, 惟初太極 道立於一 造分天地 化成萬
物 凡一之屬 皆從一"이라 하여, '一' → '一, 元, 天, 丕, 吏'로 펼쳐 나가는
데, 이것은 마치 『훈정訓正』(『훈민정음』의 약칭)에서 형체소이자 부수에
해당하는 'ㆍ'를 내세우고, 이를 "ㆍ之貴於八聲者, 猶陽之統陰而周流萬
物也"(「제자해」)라 하여, 'ㆍ' → 'ㅗ ㅏ ㅜ ㅓ ; ㅛ ㅑ ㅠ ㅕ'로 펼쳐 나가는

것과 꼭 같다는 것이다. 이를 위에서 말한 『설문』의 형식인 '凡某之屬 皆從某'에 맞추어 보면, '凡ㆍ之屬 皆從ㆍ'가 될 수 있다. 여기서 말하는 '從'이란 '따른다, 속한다, 그러한 구성 요소를 가지고 있다'라는 말이다. 과연, 위의 『훈정』의 여덟 소리의 글자에는 'ㆍ'를 가지고 있다.

그런데 위에서 제시한 논제의 내용을 두고, 이를 먼저 송학적宋學的인 이일분수理一分殊 체용론體用論의 이해를 바탕으로 생각해 보아야 할 것이며, 이러한 바탕에 서서, 또한 후한의 허신이 지은 『설문해자』와 이것과 연계성連繫性을 갖는 『설문계전說文繫傳』, 『고금운회거요古今韻會擧要』韻會所引本, 『홍무정운역훈洪武正韻譯訓』의 문자학적 내지는 형체학적 내지는 형체학적 이론과 방법을 찾아보아야 할 것이다. 그리고는 이러한 문자형체학적 이론과 방법을 바탕으로 하고, 이에 송학적인 것을 더한 것으로 보이는 '훈민정음' 제자원리를, 위에서 말한 『설문』류의 문자형체학적 관점에서 본 짜임새의 원리와 대조ㆍ비교해 가면서, 제자원리를 어떻게 이론적으로 전개해 나갔는가 하는 이법理法에 대해 생각해 보기로 한다. 그렇다면 『설문』류의 문자학적ㆍ형체학적 성격은 과연 어떠할까.

제**1**장 『설문해자』의 문자형체학적 성격

유명한 『설문해자』는 후한의 허신(자는 叔重, 30~124)에 의해 화제和帝 영원永元 12년(100)에 만들어진 중국 최초의 자해서字解書로서, 『이아爾雅』와 더불어 훈고학訓詁學에 있어 없어서는 안 될 보전寶典이며, 문자학의 성전聖典이다.

『설문해자』는 모두 15편으로 되어 있다. 그러나 끝에 붙어 있는 1편은 서문序文(「許敍」라 함)이므로 실제 내용은 제1편에서 제14편까지이다. 서문이 끝에 붙어 있는 보기에는 『설문해자』 말고도, 사마천司馬遷의 『사기史記』의 자서自敍인 「태사공자서太史公自敍」, 후한의 반고班固의 『한서漢書』(120권), 양웅揚雄의 『법언法言』 등을 들 수 있는데, 『훈민정음』(해례본)에도 정인지鄭麟趾의 서문은 「허서」에서처럼 끝에 붙어 있다. 「허서」에는 허신 자신의 문자관과 『설문』 작성의 목적과 방법, 그리고 당시의 문자학적인 정황이 적혀 있다.

『설문해자』에서 허신이, 소전小篆 9,353자[1]를 540부로 분류하는 데는 「급취편急就篇」(漢 史游, 4권, 급취는 速成의 뜻) 등의 선행 자서字書가 바탕이 되었다고 하는데, 「급취편」은 만물의 이름과 사람의 성자姓字를 서술하면서, 글자는 같은 종류[類]의 것을 모아 병렬했다는 데에 주목

---

1) 소전은 이사(李斯)가 주문(籒文; 보통 대전〈大篆〉이라 함)과 고문(古文)을 정리·통일한 서체로 9,353자는 고문과 주문 등의 1,163자가 포함된 수이다.

할 만하다. 그러나 그는 따로 문목問目을 내세우지는 않았다고 한다.2)

허신이 이러한 「급취편」과 같은 선행 자서의 분류법에 바탕을 두면서, 그가 배워 익힌 『역』의 체계를 원용했다는 것은 커다란 계기 마련의 의미가 있다고 생각되는데, 더욱 중요한 것은 허신이 문자의 풀이에는 당시 유행하던 육서六書의 설說에 의거하고, 의의를 추구하는 데에 있다고 할 수 있다.

여기서는 허신의 『설문해자』가 만들어진 역사적 배경에 대해 생각해 보기로 한다.

전한前漢의 무제武帝가 정치적 지배의 이데올로기로 유학儒學을 내세우고, 후한의 광무제光武帝가 경학經學을 장려하여, 인재 등용의 문을 넓히게 되자, 이에 고전의 주석적注釋的인 연구가 일기 시작하였는데, 이것은 마침내 훈고학 쪽으로 흐르게 되었다. 이에 허신은 경학의 연구는 자의字義를 밝히는 데에서 시작하여야 하는 것으로 생각하였고, 자의를 밝히는 데는 문자의 자형학적인 연구 방법이 확립되어야 할 필요가 있다고 생각했다. 그리하여 그는 소전 9,353자를 먼저 범주론적範疇論的인 방법을 써서 540부部로 분류하고, 각각부에서 하나부수를 내세워, 그것을 기본인 원체로 삼았다. 그런데 당시의 학문은 예서隷書에 의지하던 때여서, 문자의 성립에 대해서는 별로 눈을 돌리지 않았던 때였으니, 허신의 연구 성과로 당시의 사람들은 큰 충격을 받았다. 더구나 오늘날에 와서 생각해 보면, 그때의 허신의 『설문』과 같은 문자 분석이 없었더라면, 갑골문도 결코 해독하지 못했을 것이라는 생각을 하게 된다.

『설문』 15권은 앞에서도 말했듯이 9,353의 글자를 고전적 자체인 소전으로 나타내 보이고, 이것의 형체에 기반을 두고, 이것을 540부수별로 정리·정돈하고, 이것의 형形·음·의義를 간결·정확하게 해설하고 있다.

---

2) 육서에 대하여는 '제1편 제6장'을 참조.

원래, 한자에는 '형·음·의'의 세 요소가 있는데, 이 셋은 서로 밀접하게 맞물려 있어서, 어느 한 요소라도 빠지게 되면, 완전한 인식에 이르지 못한다. 말하자면, '一'이라는 형체를 써 놓으면, '하나'의 뜻이 되고, '일日'이라는 형체를 써 놓으면 '해'의 뜻이 되는 것이다.

『설문』은 전문篆文으로 문자의 의미를 해설한 중국의 자서(곧 字典)로서 글자가 어떻게 구성되어 있느냐 하는 자형字形에 관한 연구서라 할 수 있다. 그런데 여기서 유의하여야 할 일은 허신이『설문』을 쓸 때까지만 해도, 그는 문자 성립기에 있었던 가장 오래된 문자의 자료인 '갑골문(거북의 등, 짐승의 뼈에 새긴 글자)'과 '금문金門'3)에 대해서는 전혀 몰랐다는 사실이다.

갑골문자는 1900년경에 은허殷墟에서 발견되었다. 이것이 발견됨에 따라, 과거에 절대시되었던『설문해자』의 해석 가운데에서도, 한자의 초형初形·초의初義를 정확하게 파악하지 못한 데가 더러 있음이 밝혀졌다. 그러나 청대淸代의 대유大儒 손성연孫星衍이 단옥재段玉裁에게 보낸 편지 글에서 허신의 공적을 두고, 다음과 같은 최고의 찬사를 보냈다는 사실을 기억해야 할 것이다.

　　허신의 공적은 옛 성천자(聖天子)인 우(禹) 이상이다.4)

그리고 여기서 우리에게 더욱 중요한 것은 오늘날까지도『설문해자』는 문자학의 성전으로 있어 왔다는 사실이며, 또 당장의 문제는, 그 가운데서도 문자학적·형체학적인 이론과 방법이 '훈민정음' 창제의 이론과 방법에 어떻게 원용·전개되었을까 하는 것을 생각하는 것이다.

아무리 위대한 철학적 사고를 가진 인물이라 할지라도, 그가 속해 있는 특정된 자연적인 풍토나 특정된 시대의 제약은 받게 마련이다.

---

3) 갑골문(甲骨文)과 금문(金文)을 자료로 하는 문자학적인 연구는 청말(淸末)의 오대징(吳大澂), 손태양(孫詒讓)과 민국(民國)의 왕국유(王國維) 등으로부터 시작한다.

4) 대야준(大野峻),『中國思想史』(上), 동경대학 중국철학연구실 편, 1963, 317쪽에서 인용함.

넓은 의미로서의 동양인의 사유思惟 방법을 생각해야 한다. 그리하여 멀리는 인도로부터 가까이는 중국으로부터의 갖가지 영향을 생각해야 할 것이다.

오랜 세월에 걸쳐, 우리 민족은 중국과의 사회적·문화적인 관계를 깊이 맺어 왔다. 세종은 자주정신自主精神에 투철한 '天縱之聖'이었고, '制度施爲超越百王'의 성군이었다. 세종 당시의 사회적·문화적인 여건으로 보아서도, 당시의 '훈민정음' 창제자들에게는 『설문』이 하나의 본보기(모델)로 작용했을 가능성은 크다고 할 수밖에 없다.

제**2**장 『설문해자』와 여러 문헌들

허신의 『설문해자』의 원본은 전하지 않는다. 그러나 오늘날 내용을 전하고 있는 문헌은 꽤 많다. 여기서는 그 가운데서도 「당초본唐鈔本」과 「이양빙교정설문李陽冰校訂說文」의 것에 대해서는 내용이 별로 전하여 지지 않고 있으므로 그 문헌 소개 정도로만 그치고, 반면에 '훈민정음' 제자원리를 밝혀 보려는 데에 필요 불가결의 문헌으로 생각되는 「대서본大徐本」과 「소서본小徐本」(『설문계전』), 『고금운회거요』, 『홍무정운역훈』에 대해서는 그 내용을 간단히 아래에 소개하기로 한다.

1. 「당초본」(木部·口部)의 『설문』에 대하여

오늘날 전해지고 있는 가장 오래된 『설문』으로는 9세기 전반의 당唐의 목종穆宗이 즉위하던 때의 것으로 알려진 「당초본」을 들 수 있다. 여기서 말하는 '초본鈔本'이란 수사본手寫本을 뜻한다. '초鈔'는 '초抄'로도 쓰기 때문이다. 이것의 내용은 「목부木部」의 118자와 「구부口部」의 10여 자(두 군데 별도로 됨)로 극히 일부분밖에 남아 있지 않다.

2. 「이양빙교정설문」에 대하여

이양빙李陽冰은 8세기 후반인 당의 숙종肅宗·대종代宗 때의 조군趙郡 사람으로 字는 소온少溫이며, 태백太白(이양빙의 處所에서 62세로 생애를 마침)의 종숙從叔이다. 그는 전서篆書에 뛰어나 서원여舒元輿(唐의 東陽 사람)는 그의 글씨를 두고, 이사李斯에 뒤지지 않는다고 하였다.[5] 「이양빙교정설문」에 대한 것이 서개徐鍇의 『설문계전』「거망편祛妄篇」 등에 논급되어 있으며 『고금운회거요』에도 이양빙이 나온다.

「거망편」에서 흥미를 끌고 있는 글자는 첫 글자로 나오는 친자親字인 '도䅌'자의 풀이다. 『설문』에서는 "䅌, 米也. 从禾道聲, 司馬相如, 曰䅌一莖六穗也"라 했는데, 여기서 말하는 "一莖六穗"은 '하나의 줄기[莖]에서 여섯 이삭[穗]이 생긴다는 서상瑞祥(상스러운 조짐)'을 뜻한다. 「거망편」에는 '도'의 풀이를, "說文云導禾, 司馬相如曰, 導一莖六種穗庖, 顏之推 作家 訓云 ……"으로 시작하여, "雙骼共抵·臣鍇·漢書" 등을 등장시키면서 자상하게 풀이하고 있다.

3. 대서본 『설문해자』와 소서본 『설문계전』

그 다음으로는 송대宋代의 서현徐鉉의 『설문해자』(대서본, 北宋의 雍熙 3년, 986)와 그의 아우인 서개의 『설문계전』 40권(소서본) 등을 들 수 있다. 서현과 서개는 형제간이다. 『설문』의 연구는 아우가 먼저 착수했으나 서개가 아우이므로 아우의 것을 '소서본', 형의 것을 '대서본'이라 한다.

'대서본'은 형인 서현이 아우의 업적을 참고하면서, 『설문』을 교정한 것이라고 하는데, 가령 친자親字로 내세운 소전의 글자의 교정 같은

---

5) 이양빙(李陽冰)에 대하여는 모로하시 데츠지(諸橋轍次), 『大漢和辭典』.

것이 이에 해당한다. '대서본'은 원칙적으로 말하여, 『설문』그 자체를 교정한 데에 참된 가치가 있다고 한다. 한편, 소서본 「사부총서간본四部叢書刊本」을 보면, 『계전繫傳』 본문의 제1행에 "說文解字通釋卷第一"이라 하고, 이어 "繫傳一"이라 했다. 형인 서현이 아우의 『계전』을 「설문해자통석사십권」이라 함은 『계전』이 40권으로 되어 있으므로 이같이 말하는 것이다. 그러나 오늘날에는 여덟 갈래로 갈래된 40권을 일관하고 있는 명칭인 『계전』을 쓰고 있다.

여기서 관심의 초점은 '훈민정음' 제자 이론과 문자학적·형체학적인 이론과 사상의 전개·배경 등에 직접적으로 영향을 끼친 것으로 생각되는 것은 무엇보다도 허신의 『설문해자』와 더불은 서개의 『설문계전』의 내용이라고 보는 데 있다. 아래에서 이들 두 문헌을 간단히 소개하려 한다.

3.1 소서본 『설문계전』

서개가 『설문계전』을 지었다는 데 대하여는 위에서 말하였다. 여기서는 책의 내용을 「문연각文淵閣 흠정사고전서欽定四庫全書」(영인본, 대만상무인서관 발행)에 의해, 간단히 소개하려 한다.

『흠정사고전서』「설문계전」 권일卷— 첫 장에는 "南唐과 서개 撰"과 "朱翶 半切"이라 먼저 쓰고, 이어 권일卷—「통석通釋」으로부터 시작되는데, 이것은 권사십卷四十「계술系述」로써 끝난다. 사십권에 담고 있는 내용이 「전傳」에 매어 있음[繫]을 말한다 하여, 이를 총칭해 『계전』이라한 것이다.

먼저, 주고의 반절에 대하여 언급하고, 이어 『설문계전』의 내용을 알아보기 위해, 권별卷別로 갈래를 제시해 보기로 한다.

주고의 반절은 전통적인 절운切韻의 반절과는 달리, 남당南唐 때의 음을 응용하여 만들어진 것이라고 할 수 있겠으나 아직 확실하지 않은 것으로 되어 있다.6) 「절운계切韻系」의 운서韻書는 아무래도 당대의 사용에 적용하기 위한 것이었겠으나 여기서 말하는 주고의 반절은『설문』의 목적이 문자의 원형과 원의原義를 거슬러 올라가는 것을 사명으로 하고 있는 점으로 미루어 볼 때, 그것은 아무래도 당대當代의 음을 적으려 하지 않았겠느냐 하는 의문을 가질 수밖에 없게 되어 있다.

다음으로는『설문계전』의 내용을 권별로 제시하여 보면 [표 1]과 같다.

【표 1】『설문계전』의 권별 내용

권 1~권28	통석(通釋)
권29~권30	서목(敍目) 상·하
권31~권32	부서(部敍) 상·하
권33~권35	통론(通論) 상·중·하
권36	거망(祛妄)
권37	유취(類聚)
권38	착종(錯綜)
권39	의의(疑義)
권40	계술(系述)

앞의 것에서 우선「통석」의 것을 보면, 이는 단옥재段玉裁의『설문해자주說文解字注』에서 허신의 '설문' 부분의 것을 먼저 큰 글씨로 제시하고,「단주段注」의 것은 작게 쌍행雙行으로 한 것과는 대조적이다. 그러니까 여기서는『설문』의 것이 먼저 나오기는 하되,『설문』의 것과「통석」의 것이 글씨에 있어서는 꼭 같이, 쌍행으로 이어져 있다는 것이다. 다만, 소서小徐의 전傳 부분에 이르러서는 '신개안臣鍇按'이니, '신개왈臣鍇曰'이니 하고 있으며, 그 밖에 '신차립안臣次立按' 같은 것도 나오는데, 이는 북송北宋의 장차립張次立의 안어按語를 말한 것이다. 그러므로 오늘날 전하는 '소서본'은 장차립의 교정을 거친 것이라 할 수 있다.[7]

---

6) 설문회(說文會) 편,『說文入門』, 대수관서점, 1984, 13~19쪽.

7)『설문계전』에 나오는 '신차립안'에 대하여는「皇宋書錄 中」참조(『大漢和辭典』4권, 747쪽).

여기서 특기할 것은 『설문해자』의 총 부수자部首字의 배열과 관련된 문제이다. 위에서 말한 「부서 상部敍上」의 첫머리에는 '一, 丄, ·|, 示, 三……' 등의 차례로 540부나 되는 『설문』 부수가 배열되어 있다. 이에 대해서는 일찍부터 많은 논의가 있어 왔으나 이것들은 주로 의미적인 연결에 중점을 둔 것과 자형이 비슷한 것에 중점을 둔 것으로 갈라 볼 수 있다.

의미적인 연결에 중점을 둔 것에는 사라져가는 『설문』을 중흥시킨 서개의 『설문계전』 권31·32에 나오는 「부서」 상·하를 들 수 있다. 그 중에서도 「부서 상」에 보면 다음과 같은 기록이 나온다. 이것은 『훈민정음』 「제자해制字解」 가운데서도 '중성자中聲字'의 하나인 '呑(ㆍ)'자를 풀이하는 데에 크나큰 의미를 던져 주고 있다고 생각된다. 기록만 제시하고, 이에 대한 논의는 다음의 '一'의 풀이로 미루기로 한다.

- 一, 天地之始也 一氣之化也 天先成而地後定 天者上也 故次之以

  '一'은 천지(天地)의 비롯함이라. '一'은 기(氣)의 화(化)이다. 하늘[天]이 먼저[先] 되고, 그리고 땅[地]이 정[定]해졌다. 하늘이라는 것은 상(上)이다. 그러므로 이것에 버금가는 것을 '상(上)'으로써 한다.

- 丄, 在上者莫苦天

  '상(上)'에 있는 것은 하늘에 견줄 만한 것이 없다.

- 二, 古文上者 垂三光 以示人 故次之以

  '二(上)' 고문상자(古文上者)는 세 빛[三光]을 드리운다. 이로써 사람[人]을 나타낸다. 그러므로 이것에 버금가는 것을 '시(示)'로써 한다.

- 示, 示者 三光也 故次之以

  '시(示)'란 것은 세 빛(三光)이다. 그러므로 이것에 버금가는 것을 '삼(三)'으로써 한다.

- 三, 通三才而後爲王 故次之以

  삼재를 통(通)하고 난 후에 왕(王)이 된다. 그러므로 이것에 버금가는 것을 '왕(王)'으로써 한다.

위의 다섯 부수글자에 이어 부수글자는 '玉, 玉, 珏, ……'으로 535자 부수글자가 이어지는데, 각부는 부의 앞부와 의미적인 연결을 가지고 있다는 데에 유의해야 할 것이다.

우리의 『훈민정음』 「제자해」에도, 의미적인 연결을 중시한 풀이의 것과 자형이 비슷한 것에 중점을 두고 풀이한 것이 있는데, 여기서는 의미적인 연결에서 본 「부서 상」의

一, 天地之始也 一氣之化也 天先成而地後定 天者上也.

의 것을 위시한 위의 '부수'의 풀이만 보더라도 이것들은 『훈민정음』 「제자해」에 나오는

- 天地之道 一陰陽五行而已 (첫머리)
- 元之氣 周流不窮 (끝머리)
- ` …… 天開於子也 形之圓 象乎天也 (제자해)
- `之貫於八聲者 猶陽之統陰而周流萬物也 (제자해)
- 天地之化本一氣 (결)
- 呑擬於天聲最深 所以圓形如彈丸 (결)

의 것들과도 연계되어 있음을 알 수 있다. 더구나 이에 뒤에 나올 『노자』의 "道生於一 ……"과 『설문계전』의 "道立於一"과 "一元之氣"나 "天地之化本一氣" 등과 연계시켜 볼 때에 이것은 분명히 '훈민정음' 제자 원리를 밝히는 데에 매우 중요한 내용을 담고 있다고 생각된다.

소서가 의거한 『설문』은 「이양빙본」으로 생각되고 있다. 그것은 전서篆書가 옥저체玉箸體 계통의 것으로 되어 있기 때문이다. '玉箸'는 '玉筯(젓가락 저)'로도 쓴다. 옥저체란 서체書體의 한 이름으로 통칭 소전을 말한다. 진秦의 승상丞相인 이사李斯가 창힐蒼頡을 바꾸어 「옥저전체玉筯篆體」를 만든 것으로 되어 있다. 아래에 제시한 것은 자료가 되겠는데,

특히 맨 끝의 것은 소전 곧 옥저체와 이양빙과의 관련을 말하고 있어
주목할 만하다.

- 大篆變爲小篆, 小篆變爲玉筯, 愈趨愈巧. (「筆道通會 篆書」)
- 秦丞相李斯, 變蒼頡籀文, 爲玉筯篆體, 尙太古, 謂古若無人, 當時議者, 皆輪
  伏之, 故拔乎能成一家法式. (「玉筯篆志 玉筯篆」)
- 李斯變蒼頡籀, 又爲玉筯篆, 成一家法. (「萬繡萬花谷」)
- 玉筯眞文久不興, 李斯傳到李陽冰. (「齊己 謝西川曇域大師玉筯篆書詩」)[8]

3.2 대서본 『설문해자』

'소서본'이 나온 지 얼마 되지 않은 북송의 옹희雍熙 3년(986)에 '대서
본'이 나왔다. 대서大徐 곧 형인 서현이 아우인 서개의 업적을 참고하면
서 『설문』을 교정한 것이, 이른바 '대서본'이다.

이것의 참된 가치는 『설문』 자체를 교정한 데에 있다고 할 수 있다.
여기서 말하는 교정이란, 가령 친자로서 올림 글자로 내세운 소전이
제대로 되었는가 아닌가에 대해 생각해 봤다든가 허신이 풀이한 부분
에 대해 같고 다름을 비교 정정했다든가 더 추가할 만한 것이 있다고
생각되는 글자가 있을 경우에는 각부各部의 끝에 '新附字'라 하여, 더
추가할 것을 추가했다든가 하는 것들을 말한다.

그 밖에도 눈길을 끌고 있는 것에는 형인 서현이 쓴 '대서본'에는
군데군데에 '臣鉉等曰'이 나타나며, 아우이 설을 인용하여, '徐鍇曰'이
라 했다든가 글자마다 나타나는 반절의 표기는 대서大徐의 것이라든가
밖의 것은 허신의 것 그대로라는 것 등에 유의해야 할 것이다.

그리고 '대서본'인 『설문해자』는 『설문』을 논할 때에는 빼놓을 수
없는 기초 문헌이라는 데에 대해서도 유의해야 할 것이다.

---

8) 모로하시 데츠지(諸橋轍次), 『大漢和辭典』 7권(玉筯), 804쪽.

3.3 소서본과 대서본의 '一'·'元'의 풀이

『설문』의 내용과 『훈정』의 내용을 『역』의 음양오행의 생성론과 『노자』의 유출사상의 관점에서 대조·검토해 보는 데에 매우 중요한 의미를 가질 것으로 생각되므로, 여기서는 위에 보인 『설문』류의 맨 처음에 나타내어 보이는 '一'과 '元'의 풀이를 아울러 의의를 아래에서 생각해 보기로 한다.

여기서는 편의상 '소서본'인 『설문계전』「통석」과 '대서본'인 『설문해자』 권1 상에서 첫머리에 내세우는 '一'자와 '元'자의 기록을 아래에 소개하고, 이어 이에 관련된 내용 가운데서 주목되는 몇 가지에 대해 생각해 보기로 한다.

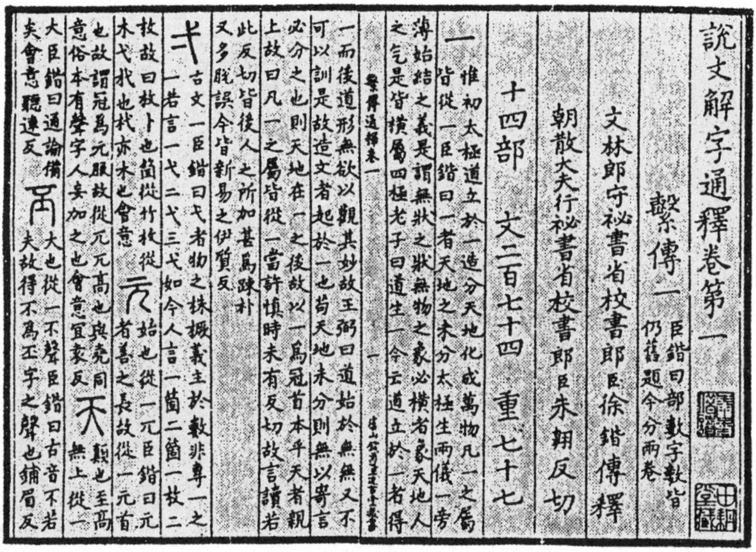

【그림 1】 小徐本(四部叢刊本)[9]

---

9) 설문회 편, 『설문입문』, 1984

• 一, 惟初太極 道立於一 造分天地 化成萬物 凡一之屬 皆從一 臣鍇曰 一者天地之未分 太極生兩儀 一旁薄始結之義 是謂無狀之狀 無物之象 必橫者象天地人之气 是皆橫屬四極 老子曰 道生一 今云道立於一者 得一而後道形 無欲以觀其妙 故王弼曰 道始於無 無又不可以訓 是故造文者 起於一也 苟天地未分 則無以寄言 必分之也 則天地在一之後 故以一爲冠首本乎天者 親上 故曰 凡一之屬 皆從一 當許愼時 未有反切 故言讀若此反切 皆後人之所加 甚爲疎朴 又多脫誤 今皆新易之伊質反 (『설문계전』)

一은 오직 첫 태극(太極)이니, 도(道)는 一에서 확립(確立)하여(생겨나), 천지(天地)를 조분(造分)하고, 만물(萬物)을 화성(化成)하니, 무릇 一에 속하는 것은 모두 一을 따른다(속한다). 신(臣) 개(鍇)가 가로되, 一이란 것은 아직 천지가 나뉘지 않은 상태이고, 태극은 양의(兩儀)를 낳고, 一은 방박(旁薄: 혼동함, 뒤섞임)·시결(始結: 시작과 끝맺음)의 뜻이니, 이것을 일러 상(狀) 없는 상(狀)이요, 물(物) 없는 상(象)이라 한다. 반드시, 가로지른 것[橫者]은 천지인(天地人)의 기운[氣]을 본뜨니, 이 모두 가로지른 것은 사극(四極)에 속한다. 노자 가로되, 도는 一에서 생겨난다고 했는데, 지금 도가 一에서 선다고 말한 것은 一을 얻은 후의 도의 형태는 욕심이 없어야, 묘(妙)함을 볼 수 있다. 그러므로 왕필(王弼)이 말하기를 도는 무(無)에서 비롯하고[始], 무는 또한 설명할 수 없는 것이다. 그러므로 글자[文]를 만든 자는 一에서 시작했다. 진실로 천지가 나뉘지 않았다면, 말을 붙일 수가 없다. 반드시 그것이 나뉜다면, 천지는 一의 뒤에 있는 것이다. 그러므로 一로써 관수(冠首)를 삼고, 하늘에 근본을 둔 것은 위[上]를 친근(親近)히 하는 것이다. 그러므로 가로되 무릇 一에 속하는 것은 모두 一을 따른다. 허신의 때를 당해서는 반절(反切)이 없어서, 말하기나 읽기를 이와 같이 하였다. 반절은 모두, 나중 사람들이 만들어 낸(첨가한) 것으로 매우 소박하고, 또 탈오(脫誤)가 많아 지금은 모두 신역(新易)에 '伊質'의 반절로 읽는다.

• 一, 惟初太極 道立於一 造分天地 化成萬物 凡一之屬 皆從一, 於悉切. (『설문해자』 「권일 상」)

위의 '소서본'과 '대서본'에서 보면, 'ㅡ'을 두고, 『설문계전』(소서본)에서는 "太極", '대서본'에서는 "太始"라 했다. 내친 김에 덧붙인다면, 이를 『고금운회거요』에서는 "太極"이라 했고, 『설문해자주』에서는 'ㅡ'의 풀이에서는 "大極", 'ㄷ'의 풀이 가운데에 나타나는 'ㅡ'의 풀이에서는 "大始"라 했고, 계복桂馥(1736~1805)의 『설문해자의증說文解字義證』에서는 "太始"라 했음을 지적해 두는 바이다.

여기서는 우선, 이들 주석注釋의 차이에 대한 언급이 필요하겠기에 이에 대해 언급해 보기로 한다. '대서본', '소서본', 『고금운회거요』, 『설문해자주』, 『설문해자의증』에 나타나는 '大始, 太始, 大極, 太極'에 대한 문제이다. 『설문계전』의 "太極"과 관련 있는 기록으로는 다음과 같다.

학자들의 연구에 의하면, '대서본'에는 "太始"라 하고 있으나 이는 '소서본'에 있는 것처럼, "太極"이라야 한다고 한다. 그것은 『주역』「계사상전繫辭上傳」의 "乾知大始", "易有大極"으로 나와 있기 때문이다. 여기서 말하는 '始, 極'과 '大, 太'의 차이는 자체字體의 차이에 지나지 않으며, '대서본'의 '始'나 '소서본'의 '極' 역시 차이가 그렇게 크지 않다고 하고 있다. 그러나 「당석경唐石經」·「악본㠪本」·「석문소거본釋文所據本」 등에서 보는 바와 같이, 『역』에서도 오래된 것들에 속하는 기록에는 '太'보다는 '大'로 되어 있다. 「단주段注」에서 '大'를 취하는 까닭도 더 오래된 것을 취하고자 하는 데서 그리한 것일 것이다. 『설문해자의증』에서는 태시를 내세우고, 여러 군데서 뜻풀이를 인용·제시했음이 특징이다. 참고로, 아래에서 『주역』여러 책에 있는 '大始, 太始 : 大極, 太極'의 차이와 『설문』의 여러 주注에 나타난 '大始, 太始 : 大極, 太極'의 차이는 다음과 같다([표 2], [표 3]).

- 一, 惟初太極, 道立於一 …… (『고금운회거요』 운26권 七張)
- 一, 惟初大極, 道立於一 …… (『설문해자주』 1편 상 1장)
  二, 易曰, 天一地二, 惟大始, 道立於一 …… (『설문해자주』 13편 하 14장)
- 一, 惟初太始, 道主於一 …… (『설문해자의증』 제1)

【표 2】『주역』여러 책의 '大始·太始 : 大極·太極'

주역(周易)	( )始	( )極
당석경(唐石經)	大始	大極
악본(岳本)	大始	大極
석문소거본(釋文所據本)	大始	大極
팔행본경자(八行本經字)	大始	大極
팔행본소인(八行本疎引)	太始	太極
통행본(通行本)	大始	太極

【표 3】『설문』의 여러 주(注)에 나타난 '大始·太始 : 大極·太極'의 차이

『설문』	( )始	( )極
소서본	太始	○
대서본	○	太極
『고금운회거요』	○	太極
『설문해자주』一	○	大極
『설문해자주』二	大始	○
『설문의증(說文義證)』	太始	○

따라서 여기서는 '소서본'에 있는 것처럼, "惟初太極, 道立於一"의 "太極"이라야 하는 것으로 생각하고, 이에 의거하여 논급해 가기로 한다. 그것은 '훈민정음' 제자 이론 전개에는 어느 『설문』류의 것보다도 『설문계전』의 것이 더 반영·연계連繫된 것으로 보이기 때문이다.

위의 맨 처음에 나오는 "一 惟初大極 道立於一 趙分天地 化成萬物 凡一之屬 皆從一"은 물론 허신의 『설문해자』의 것이다. 이 내용에는 『역』의 이론·체계와 『노자』의 도道가 유출하여, 세계를 형성한다는 발출론적發出論的인 세계관을 배경으로 하고 있는데, 허신은 이 같은 세계관을 당시 통행하던 육서六書의 설에 의거하여 문자를 풀이한 것이다. 말하자면, 허신의 이 같은 체계·이론에는 일원一原에서 나와 만단萬端으로 미치는 사이에 일관된 조리條理가 있다는 것이다.

'一'부에서 보면, '一'을 형체소로 하는 글자는 많이 있으나 그 가운데서도 "道는 一에서 생겨난다[道立於一]"라고 하여, '一인 道라는 의미를 갖는 것만을 선택하고 있다.

'一'→'一, 元, 天, 丕, 吏'
凡一之屬 皆從一

이것은 분명히 범주론적인 방법이다. 범주론적인 글자 뭉치들의 유기적인 관련에 의해서 『설문』은 조직되어 있다고 할 수 있다. 이 같은 방법은 근원적인 理가 만상萬象이 되어 펼쳐 나간다는 송대의 존재론存在論, 곧 '이일분수'가 그때에도 행하여지고 있었다고 할 수 있다.

『성리대전性理大全』(영락 13년, 1415) 권26 「이기일理氣一」 총론總論에 보면, 우주의 근원은 오직 하나인 理뿐인데, 하나의 理가 각각에게 부여되어 만물이 된다는 것이다. 형은 각양각색으로 다르지만[萬殊], 理는 곧 하나인 것을 말한다. 아래에 원전을 인용·제시한다. 이는 물론, 주자朱子가 인용한 것이로되, 정이천程伊川의 말에 근원을 둔 것이다.

朱子曰……問理與氣, 曰, 伊川說得好, 曰, 理一分殊. (『성리대전』)

이해를 돕기 위해 다시 연원을 말해 보기로 한다.『주역』「계사상전」에 보면, "一陰一陽之謂道"란 것이 있다. 이것은 한번은 陰이 되고 한번은 陽이 된다는 뜻 또는 음기陰氣가 되기도 하고 양기陽氣가 되기도 한다는 뜻이다. 이 같은 음양의 유행변화流行變化를 일러 우주의 '道'라 하는데, 흥미로운 것은 이것의 풀이에 있다. 곧, 이것의 풀이에 따라, 서로 다른 우주관이 생긴다는 것이다. 말하자면, 일음일양一陰一陽의 변화 자체를 가지고 우주宇宙의 道라 할 것인가 음이 되고 양이 되는 까닭[所以]의 이법을 가리켜 道라 할 것인가 하는 다름을 말한다. 이것은 '일원기론一元氣論'과 '이기이원론理氣二元論'을 갈라 제시한 것이다. 주자소정朱子所訂의 『이정유서二程遺書』에 보면, 다음과 같은 기록이 나온다.

- 一陰一陽之謂道, 道非陰陽也, 所以一陰一陽道也. 如一闔一闢謂之變. (권3)
- 離了陰陽, 更無道, 所以陰陽者是道也. 陰陽氣也, 氣是形而下者. 道是形而上者, 形而上者則是密也. (권15)

특히 권15의 것의 뜻은 "陰陽을 떠나 다시 道가 없으며, 음양이 되는 까닭의 것이 도이며, 음양은 氣이며, 기는 形而下의 것이며, 도는 形而上의 것"이라는 것이다. 그리하여 음양을 기의 현상으로 하고, 理를 본체라 하는 것이다.

이로써 보면, 주자는 정이천의 이기이원론을 채용하고, 거기에 주렴계株濂溪의 『태극도설太極圖說』의 "無極而太極"이라는 본체관本體觀을 합쳐서, 그의 우주관을 형성시켰다고 할 수 있는데, 여기서 말하는 '理'는 우주의 본체임과 동시에 이 '이'는 이것의 발현發現에 의해서 생성된 일체 만물 가운데에 내재하는 것으로 되어 있다. 이것이 이른바 '이일분수'이다. 그러므로 『성리대전』 권26 「태극」에는 "西山眞氏曰, 萬物各具一理, 萬里同出一原"이라 했다.

다시금 되풀이하거니와, 『설문』의 "惟初太極 道立於一 造分天地 化成萬物 凡一之屬 皆從一"에는 『노자』의 道로서의 一이 유출하여, 세계를 형성한다는 발출론적인 세계관이 밑바닥에 깔려 있거니와, 근원적인 하나의 理가 만상이 되어 펼쳐 나간다는 송학적인 '이일분수'의 존재론이 그때에도 행해지고 있었다고 하는 데에 대해 이해가 갔을 것으로 안다. ('一, 元, 天, 丕, 吏'에는 '一'이라는 구성 요소를 가지고 있다.)

그리고 위에서 말하는 "以一爲冠首"의 "冠首"에 해당하는 글자의 뜻을 생각해 보면 '一'은 540이나 되는 부수의 '冠'이 되고, 540이나 되는 부수에 해당하는 '一, 二, 示, 三, 王, 玉; 珏, ……, 酉, 戌, 亥'의 글자들은 해당 부의 '首', 곧 부수가 된다는 것이다. 그러니까 '冠'에 해당하는 '一'은 '首'에 해당하는 540이나 되는 부수의 '冠'이 된다는 것이다. 이는 마치 『훈정』 「제자해」의 "猶ㆍㅡㅣ三字爲八聲之首, 而ㆍ又爲三字之冠也"에서 'ㆍ'은 '三字'인 'ㆍ ㅡ ㅣ'의 '冠'이 되고, 'ㆍ ㅡ ㅣ'는 '八聲'인 'ㅗ ㅏ ㅜ ㅓ; ㅛ ㅑ ㅠ ㅕ'의 '首'가 된다는 것과 꼭 같다.

【표 4】『설문계전』과 『훈정』의 '冠首'

冠	首
ㅡ	一, 二(上), 示, 三, 王, 玉, ……, 酉, 戌, 亥 (540)
ㆍ	ㆍ ㅡ ㅣ (3)

이는 풀이의 방법만 조금 다를 뿐 서개의 『설문계전』의 것과 일치한다. 이 역시 위에서 말한 허신의 것과 유기적으로 관련성이 있음은 말할 나위가 없다. 『설문계전』에서 주목되는 것을 아래에 든다(본문 '제2편 제2장 2.3.5' 참조).

(1) 무릇 一에 속하는 것은 모두 'ㅡ'을 따른다.

(2) 道의 體로서의 無狀之狀 無物之象.

(3) 노자가 가로되, 道는 一에서 生한다.

(4) 王弼曰, 道始於無, 無又不可以訓.

(5) 글자를 만든 자는 一에서 시작했다. …… 一로써 '관수(冠首)'를 삼고, 하늘에 근본을 둔 것은 위[上]를 친근히 하는 것이다. …… 그러므로 일(一)에 속하는 것은 모두 일(一)을 따른다.

위의 차례를 따라 대강의 내용을 또한 아래에 풀이해 보기로 한다.

(1) 무릇 一에 속하는 것은 모두 'ㅡ'을 따른다.

이것은 모두 안에 'ㅡ'을 가지고 있는 것이므로, 위에서 말한 대로, '元(一+兀), 天(一+大), 丕(一+不), 吏(一+史)' 같은 것들이 이에 해당한다. 보는 바와 같이, 글자의 구성 요소로서의 'ㅡ'을 안에 가지고 있다.

그러나 '不·至'와 같은 두 글자는 자형 가운데에 '一'의 형이 비록 포함되어 있다고는 하나 "惟初太極······"이라고 하는 '一'의 본의本義를 갖고 있지 않으므로, 비록 그것이 "'一'을 따른다"고 했을망정, 부수로서의 '一'부에는 들지 못한다('12편 상'을 읽어 보라).

그러니까 '一'부에 속하는 것은 모두 만물의 근원을 뜻하는 '一'의 뜻을 의부意符로 하는 글자에 속한다고 할 수 있다.

(2) 道의 體로서의 無狀之狀 無物之象

이것에 관련된 것으로는 다음과 같은 『노자』 제14장을 들 수 있다.

視之不見 名曰夷 聽之不聞 名曰希 搏之不得 名曰微 此三者 不可致詰 故混而爲一 其上不皦 其下不昧 繩繩不可名 復歸於無物 是謂無狀之狀 無象之象[10] 是謂惚恍

이것을 보아도 보이지 않음을 이(夷)라 이름하고, 이것을 들어도 들리지 않음을 희(希)라 이름하고, 이것을 잡아도 잡히지 않음을 미(微)라 하니, 이 삼자(三者)를 치힐(致詰)할 수 없으므로 혼합(混合)하여 一이 된다고 한다. 그것이 위는 밝지 않고, 아래는 어둡지 아니하여 면면(綿綿)히 끊어지지 아니 하니, 다시 무물(無物)로 돌리어 이것을 무상(無狀)의 상(狀), 무상(無象)의 상(象)이라고 한다.

위의 "상 없는 상, 물 없는 상[無狀之狀 無物之象]"은 만물만상萬物萬象의 근원에 실재實在하는 형이상학적인 성격을 가진 불가사의한 도의 본질을 설명한 것이며, '무물無物'은 형을 가진 것이 하나도 없는 物의 차원次元을 넘어선 道의 세계를 말한 것이니, 곧 공空의 경지境地이다. "混而爲一"의 '一'은 현상계現象界의 잡다한 것에 반反한 '一'을 말한 것이다. '치힐致詰'은 끝까지 파고든다거나 철저하게 구명한다는 뜻이다. 그러

---

10) "無象之象"은 「백서(帛書)」에서나 많은 통행본(通行本)에서나 "無物之象"으로 적고 있다.

므로 '夷·希·微'의 셋만으로는 도의 본질을 철저하게 구명하지 못한다는 뜻이다. "그러므로 혼합하여 일이 된다[故混而爲一]"고 하는 표현은 『장자莊子』「내편內篇」「제물론齊物論」에도 나타나는데 거기에도 "도는 통하여 일이 된다[道通爲一]"고 했다. 그러므로 '도'는 '夷·希·微'의 셋을 혼합하여 하나로 한 존재, 혼연일체가 된 근원적인 것을 역설적으로 말한 것이라 할 수 있다.

(3) 노자가 가로되, 道는 一에서 生한다.

이것은 『노자』의 제42장11)의 것으로 『설문계전』의 '一'의 풀이로 보아, 이에는 근원적으로 유출사상流出思想이 기반이 되어 있다는 증거가 된다.

(4) 王弼曰, 道始於無, 無又不可以訓

이 내용을 두고 생각해 볼 때, 여기 이 "道始於無"의 내용은 『노자』 제40장의 "천하의 만물은 유에서 생하고, 유는 무에서 생한다[天下萬物生於有 有生於無]"와 관련된 것으로 보이는데, 이는 같은 『노자』 제1장의 "無名, 天地之始, 有名, 萬物之母"의 것과 동류의 논술로 보인다. 천지는 만물의 부모이며, 천지의 교합交合에 의해 양간兩間, 곧 천지 사이에 만물이 발생한다. 그런데 여기서는 위魏의 왕필王弼(山陽 사람, 226~249)이 「주역주周易注」를 낼 때에 그것이 유가儒家의 경經인 『역』을 노장老莊의 사상에 의거하여 해석하고 있다는 데에 유의할 것을 강조한다.12)

그러므로 이것을 "道生一, 一生二, 二生三, 三生萬物, 萬物負陰而抱陽, 沖氣以爲和"와 더불어 생각해 보면, 앞 것은 '無 → 有 → 萬物'이 형성되고, 뒤의 것은 '道 → 一(一氣) → 二(陰·陽) → 三(陰·陽·沖氣)'가 형성된다. 여기서 중요시하는 것은 어떻게 道가 萬物을 발생하느냐에 있다.

---

11) 道生一、一生二、二生三、三生萬物, 萬物負陰而抱陽, 沖氣以爲和.

12) 「근대 지나의 윤리사상」(길천행차랑), 『윤리학(倫理學)』제12책, 岩波書店, 1941, 5쪽.

위의 둘은 동일한 하나의 전제를 두고, 이를 두 가지 면에서 나타낸 것이라 볼 수 있을 것이다.

(5) 글자를 만든 자는 一에서 시작했다……一로써 '관수冠首'를 삼고, 하늘에 근본을 둔 것은 위[上]를 친근히 하는 것이다.

'一'에 따르는 글자에는 '一, 元, 天, 丕, 吏'가 있다. 여기서는 이 가운데서 '元'으로써 의의를 더 생각해 보기로 한다.

『설문계전』의 '元'의 소전 밑에 있는 풀이에 다음과 같은 것이 있다.

始也 從一兀 臣鍇曰 元者 善之長 故從一元 首也 故謂冠爲元服 故從凡兀高也 與堯同意 俗本有聲字人妄加之也 會意 宜袁反

위의 첫 번째를 보면, '元'에 대해 "비롯함[始]이라, 一을 따른다, 兀의 聲"이라 했다. 이 같은 형식에 대해서는 나중에 나올 (4)에서 언급할 것이다.

그리고 위의 "元者 善之長"는 유가적儒家的이라 할 수 있다. 『주역』「문언전文言傳」에서 따온 말이다. 이에 대한 풀이를 김경탁은 다음과 같이 달고 있다.

元者 善之長也
으뜸이란 것은 잘 자라게 한다는 것이라

그리고는 이 대목에 대한 해설에서

[해설] 이 세상에서 만물이 생기기 전부터 가장 으뜸으로 존재한 것은 천지 사이에 가득 차 있는 기운, 즉 에너지이다. 이것은 온갖 물건을 잘 자라게 한다.

고 했다. 이 같은 것을 대할 때에 즉시 다음과 같은 내용을 머리에 떠올리게 된다. 곧, 『이아爾雅』「석고釋詁」에는 다음과 같은 것을 적고 있기 때문이다.

『구가역(九家易)』에 가로되 "元이란 것은 기(氣)의 비롯함[始]이라"[13]

이 같은 풀이를 보고, 금방, 『설문』(「단주」의 것)과 『고금운회거요』의 다음과 같은 기록을 또한 생각하게 된다.

㉠ 『설문』

* 屮, 草木初生也. 象丨出形有枝莖也. (1편 하 1장)
* 屯, 難也, 屯象艸木之初生屯然而難從屮 貫一屈曲之也 一地也 易曰 屯剛柔始交而難生. (1편 하 1장)
* 萑之初生一曰薍. (1편 하 25장)
* 茁, 艸初生地兒, 從艸出. (2편 하 33장)
* 幺, 小也, 象子初生之形. (4편 하 2장)
* 耑, 物初生之題也, 上象生形, 下象根也. (7편 하 3장)

㉡ 『운회』

* (說文) 屯, 難也, 屯象草木之初生屯然而難从中貫一, 一地也. (4권 27)

---

13) 『구가역(九家易)』의 '구가(九家)'에 대해서는 다음의 것이 참고가 된다.
　　『구가해(九家解)』: 이정조(李鼎祚)의 『주역집해(周易集解)』 권일(卷一), 건(乾)의 단전(彖傳), 「대재건원(大哉乾元)」의 집해(集解)에서의 인용. 여기서 말하는 「구가(九家)」란 전국시대(戰國時代)의 아홉 가지 학파[九種學派]를 말한다.
　　『漢書, 紋傳』「九流以別」注에 보면, "應劭曰, 儒·道·陰陽·法·名·墨·縱橫·雜·農, 凡九家"라 했다. 또 '아홉 가지 학파[九種學派]'란, 『한서』「예문지(藝文志)」에 의하면, 유가자류(儒家者流) 오십삼가(五十三家), 도가자류(道家者流) 삼십칠가(三十七家), 음양가자류(陰陽家者流) 이십일가(二十一家), 법가자류(法家者流) 십이가(十二家), 명가자류(名家者流) 십가(十家), 묵가자류(墨家者流) 육가(六家), 종횡가자류(縱橫家者流) 십이가(十二家), 잡가자류(雜家者流) 이십가(二十家), 농가자류(農家者流) 구가(九家)를 말한다. (모로하시 데츠지(諸橋轍次), 『大漢和辭典』 1권, 359·385쪽.)

- (說文) 耑, 初生之題也, 上象生形, 下象根也. 徐曰, 一地也. 題猶額也. 端也. 象形古發端之耑直如此. (5권 27)
- (說文) 進也. 象草木益滋上出達也. 徐曰 根盛則能上出下根亦跳出也. 象形也. (26권 20)

그리고 『주역』「서괘전序卦傳」의

有天地然後, 萬物, 生焉. 盈天地之間者, 唯萬物, 故受之以屯. 屯者盈也, 屯者物之始生也.

천지가 있은 연후에 만물이 생성한다. 천지 사이에 차 있는 것은 오직 만물일 뿐이다. 그러므로 이것을 '둔괘(屯卦)'로 받는다. 둔(屯)이란 것은 차 있다는 것이다. 차 있다는 것은 물건이 처음으로 난다는 것이다.[14]

를 생각하게 하는데, 김경탁의 『주역』에서는 바로 위의 '둔괘' 풀이의 해설을 다음과 같이 하고 있다.

[해설] 우주의 본체인 태극(太極)의 운행으로 천지, 곧 건곤(乾坤) 두 괘가 생기고, 천지가 있은 뒤에 만물을 부호화(符號化)한 육십사괘(六十四卦)가 성립된다. 천지 사이에 가득 차 있는 것은 바로 만물뿐이다. 차 있다는 의미에서 바로 건곤(乾坤) 두 괘 다음에 이것을 둔괘(屯卦)로 받는다. 둔(屯)이란 것은 차 있다는 뜻이 있을 뿐 아니라, 또 물질이 처음으로 생긴다는 뜻이 있다. (462~463쪽)

또 둔괘의 상사象辭에는 "구름과 우레는 어려운 것이다. 군자는 그것으로 경륜한다[雲雷屯 君子以經綸]"라 했다. 그리고 태괘泰卦의 상사에는

---

14) 김경탁(金敬琢), 『주역』, 명문당, 1986, 462~463쪽. 이후로는 페이지 표시만 하기로 한다.

天地交, 泰, 后以財成天地之道, 輔相天地之宜, 以左右民.

하늘과 땅이 교접(交接)하는 것이 태괘(泰卦)다. 왕후(王后)는 그것으로 천지의 도를 재성(財成)하고, 천지의 마땅함을 도와 백성을 좌우한다.

라 했는데, 이에 대한 김경탁의 해설은 다음과 같다.

[해설] 이 괘는 상괘가 곤괘(坤卦)요 하괘가 건괘(乾卦)다. 곤(坤)은 땅이요 건(乾)은 하늘이므로 하늘과 땅이 서로 교합(交合)하는 것이 태괘 (泰卦)의 괘상이다. 왕은 모습을 본떠서 천지의 법칙을 이루어 놓고, 천지의 이치를 도움으로써 온 백성을 키워 간다. (307쪽)

『훈민정음』「제자해」에도 '財成輔相'이 나온다. 이것은 "以初中終合成之字言之, 亦有動靜互根陰陽交變之義焉. …… 中聲承初之生, 接終之成, 人之事也"에 이어 나오는 "盖字韻之要, 在於中聲, 初終合而成音. 亦猶天地生成萬物, 而其財成輔相則必賴乎人也"에 있는 것으로 이때의 '人'은 아래에서 간략하게 보인 바와 같이, '중성中聲'-'인지사人之事'의 '人'에 해당한다. 물론 이것은 하나의 '성음成音·성자成字'가 될 때에 '사람'이 가운데에서 초종성初終聲을 승접承接시키고 있는 것을 두고 하는 말이다. 아래에서 초중종성初中終聲에 해당·비유된 내용을 보인다.

초성(初聲): 動者-天-神之運-發動之義-天之事
중성(中聲): 兼乎動靜-人-五常〈神之運〉·五臟〈質之成〉-人之事-承初之生, 接終之成-人之事
종성(終聲): 靜者-地-質之成-止定之義-地之事

위에서 보는 바와 같이, 사람은 천지의 중간에 있다. 「계사상전」에서 "법상은 천지보다 더 큰 것이 없다[法象莫大乎天地]"고 했다. 위로는 법을 하늘에서 취하고, 아래로는 상을 땅에서 취하였다. 『역』에서는

이것을 '天地人 삼재의 道'라 한다. 「계사하전」에서

> 易之爲書也, 廣大悉備. 有天道焉, 有人道焉, 有地道焉, 兼三才而兩之, 故六.
> 六者非他也, 三才之道也.
> 『역』의 책됨이 넓고 커서 갖추어져 있다. 천도도 있고, 인도도 있고, 지
> 도도 있다. 삼재를 겸하여 둘로 하였으므로 여섯 획이 된다. 여섯 획이란
> 것은 다른 것이 아니라, 삼재의 도이다.

라 했다. 이와 같이 『역』에서는 이미 음양 이효二爻를 짜맞추어 육효六
爻로써 한 괘卦를 나타내었는데, 위의 두 효로써 하늘을, 가운데의 두
효로써 사람을, 아래의 두 효로써 땅을 나타냄으로써, 사람은 천지의
중간에 있으면서, 법상法象을 천지에서 취한다는 뜻을 나타내었다. 「설
괘전說卦傳」의 "天地之道를 음양, 地之道를 剛柔, 立人之道를 仁義"라 하
므로 괘에는 육효가 있다. 육이란 수는 삼재의 도를 일컫는다.

또 「무망괘无妄卦」 「단사彖辭」에는 다음과 같이 말하였다.

> 天下雷行, 物與无妄. 先王以茂對時, 育萬物.
> 하늘 아래서 우레가 운행하여 물건마다 함께 성실하다. 선왕은 그것으
> 로 힘써서 때에 맞추어 만물을 육성시킨다.

이에 대한 김경탁의 『주역』의 해설은 다음과 같다.

[해설] 하늘 아래의 음양(陰陽) 두 기운이 서로 화합하여 우레 소리가 진
동하는 것이 무망괘(无妄卦)의 괘상이다. 옛날 선왕들은 이 우레 소
리가 한 번 진동하면 땅 속에 칩복(蟄伏)하여 졸고 있던 벌레들이
눈을 뜨고 초목들의 싹이 트는 것을 취상(取象)하여 추운 겨울이
지나고 따뜻한 봄날이 오는 때를 맞추어 만물들의 생명을 북돋아
주고 키워 준다. (327쪽)

또 「계사하전」에 보면, 다음과 같은 내용이 나온다.

天地之大德曰生.
천지의 큰 덕을 생(生)이라 한다.

이는 만물이 생성되는 것을 천지의 대덕이라 하는 것이다. 이를 두고, 김경탁은 해설에서 "천지의 큰 것은 바로 만물을 생성하는 것이요"라 했다. 『역』은 천지를 음양이라 하여 생성의 작용을 천지의 큰 것이라 했으며, 「서괘전序卦傳」에서는

有天地然後, 萬物生焉.
천지가 있은 후에 만물이 생성한다.
有天地然後, 有萬物, 有萬物然後, 有男女.
천지가 있은 연후에 만물이 있고, 만물이 있은 연후에 남녀가 있다.

라 했다. 이는 천지가 상교相爻하여 만물이 생성되는 것을 말하고 있다.
이와 같이 천지가 상교하여 만물 생성의 작용이 있게 된다는 데에 대하여는 「계사하전」에 다음과 같은 것이 있다.

天地絪縕, 萬物化醇, 男女構精, 萬物化生.
천지의 음양 두 기운이 밀접하게 화합하여 만물이 순화(醇化)하고, 남성과 여성이 정기(精氣)를 합하여 만물이 변화 생성한다.

이는 천지 음양의 두 氣가 서로 밀접하게 화합하여 만물이 발생 순화醇化하는 것을 말한다.
이와 같이 천지 음양의 기가 상교하여 만물을 생성하게 되므로, 이를 일러 「계사상전」에는 "一陰一陽의 道"라 했다. 아래에 그것을 보인다.

一陰一陽之謂道. …… 生生之謂易. 成象之謂乾. 效法之謂坤. …… 陰陽不測之謂神.

　음기(陰氣)가 되기도 하고 양기(陽氣)가 되기도 한다. …… 생(生)하고 또 생하는 것을 역(易)이라 하고, 상(象)이 이루어지는 것을 건(乾)이라 하고, 법칙을 본받는 것을 곤(坤)이라 한다. …… 음양을 헤아릴 수 없는 것을 신(神)이라 한다.

　여기서 특별히 지적할 것은 작용이 지묘至妙하여 헤아릴 수 없는 것을 가리켜 "이것을 神이라 한다"고 한 것이다. 이것은 바로, 『훈민정음』 「제자해」에 나오는 "理既不二, 則何得不與天地鬼神同其用也"의 "鬼神"이 이 용법과 일치한다. 그리고 또 위의 "一陰一陽之謂道……"에 대한 해설이다. 김경탁은 아래와 같은 해설을 달고 있다.

　[해설] 우주에 가득 차 있는 원기(元氣)가 움직여 때로는 음기가 되기도 하고 양기가 되기도 하는 것을 도(道)라 한다. …… 도는 一을 생하고, 一은 二(陰陽)를 생하고, 二는 四(太陰·太陽·少陰·少陽)를 생하고, 四는 八(乾·坤·離·坎·震·巽·艮·兌)을 생하고, 八은 六十四(卦)를 생성하는 이치를 적어 놓은 것이다. (390쪽)

　요컨대, 위에서 말한 바와 같은 음양의 두 기의 묘용妙用의 작용에 의해 만물이 생성·발전되어 있다는 것이다.

　위에서 제시한 『설문』과 『고금운회거요』의 '屯'자의 풀이에 다시 한 번 유의해야 할 것이며, 『훈민정음』 「제자해」의

　中聲以深淺闔闢唱之於前, 初聲以五音淸濁和之於後, 而爲初亦爲終. 亦可見萬物初生於地, 復歸於地也.

에 나오는 "萬物初生於地"의 '初生'의 역학적인 의의도 다시 한 번 생

각해야 할 것이다.

내친 김에 하나를 덧붙인다면, '初生, 始生, 始交'와 직접으로 관련된 것이다. '중성' 제자에 관련된 말에 '初交, 初出' 등이 나온다. 이것들을 역학으로 이해하는 데는 다음의 기록이 또한 중요하다고 본다.

『역』의 사상에 있어서는 음양이기陰陽二氣로써 만물이 생성한다는 것을 말하며, 능히 이 음양이기의 조화에 의해 만물이 발전·진화하는 것을 예상할 수 있다. 그러므로『주역』「함괘咸卦」「단사彖辭」에는 다음과 같이 말하고 있다.

> 咸, 感也, 柔上而剛下, 二氣感應, 二相與, 止而說, 男下女. 是以亨利貞, 取女吉也. 天地感, 而萬物化生, 聖人 感人心, 而天下和平. 觀其所感, 而天地萬物之情, 可見矣.
>
> 함괘(咸卦)는 감응한다는 것이다. 유한 기운은 올라가고, 강한 기운은 내려와서 두 기운이 감응하여 서로 참여하고 머물러서 기뻐하고, 남성이 여성에게 내려온다. 이러므로 형통하니, 마음을 곧고 바르게 가져야 한다. 여자에게 장가들면 좋다. 천지가 감응하여 만물이 화생(化生)하고, 성인이 인심을 감응시키어 천하가 화평하니, 감응하는 것을 관찰하면 천지만물의 정감(情感)을 볼 수 있다. (261쪽)

그리고 이에 대한 김경탁의 해설은 다음과 같다.

> [해설] 모든 사물이 서로 감응된다는 것은 아주 좋은 현상이다. 하늘과 땅이 서로 감응하면 만물이 변화·생성되고, 성인이 사람의 마음을 감응시키면 온 천하가 화평하게 되는 것과 같다.
>
> 그러므로 우리가 사물들이 서로 감응하는 이치를 잘 관찰하면, 가운데서 천지만물의 공통된 생명의 정감(情感)이 흐르는 것을 알 수 있다. (261~262쪽)

또 「귀매괘歸妹卦」「단사彖辭」에 보면, "천지가 사귀지 않으면 만물이 흥하지 않는다[天地不交 而萬物不興]"라 했다. 이것은 부부배우夫婦配偶의 뜻으로써 천지음양이 상교하는 뜻에 비겨, 천지음양이 상교하여 만물이 흥생興生하는 것을 말한 것이다. 아래에 이것을 제시한다.

歸妹,15) 天地之大義也, 天地不交, 而萬物不興. 歸妹, 人之終始也. 說以動, 所歸妹也. 征凶, 位不當也. 无攸利, 柔乘剛也.

귀매개(歸妹卦)는 천지의 대의(大義)다. 천지가 사귀지 않으면 만물이 흥하지 않는다. 여자가 시집을 가는 것은 사람의 나중이자 처음이다. 기뻐함으로 움직이니 시집가는 일이다. 가면 나쁘다고 한 것은 자리가 마땅하지 않음이요, 이로울 것이 없다고 한 것은 유한 것이 강한 것을 탔다는 것이다. (282쪽)

이에 대한 김경탁의 해설은 다음과 같다.

[해설] 귀매괘는 음양이 서로 화합하는 천지의 큰 의의를 간직하고 있다. 왜냐하면 천지의 기운이 서로 교감(交感)하지 않으면 만물이 생성할 수 없는 것과 같다. 이와 같이 인간 사회에 있어서 여자가 시집가는 것은 사람이 생긴 이래로 처음이나 나중이나 항상 있지 않으면 안 될 일이다. (282쪽)

라 했다. 그 밖에도 「수괘隨卦」「단사」에 보면, 다음과 같이 말하고 있다.

隨, 剛來而下柔, 動而說隨. 大亨貞, 无咎, 而天下隨時. 隨時16)之義, 大矣哉.

수괘는 강한 양기가 유한 음기에로 내려와서 움직이어 기뻐하는 것이다.

---

15) '嫁' 또는 '離別'의 뜻.
16) '時'는 '之'.

이것을 수행(隨行)한다고 한다. 크게 형통하고 마음이 바르고 곧아서 천하의 백성이 좇는다. 수괘의 시간성(時間性)과 의의는 훌륭하도다! (250쪽)

이에 대한 김경탁의 해설에 보면, 다음과 같은 것이 있다.

[해설] 수괘는 九五의 강한 양기가 유한 六二의 음기로 내려와 움직이어 기뻐하는 것이니, 수(隨)라고 한 것이다. 이와 같이 높은 자리에 있는 임금이 아래로 백성들에게 크게 통하고 마음이 곧고 바르면 천하가 그에게 따르게 된다. 이렇게 보면, 수괘의 시간성과 의의는 지극히 큰 것이다. (250~251쪽)

로 되어 있다. 그런데 여기서 말하는 '九五'는 「문언전文言傳」에 보이는

[九五] 飛龍在天, 利見大人 何謂也. 子曰, 同聲相應, 同氣相求 水流濕……
本乎天者 親上, 本乎地者 親下, 則各從其類也.

의 것이다.
그뿐만 아니라, 이 같은 '둔괘'의 내용은 『훈민정음』「제자해」의

- ㅇ雖在牙而與ㅇ相似 猶木之萌芽生於水而柔軟, 尙多水氣也.
- 中聲以深淺闔闢唱之於前, 初聲以五音淸濁和之於後, 而爲初亦爲終. 亦可見 萬物初生於地, 復歸於地也.

라 한 것에서도 나타난다. 이 같은 내용들은 모두 글자의 형체를 수목의 자라남에 비유하고 있음에 유의하여야 할 것이다.
'元服'의 '元'은 首, '服'은 착용한다는 뜻으로 머리에 관을 쓰는 것을 말한다. 『한서』「서전하敍傳下」에

上正元服.「注」: 師古曰, 上正元服也, 元, 首也, 故謂冠謂元服.

이라 했다.

그 밖에도 '元'의 뜻풀이에는 다음과 같은 것이 있다. 앞으로 참고가
되겠기에 아래에 제시해 둔다.

㉠ 으뜸
　·『정자통(正字通)』: 元, 本也.
　·『춘추번로(春秋繁露)』「重政」: 元, 猶原也.

㉡ 비롯함
　·『설문』: 元, 始也.
　·『역』「건(乾)」: 元亨利貞.
　　　　「疏」: 子夏傳云, 元, 始也.
　·『공양전(公羊傳)』「隱, 元」: 元年者何, 君之始年也.
　　　　　　「疏」: 解云, 春秋說云, 元者, 端也.

㉢ 一, 첫째
　·『정자통(正字通)』: 元, 一也.
　·『공양전(公羊傳)』「隱, 元, 注」: 變一謂元.
　·『춘추번로(春秋繁露)』「重政」: 春秋變一之元.

㉣ 머리
　·『이아』「석고(釋詁)」: 元, 首也.
　·『좌씨전(左氏傳)』「희(僖) 삼십삼(三十三)」: 狄人歸其元.
　　　　　　「주(注)」: 元, 首也.
　·『예기(禮記)』「곡례하(曲禮下)」: 牛曰一元大武.
　　　　　「주(注)」: 元, 頭也……

ⓔ 기(氣)·천지(天地)의 대덕(大德), 만물(萬物) 육성(育成)의 덕(德)

- 『육서정온(六書精薀)』: 元, 天地之大德, 所以生生萬物也, 元, 從二從, 人, 仁, 從二, 在天爲元, 在人爲仁, 在人身則爲體之長.
- 『반고』「유통부(幽通賦)」: 渾元運物.

　　「주(注)」: 善曰, 元, 氣也.

특히 『이아』「석고釋詁」에는 위의 것 외에도 元을 두고 "원이라는 것은 기의 비롯함[始]이라"고 했다. 우선 여기서는 이 말의 내용과 더불어 『훈민정음』「제자해」에 보이는 '초성初聲' 풀이의 '始'와 '중성' 풀이의 '先·始·冠·首'의 보기, 곧,

초성(初聲): ㄴ ㅁ ㅇ …… 象形制字則爲之始.
중성(中聲): 取象於天地人而三才之道備矣. 然三才爲萬物之先, 而天又爲三才
　　　　　之始, 猶‧ㅡㅣ三字爲八聲之首, 而‧又爲三字之冠也.

의 내용과 비교·대조하여야 할 것이다. 정인지 등의 무리가 "象形而字倣古篆"이라 하더니, 풀이의 뜻을 알 만도 하다. 그보다도 어쩌면 그렇게도 학맥을 같이 하고 있는가 잘도 연계連繫되어 있구나 하는 생각을 하게 된다.

다음으로는 "(그러므로 ㅡ로써 관수를 삼고) 하늘에 근본을 둔 것은 위를 친근히 하는 것이다[故以ㅡ爲冠首 本乎天者 親上]"의 "本乎天者 親上"은 『주역』「문언전」 제일第一「건괘문언乾卦文言」에 있는 것이다.

　[九五] 飛龍在天, 利見大人 何謂也. 子曰, 同聲相應, 同氣相求 水流濕 火就燥, 雲從龍, 風從虎. 聖人 作而萬物覩, 本乎天者 親上, 本乎地者 親下, 則各從其類也.

　'나는 용이 하늘에 있다. 대인(大人)을 만나봄이 이롭다'함은 무엇을 이르는 것입니까? 공자 말씀하시기를, "같은 소리가 서로 응하고, 같은 기운

이 서로 요구되어 물은 습한 데로 흐르고, 불은 건조(乾燥)한 데로 나아가며, 구름은 용(龍)을 따르고 바람은 범을 따르오. 성인(聖人)이 일어나야 만물이 보이니, 하늘에 근본을 둔 물건은 위와 친근히 하고, 땅에 근본을 둔 물건은 아래와 친근히 하오. 바로 각각 종류에 따르는 것이요"라고 하였다. (449~450쪽)

이에서 특히 "本乎天者 親上, 本乎地者 親下"에 해당하는 김경탁의 해설은 다음과 같다.

> [해설] 해와 달과 별과 같은 것은 하늘에 근본을 두고, 산천과 초목과 곤충과 같은 것은 땅에 근본을 둔다. 이것은 왜 그런가 하면, 만물은 각각 같은 종류끼리 서로 따르기 때문이다. (452쪽)

그런데 여기서 제시한 "本乎天者 親上"에 대해 이를 문자학文字學과 연관시킨 흥미로운 견해가 있다. 일찍이 이정호李正浩 박사는 『훈민정음의 구조원리』(1975)에서 'ㅣ'의 '역학적 의의'를 말하면서, 『설문계전』에 대한 인용의 언급은 없으나 "역에서도 「하늘에 뿌리박은 자는 위로 친하고, 땅에 뿌리박은 자는 아래로 친한다」고 하였다"(69쪽) 하고, 「건괘문언乾卦文言」의 "本乎天者 親上 本乎地者 親下 則各從其類也"(126쪽)를 제시했다. 그리고는 "하늘을 이고 땅에 서서 위로는 하늘의 중심에 통하고 아래로는 땅의 중심에 사무쳐서 철두철미 수직으로 서 있는 인간이다"(69~70쪽)라 했다. 시사하는 점이 있다고 생각한다. 이 박사의 이러한 풀이는 차라리 『설문』의 '王'의 풀이와 비슷하게 되었다. 곧, "王, 天下所歸往也, 董仲舒曰, 古之造文者, 三畫而連其中, 謂之王, 三者天地人也, 而參通之者王也, 孔子曰, 一貫三爲王也"(1편 상)의 '一'이 그것이다. 그러나 이 박사는 'ㅣ'의 '역학적 의의'를 말하면서도, 이를 'ㅏ(ㅣ與·合而成), ㅓ(·與ㅣ合而成)'의 'ㅣ'와 관련시키지는 않았다. 아울러 'ㅏ ㅓ'의 'ㅣ'를 '·'와 관련시킨 '天人의 初交', '天人의 交合'에 대한 언급도 없다.

생각건대, 『설문계전』에서 인용한 "本乎天者 親上"의 뜻은 앞의 '一'의 풀이에 있는 바와 같이, 글자를 만든 자는 하늘에 근본을 둔 '一'로써 '관수'로 삼고, '一'에 속한 '丂, 元, 天, 丕, 吏'는 위를 친근히 한다는 것이다. 이것이 "同聲相應, 同氣相求"라는 것이다. 그리고 본즉, 땅에 근본을 둔 것은 김경탁의 해설대로 산천, 초목, 곤충류일 것이다.

굳이 한마디 덧붙여 "本乎天者 親上, 本乎地者 親下"를 『훈정』 28자에 적용시켜 본다면, 「제자해」에서 "初聲對中聲而言之, 陰陽, 天道. 剛柔, 地道也"라 하였으므로, 이는 중성은 초성에 비하여 위를 친근히 하고, 초성은 중성에 비하여 아래를 친근히 하는 것이 된다. 그것은 "中聲 …… 天之用"이요, "初聲 …… 地之功"이라 하고 있기 때문이다.

말하자면, "初聲對中聲"의 '親上'에 대한 '親下'인 상하의 차이는 '陰陽-天道-天之用'의 것이 '親上'이요, '剛柔-地道-地之功'의 것이 '親下'인 것이다. 『설문계전』의 '一'을 '관수'라 했다면, 『훈정』의 'ㆍ'는 '冠'이다. 또 바로 앞에서 인용한 "中聲以深淺闔闢唱之於前, …… 而爲初亦爲終. 亦可見萬物初生於地, 復歸於地也"의 내용에서 보면, 초종성_{初終}聲은 "萬物初生於地"의 '地'와 관련시키고 있으므로, 이는 'ㄱ ㅋ ㆁ …… ㅇ ㆆ ㅎ'의 유는 모두 '地之功'에 해당한다고 해야 할 것이다.

겸하여 『설문』에서는 "人, 天地之性最貴也, 象臂脛之形"(팔편 상)이라 했고, 『고금운회거요』에서는 '人'에 대해 "(說文) 天地之性最貴也, 象人立形"이라 했다. 이러한 유의 기록에 대해서도 의의를 생각해야 할 것이다.

이상으로써 (5)의 것을 총체적으로 보면, "글자를 만든 자는 '一'에서 시작했다. …… '一'로써 관수를 삼고, 하늘에 근본을 둔 것은 위를 친근히 하는 것이다. …… 그러므로 '一'에 속하는 것은 모두 '一'을 따른다"는 것이다. 이것은 "만물은 각각 같은 종류끼리 서로 따르기 때문이다"라고 한 것처럼, "同聲相應"하듯, "同氣相求"하듯, "道는 一에서 난다[道立於一]"하여, '一인 道'라는 의미를 갖는 것만을 선택하고 있는 것이 바로 "'ㅡ' → 'ㅡ, 元, 天, 조, 吏'"이다. 이때의 'ㅡ'은 '관수'이다.
『훈민정음』에서 보기 하나를 '설음舌音'에서 더 들면, 'ㄴ' → '(ㄴ) ㄷ
ㅌ'에 비유된다. 'ㄴ'은 '始'에 해당한다. 이는 초성에서 말하는 "ㄴ ㅁ
ㅇ ······ 象形制字則爲之始"의 '始'이며, "三才爲萬物之先, 而天又爲三才
之始"의 '始'이며, "、ㅡ ㅣ三字爲八聲之首, 而、又爲三字之冠也"의 '冠·
首'에 해당한다. 『고금운회거요』「원서原書」에도,

氣者天地之母也, 聲與氣同時而出, 有聲卽有字, 字又聲之子也

라 했다. 만물은 일체화一體化로 풀이된다. 근원은 '氣'에 있다.

그런데 위에서 보아 온 바와 같이, 범주론적인 방법은 근원으로서의
理가 만상이 되어 펼쳐 나간다는 송대의 존재론, 곧 이일분수가 그때
에도 행해지고 있었다는 것이다.

4. 『고금운회거요』

4.1 'ㅡ'·'元'의 풀이

그 밖의 것으로는 이른바 『운회소인본』을 들 수 있다. 여기서 말하
는 『운회韻會』란 『고금운회거요』(1297)를 약칭한 것이다. 이 책은 원래
남송南宋(元과 겹침)의 황공소黃公紹가 편찬한 『고금운회古今韻會』(1292)를
두고, 이를 황공소의 제자인 원元의 웅충熊忠이 "『고금운회』의 요점을
든다[擧要]"하여, 『고금운회거요』라 한 것이다. '擧要'라는 말을 덧붙인
것으로 보아, 원래의 『고금운회』의 분량은 호한浩瀚한 것이었을 것으로
추측된다. 『고금운회』는 산일散佚되고, 지금은 여기서 말하는 『고금운
회거요』만이 남아 있다. 세상에서 흔히, 『운회』라 하는 것은 위의 두
책을 두고 하는 말이다. 황공소와 웅충은 복건성福建省의 소무昭武 출신

이다.

이 『운회』에는 '소서본'의 『설문』이 인용되어 있다. 단옥재의 「급고각설문정汲古閣說文訂」(汲古閣은 藏書閣의 이름)에도 그렇게 적혀 있다. 『고금운회거요』에서 제시한 '一'(韻 二十六卷, 七張)·'元'(韻 五卷)·'示'(韻 十七卷)의 구체적인 내용으로 보나 군데군데에서 '서개·서왈徐曰(이는 소서를 말함)'이라 한 점만을 미루어 보더라도, 『설문계전』을 인용하고 있음을 알 수 있다.

여기서도 '一'을 두고, 『고금운회거요』에서는 어떻게 적고 있는가를 보기로 한다.

> (一) 益悉切 [羽次淸次音] (說文) 一 惟初太極 道立於一 造分天地 化生萬物 徐曰 一者 天地之未分 太極生兩儀 一旁薄始結之義 橫者 象天地人之氣 是皆橫屬四極者也 (廣韻) 數之始也 又同也 少也初也 (增韻) 又均也 (禮記) 疏 太一者 天地未分 混沌之元氣 極大曰太 未分曰一 又太一 天之貴神 又天一[17] 星在紫垣[18]端門之左位 (前漢注) 如淳曰天皇大星一明者 太一 常居前選相如賦反太一而從陵陽又尺一詔書也後陳蕃傳尺一選擧注板長尺一以寫詔書 [集韻] [古作] 弌 [通作] 壹 [詩] 壹發五豝記大學壹是修身爲本 (韻 卷二十六 七張)

위의 첫 부분은 허신의 것과 소서의 것에 일치하고 있으나 여기에는 『설문』에 있는 "凡一之屬 皆從一"이 없다. 다음의 것은 소서의 것에 일치하나 역시 "老子曰 道生一……"이 없다. 다음 것 역시 소서의 『계전』의 것에 일치하나 뒤부터는 차이가 있다.

---

17) '천일(天一)'은 별의 이름. 자미궁(紫微宮)의 문 바른편 별 남쪽에 있음. 천제(天帝)의 신.

18) '자원(紫垣)'은 '자미원(紫微垣)'의 준말로, 성좌(星座)의 이름이다. 지금도 중국에는 명(明)·청(淸) 때의 궁궐인 '자금성(紫禁城: 紫金城이라고도 함)'이 있는데, 이때의 '자금(紫禁)'은 황거(皇居)를 말하나 원래는 별의 이름이던 '자미원'을 천자(天子)가 거처하는 자리에 비유하여 말한 것이다. 그러므로 이 '자금원'은 천제가 거처하는 곳으로 생각하여 천극성(天極星)과 이것을 둘러싸고 있는 많은 소성좌(小星座)들을 합쳐 말한 것이다. 천극성은 북극성(北極星)으로 하늘의 중궁(中宮)에 해당한다. 『사기』「천관서(天官書)」에는 천극성에 대해 "中宮天極星, 其一明者, 太一常居也"라고 적고 있다.

위의 『예기禮記』의 '太一'은 '根元唯一'의 것을 말한다. 그러므로 '太一'은 천지 창조의 혼돈의 원기元氣를 말한다고 할 수 있는데, 아래의 것은 '太一'의 뜻을 이해하는 데에 도움이 되겠다.

- 主之以太一. [疎] 太者, 廣大之名, 一, 以不二爲稱言大道曠蕩, 無不制圍, 括 囊萬有, 通而爲一, 故謂之太一也. (『莊子』「天下篇」)
- 萬物所出, 造於太一, 化於陰陽. [注] 太一, 道也. (『呂氏春秋』「大樂」)
- 夫禮必本於太一. [注] 太一者, 元氣也. (『孔子家語』「禮運」)

여기서도 『고금운회거요』의 문자학적인 성격을 알아보기 위해 '元' 자 풀이에 대해 내용을 아래에 제시하기로 한다.

元, 愚哀切 [角次濁次音] (說文) 始也. 從一兀 (徐曰) 元者善之長故從一兀高 也與堯同義 會意一也 (左傳注) 人君卽位欲其體元以居正故不言一年一月也 正 月一日曰元日 (尙書) 月正元日注朔日 (廣韻) 大也 又長也 [增韻首也 (書) 元 首明也 又謂冠爲元服又氣也 (公羊傳注) 何休曰變一爲元元者氣也 又 (易) 曰 德之首曰元乾卦文言曰元者善之長也 又 (漢) 文紀元元之民師古曰元元善意也 又光紀下爲元元所歸注謂黎庶又猶言喁喁可矜之辭 又 (謚法)[19] 行義悅民曰元 又姓 (左傳) 衛大夫元咺又後魏孝文拓拔氏爲元氏望出河南 ㅇ 漢武帝建元元年注 古帝王未有年號始起於此案紀元云以一字紀元者始於漢文帝後元年景帝中元年 以二字紀元者始於漢武帝建元元年以三字紀元者始於梁武帝中大通元年以四字 紀元者始於漢哀帝太初元將元年今詳立號以紀元當始於文景非武帝也

위에서도 보는 바와 같이, 『설문』이 나오고, 또 서왈, 곧 『설문계전』의 "元者 善之長"이 나온다. 그리고 『공양전公羊傳』의 주도 "元者氣也"가 나오고, 『역』의 "元 乾卦 文言曰 元者 善之長"이 나온다. 이 모두가 허신

---

19) 諡는 謚로 오용됨. 諡法하는 법.

의 『설문해자』와 서개의 『설문계전』과 『고금운회거요』와의 연계성을 말해 주는 것이라고 볼 수 있다.

4.2 『고금운회거요』로 본 『설문』과 『훈정』의 연계성

『고금운회거요』는 우리나라에서는 일찍부터 널리 알려져 있었던 듯하다. 특히 오늘날의 학계에서는 이 책을 두고 『동국정운東國正韻』(1447)을 지을 때에 많은 영향을 준 것으로 생각하고 있다. 『세종실록世宗實錄』에도 다음과 같은 기록을 남기고 있다.

첫째, 세종 원년(1419) 11월 23일(계해)조의 기록이다.

上王, 召趙末生·元肅語曰, 近日 鵂鶹來鳴, 吾不以爲怪, 然離宮避居, 自古而然, 且韻會釋 鶹字曰, 鶹鳥名, 鳴則凶, 吾欲避居.

상왕이 조말생(趙末生)과 원숙(元肅)을 불러, 말하기를 "근일에 부엉이가 와서 우는데, 내가 괴이하다고 생각지는 않지만, 궁을 더나 피해 있는 것은 예로부터 있는 일이다. 또 『운회』에 鶹자를 풀이하기를, '유는 새 이름인데, 울면 흉(凶)하다' 하였으나 나는 피해 있고자 한다. (『세종실록』권6)

위의 기록에 대한 사실을 확인하기 위해, 『고금운회거요』의 내용을 찾아보게 되면, 다음과 같은 사실을 확인할 수 있다.

'鶹'자의 풀이에는 위에서 말하는 '휴류鵂鶹', 곧 '부엉이' 이야기가 나온다.

(說文) 鳥少美長醜爲鶹離從鳥留聲 一曰舊留 舊音休 (草木疎云)梟也 大則食其母 張奐曰 鶹鷅食母 …… (廣雅) 鵂鶹 音逌講切 亦云怪鳥 晝伏夜視 鳴爲怪也 …… (흠정사고전서 『고금운회거요』 권9 元 黃公紹 原編 熊忠 擧要 28장)

'유리鶹離'는 '유률鶹鷅'과 같은 새의 이름이다. 병아리 때는 아름다우

나 자라서는 보기 싫은 추한 새가 된다. 보통은 부엉이를 말한다. 올
빼미[梟]나 부엉이나 밤에 울고, 어미를 잡아먹는다면, 흉하다고 할
만하다.

세종 때에도 부엉이[鵂鶹]의 울음소리를 무척이나 싫어했던 모양이
다. 『세종실록』에는 흔적을 다음과 같이 기록으로 남기고 있다.

- 鵂鶹鳴于內城 行解怪祭 (세종 16년 12월 2일조)
  부엉이[鵂鶹]가 내성(內城)에서 우므로 해괴제(解怪祭)를 행하다.
- 鵂鶹鳴于勤政殿 行解怪祭 (세종 16년 12월 5일조)
  부엉이[鵂鶹]가 근정전(勤政殿)에서 우므로 해괴제(解怪祭)를 행하다.
- 命 大護軍 崔寶仁 率諸司奴子 聽殷阿里指揮 捕鵂鶹 (세종 16년 12월 11일조)
  대호군(大護軍) 최보인(崔寶仁)을 명하여, 여러 관청의 노자(奴子)를 거
  느리고, 은아리(殷阿里)의 지휘를 들어서 부엉이[鵂鶹]를 잡게 하다.
- 鵂鶹 鳴于勤政殿行解怪祭 (세종 28년 윤6월 초5일조)
  부엉이[鵂鶹]가 근정전에서 우므로 해괴제(解怪祭)를 행하다.

이로써 보건대, 당대의 학자들은 무척이나 『고금운회』 내지는 『고
금운회거요』에 대해 자상하게 내용을 알고 있었구나 하는 생각을 하
게 된다.[20] 왜 그러했을까? 여기서도 '훈민정음' 창제를 생각하면서
당시 그들의 학문적인 이론의 배경이 어디에서 나왔을까 하는 생각을
하게 되며, 또한 그러한 이론의 배경에는 여기서 말하는 『고금운회거
요』에 실려 있는 『설문』의 내용이 크게 작용하였겠구나 하는 연계성

---

20) 『新國語學史』(金敏洙, 1985, 일조각)에 나오는 다음과 같은 기록은 직접으로 참고가
   되겠다.
   ① 元熊忠, 『古今韻會擧要』(1297) 30鮮板은 1434년(宣德 9)에 慶尙道 密陽板 12책으로 복간
     되었다. (94쪽)
   ② 1434(世宗 16), 『운회거요(韻會擧要)』 복간. (98쪽)
   ③ 『古今韻會擧要』를 두고, 김민수는 "이 책의 國內板은 1434년(世宗 16)에 간행되었다"고
     했다. (130쪽)

을 생각을 하게 된다.

덧붙이는 말이기는 하나 '부엉이[鷅]'자에 대한 『설문』(허신)의 것과 『설문계전』(서개)의 것과 『고금운회거요』(웅충)의 것과 『설문해자주』(단옥재)의 것을 아래에 제시한다. 이것은 학적인 연계성을 보기 위함이며, 호기심을 충족시키려는 것은 아니다.

- 鳥少美長醜爲鷗離 (『설문해자』 四篇 上)
- 鳥少美長醜爲鷗離 從鳥留聲 臣鍇按爾雅 少美長醜爲鷗鵋 詩曰瑣兮尾兮留
  離之子里求反 (『설문계전』)
- 鳥少美長醜爲鷗離, 從鳥留聲 [說文] …… 邶風, 瑣兮尾兮, 留離之子, 毛云,
  留離, 鳥也, 少好長醜, 釋鳥曰, 鳥少美長醜爲鷗鵋, 鷗與留, 鵋與離, 皆同也,
  詩字本作留 …… [段注] (『설문해자주』)
- 『고금운회거요』는 앞에 든 것.

그 밖에도 세종은 『훈민정음』을 창제하고 난 뒤 곧바로, 『운회』를 글[正音]로 번역하게 명령했다는 기록도 나오는데, 아래의 것이 바로 그것이다.

命集賢殿敎理崔恒 副敎理朴彭年 副修撰申叔舟 李善老 李塏 敦寧府注簿姜
希顔等 詣議事廳以諺文譯韻會 東宮與晉陽大君瑈 安平大君瑢 監掌其事 皆稟
睿斷 賞賜稱重 供億優厚矣. (『세종실록』 권103 19장 세종 26년(1444) 갑자 2월 16일
(병신))

여기서 최항崔恒, 박팽년朴彭年, 신숙주申叔舟, 이선로李善老, 이개李塏, 강희안姜希顔 등에게 명하여, 의사청議事廳에 나아가 언문諺文으로 『운회』를 번역케 하고, 동궁東宮과 진안대군晉安大君·안평대군安平大君으로 하여금, 일을 관장하게 하였다고 했는데, 여기서 말하는 『운회』란, 『고금운회거요』를 말한 것으로 보아야 할 것 같다. 그도 그럴 것이 일반적

으로도『운회』라면『고금운회거요』를 말하는 것으로 되어 있는데다
가 허신의『설문』의 내용이『홍무정운역훈』에까지 미치고 있는 점으
로 보아서도 그러하기 때문이다. 이는 선조宣祖 6년에 중간되기도 했
다. 더구나 세종은 '훈민정음' 창제에 이어『고금운회거요』의 국역을
신숙주·성삼문 등에 명한 바 있다고 한다. 국역할 가치가 있다고 하
면, 어떠한 가치가 있었을까? 세종을 위시한 '훈민정음' 창제 당시 학
자들, 가운데서도 '훈민정음' 창제에 직접 참여했던 학자들은 새 글
자, 곧 '훈민정음' 창제를 앞두고, 또한 창제하면서,『고금운회거요』
에서 거의 글자마다 나오는『설문』의 '서왈'을 보거나 가끔 나오기는
하나 '서개'와 같은 것을 접하면서 그들은 어떠한 내용의 어떠한 자
극을 받았으며, 그들의 뇌리에는 무엇이 어떻게 작용했는가? 국역의
뜻은 이루지 못했다고 하나 이것은 우리에게 무엇을 시사하는 것으
로 보아야 할 것인가? 내용이 그들에게는 다루기 힘에 벅찬 내용이
었을까? 아니면, 또 다른 말할 수 없는 이유라도 있었을까. 어쨌든
'훈민정음' 창제에 관여한 학자들은 한마디로『설문해자』,『설문계전
』,『고금운회거요』 등의 내용에 접하면서, 문자 구성에 대한 형체학
적形體學的인 분석에 자극을 많이 받았을 것은 확실할 것이다.

5.『홍무정운역훈』

우리의 주목을 끌고 있는『설문』관련 문헌으로는『홍무정운洪武正韻』
(1375)과 더불어『홍무정운역훈』(1455)을 빼어 놓을 수 없으며, 연계성
을 생각해 보지 않을 수 없다.

여기서도 'ㅡ'에 대해 어떻게 적고 있는가를 보기로 한다. 'ㅡ'만으로
보면,『홍무정운』과『역훈』의 내용상의 차이는 없다.『역훈』에 다만
정음正音으로써 'ㅡ'의 음을 달았을 뿐이다. 정음을 앞세웠음이 주목을
끈다.

益悉切 數之始也 物之極也 均也 同也 少也 初也 又 太一天之貴神 又 天一
星在紫微垣端門之左位 臨星紀歷數之所始 七政之所起 萬物之所從出也 故漢志
曰 紀於一21) (권14 24장)

『홍무정운역훈』에도, '說文'(說文解字의 약칭)이라 적은 것이, 얼른 훑
어 세어 보기에도, 칠백마흔여 군데, '徐曰'이 스무 군데 가까이, '徐鍇'
가 대여섯 군데나 나온다. 이때의 '徐曰, 徐鍇'는 물론 『설문계전』의
것을 두고 말한다. 더구나 「홍무정운역훈서洪武正韻譯訓序」・『사성통고범
례四聲通攷凡例』에도 송宋의 황공소의 『고금운회』의 말이 나오므로, 『설
문』과 『고금운회거요』와의 연계성을 알 만하다.
  여기서 『홍무정운역훈』의 '元'자 풀이에 대해 생각해 보기로 하자.

   元, 古韻 ㅇ母下同 善之長也 又本也 首也 一也 大也 始也 長也 氣也 左傳注
人君即位欲其體元以居正故不言一年一月也 公羊傳元年 春者 何君之始年也 何
休曰變一言元元者 氣也 漢文 紀元元之民師 故曰元元善意也 (권4 17장)

여기서도 보는 바와 같이 이 내용은 앞에서 본 『고금운회거요』의
"徐曰 元者善之長"을 위시하여 거의가 내용이 같다. 차라리 축약했구
나 할 수 있는 정도의 풀이들이다.
  한편, 도도 아키야스藤堂明保는 그의 『한자어원사전漢字語源辭典』(1965,
學燈社, 619쪽)에서 '元'의 어원에 대해 다음과 같은 내용을 적고 있다.

  [元]: '처음(始)이라. 一十兀의 회의(會意)' …… 주준성(朱駿聲)이 '인체의 머

---

21) "紀於一"의 '紀'는 '바뀌다, 새로와지다'의 뜻으로 '改易', '改'에 통함. 『설문통훈정성(說
文通訓定聲: 清의 朱駿聲이 지음. 『설문』에 충실하면서, 諧聲符 중심으로 편찬)』에는
"紀叚借爲改"라 했고, 『국어(國語)』「주어(周語)」상에는 "나라가 망한 지 십 년이 지나
지 않았다. 십(十)은 수(數)의 극(極: '紀'는 '極'이다[國亡不過十年, 數之紀也]" 하고,
주(注)에 "'數'는 '一'에서 비롯하여, '十'에서 끝난다. 그러므로 '十'은 '數'의 '極'이라
한다[數起於一, 終於十, 十則更, 故曰紀]"라 했다.

리'로 풀이하고, '처음[始]'의 뜻은 '머리[首]'에서 온 파생의(派生義)라고 본 것은 바르게 본 것이다. "국자(國子)의 머리(元, 머리[首])를 귀(歸)케 하다"(『좌전(左傳)』, 哀 11년)라는 것은 용례(用例). "元이란 무엇인가. 임금(君)의 처음[始]의 해[年]이라"(『公羊傳』, 隱 元年)라고 한 것은 파생적 용법이다. 원(頑 : 둥근 머리[頭])과 동계(同系)로, '둥 글다(丸)'라는 기본의(基本義)를 내포하고 있다.

여기서 말하는 『좌전左傳』 '애공哀公 11년'의 원문은 "公使大史固歸國子之元"으로 되어 있다. 내용은 "魯의 哀公은 大史固를 보내어 國子의 머리[首]를 齊에 돌아가게 하다"라는 것이다. 또 『공양전』의 은隱 원년 元年의 원문과 '소疏'는 "元年者何, 君之始年也. [疏] 解云, 春秋說云, 元者, 端也"로 되어 있다.

그리고 『홍무정운역훈』과 『사성통고』에도 아래에 보이는 바와 같이, 황공소의 『운회』의 말이 나오는데, 이 역시 연계성을 말한다고 보아야 할 것이다.

- 蒙古韻與黃公紹韻會 入聲亦不用終聲何耶 (「홍무정운역훈서」)
  『몽고운(蒙古韻)』과 황공소의 『운회』도 입성(入聲)에는 또한 종성(終聲)을 사용하지 않았으니, 어찌한 일이냐.
- 黃公紹 韻會入聲如以質韻䐃卒等字屬屋韻菊字母以合韻 …… (『사성통고범례』)
  황공소의 『운회』에는 입성의 질운(質韻)인 '䐃(·윤), 卒(·쥰)' 등의 글자를 '屋韻'인 '菊(·국)'의 자모(字母)에 붙이고.

이것들의 문자학적인 체계나 이론은 그대로 『동국정운』과 『훈민정음』으로 이어진다고 보아야 한다.
그리고 중종中宗 때의 최세진崔世珍(1465?~1542)은 이 『거요』에 수록된 한자의 배열을 그대로 옥편식 자서로 개편하여, 두 권으로 된 『운회옥편韻會玉篇』(1536)을 지었고, 선조宣祖 때의 이식李植은 이 『고금운회거요』

를 30권 12책으로 다시 박아 내었다.

다음으로는 최세진의 『운회옥편』에 대해 생각해 보기로 하자. 최세진은 중국어 학자로 널리 알려진 사람이다. 그는 『노박집람老朴集覽』(중종대), 『사성통해四聲通解』(1517), 『운회옥편』, 『이문집몽吏文集蒙』(1539), 『훈몽자회訓蒙字會』(1527) 등 많은 업적을 내었다. 특히 중종 32(1537)년 12월의 『중종실록中宗實錄』에 의하면, 『운회옥편』 2권과 『소학편몽小學便蒙』 4권을 간행·진상하고, 『이문편람吏文便覽』도 저술하였다 한다. 여기서 말하는 『운회옥편』은 『고금운회거요』(←『고금운회』)와 관련 있음은 널리 알려져 있다.

『중종실록』에 보면, 우리나라에 『운회』는 있었으나 옥편玉篇은 없었다고 하면서 다음과 같이 적고 있다.

上護軍崔世珍, 以韻會玉篇·小學便蒙啓曰, <u>我國有韻會而無玉篇</u>, 故雜於考見, 臣玆會字類, 作韻會玉篇以進, 若命刊行, 則庶有補於考字也, …… 轉于政院曰, 崔世珍所進小學便蒙及韻會玉篇, 令入易曉, 而亦便於童蒙之學, 世珍之留意成書, 誠爲可嘉, 可別賜酒, 給按具馬一匹, 除授僉知. (권86 57장 중종 32년 (1537) 12월 경신)

그리고 웅충의 『고금운회거요』는 지금까지 전하고 있다고 했는데, 1883년에 회남서국淮南書局에서 목판본으로 중간된 바 있다. 이것은 30권 10책으로 되어 있다.

오늘날 우리가 쉽게 접할 수 있는 한국본은 웁살라에서 스타판 로젠이 1975년 1월에 추천해 온 것을 아세아문화사에서 1975년 4월에 영인해 내놓은 것이다.

6. 『설문해자주』

동양의 문화권, 가운에서도 중국에서는 허신의 『설문해자』를 두고 이를 어떻게 소중히 해왔던가를 살펴보기 위해서는 단옥재의 『설문해자주』의 의의도 함께 고려·참작하여야 할 것이다. 『설문해자』의 주석서는 많다. 그러나 오늘날 가장 기본적이며 가장 유명한 『설문해자』의 주석注釋으로는 청淸의 단옥재(金壇)가 주석한 『설문해자주』22)를 친다. 이는 중국 문자학의 기본적인 문헌인 『설문해자』의 대표적인 주석서注釋書라 할 수 있다. 단옥재는 『설문해자』의 원본 10편을 차례에 따라 주를 달아 풀이했다. 넓고 깊이 있게 증거를 인용하여, 옥편, 광운廣韻, 각 경전各經典의 훈고訓詁와 『설문해자』와의 같고 다름을 두루 고정考訂

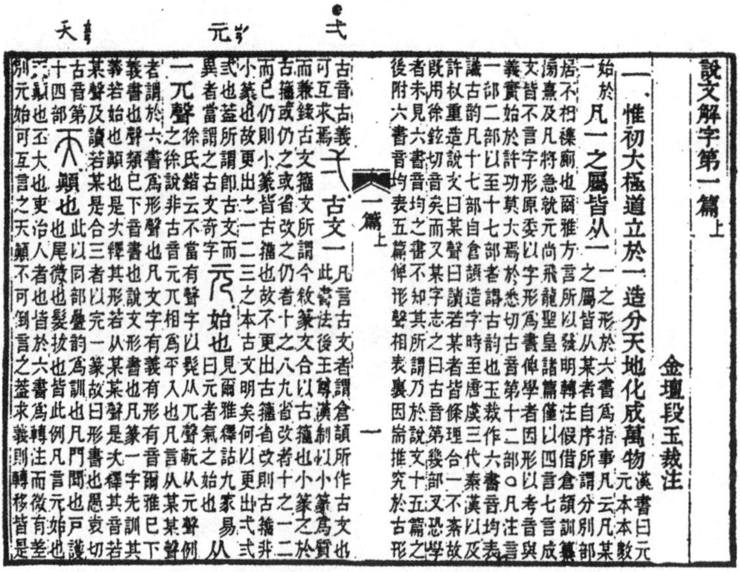

【그림 2】『설문해자주』제1편 상

22) 단옥재가 『설문해자주』를 만드는 데는 540권이나 되는 장편 『설문해자독(說文解字讀)』을 먼저 만들었다. 후 540권을 취사(取捨)·압축하여, 지금의 『설문해자주』(약칭 『단주』) 30권이 되었다. 건융(乾隆) 41년(1776) 42세에 착수하여, 가경(嘉慶) 20년(1815) 5월에 찍어 내었다. 그리고 그해 9월 8일에 81세로 생을 끝마쳤다.

하여 자세하고도 확실히 하였고, 또 전문篆文도 많이 손질하여 개정한 데가 많아, 가히 '설문학說文學'의 거벽巨擘이라 할 만하다.23)

그러나 그는 『설문해자』의 자설字說을 고친 데는 거의 없고, 이것에 대한 부연敷衍에만 힘을 모았다. 그러나 여기서도 주목할 것은 단옥재의 『설문해자주』에 있는 「개권開卷」 제일第一의 '一'을 두고 해설한 내용은 전적으로 소서의 것임을 유의할 필요가 있다. 훈민정음 제자의 체계·이론을 추구하는 데에 특히 소서의 『계전』을 주목하는 소이所以도 여기에 있다.

---

23) 모로하시 데츠지(諸橋轍次), 『大漢和辭典』 10권, 494쪽.

제**3**장 『설문해자』의 천인상관적 사상

『설문해자』「서敍」에는 창힐蒼頡이 글자를 만들기 이전, 전설적인 대호大昊 복희씨伏義氏(庖犧氏)가 팔괘八卦를 그린 이야기, 신농씨神農氏 결승結繩의 이야기가 적혀 있다. 그런데 여기서 주목할 것은 팔괘를 문자의 기원으로 생각하는 중국 사람들의 독자적인 사고에 있다.『역』이 보여주는 바와 같은 상징적인 세계관의 방법을 문자의 체계관과 관련시키고 있다는 점이다. 역은 팔괘와 그것들의 짜맞춤에 의해 64괘卦, 384효爻로 이루어지는데, 그것들의 상호 관계에 의해 만상의 변화를 나타내고 있다. 이것은 일종의 상징주의적인 세계관이다.

그러므로 허신 시대의 한자의 체계도, 형상 가운데에는『역』에서 말한 괘효卦爻와 같은 존재의 뜻이 내포되어 있어 글자의 짜임새[構造] 가운데에는 각기 그에 해당하는 이법이 나타나 있다. 이렇게 생각하고 본즉, 과연『설문』에는 당시의 음양오행적인 자연관이 배경으로 되어 있는 것이 많다고 할 수 있다. 그러므로 당시에 유행하던 오행사상五行思想을 이해하지 못하고는 허신의『설문』을 이해하지는 못할 것이다. 구체적인 보기를 들면, '東(六上)'에 대해 "動이라. 木에 따름"이라 한 것은 오행설五行說에서 '東'은 '木'이며, 만물의 발동發動은 '東', 곧 '春'에서 시작한다는 오행설이다.[24]

이와 같이 허신은 당시에 유행하던 음양오행설에다가 천인상관적天

人相關的인 자연관自然觀을 그의 형체학적形體學的 자해서인 『설문해자』에 결부시키고 있어 그의 자해서의 체계는 그의 세계관 또는 그의 자연적 질서에 대한 확고한 기반 위에서의 표현이라고도 할 수 있다. 음양설陰陽說은 차치하고, 여기서 말하는 천인상관은 땅 위에 있는 인간 행위의 선악善惡이 하늘 곧 자연계自然界의 길상吉祥이나 재변災變을 불러일으킨다는 것인데, 특히 정치와 자연 사이에는 대응對應 관계가 있다는 자연관에 바탕을 둔 것이다. 이 같은 설은 전한의 대유大儒로 알려진 동중서董仲舒(B.C. 176?~B.C. 104?)의 『춘추번로春秋繁露』로부터 있어 온 것이다.

그 중에서도 춘추학春秋學의 왕도설王道說은 유명하다. 동중서의 왕도설의 근거는 '元年春王正月'이라는 여섯 글자에 있다. '元年'이라는 두 글자는 어떻게 풀이되고 있을까. 대책對策은,

> 臣謹案春秋謂一元之意, 一者萬物之所從始也, 元者辭之謂本也, 謂一爲元者, 視大始, 而欲正本也, 春秋深探基本, 而反自貴者始, 故爲人君子, 正心以正朝廷, 正朝廷以正百官, …… 以正四方 (第一策)
>
> 신(臣)이 삼가 춘추(春秋)에 一을 元이라 한 뜻은 생각하기에 一은 만물이 따라[從] 비롯하는 데라. 元은 사(辭)의 이른바 근본이라. 一을 말하여, 元을 삼는 것은 비롯함을 대단하게 보고, 근본을 바르게 하여 이로써 조정(朝廷)을 바르게 하고, 조정을 바르게 하여 이로써 백관(百官)을 바르게 하고, …… 이로써 사방(四方)을 바르게 한다.

여기서 '一年'이라 할 것을 '元年'이라 했다. '元'에는 '本'이라는 뜻이 함축되어 있으며, 왕자王者는 하늘을 본받아, 바르게 시작하는 것이 근본 자체인 왕자 자신이라는 것을 나타내고 있는 내용이다. 또 『춘추번로』 「왕도편王道篇」에는

---

24) 加藤常賢, 『漢字의 起原』(二松學大學, 東洋學研究 別刊), 角川書店, 1976. 9.

春秋何貴乎元而言之, 元者始也, 言本正也, 正王道也, 王者人之始也.

춘추는 어찌 元을 귀히 이것을 말하는가. 元이란 비롯함[始]이다. 근본
을 바르게 하는 것을 말한다. 왕도(王道)를 바르게 하는 것이라. 왕은 사람
의 비롯함이라.

이라 하여, 같은 취지를 말하고 있다.

동중서는 왕도설뿐만 아니라, 모든 그의 주장의 근거를 『춘추春秋』내
지는 『공양전』에서 찾는 것은 하나의 현저한 특징이기도 하다.

위의 경우, '元年春王正月'의 여섯 글자에서 '年'과 '月'의 두 글자를
빼고, '元-春-王-正'의 네 글자의 배열에서 의미를 찾고, 근본 자체
인 왕자 자신이 '春'이라는 글자가 나타낸 천칙天則을 본받아, 자기의
할 바를 바르게 한다고 풀이하는 것은 납득이 안 간다. 그러나 이 같은
태도는 『춘추』가 한 왕조王朝를 위하여 미리 법을 만든 부동不動의 전적
典籍으로 알고 있는 『공양전』의 춘추관春秋館에 의거하여, 한 무제(B.C.
140~B.C. 87 재위)의 정치규범政治規範이 모두 거기에 나타나 있다는 경
세치용적經世致用的인 견지에서 본 것이다. 그러므로 차라리 여기에서
동중서의 춘추학자로서의 독자적인 모습을 보아야 할 것이다.25)

그 밖에도 전한의 무제와 그의 신하인 동중서에 의해 유교儒敎가 국
교國敎가 되었다는 점과 허신이 『설문해자』를 만든 동기는 당시의 오경
五經의 해석이 문란한 것을 바로 잡기 위해 만든 그의 『오경이의五經異義』
와 마찬가지로, 경서經書의 올바른 해석을 하기 위한 것으로 알려져 있
다는 점을 여기서는 참고하여야 할 것이다.

---

25) 佐川修, 『春秋學論考』, 168~169쪽.

제**4**장 형체학적 형식인 '某之屬皆從字'에 대하여

위에서 말한 허신의 『설문해자』 제15권 하의 첫머리에 보면,

此十四卷, 五百四十部也, 九千三百五十三文 重一千一百六十三, 解說凡十三
萬三千四百四十一字, 其建首也立一爲耑.

이란 내용이 나온다. 이는 『설문』부수가 모두 14편 540부로 되어 있
다는 것과 '9,353문', '중1,153'에다가 해설解說이 무릇 '133,441자'라는
것이다. 여기서는 『설문해자주』에 의해 풀이해 나가기로 한다.
　『설문해자주』의 첫머리에 보면, 제1편이 나오는데, 다음에 '一'이라
쓰고 있다. 이 글씨는 해서楷書 아닌 소전이다. 그리고 다음으로는,

　一, 惟初大極, 道立於一, 造分天地, 化成萬物
　一은 오직 첫 대극(大極), 도(道)는 一에서 생겨나(확립하여), 천지를 조
분(造分)하고, 만물을 화성(和成)한다.

이라 했다. 이것은 허신이 쓴 설해說解 부분이다. 그리고 가운데 있는
「단주」를 건너뛰어 큰 글씨로 된 다음과 같은 것이 있다.26)

凡一之屬 皆從一

　무릇, '一'이라는 글字로 시작하는 부 가운데에 있는 글자는 모두 '一'이
라는 글자를 따르고 있다.

　이것은 부의 처음에 있는 것으로 이 같은 형식은 반드시 되풀이된
다. 여기서 '따른다[從]'는 말의 뜻은 그와 같은 문자의 구성 부분을
갖고 있다는 술어일 뿐 아니라, '형'으로서의 그러한 부분을 가지고
있다는 의미로 쓰이고 있다. 이러한 형식은 『설문』뿐이 아니라, 『고금
운회거요』와 『홍무정운역훈』에서도 물론 나타난다. 『설문해자주』에
서는 "某之屬皆從某"라 했다. 여기서 이러한 형식에 대해 언급하는 것
은 이러한 형식이 '훈민정음' 창제에서 시사하는 점이 많았을 것으로
보이기 때문이다. 말하자면, 설음의 'ㄴ ㄷ ㅌ'는 모두 'ㄴ'을 따르고 있
다는 식으로 말이다.
　그리고는 이체자異體字로서 '弌'을 들고, 이를 "古文一"이라는 해설을
달고 있다. 그리하여 '9,353문'의 첫 글자로 '一'을 내세우고 있다. 이에
속하는 글자에는 '一, 元, 天, 丕, 吏'가 있다.
　다음부수는 '二'이다. "高也 此古文上, 指事也"라 했다. 이는 둘의
뜻인 '二'는 아니고, '上'이라는 글자이다. 여기에도 '凡二之屬 皆從二'
가 나온다.

凡二之屬 皆從二

　무릇 '二'라는 글자로 시작하는 부 가운데에 있는 글자는 모두 이 '二'이
라는 글자를 따르고 있다.
　'二(上)'에 속하는 글자에는 '帝, 旁, 二(下)'가 있다. 이와 같이 '凡㉠之屬
皆從㉡'과 같은 형식은 부수 글자에 대한 하나의 정해진 풀이의 성격을 띠
고 있다.

---

26) 여기서는 『설문해자주』(黎明文化事業公司, 中華民國 63年), 곧 『단주』의 것을 보면서,
　　『설문』을 풀이해 나가기로 한다.

위의 ⊙과 다음에 나올 '元'의 형식에서 볼 수 있는 ⓒ과 같은 것은 어떤 글자의 표로 쓴 것이다. 아래에 나오는 것은 모두 이와 같다.

이같이 하여, 540이나 되는 부의 맨 처음 글자에는 이 같은 일을 되풀이하고 있다. 이러한 형식은 부수글자를 해설하면서 행하는 하나의 규칙과도 같은 것이다.

'一'이라는 글자에는 두 가지가 있는 셈인데, 하나는 소전이고, 다른 하나는 '古文'임을 알겠다. 이와 같이 하나의 친자 가운데에 같은 글자이기는 하나 글자의 꼴[字形]의 모습이 다른 글자가 있을 경우, 『설문』에서는 '重文'이라 하고 있다. 이때의 '文'은 문자의 文을 뜻한다. 이로써, 『설문』에는 소전 외의 특별히 다른 글자도 다루고 있음을 짐작할 수 있다. 그러나 이러한 것들은 모두 자형에 관한 관점에서의 일이므로, 고문과 대전大篆을 알고 있더라도 글자의 꼴이 다르지 않을 경우에는 소전만을 제시하고 있는 것이다. 그러므로 중문은 고문일 수도, 대전일 수도, 소전일 수도 있다.

다음에 나오는 글자는 '元'이다. 올림 글자에 해당하는 친자인 '兂'은 소전이다. 밑의 '始也'는 허신의 해설이다. 조금 내려와서, 다음의 '從一兀聲'도 허신의 해설이지마는 이것은 문자의 성립을 육서에 비추어 분석적으로 설명한 부분이다(『六書』에 대하여는 '제1편 제6장'). 여기서는 다음과 같은 하나의 형식이 나온다.

　　　元의 형식: 從一兀聲
　　　　　　　⊙을 따른 ⓒ의 소리

이 형식은 형성자形聲字의 분석에 적용된다.

이러한 형식의 것은 『고금운회거요』나 『홍무정운역훈』 등에도 이어지는데, 아래에서는 『고금운회거요』의 것을 먼저 보이고, 『홍무정운역훈』은 나중에 한데 몰아 몇 가지를 보이려 한다. 이 같은 일은 하나의 연계성에 대한 확인 작업의 성격을 띠고 있다.

功, 從力工聲(1-3)	空, 從穴工聲(1-4)	涷, 從水東聲(1-4)
恫, 從心同聲(1-5)	侗, 從人同聲(1-5)	銅, 從金同聲(1-6)
詷, 從言同聲(1-6)	種, 從禾重聲(1-6)	潼, 從水童聲(1-6)
蓬, 從艸逢聲(1-7)	芃, 從艸凡聲(1-7)	風, 從蟲凡聲(1-8)
紅, 從糸工聲(1-14)	崇, 從山宗聲(1-21)	鴻, 從鳥江聲(1-14)
烽, 從火夆聲(1-21)	極, 從木圅聲(29-9)	

다음은 '天'이라는 글자이다. 이 친자 역시 소전이다. 밑에 "顛也"라는 해설 부분이 있다. 해설은 다시 "至高無上 從一大"로 이어진다. 여기서 말하는 '從一大'는 '天'이라는 문자를 분석할 때, 이것이 어떠한 요소로 만들어졌는가를 풀이하고 있는 부분이다. '하늘'은 '至高無上'이다. 그러므로 이 같은 것의 형식은 다음과 같이 말할 수 있을 것이다.

　　　天의 형식: 從一大
　　　　　㉠과 ㉡을 따른다

이것은 회의자會意字의 분석으로 쓰인다. 다시 말하면, 이미 만들어진 글자를 짜 맞추어 새로운 의미를 나타내는 것으로 서로 관련이 있는 글자를 비교하여, 뜻을 모아 공통된 의미를 찾아내는 방법이다. 이러한 형식의 것을 『고금운회거요』에서 보기를 든다.

宗, 從宀示(10-21)	伊, 從人尹(2-17)	戎, 從戈甲(1-18)
兮, 從丂八(4-2)	嵩, 從山高(1-17)	

다음은 '丕'라는 글자이다. 해설에는 "大也"로 나와 있다. 이어 "從一不聲"이라 했는데, 이것의 형식은 앞에서 말한 '元'이라는 글자와 형식이 같은 형성자이다.

또 다음은 '吏'라는 글자이다. "治人者也"라는 해설이 있고, 다음에

64

는 "從─從史"가 나온다. 이로써 보면, 여기서는 다음과 같은 형식이
나올 수 있다.

    吏의 형식: 從─從史
            ㉠을 따르고 ㉡을 따른다.

이것도 회의자의 분석에 쓰이는 표현 방법이다. 이러한 형식의 것을
역시 『고금운회거요』에서 보기를 든다.

公, 從八從ㅿ(1－2)   同, 從冂從口(1－5)   奇, 從大從可(2－3)
庸, 從庚從用(1－28)   夷, 從大從弓(2－18)   吹, 從口從欠(2－40)
規, 從夫從見(2－42)   族, 從㫃從矢(25－9)

그 밖에도 이러한 유類에는 다음과 같은 것들이 있다.

封, 從之從士從寸(1－20)   雙, 從隹二枚從又(1－31)
絲, 從二糸   麤, 從三鹿(3－32)

그런데 여기서 보인, '吏'자의 형식인 '從㉠從㉡(㉠을 따르고, ㉡을 따
른다: 회의)'과 앞에서 말한 '天'자의 형식인 '從㉠ ㉡(㉠과 ㉡을 따른다:
회의)'은 어떻게 다를까 하는 생각이 드는데, 그 중 '從㉠從㉡'의 것[吏]
은 ㉠과 ㉡ 둘 다가 서로 대립하면서 합성된 것이라 할 수 있고, 이에
대해 '從㉠ ㉡'의 것[天]은 ㉠과 ㉡이 대립하여 있지 않고, 서로 연결되
어 있는 경우이다. 그러나 그들 사이에 명백한 구별이 있는 것은 아니
다.
    『說文』의 풀이에서 '吏'의 다음을 보면 "史亦聲"이 나온다. 여기서
'㉡은 또한 성聲'이란 것은 이 글자가 또한 형성자이기도 하다는 것을
보인 것이다. 이러한 형식의 것을 『고금운회거요』에서 찾아보면 다음

과 같은 것들이 있다.

儀, 從人義義亦聲(2-5)　　　　　疎, 從𡥀疋亦聲(3-12)

抱, 從手句句亦聲(3-12)　　　　　偕, 從人皆亦聲(4-10)

이와 같이 문자가 어떠한 요소로 이루어졌는가 하는 분석적인 설명 부분에는 여러 가지의 형식이 있다는 것과 형식은 문자가 육서의 어디에 속해 있느냐에 따라 달라질 수 있다는 것을 알 수 있을 것이다.

허신의 『설문』은 문자의 구성에 대해 풀이한 것으로 말하자면, 문자 형체학의 대계大系라 할 수 있다. 일찍이 반고는 그의 『한서』 「예문지藝文志」에서 육서를 두고, 「조자지본造字之本」이라 했다. 이 말 역시 '훈민정음' 창제를 앞두고 있던 세종 당대의 학자들에게는 시사示唆하는 바가 많았을 것으로 생각된다. 그뿐 아니라 위에서 본 바와 같은 문자 구성의 형식에 접했을 경우, 그들은 이 같은 문자 구성의 형체학적인 방법에서 음소문자音素文字에 착안하고, 다음으로는 형체소의 글자를 창제하고, 이에 가획加劃의 형식을 취하여, 초성글자를 만들지 않았을까 하고 생각해 본다.

이상에서 본 바와 같이, 허신은 각각의 문자에 대하여, 육서의 관점에서 하나하나의 글자의 구성 요소를 분석적으로 설명하고 있다. 『설문』을 두고, 문자의 '형'을 중심으로 편찬한 자서라는 뜻에서 '형의 서書'로서 독창성을 높이 평가한다.

육서의 풀이 방법에서 보면, 상형象形이나 지사指事는 다른 것에 비하여는 단체單體의 것이므로 1차적인 글자이다. 그리고 전주轉注·가차假借글자는 글자의 응용應用·운용運用의 것이므로, 자형의 분석에는 관계가 없다. 밖의 것은 회의會意·형성形聲글자인데, 형식을 보면 [표 5]와 같다.

【표 5】

회의	형성	회의이자 형성인 글자
從㉠㉡→天	從㉠㉡→元, 丕	從㉠㉡㉡亦聲→珥
從㉠從㉡→吏	從㉠㉡省聲→齋	從㉠從㉡㉡亦聲→吏

위에서 보는 바와 같이, 회의의 글자에 두 가지 형식의 다름이 있는 것은 위에서 본 바 대로이다. 합성의 차이에 대하여는 확실한 구별은 되어 있지 않다는 것이다. 다음으로 생각할 것은 형성의 것이다.

'齋'에 대한 '從示齊省聲'은 글자의 분석 표기에 많이 쓰이고 있는 형식이므로, 여기에 첨가한 것이다. 여기서 '생략한다[省]'한 것은 자형의 한 부분이 생략되는 것을 뜻한다. 만약에 생략되지 않으면, 이 글자는 '齋'의 '示'의 바로 위에 '一'의 기호를 하나 더하는 형식의 글자가 되고 말기 때문이다.

『고금운회거요』에서 '從㉠㉡省聲'의 형식의 것들을 보이면 다음과 같다.

夢, 從夕瞢省聲(1−8)   充, 從儿育省聲(1−13)

宮, 從宀身呂省聲(1−16)   熊, 從能炎省聲(1−19)

耆, 從老旨省聲(2−26)   羆, 從熊罷省聲(2−35)

綏, 從糸從爪從安省聲(2−39)   羆, 從火吹省聲(2−40)

奚, 從大從奚省聲(4−2)   哭, 從二口從獄省聲(『흠정사고전서』, 25−3)

회의에는 '從㉠㉡'꼴[天]과 '從㉠從㉡'꼴[吏]이 있으므로, '亦聲'이 붙으면, 위에서와 같이, '吏'말고도, '珥'(『설문』1편 상, 26장)의 "從王耳耳亦聲"과 같은 꼴도 있게 됨을 알 수 있다. 그 밖에도 '齒'(2篇 하 19장)에 대한 "象口齒之形, 止聲"과 같이 상형 부분에 聲이 붙여진 보기도 있다.

그 밖에도 '覓'(10편 상 26장)에 대해서는 "從兎足, 從苜聲"이라 하여, '從㉠, ㉡聲'과 같이 나타내었다. 그리고 '祭'(1편 상 6장)에 대해서는

"從示, 以手持肉"이라 하여, '從'의 아래가 문장으로 되어 있는 것도 있다. 이러한 형식의 것을 『고금운회거요』에서 찾아 아래에 보이기로 한다.

東, 從日在木中(1-4)　　　　中, 從口丨 上下通也(1-11)

區, 從品在匚中品衆也(3-13)　　朱, 從木一在其中一者記其心(3-18)

谷, 從水半見出於口(25-2)　　　木, 從屮下象其根(25-5)

그 밖에 흥미로운 것은 '一'부가 끝나는 자리에 "文五重一"이라는 것이 나온다. 이것은 '一'부에는 문자가 다섯, 중문이 하나라는 것이다. 중문까지 합치면, 여섯 가지의 자체字體가 있게 되는 셈이다.

다시 한 번 되풀이하거니와 '一'부수에는 아래와 같은 글자들이 따르고(속해) 있는데, 이들 글자의 자형에 들어 있는 '一'은 모두 "道는 一에서 서기[立] 시작한다"라는 앞에서 말한 근원적인 의미를 갖는다는 것을 말하고 있음에 유의해야 할 것이다.[27]

【표 6】 '一'부의 '文五重一'

文五	重一
一·元·天·丕·吏	弍

다음은 '二(上의 뜻)'부이다. 여기서도 앞의 '一'부에서처럼, 끝에는 "文四重六"이 나온다. 네 가지의 글자인 문사文四와 여섯 가지의 글자인 중문이 있다는 뜻이며, 이 모두는 '二(上)'를 따르는 글자들[凡二之屬皆從二]이라는 것이다. '문사文四'의 것에는 '二(上)·帝·旁·二(下)'가 있다. '중육重六'의 것은 꼬불꼬불하게 생겼다. 여기서는 생략한다. 모두 합치면 열 가지의 글자체가 있는 셈이다(『설문해자주』 1편 상 3엽).

---

27) 이에 관하여는 『설문입문(說文入門)』, 大修館書店, 1983, 136~143쪽.

그 다음은 또 '示(神의 뜻, 示神事也)'부이다. 역시 끝에는 "文六十三重十三"이 나온다. '文六十三'에는 '示, 禮, 禧, 祿, 祥, 神, 祖, 祝……' 등이 이에 속한다. 이 모두는 '示'를 따르고 '示'를 글자 안에 가지고 있는 글자들이다[凡示之屬皆從示]. 그러한즉, 글자의 꼴이 다름으로 보아서, 이들 모두는 '重十三'의 것을 합하여, 76가지의 글자체를 가지고 있다고 할 수 있다. 이와 같은 방법은 되풀이하여 이어져 나간다.

끝으로 여기서는 『홍무정운역훈』에 나타난, 문자의 구성요소를 분석적으로 풀이한 자료를 제시하려 한다. 「정운역훈서正韻譯訓序」에도 "蒙古韻與黃公紹韻會……"이라 하여, 『운회』가 나오고, 「정운범례正韻凡例」에도 "字畫當以設文爲正……"이라 하여, 『설문』이 나오는데, 『설문』의 인용은 실은 거의 매장마다 한두 군데 나온다고 할 수 있다.

이러한 기록은 모두 연계성을 말하고 있는 것이다. 그러므로 여기서 제시하는 이러한 문자에 대한 형체학적인 형식은 바로 '훈민정음' 제자에 즈음하여, 그대로 영향을 주었을 것으로 생각한다. 맨 처음에 있는 권1과 맨 끝에 있는 권16에서 활자화하기 쉬운 적당한 글자만 골라, 분류하지 않고, 그대로 제시해 보인다.

㉠ 『홍무정운역훈』 권1

東, 從日在木中

仝, 從人從工

蓬, 凡從艸者今作艹

叢, 從丵從取

訟, 從言從公

公, 說文從八從厶八背意也 厶私字……

衆, 從目從乑三人爲乑

躬, 從身從呂

宮, 上從宀宀音綿深屋也 下從呂呂背也 背在身中故從呂

麋, 說文鹿屬從鹿米聲 釋名澤獸也

夷, 東夷朝鮮箕子所封之地 今地高麗是也 說文 南蠻從虫 北狄從犬 西羌從羊

　　唯東夷從大從弓俗仁而壽有君子不死之國 ……

示, 從丅從八千音偏旁[28]從示者俗作 礻.

祈, 從丅從斤 示音祈 俗作 礻

羲, 說文气也 從義從兮

欷, 說文 凡由口出者皆從欠 若吹歌欷歔歐之類是也

兮, 說文兮語 有稽也從丂八象氣越丂也 徐曰[29]爲有稽考未便言之 言兮則 語當

　　駐駐則 氣越丂也[30]

鷄, 從谷從奚

ⓒ 『홍무정운역훈』 권16

澤, 從水睪聲

策, 從竹從朿

檗, 從木辟聲 …… 徐曰 ……

擘, 從手辟聲

墨, 從囮從土從火

溱, 從氵從策

色, 從人從巴[31]

晳, 從析從白

析, 從木從斤

刺, 從朿從刀

---

28) 한자의 체(體)에서 왼쪽에 있는 것을 '편(偏, 扁)', 바른쪽에 있는 것을 '방(旁, 傍)',
　　위쪽에 있는 것을 '관(冠)', 아래쪽에 있는 것을 '각(脚)'이라 한다. '편방관각(偏傍冠脚)'
　　은 한자 부수를 총칭한 것이다.

29) 위의 '徐曰'은 서개의 『설문계전』을 말한다. 참고로 그대로 인용해 둔다.
　　"兮, 語所稽也 從丂八象气越丂也 凡兮之屬皆從兮 臣鍇曰 舜歌曰 南風之薰兮 是也 爲有所稽考
　　未便言之也 言兮則語當駐駐則气越丂也"(권9 16장)

30) 『설문』에는 "兮, 語所稽也 從丂八, 象气越丂也 凡兮之屬皆從兮"(5편 상 31)

31) '亞細亞文化社'(1973)의 것과 '文淵閣, 四庫全書'의 것에는 '巴'로 됨.『홍무정운역훈』의
　　것은 '巴'의 속에 있는 'ㅣ'이 옆으로 'ㅡ'으로 되어 있음. 이는 잘못으로 보임.

慼, 從戉從尗

席, 從广從甘從巾

夕, 從半月朝見曰朝夕見曰夕

隻, 從又持隹持一隹曰隻 二隻曰雙 (亞細亞文化社)

從又持隹持一隹曰隻 二隹曰雙 (文淵閣 四庫全書; 高大影印)

睪, 從目從幸 (亞細亞文化社; 文淵閣 四庫全書)

從目從幸 (高大影印)

翌, 從羽從立

璧, 從辟從王 王與玉同

隙, 從阜從㡭㡭音司從小從白從小今作隙俗作隟

覓, 從爪從見

覿, 從賣從見

默, 從黑從犬

集, 從隹從木

妾, 從辛從女

燮, 說文從言從炎從又

위에서 『홍무정운역훈』에서 다루고 있는 문자의 형체학적인 형식을 분석적으로 고찰하기 위해, 몇 가지의 보기를 들었다.

'훈민정음' 창제자들이 처해 있던 문자 생활의 환경과 사대모화적事大慕華的인 사상의 흐름 속에서 그들의 정신생활은 과연 어떠했을까를 생각해 보자. 흔히 말한다. 아무리 위대한 철학자라 할지라도 그가 살고 있는 특정된 공간성, 특정된 시대적 제약은 벗어날 수 없으며, 그가 속해 있는 민족의 한 구성원으로서의 사회적인 제약을 받기 마련이라고. 따라서 '훈민정음' 창제자들 역시 그들의 사유思惟의 방법은 당시의 민족적 내지는 사회적·역사적인 전통과 제약을 받지 않을 수 없었을 것이다.

한자의 문화권에 살면서, 어릴 적부터 매일 같이 한자를 보고 익혀

오면서, 문장에서 삶의 의미와 가치를 찾던 '훈민정음' 창제자들은 위에서 제시한 『설문』→『홍무정운』에 나타나는 갖가지의 형체학적인 무엇을 생각하고, 무엇을 익히고, 어떤 영향을 받았을까? 이 같은 문제는 꼭 제기되어야 하는 필수적인 과제라 아니 할 수 없다. 한마디로 많은 영향을 받았을 것은 확실하고도 명확하다.

제5장 『설문해자』의 이일분수 이론

이미 말한 바와 같이, 『설문』의 조직은 부수 '一'로부터 시작되는데, 이 '一'은 '二(上)·示·三·王·玉' 등으로 펼쳐 나간다. 총 부수는 540, 그 중 부수 '一'은 '一, 元, 天, 丕, 吏'(5자)로, 부수 '示'는 '示, 祜, 禮, 禧, 祿, 禎, 祥, 祉, 福, 祐, 神, 祇……'(63자)로 펼쳐 나간다. 이 같이 하여, 『설문』에는 모두 9,353개의 글자를 싣고 있다.

대강大綱에서 세목細目으로의 방식, 곧 동식물을 분류할 때의 '강綱, class'에서 '목目, order'으로 가는 방식처럼 부수를 펼쳐 나가면서 사이에 삼라만상을 줄줄이 늘어놓고 마지막에 가서는 만상을 운선運旋하는 십간+干(干은 幹을 뜻함) 십이지+二支(支는 枝를 뜻함)로써 끝맺었다. 모로하시 데츠지諸橋轍次의 말을 빌어 말하자면, "모든 문자가 하나의 근원에서 나와 만단으로 펼쳐 가는데 그 사이에 일관된 條理가 있다"(『대한화사전』 10권, 493쪽)는 것이다.

이제 『설문계전』 권30 「서목 하敍目下」에 있는 『설문해자』에 수록된 글자 조직의 풀이를 아래에 제시해 보기로 한다.

後敍曰 此十四篇 五百四十部也 九千三百五十三文 重一千一百六十三 解說 凡十三萬三千四百四十一字 其建首也 立一爲耑臣鍇曰耑音端[32]方以類聚 物以 羣分 同條牽屬[33]共理相貫 雜而不越臣鍇曰類聚爲水部水部相次同條共理謂中

之類與屮同從門而貫之雖雜而各有部分不相○越也 據形聯系 引而申之 以究萬
原 臣鍇據形聯系謂之部因次以比部從以究盡萬事之原也 畢終於亥 知化窮冥
　臣鍇謂亥生子終則○ 始故託於一寄○ 於亥亥則物之該盡 故曰窮冥也

1. 『설문해자』와 『노자』에 나타난 음양오행과 유출사상

번거로움을 무릅쓰고, 여기에 다시 앞에서 말한 '소서본'인 서개의
『설문계전』에 나타나는 '一'의 풀이를 인용하기로 한다. 그것은 '훈
민정음'을 창제하는 데에 직접으로 많은 영향을 주었다고 생각되는
『고금운회거요』가 이 서개본徐鍇本에 의거하고 있기 때문이다. 이 다
음에 나올 「단주」의 풀이를 기다릴 것도 없이, 『고금운회거요』의 올
림 한자의 거의 풀이마다 나오는 '서개, 서왈'은 『설문계전』을 두고
하는 말이라는 것을 강조하는 바이다.

- 一, 惟初太極 道立於一 造分天地 化成萬物 凡一之屬 皆從一 臣鍇曰 一者
  天地之未分 太極生兩儀 一旁薄始結之義 是謂無狀之狀 無物之象 必橫者象
  天地人之氣 是皆橫屬四極 老子曰 道生一 今云道立於一者 得一而後道形 無
  欲以觀其妙 故王弼曰 道始於無 無又不可以訓 是故造文者, 起於一也 苟天
  地未分 則無以寄言 必分之也 則天地在一之後 故以一爲冠首本乎天者 親上
  故曰 凡一之屬 皆從一 當許愼時 未有反切 故言讀若此反切 皆後人之所加
  甚爲疎朴 又多脫誤 今皆新易之伊質反 (『설문계전』)
- (說文) 一, 惟初太極 道立於一 造分天地 化生萬物 徐曰 一者 天地未分 太極生
  兩儀 一旁薄始結之義 橫者 象天地人之氣 是皆橫屬四極者也 (『고금운회거요』)

---

32) 『설문해자주』에는 "崬物初生之題也引申爲凡始之稱謂始於一部"라 함.
33) 『설문해자주』에는 "屬者連也"라 함.

여기서 주목을 끌고 있는 것은 위의 『설문계전』과 『고금운회거요』의 '一'의 풀이다. '一'의 풀이 가운데서, "一者 天地未分 太極生兩儀"라 했다. '太極'은 『노자』 제42장의 "道生一……"에서 말하는 일체의 근원으로서의 하나[一]인 태극을 말하는 것이다. 유교에서는 이것을 '太極'이라 일컫는다. 이 태극은 근원적으로는 有이며, 一이다. 그러나 『노자』의 사상에서 말한다면, 有는 無에서 生하는 것으로 되어 있으며, 無는 『노자』에 있어서는 道이므로, 『노자』는 "道生一"이라 풀이했다. 이 道에서 生한 一은 有이며, 유교의 太極에 해당한다. 이 같은 내용을 대하면서, 『훈민정음』「제자해」 첫머리에 나오는 "天地之道 一陰陽五行而已 坤復之間爲太極 而動靜之後爲陰陽"의 뜻을 되새겨야 할 것이다. 이같은 '一'의 풀이는 다음에 나올 『설문해자주』의 것과 연계되어 있으므로, 거기로 미루기로 한다.

다음으로는 금단金壇 단옥재段玉裁의 『설문해자주』 1편 상의 첫머리에 나오는 '一'에 의거해 말하려 한다.

「단주」의 것이 비록 그때에 있어서는 '훈민정음' 창제에 뒤지기는 하나 이 내용 가운데는 『훈민정음』「제자해」의 내용 풀이에 직접으로 도움을 주는 내용이 많이 실려 있을 것으로 생각되기 때문이다. 여기에는 허신의 『설문』에 이은 여러 문자학 관련 문헌에 대해 종합적으로 풀이하고 있으며, 『설문해자주』는 지금까지도 중국에 있어서 문자학의 성전으로 극찬을 받는 학문적인 권위가 있기 때문이다. 허신의 『설문』 사이사이에 「단주」가 들어 있으므로, 『설문해자주』「단주」의 '一'의 풀이만 차례대로 옮겨 보인다.

- 一, 惟初大極 道立於一 造分天地 化成萬物 (허신)
- 漢書曰 元元本本 數始於一 (「단주」)
  『한서』에서 말하기를 "원원본본(元元本本), 수는 一에서 비롯한다"
- 凡一之屬 皆從一 (허신)
- 一之形 於六書爲指事 凡云凡某之屬皆從某者 自序[34]所謂 分別部居 不相襍

廁也 爾雅 方言所以發明轉注假借 倉頡 訓纂 滂熹及凡將 急就 元尙 飛龍 聖
皇諸篇35) 僅以四言七言成文 皆不言字形原委 以字形爲書 俾學者因形以考
音與義 實始於許 功莫大焉 於悉切 古音第十二部 ○凡注言 一部 二部 以至
十七部者 謂古韵也 玉裁作六書音均表36) 識古韵凡十七部 自倉頡造字時至
唐虞 三代秦漢 以及許叔重造説文曰某聲 曰讀若某者 皆條理合一不紊 故既
用徐鉉切音矣37) 而又某字志之曰 古音第幾部 又恐學者未見六書音均之書
不知其所謂 乃於説文十五篇之後 六書音均表五篇 俾形聲相表裏 因崙推究
於古形 古音 古義 可互求焉 (「단주」)

一의 형은 육서에서는 '지사'가 된다. "무릇 '모(某)'의 속(屬)은 '모'를
따른다"고 하는 것은 「자서(自序)」에는 말하자면 '부거(部居)를 분별(分
別=分類)하고, 잡측(雜厠)하지 않게(서로 섞이지 않게) 한다'는 것이다.
『이아』, 『방언(方言)』에는 전주·가차를 발명한 까닭, 『창힐』, 『훈찬(訓
纂)』, 『방희(滂熹)』, 『범장(凡將)』, 『급취(急就)』, 『원상(元尙)』, 『비룡(飛
龍)』, 『성황(聖皇)』의 여러 편에는 다만 사언(四言)·칠언(七言)으로써 글
월을 이룰 뿐, 어느 것도 모두 자형의 원위(原委=源流·轉變)를 말하지
않는다. 이러한 뜻을 가지고, 자형으로써 책(서적)을 만들고, 학자로 하
여금 형으로 인하여(실마리를 잡아), 이로써 음(音)과 의(義)를 생각하
게 하는 것은 실로 허신으로부터 시작한다. 그 공적이 이보다 더 큰 것
이 없다. 어실(於悉)의 절(切). 고음(古音)은 제12부. ○ 무릇, 주에서 1

---

34) 여기서 자서라 함은 허신이 제15편의 서(序)에서 문자의 역사와 『설문』 찬술(撰述)의
방법을 말한 것을 말한다.

35) 그런데 여기서 말하는 여러 편의 내용이란, 『천자문(千字文)』과 같이 4자구(四字句)로
만들어진 식자교과서(識字敎科書)를 말한다. 8편 가운데서, 『급취』만이 현존하고 나머
지는 없어졌다. 『급취』는 속성(速成)의 뜻을 담고 있으며, 간독(簡牘)을 배우는 아이들
을 위해 지은 것이다.

36) 고운의 학설을 모아 놓은 것. '韻, 韵, 均은 실에 있어서는 같은 글자이다. 『설문』에는
'韻, 韵'이 없으므로, 『설문』에 있는 '均'을 씀.

37) 이 말은 송대의 서현이 『설문』을 교정(校正)할 때에 음주(音注)를 더하고 있는 것을
말한다. 이 말은 『설문』 제15편 하 「진표(進表)」에서 "說文之時, 未有反切, 後人附益,
互有異同, 孫愐唐韻行之已久, 今竝以孫愐音切爲定"이라고 한 것을 말한다.

부·2부 이하, 17부에 이르기까지를 말하는 것은 고운(古韻)을 말하는 것이다. 단옥재가 『육서음균표(六書音均表)』을 만들어 고운을 안 것은 무릇 17부. 창힐이 글자를 만든 때로부터, 당우(唐虞)·삼대(三代)·진한(秦漢)을 거쳐, 허숙중(許叔重＝許愼)은 『설문』을 만들어 '모성(某聲)'이라 하고, "읽기를 모(某)와 같이 한다"고 하는 것에 이르기까지, 모두 조리(條理)가 하나로 합쳐져, 문란(紊亂)하지 않다. 그러므로 일단은 서현의 절음(切音)을 쓰는 것이다. 그리하여 또한 모자(某字)에 이것을 적어 "고음제기부(古音第幾部)"라고 한 것이다. 그리고 또한 독자가 아직 육서음균(六書音均)의 서(書)를 보지 않고, 여기서 말하고 있는 뜻을 모를까 걱정하여, 『설문』 15편의 다음에 『육서음균표』 5편을 붙이고, 형과 성(聲)을 서로 통하게 하였다. 단서(耑緒)를 실마리로, 근본을 캐어 들어가며 연구해 보면, 고형(古形)·고음·고의(古義)에 대하여, 여기부터 상호간의 추구가 가능해지는 것이다.

위의 첫 번째의 「단주」의 '一'의 풀이에 대하여는 제2편에 있는 '元本'의 풀이에 미루기로 한다.

두 번째의 「단주」의 내용에 대해서는 익히 살펴보기로 하되, 여기서 중요한 것은 위에서 말한 것처럼, 이때까지도 중국에서는 『설문』이 문자학의 성전으로 있어 왔다는 사실이다. 이 같은 역사적인 사실을 두고 볼 때, 세종 당대의 '훈민정음' 창제에 참여한 학자들에게는 후한에서 청에 이르는 장구한 시간에 걸쳐 있어 왔던 이러한 사실에 무관할 수 있었겠는가 하는 점이다. 지금 여기서 벌이고 있는 작업은 영향의 흔적을 추적하고 있는 것이다.

이 같은 사실에 유의하면서, 다시 『설문』 '一'의 풀이로 돌아가자.

'一'부에는 '一, 元, 天, 丕, 吏'가 속해 있다고 했는데, 여기서 주목해야 할 것은 이 대목 첫머리에서 말한 것처럼, 이들 다섯 글자의 자형에 들어 있는 '一'은 모두 '道는 一에서 서기[立] 시작한다'라는 근원적인 의미를 갖는다는 것이다. 이는 마치 『훈민정음』 '설음'의 글자들(ㄴ ㄷ

ㅌ)은 모두 "ㄴ, 象舌附上腭之形"라고 하는 'ㄴ'과 같은 글자의 구성 부분을 가지고 있다는 것처럼.

그리고 또 '三'(1편 상 17)에 대하여는

三, 數名, 天地人之道也, ㉠ 於文一耦二爲三, 成數也, ㉡ 凡三之屬皆從三, ㉢ 弎, 古文三.

三은 수(數)의 이름이라. 天·地·人의 도라. ㉠ 문에 있어서[於文], 一이 二에 나란히 하여 있는 것(짝지어있는 것)을 三으로 한다. 성수(成數)이다. ㉡ 무릇 三에 속하는 것은 모두 三을 따른다. ㉢ 고문(古文)의 三.

이라고 했다. 이는 '허서'의 것이다. 그런데 위의 ㉠~㉢의 자리에는 이른바 「단주」의 것이 '허서'의 사이에 작은 글씨로 적혀 있다. 내용을 차례를 따라 아래에 적어보고, 이를 풀이해 보이면 다음과 같다.

㉠ 陳煥曰 數者 易數也 三兼陰陽之數言 一下曰道立於一 二下曰地之數 王下曰 三者 天地人也 老子曰 一生二 二生三 三生萬物 此釋三之義 下釋三之形 故 以於文二字別言之

진환(陳煥)이 가로되, '수라는 것은 『역』의 수를 말하는 것이다. 三은 음 양의 수를 겸하여 말한다'고 하였다. '一' 밑에서 "道는 一에서 생겨난다 (확립한다)"라고 말하고, '二' 밑에서 "땅의 수(數)라"고 말하고, '왕'밑 에서 "三이라는 것은 天·地·人이라"고 말한다. 『노자』에서 "一은 二를 생하고, 二는 三을 생하고, 三은 만물을 생한다"고 말한다. 이것은 '三' 의 뜻을 풀이한 것이다. 아래에 '三'의 형을 풀이한다. 그러므로 "문에 있어서[於文]"라는 두 글자로써 이를 별언(別言)한다.

위의 ㉠의 자리에 있는 「단주」에 대한 내용을 좀 더 자상하게 풀이 해 보면, 다음과 같다.

첫째, 진환陳煥(1786~1863)은 '陳奐'으로 써야 옳다. 그는 강소江蘇의 장주長洲 사람이며, 자字는 석포碩圃이다. 젊었을 때부터 단옥재를 사사師事했다고 한다.

둘째, "一 밑에서는 '道는 一에서 생겨난다'라고 말한다[一下 曰道立於一]"는 것은 『설문』 1편 상의 '一'부의 "道立於一"과 관련되어 있다.

셋째, "二 밑에서는 '땅의 수'라고 말한다[二下 曰地之數]"는 『설문』 13편 하의 '二'부의 "二, 地之數也, 從耦一"의 것과 관련되어 있다.

넷째, "王 밑에서는 '三이라는 것은 天·地·人이라'고 말한다[王下曰 三者 天地人也]"는 『설문』 1편 상의 '王'부의 "天下所歸王也, 董仲舒曰, 古之造文者, 三畫而連其中, 謂之王, 三者天地人也, 而參通之者王也……"의 것과 관련되어 있다.

다섯째, "『노자』에서 '一은 二를 생하고, 二는 三을 생하고, 三은 만물을 생한다'고 말한다[老子曰 一生二 二生三 三生萬物]"는 아래에 보인, 『노자』 제42장에 있는 것이다.

道生一, 一生二, 二生三, 三生萬物, 萬物負陰而抱陽, 沖氣以爲和
도(道)는 一을 생하고, 一은 二를 생하고, 二는 三을 생하고, 三은 만물을 생하고, 만물은 음(陰)을 업고 양(陽)을 안고서 충기(沖氣)로 화(和)를 삼는다.[38]

이것은 道의 본체本體로서 '一'은 변화하여 만물을 화성化成하여 천지인天地人이 됨을 말한 것이다. 이에는 확실히, 道가 유출하여 세계를 형성한다고 하는 유출사상이 바탕에 깔린 세계관을 배경으로 하는 자설字說이다. 그러므로 『설문』의 형체학적인 체계는 문자로써 그의 세계관을 나타낸 것이라고 할 수 있으리라. 따라서 이 같은 동양적인 유출사상을 『노자』에서 다시 인용한 것이다.

이에 대해 김경탁은 다음과 같이 풀이하고 있는데, 이는 유출사상을

---

38) 김경탁, 『노자』, 양현각, 1983, 220쪽. 이후로는 페이지 표시만 하기로 한다.

펼쳐나가는 데에 매우 중요한 내용을 담고 있다.

> 우주의 근원인 도(道)에서 一(元)의 기(氣)가 생기고, 一(元)의 기에서 음
> 기(陰氣)와 양기(陽氣)가 생기고, 음기와 양기에서 화기(和氣)가 생기어 이
> 三기의 화합(和合)으로 말미암아 만물이 생성된다. (219~220쪽)

이에 다시 주석을 달아 보면, 『노자』의 도는 일체의 근원으로서 하
나인 것, 곧 태극이 될 수 있다. 태극은 둘로 나뉘어져 음양이 된다.
이 음양의 二氣는 沖氣를 발생시켜 '三'이 된다. 이 '三'으로써 일체 만
물이 발생한다. 특히 '沖氣'에 대해서 풍우란馮友蘭은 "道生一"의 '一'은
「천하편天下篇」에서 말한 "太一"이라 했고, "二生三"의 '三'은 "陰氣, 陽
氣, 和氣"라 했다.

이 같은 내용은 『훈민정음』「제자해」의 "天地之道 一陰陽五行而已"
나 "一元之氣, 周流不窮, 四時之運, 循環無端……"이나 「결訣」의 "天地之
化本一氣, 陰陽五行相始終……"에서나 여기 나타나는 '道'와 '一'에서
보는 바와 같이, 이것은 『노자』"道生一……"과 같은 만물이 유출되는
과정을 말한 것인데, 이 같은 사상은 전국戰國 말에 유행하던 음양설陰陽
說을 이용한 것이다. 음양이란, 만물을 구성하고 있는 원자原子와도 같
은 것으로 氣의 두 종류인 음기와 양기를 말한다. 따라서 『노자』의 '二'
는 음양의 두 氣를 말하고, '一'은 이 두 기운으로 분화하기 이전의
'一氣'로 볼 수 있다. 그리하여 道는 一을 생한다고 하고 있으므로, 결
국 一은 道 자체는 아니고, 道에서 파생되어 나온 것임을 알 수 있다.
그러나 이것은 다시 아래의 내용을 되씹어 보면, '一'을 '道'로 바꾸어
놓을 수도 있지 않겠는가 하는 생각을 하게 된다. 『노자』 제39장에는
다음과 같이 적고 있다.

> 昔之得一者, 天得一以淸, 地得一以寧, 神得一以靈, 谷得一以盈, 萬物得一以
> 生, 侯王得一以爲天下貞, 其致之一也.

옛날 一을 얻은 것들이 있다. 하늘이 一을 얻어서 맑고, 땅이 一을 얻어서 편안하고, 신(神)이 一을 얻어서 영(靈)하고, 계곡은 一을 얻어서 채우고, 만물은 一을 얻어서 생하고, 후왕(侯王)은 一을 얻어서 공정(公正: 貞)하니, 그것이 극치(極致)에서는 하나(一)이다.

이에 대한, 김경탁의 『노자』의 주석·해설을 또한 아래에 든다.

[주석] 정(貞): 곧다, 바르다.
[해설] 기(氣)와 우주(宇宙)의 발생(發生): 태초(泰初)에 하나의 기(氣)가 있었다. 천지와 만물은 이 기를 말미암지 않고는 하나도 생성한 물건이 없다. 다시 말하면 기는 모든 생성자(生成者)의 근원이 되는 것이다. …… 그것은 다름 아니라 천지 사이에 흐르고 있는 하나의 기(氣)로 체(體)를 삼기 때문이다. (212~213쪽)

그리고 『노자』 제22장에서는 다음과 같이 말했다.

是以聖人抱一爲天下式.
이러므로 성인(聖人)은 一을 안고서 천하(天下)의 양식(樣式)이 된다.
[해설] 그러므로 성인(聖人)은 이러한 자연적인 '하나'의 도(道)를 가슴에 품고서 다음과 같은 도덕법칙(道德法則)을 세운다. (157쪽)

그리고 또한 『노자』 제10장에서는 다음과 같이 말했기 때문이다.

載營魄抱一, 能無離乎.
형체(形體)를 싣고 一을 안고서 떠남이 없게 할 수 있느냐. (95쪽)
[해설] 여기서 말하는 '一'은 무엇인가? 이것은 우주(宇宙) 안에 가득 차 있는 '하나'의 기(氣)를 말하는 것이다. (96쪽)

다시 말하거니와 위의 제39·22·10장의 '一'은 '道'로 바꾸어 말하는 것이 오히려 더 맞는 더 어울리는 것 같다.

여기서 『노자』는 왜 도를 一로 바꾸어 말하고 있을까? '一'을 두고, 도라 한다든가 태극이라 한다든가 하는 것은 모든 존재의 근원이 되는 것을 말한다. 『훈민정음』 「제자해」의 첫머리에서는 "天地之道 一陰陽五行而已"라 했다. 道를 두고, 一이라 했다는 데에 유의해야 할 것이다.

원래 유출emanation이라는 사상의 싹은 서양에서는 희랍의 철학자 플라톤Platon(B.C. 427?~B.C. 347)과 그로부터 배운 크세노크라테스Xenocrates (B.C. 396?~B.C. 314?)로부터 있어 왔으나 신플라톤학파가 이를 완성시켰다. 그러나 이 범신론적汎神論的인 사상의 근원은 동양에 있었다. 발출發出이라고도 한다. 본원적인 하나의 것에서 만물이 나오므로, 이것을 샘[水源]에서 물이 흘러나오는 것에 비유한 사상이다. 본원本源에서 멀어지면 멀어질수록 그에 따라 단계적으로 완전성이나 실재성은 점점 줄어들 것이지만, 본원 자체는 바뀌지 않는 것으로 생각하는 데서 나온 사상이다.

ⓛ 此依韵會所引 韵會多據鍇本 今鍇本又非舊矣 耦 各本作偶 今正 二下曰從一 耦一 以一儷一也 此曰一耦二爲三 以一儷二也 今又皆脫一字 三畫而三才之 道在焉 故謂之成數 又字下曰 手之列多 略不過三

이것은 『운회』에 의거한 것이다. 『운회』는 개본(鍇本)에 많이 의거하고 있다. 지금의 개본은 또한 옛 것이 아니다. '耦'자는 각 책[各本]에 '우 (偶)'자로 만들었다. 지금 바르게 한다. '二' 밑에서 "一이 一과 짝지움 (耦: 가지런히 함)을 따른다"라고 말하는 것은 一로써 一과 짝짓는(가지 런히 하는) 것이라. 여기서 "一이 二와 짝짓는(가지런히 하는) 것을 三 으로 삼는다"라고 말하는 것은 一로써 二와 짝짓는(가지런히 하는) 것 이라. 지금은 또한 모두 '一'의 글자를 뺀다. 삼획(三畫)이며 삼재의 도 (道)가 있는 것이다. 그러므로 이것을 일러 '성수(成數)'라 한다. '우(又)' 라는 글자 밑에서는 가로되 "손(手)이 줄지어 있음이 많으나 약(略)하여 셋(三)에 지나지 않는다"라고 말한다.

위의 ⓒ의 자리에 있는 「단주」에 대하여, 풀이를 더하여 보면, 다음과 같은 말을 할 수 있으리라고 생각한다.

첫째, "이것은 『운회』에 의거한 것이다. 『운회』는 錯本에 많이 의거하고 있다[此依韻會所引 韻會多據錯本]"라고 하는 것은 『고금운회거요』 운10권 12장에 있는 「下平下 十三」의,

　　三, 蘇甘切 [音與弍同] (說文) 三, 數名, 天地人之道也, 於文偶二爲三, 成數也. (集韻) [古作]. …… [或作]參博雅參三也. (周禮) 參分去一謂析一三. (漢志) 秦造參夷之誅 (莊子) 參一而後外天下又 勘二韻[39]

에서 따온 것이다.

둘째, "지금의 개본은 또한 옛 것이 아니다[今錯本又非舊矣]"라고 하는 것은 '三'을 두고, '대서본'과 '소서본'에서 다 같이, "三, 天地人之道也, 從三數"라 하는 것을 두고 하는 말이다. '대서본'의 것과 '소서본'의 것을 그대로 아래에 옮겨 보고, 아래에 『홍무정운』의 것도 제시한다.

• 三, 天地人之道也, 從三數 凡三之屬皆從三, 穌甘切. (「흠정사고전서」 『설문해자』 권1 상 6장)

• 三, 天地人之道也, 從三數 凡三之屬皆從三臣錯曰通論備矣 仙藍切. (「흠정사고전서」 『설문계전』 권1 10장)

• 蘇監切, 數名, 亦作參, 古作弍 又去聲, 又(上) (勘) 凡言數則 從平聲, 論語三變三又, 禮記先雷三日書三公三孤易 先甲三日之類 是也 再而三之則 從去聲 論語三思而復易再三瀆 書至于三記朝於王季日三 左傳 三而竭之類 是也 然其間亦有兩音 如三省三思之類合從通用.[40] (『홍무정운』 6「覃」 30장)

---

39) 「欽定四庫全書」에는 '弍'으로 됨.

셋째, "耦자는 각 책[本]에 '偶'자로 만들었다[耦各本作偶]"고 하는 것은 위에서 말한 『고금운회거요』 운10권 12장의 "(說文) 三, 數名, 天地人之道也, 於文偶二爲三, 成數也"의 "偶"를 두고 하는 말이다.

넷째, "'二'의 밑에서는…… 지금은 또한 모두 '一'의 글자를 뺀다[二下…… 今又皆脫一字]"라고 하는 것은 바로 위의 셋째와 같은 내용의 것을 두고 하는 말이다.

다섯째, "삼획이며 삼재의 도가 있는 것이다. …… 가로되, '손이 줄지어 있음이 많으나 略하여 셋에 지나지 않는다'[三畫而三才之道在焉 …… 曰手之列多略不過三]"라고 하는 것은 『설문해자주』「허서」「우부又部」에 있는 "又, 手也, 象形, 三指者, 手之列多, 略不過三也, 凡又之屬皆從又"의 것에서 말한 것이다. 여기서 '三指者'라 함은 「단주」에서 "三岐象三指"라 했다. '又'의 소전 '╂'의 체를 보면 이해가 빠르다.

ⓒ 穌甘切 古音在七部

이것은 '소감의 切'을 말한다. 고음古音은 칠부七部에 있다는 것이다.

이상으로써, 허신의 『설문해자』, 서개의 『설문계전』, 황공소의 『고금운회거요』, 단옥재의 『설문해자주』 '一'자 풀이와, 이에 『노자』 "道生一……"의 사상을 연계시켜, 거기 나타난 음양오행사상陰陽五行思想과 유출사상에 대해 언급해 보았다.

2. 『설문해자』와 송대 역학의 體用一源사상

끝으로 앞에서 말한 『설문계전』 '一'의 풀이에 있는 "一 惟初太極,

---

40) 단, 『홍무정운역훈』에서는 위의 첫 부분의 것이 아래와 같이 조금 다르게 적혀 있다. 밖의 것은 같다.
"蘇監切, 數名, 亦作參又覃勘二韻凡言數則 從平聲, 論語三變三友, ……"(「正韻」 6, 51장)

道立於一, 造分天地, 化成萬物 ……"과『설문계전』권31「부서 상」에 나오는 "一, 天地之始也 一氣之化也"와『고금운회거요』'一'의 풀이에 있는 "(說文) 一 惟初太極 道立於一 造分天地 化成萬物 徐曰 一者 天地未分 太極生兩儀 …… (禮記) 疏 太一者 天地未分 混沌之元氣 極大曰太 未分曰一 又太一 天地貴神 又天一 ……"과도 같은 사상을, 아래에 제시한『훈민정음』「제자해」의 내용과 관련·연계시켜 가면서, "一 惟初太極, 道立於一 ……"에서의 '一'과『노자』의 사상을 일원이기적_元二氣的인 사상에서 부연敷衍해 보기로 한다.

- 天地之道 一陰陽五行而已 坤復之間爲太極 而動靜之後爲陰陽
- 一元之氣 周流不窮 四時之運 循環無端 …… 正音作而天地萬物之理咸備
- 天地之化本一氣 (「訣」)

『주역』「계사상전」에는 다음과 같은 내용이 나온다.

是故易有太極, 是生兩儀. 兩儀生四象, 四象生八卦. 八卦定吉凶, 吉凶生大業.

이것은 태극에서 양의兩儀, 사상四象, 팔괘를 생성한다는 것으로 되어 있다. 그러므로 이것은 근본적으로는 일원이기_元二氣의 사상이라 할 수 있다. 말하자면, 이는 一氣의 사상을 말하는 것이라 할 수 있다. 일기일원_氣_元을 태극이라 하고, 태극에서 양의, 곧 음양의 氣인 二氣를 생성한다는 것이다. 음양의 二氣란, 대대적對待的인 이원적二元的인 원리이며, 이것을 일러 천지, 또는 건곤乾坤이라고 할 수도 있다. 이 양의의 각각이 또한 二氣를 생성하여, 사상을 생성하고, 이 사상이 다시 팔괘를 생성하게 된다. 그러므로 근본적으로는 일원이기의 일기생성론_氣生成論으로 생각할 수 있다.

이 같은 내용은『여씨춘추呂氏春秋』「대악편大樂篇」이나『예기』「예운禮運」의 여러 글의 내용도 마찬가지이다. '太一'이나 '大一'이란 것도, 일기일원을 말하는 것으로 이로부터 양의나 천지天地의 대대적인 원리를 생한다. 「대악편」에는 양의가 다시 음양을 생한다 하고, 「예운」에는 말을 바꾸어 음양이 된다고 하였으나 이 양의·천지·음양은 생성적인 차서次序를 말하는 것이 아니고, 대대적인 二氣인 것을 달리 말한 것이다. 이러한 것은 이들의 고주古注를 검토하게 되면 절로 밝혀진다. 「대악편」의 양의를 고유주高誘注에서는 천지라 풀이하고, 「역유태극장易有太極章」의 양의를 우번주虞飜注에서도 다음과 같이, 천지라 풀이했다.

> 虞飜曰, 太極, 太一也. 分爲天地, 姑生兩儀也. 四象, 四時也. 兩儀謂乾坤也. 乾二五之坤, 成坎離震兌. 震春兌秋, 坎冬離夏, 故兩儀生四象. 歸妹卦備, 故彖獨稱天地之大義也. (『周易集解』 卷十四引)

그리고는 『예기』 「예운」 제9편에는 다음과 같이 풀이했다.

> 是故夫禮必本於大一, 分而爲天地, 轉而爲陰陽, 變而爲四時.[41]

그러므로 예(禮)라는 것은 반드시 대일(大一)에 기초를 두고 만들어진 것이다. 대일(大一)은 나뉘어져서 천지가 되고, 천지는 바뀌어 음양(陰陽)이 되고, 음양은 변하여 사시(四時)가 된다.

여기서는 "나뉘어져 천지가 된다[分而爲天地]"는 설로써 풀이했다. 그리고 '제5장 2.' 첫머리에서 말한 『고금운회거요』 '一'의 풀이에서는 "(禮記) 疏 太一者, 天地未分, 混沌之元氣……"라 했다. 이러한 것은 모

---

41) • 대일(大一): 천지가 아직 나뉘지 않고, 혼돈(混沌)으로 있는 원기(元氣)를 말함.
　　• 위천지(爲天地): 대일(大一)의 원기(元氣)가 나뉘어져 경청(輕淸)의 것은 하늘이 되고, 중탁(重濁)의 것은 땅이 되는 것.
　　• 위음양(爲陰陽): 천기(天氣)에서 양기(陽氣)가, 지기(地氣)에서 음기(陰氣)가 생함.
　　• 위사시(爲四時): 양기가 변하여, 봄·여름이 되고, 음기에서 가을·겨울이 생함.
　　위의 "是故夫禮必本於大一……"은 "夫禮必本於天(本於大一與天之義)……"로 이어지는데, 그 중 '本於天'의 '天'은 대일(大一)과 천지(天地)의 '天'을 합친 것을 지칭한다.

두 일원이기의 일기생성론인 것을 보여 준다고 생각할 수 있다. 이 세 글의 내용을 두고 보면, 「역유태극장」의 내용이 가장 정제整齊되어 있다고 할 수 있다. 이 때문에 이 「역유태극장」의 것이, 이 세 글 가운데서는 가장 나중에 나온 것이로구나 하는 생각을 하게 된다.

여기서 말하는 이기생성二氣生成의 일원을 혼돈混沌의 一氣라고 하는 이러한 사상은 『노자』에서 "有物混成, 先天地生"(제25장)과 "道生一, 一生二"(제42장)라 하고 있다. 앞 것은 "獨立不改, 周行而不殆"라 하여, 도가 시간과 공간을 초월하여, 절대적이며 보편적인 것을 형용하고 있으나, "道生一, 一生二"의 '道'는 유행流行의 一氣 유출사상에서 생각할 수 있다. 이 一氣는 혼돈의 一氣로서, 음양이기를 포함하는 沖氣이다. "二生三"의 '三'이 이 沖氣와 二氣를 말하는 것이다. 이것은 『노자』「왕주王注」에서 『장자莊子』의 '三'의 사상에 의해 풀이하고, 장자의 '三'은 '一'과 '二'를 합한 것으로 알려져 있다. "三生萬物"이란 것은 여기서 말하는 '一, 二, 三'의 사상이 일원·이기·만물이며, 근본적으로는 일원이기의 일기생성론이라는 것을 알려준다.42) 그런데 「역유태극장」의 정현주鄭玄注에 이르러서는 사상四象을 오행으로써 하여, 오행사상을 이에 도입했다. 「양의생사상兩儀生四象」에 주를 내기를,

布六于北方以象水, 布八于東方以象木, 布九于西方以象金, 布七于南方以象

火. (古經解彙函本鄭氏周易注 下)

라 하여, '四象'을 '水木金火'로 하고, '土'를 더하여 오행으로써 풀이했다. '正義'도 이 정주鄭注를 이어 받아, '四象'을 푸는 데에 오행으로써 했다.

이 鄭注에서 '水木金火'를 나타내는 데에 '四象'에 '六八九七'의 수를 배치시켰다. '水木金火'의 수는 이것과 함께 '一三四二'를 들 수 있는데,

---

42) 今井宇三郎, 『宋代易學의 研究』, 明治圖書, 1958, 450~451쪽.

어찌하여 여기서 꼭 '六八九七'의 수를 내세우는 것일까? 생각건대, 그것은 아마도 음양의 짝[匹耦] 때문이 아닐까 한다. 물론 여기 있는 '六八九七'의 수는 「월령月令」 오행에 있는 것으로 '水木金火'에 배치된 수이다.[43]

그러나 배수配數를 한 정현鄭玄의 의도는 '一三四二'의 짝을 삼기 위한 것으로 보인다. 왜냐하면 「역유태극장」 「전문前文」에 "天數五, 地數五, 五位相得而各有合"이라 했고, 이에 주를 달아 정현은,

---

43) 『예기』 「월령(月令)」 제6에는 "其數八"이 나오는데, 정주(鄭注)에는 아래의 것과 같은 내용이 적혀 있다. 「월령」은 정목록(鄭目錄)에서 말하기를, 이는 『여씨춘추(呂氏春秋)』의 십이기(十二紀)에 기초를 둔 것으로 한에 이르러 예(禮)를 숭상하는 학자가 이 편을 만들어 『예기』 안에 실은 것이라 했다.

數者五行佐天地, 生物成物之次也. 易曰, 天一地二, 天三地四, 天五地六, 天七地八, 天九地十. 而五行自水始. 火次之, 木次之, 金次之, 土爲後. 木生數三, 成數八. 但言八者, 擧其成數.

이 내용의 첫머리에는 "수는 오행이 천지를 도와, 몬(物)을 생(生)하고 몬(物)을 이루는 차례이다"라 했다. 다음의 것은 권오돈(權五惇)의 『예기』 주에서 인용·소개하기로 한다. 그리고 아울러, 아래에 표로써 보인다.

기수팔(其數八): 『주역』 「계사전(繫辭傳)」에 천지의 수를 제시하였으니, 천일 지이 천삼 지사 천오 지륙 천칠 지팔 천구 지십(天一地二天三地四天五地六天七地八天九地十)으로 되어 있다. 오행(五行)의 순서를 운행(運行)하는 면에서 볼 때는 목(木), 화(火), 토(土), 금(金), 수(水)가 되지만, 생성(生成)하는 면에서 볼 때는 수, 화, 금, 목, 토의 순이 된다. 천지의 수가 오행을 생성하는 것은 천일(天一)과 지륙(地六)이 배합되어 수(水)를 북쪽에 이루고, 천칠(天七)과 지이(地二)를 배합해서 화(火)를 남쪽에 이루며, 천삼지팔(天三地八)을 배합해서 목(木)을 동쪽에 이룬다. 천구지사(天九地四)를 배합해서 금(金)을 서쪽에 이루고, 천오지십(天五地十)을 배합해서 토(土)를 중앙에 이룬다. 목은 천삼지팔(天三地八)의 수를 배합해서 이루어진 것으로써 사시(四時)에서 봄에 해당된다. 실지에 있어 「천삼지팔(天三地八)」로 표현해야 할 것을 「기수팔(其數八)」로 말 한 것은 큰 수만을 들고 작은 수는 약한 것이다. 이것으로 유추(類推)한다면 여름, 가을, 겨울의 수를 쉽게 알 수 있다.

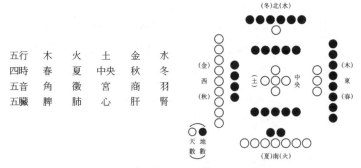

五行	木	火	土	金	水
四時	春	夏	中央	秋	冬
五音	角	徵	宮	商	羽
五臟	脾	肺	心	肝	腎

【그림 3】 권오돈 역주, 『예기(禮記)』, 교육출판공사, 1986, 134~136쪽

天地之氣各有五. 五行之次, 一曰水, 天數也. 二曰火, 地數也. 三曰木, 天數
也. 四曰金, 地數也. 五曰土, 天數也. 此五者陰无匹陽无耦. 故又合之, 地六爲天
一匹也, 天七爲地二耦也, 地八爲天三匹也, 天九爲地四耦也, 天十爲天五匹也.
二五陰陽各有合, 然後氣相得施化行也. (「古經解彙函本鄭氏周易注」下)

이라 하여, 六八九七의 수를 一三四二의 음양 짝[匹耦]이라 하여 보기를
들었다. 이것은 천지의 십수+數에 의한 정현의 새로운 四象의 풀이다.
그렇다면 양의를 음양, 四象을 오행으로 써 주해注解한 정현의 주는 「양
의생사상」의 글뜻을 따라, 음양이 오행을 생하게 된다는 이해를 나타내
보인 것으로 생각할 수 있다. 원래, 음양사상과 오행사상은 발생적으로
는 이원=源의 것이다. 이것이 다함께 중국적인 우주관의 원리가 되었으
나 이 양자의 접근은 후한에서의 일로 친다. 그것이 여기서 말하는
정현의 주에 나타나 있다. 음양이 오행을 생성한다고 하는 우주관에는
음양사상이 오행사상보다는 더 원리적原理的인 것으로 되어 있다.
　여기서 말하는 정현의 주에서 태극을 혼돈미분의 일기라 하는 것은
같은 「역유태극장」에

極中之道, 湻(淳)和未分之氣也. (「古經解彙函本鄭氏周易注」下)

라 했다. 이것은 앞에서 본 『노자』"沖氣以爲和"에서 온 것이라 할 수
있겠으나 이기오행=氣五行의 생성적인 근원을, 혼돈미분의 일기가 되
게 하는 것이다. 이것을 일원으로 할 경우, 이기오행과 합하여, 일원
이기오행一元二氣五行의 생성사상이 정현의 주에서 성립되었다고 할 수
있겠다. 그런데 여기서 유의할 것은 이러한 사상이 의도적인 목적을
가지고 풀이한 것은 아니라는 것이다. 그것은 『예기』「예운」의 대일
사상大一思想에 정주가 보이지 않기 때문이다. 그러나 「역유태극장」의
정주에서는 적어도 일원이기오행의 사상이 귀납되는 것은 부정할 수
없다. 그와 함께, 이 일원을, 순화미분湻(淳)和未分의 氣라고 하는 점으로

보아, 앞에서 말한『노자』와 밖의 여러 글에 보인 일원이기를 일기생성론이라고 한 것을 부정할 수는 없다. 오행은 다만 만물에 분배된 것에 지나지 않는다.『노자』의 "三生萬物"에 의해, 이것을 오행으로 풀이한 것이다. 이 一元을 氣라고 하는 한은 이것이 二氣의 생성론이며, 일원이기의 사상이라고 생각하지 않으면 안 된다. 이 같은 내용은 四象을 오행으로 하는 정주에 의해서도 같이 생각할 수 있을 것이다.

일원이기오행에 있어서, 일원을 혼돈미분이라 하는 한, 오행은 만물을 가리키고, 일원이기만물—元二氣萬物의 일원이기적—元二氣的인 사상이라고 할 수밖에 없다. 이것은 혼돈 미분의 '一氣'가 나뉘어 음양이기가 되고, 음양이기에 의해 만물이 생성된다고 풀이하는 일기생성론이라 할 수 있다.

이기오행을 '氣'와 '質'로 준별埈別한 후, '氣質'의 '一源相卽'을 풀이하여, 일원상즉의 '所以'를 태극으로 하는 것은 일리이기오행의 이해에서이다. 여기서의 오행은 팔괘만물八卦萬物의 생성 원리이다. '一元'을 '一理'로 함으로써, 이기오행의 분합分合이 풀이된다. 이 일리이기오행의 분합에 있어서,『태극도설』에 "五行—陰陽, 陰陽—太極, 太極本無極"이라 하여, 오행을 음양에 음양을 태극에 태극을 무극無極에 일원상즉케 했다. 주자는 근본을 추구하여 다음과 같은 말을 하고 있다.

> 天地未分前 有太易, 有太初, 有太始, 有太素, 有太極, 是謂五運. 形象未分謂之太易, 元氣始萌謂之太初, 氣形之端謂之太始, 形變有質謂之太素, 質形已具謂之太極, 五氣漸變謂之五運. (孝經鉤命訣)

그러나 오행과 음양, 음양과 태극에 '一'을 말하고, 태극과 무극에 '本'을 말하고 있으나 '合'을 말하는 데에는 다름이 없다. 이 점,『훈민정음』에서도 「제자해」의 첫머리에서 "天地之道 一陰陽五行而已 坤復之間爲太極"이라 하여, '一'인 道를 말하고, 또 '太極'을 말했으며, 「제자해」의 마무리에 가서는 "一元之氣 周流不窮"을 말하고 있음에 유의해야 할 것이다.

또 주자의 『태극도설』에서

> 盖五行異質, 四時異氣, 而皆不能外乎陰陽. 陰陽異位, 動靜異時, 而皆不能離
> 乎太極. 至於所以爲太極者, 又初無聲臭之可言, 是性之本體然也. 天下豈有性
> 外之物哉. (「前段」三節)

라 했다. "五行一陰陽"에서는 오행의 氣와 質로써, '氣質'의 일원상즉
을 음양의 '一氣'로 하고, '一氣'가 유행하는 '所以'의 '理'를 태극이라
한 것이다. "太極本無極"에서는 체용일원을 말하는 것이다.

이와 함께, 「도설圖說」에 "五行之生也, 各一其性"이라 했다. 주자의 풀
이에

> 然五行之生, 隨其氣質而所稟不同, 所謂各一其性也. 各一其性, 則混然太極
> 之全體, 無不各具於一物之中, 而性之無所不在, 又可見矣. (위와 같음)

라는 '性卽理'의 설이 보인다. 일리─理는 이기오행의 상즉相卽일 수밖
에 없으나, 이 일원상즉의 일리를 '性'으로 풀이하고 있다는 것이다.
이기오행은 말할 것도 없이 '氣質'이다. 이를 '氣'라고 말한다면, '性'
에 대해서는 '氣質'의 '性'이 되고, 본연의 '性'과 준별은 되나 그러나
또한 "各一其性"으로 풀이된다. 본연의 성은 '理'이며, 기질의 성은
'氣'이다. 理氣의 준별과 함께, 일원상즉을 말하는 것이 주자의 기본
적인 논법이다. 일리이기오행의 분합이 도덕적인 원리인 '性'의 해명
에 도움을 준 것이 성즉리性卽理의 설이다.[44]

위에서 제시한, 今井宇三郎의 '일원이기오행'의 논술 내용이 뒷받침
하고 있는 바와 같이, 앞에서 제시한 『훈민정음』 「제자해」에 나타나는

---

44) 今井宇三郎, 앞의 책, 450~455쪽.

다음의 보기를 생각해 보자.

- 天地之道 一陰陽五行而已 ……
- 一元之氣 周流不窮 ……
- 天地之化本一氣 ……

이것의 내용은 표현만 조금 다를 뿐, 근원적으로는 '일원이기오행'의 사상의 것이라 할 수 있다.

중국어는 단음절어單音節語인데, 이것을 적는 한자 역시 하나로 된 자형이다. 이것은 '하나의 (글자의) 형에 의한 하나의 음절어[單音節語]'랄 수 있다. 중국어와 한자는 처음부터 단원적單元的·단자적單子的인 성질을 갖고 있다.

『설문해자』"一, 惟初太極, 道立於一, 造分天地, 化成萬物 ……"을 비롯한, 위의 예시에서 보는 바와 같이, '一'→'一, 元, 天, 丕, 吏'와 같은 허신의 유출사상에서의 파악은 동양적인 범신론적汎神論的인 연속적 세계관의 토양 위에서 파악된 것이다. 위에서 보인『노자』"道生一, 二生三, 三生萬物 ……"의 '道 → 萬物'과 같은 형이상학적인 사유가 작용했을 경우, 문자의 체계는 그가 이룩한 체계로 쉽게 이룩될 수 있으리라고 본다.

3. 『설문해자』의 형체소와 '이일분수'의 이론 전개

한자 전체를 두고, 이를 분류한다면, 이에는 의부意符로서의 형체소의 계열과 성부聲符의 계열로 나뉘어지는데, 말[語]이 속하여 있는 범주를 결정할 때의 한정부限定符가 갖는 기능은 대단히 크다고 할 수 있다. 한정부는 그대로 말의 분류 기초가 될 수 있으며, 그것은 부수별部首別 자전字典이 행하여지는 근거가 된다. 여기서 말하는 형체소란, 대체로 표음문자表音文字에서의 음소音素에 대한 말로, 표의문자表意文字의 표부분을 말한다. 그러나 형체소는 또한 음계音系를 말할 경우도 있지만, 소리[音]와는 무관할 경우도 없지는 않다. 가령, '석가釋迦'의 '釋'을, 맹수猛獸의 톱[爪]에 찢겨진 짐승의 시체라 하는 경우가 이에 속한다.

고대 문자의 구조를 보면, 형상의 상징성을 가장 적절하게 쓰고 있고, 또 가장 필요하고도 최소한의 의미적 요소, 곧 형체소로써 명확한 표현을 성취하고 있다는 것은 쉽게 알 수 있다. 말하자면, 더 이상의 생략이나 간략화가 어렵다고 생각되는 데까지 가서야, 문자가 성립되게 되어 있구나 하는 생각을 하게 된다. 그러므로 점 하나 획 하나에도 글자의 형의形義는 들어 있다고 할 수 있다. 가령, 회의는 이미 만들어진 글자를 짜맞추어 새로운 의미를 나타내는 글자를 말하는데, '止＋戈 → 武, 人＋言 → 信' 같은 것이 이에 속한다. 이때의 형체소는 모두 상징으로서의 의미를 머금고 있다고 할 수 있다.

자형의 다획화多畫化에는 여러 가지의 원인이 있겠으나 문자의 제작자들은 처음부터 번잡하고 다양한 표현을 좋아하였을 리는 없다. 다획화의 가장 큰 원인은 글자의 다의화多義化에 있다. 가령, '申'은 '번개[電光]'의 형상이었으나 원래는 '神'을 뜻하고 있었다. 그러나 추측이긴 하지만, 글자가 연역演繹에 의하여, 널리 펼친다는 신전伸展의 뜻을 갖게 되고부터는 분화의分化義를 나타내는 글자로써 '伸'이 생겨나서, 본래의 '神'의 뜻에는 제단祭壇을 뜻하는 '示'를 갖추어 '神'이 되었다고 보는 것이다. '申'의 글자의 근원은 십이지十二支의 아홉 번째 글자에 있다. 이것은 '神'과 같은 자형으로 쓰이게 되고, '示偏'이 붙은 글자는 갑골문의 '祝, 福, 祀' 등으로 또 갑골문에서 한정부가 쓰인 보기로는 내[川]의 이름에 쓰인, '洹'이나 '滴'과 같이 '水偏'을 옆에 붙였다.

이와 같이 한정부는 낱말이 속해 있는 범주를 나타낼 뿐이지, 의미적인 형체소로서의 어의語義의 구조에 끼어드는 것은 아니다. 말하자면, 회의적會意的인 것으로 작용하고 있는 것은 아니고, 거의가 '江, 河'와 같은 형성자의 구조에 기호적인 역할을 할 뿐이다. 부수로써 말하면, '山, 水, 草, 木'과 같은 부에 속하는 글자들은 거의가 형성자形聲字이어서, 한정부와 성부로 이루어진 글자들이다. 말하자면, 표음문자인 것이다.45)

『설문』은 문자의 구조적 원리를 중요시한다. 가령, '一'부에 있어서, '一'을 형체소로 하는 글자는 다른 데도 많이 있으나 가운데서도 '一인 道'의 의미를 갖는 것만을 선택하고 있다. 이 같은 방법은 범주론적이라 할 수 있다. 범주론적인 낱덩이들의 유기적인 연관에 의해서『설문』 전체가 조직되어 있다. 방법은 송의 정초鄭樵의『육서략六書略』과 원의 대동戴侗의『육서고六書故』에서도 답습하고 있다. 그것은 근원적인 理가 만상이 되어 펼쳐 나간다는 이일분수를 말하는 송대의 존재론이 그때에도 행해지고 있었던 시대였다.

아래에서 정초의『육서략』과 대동의『육서고』에 대해 대략을 소개하려 한다. 송의 정초는 포전莆田 사람이다. 그의「통지총서通志總書序」에서 육서에 관한 의견을 다음과 같이 말하고 있다.

> 文字之本, 出於六書, 象形, 指事, 文也, 會意·諧聲, 轉注, 字也, 假借, 文與字也, 原此一家之學, 亦倡於左氏, 然止戈爲武, 不識諧聲, 反正爲乏, 又昧象形, 左氏旣不別其源, 後人何能別其流, 是致小學一家, 皆成鹵莽, 經旨不明, 穿鑿蠭起,46) 盡由於此, 臣於此駒天下文字, 盡歸六書, 軍律旣明, 士乃用命, 故作六書略.

대동의『육서고』는 33권으로 되었다. 육서로써 자의를 밝힌 것이다. 수·천문天文·지리地理·인·동물動物·식물植物·공사工事·잡雜·의疑의 아홉 부로 나누고, '文'은 종정鐘鼎을 쓰고, '注'는 예서隸書를 쓰고, 또한 고쳐서는 전체篆體를 따랐다. 종래의 자서는 모두『설문』『옥편』을 본떴으나 이에 이르러 비로소 이것을 타파하고, 구별한 부류를 만들어 새로운

---

45) 白川 靜,『漢字百話』, 中公新書, 1985, 96~97쪽.
46) '蠭起'는 '蜂起'와 같은 뜻. 벌떼같이 일어남.

보기의 길을 열었다[四庫提要, 經, 小學類].[47)

　문자의 체계와 문자학의 온통의 것이 세계관과 대응할 때, 그것은
얼마나 멋있고, 거대 장엄한 문자의 사상화라 할 수 있을 것인가?

---

47) 모로하시 데쓰지(諸橋轍次), 『大漢和辭典』 二一63.

제6장 육서의 명칭과 원칙 그리고 정의

육서에 관한 논술에 있어서 일반적으로 차례는 반고의 『한서』「예문지」(줄여 「漢志」라고도 함)의 것을 따르고, 명칭에 있어서는 「허서」의 것을 쓰고 있다. 여기서는 「허서」의 것을 위시한 '鄭衆, 반고'의 차례와 명칭의 것을 우선 아래에 소개하기로 한다.

- 허신의 『설문해자』「허서」: 지사, 상형, 형성, 회의, 전주, 가차
- 정중(鄭衆)의 『주례해고(周禮解詁)』: 상형, 형성, 회의, 전주, 처사(處事), 가차, 해서(諧聲)
- 반고의 『한서』「예문지」: 상형, 상사(象事), 상의(象意), 상성(象聲), 전주, 가차

이에서 보는 바와 같이, '육서'는 우선 차례와 명칭에 있어서, 동한東漢의 반고·허신·정중의 서술이 서로 다르며, 뒤의 위항衛恒의 『사체서세四體書勢』, 고야왕顧野王의 『옥편』, 진팽년陳彭年의 『당운唐韻』, 정초의 『통지육서략通志六書略』, 그 밖에 있어서도 역시 일정하지 않다.

여기서는 중국 문자 구조의 법칙을 알아보기 위해, 먼저 육서에 대한 일반적인 차례와 명칭을 소개하고, 이어 끝에 '허신'의 설을 소개하려 한다.

그런데 여기서 주목할 것은 위에서 보는 바와 같이, 허서의 '육서'의 차례가 비록 '지사'가 '상형'에 앞서 있기는 하나 일반적으로는 차례는 「한지」의 것을 따르고, 명칭에 있어서는 허신의 설이 가장 타당한 것으로 생각하고 있다는 점이다. 그러므로 여기서도 차례는 「한지」를 따르고, 명칭에 있어서는 「허서」의 지사, 상형, 형성, 회의, 전주, 가차를 따라, 차례와 명칭을 '상형, 지사, 회의, 형성, 전주, 가차'로 하여, 정의를 생각해 보기로 한다.

첫째, 상형은 '日, 月, 山, 川'처럼, 물건의 형상 또는 특성을 본뜬 글자이다. 다시 말해, 표시하려고 하는 것이 구체적인 것이어서 눈에 보이는 실물이거나 사실적으로 나타난 것이다. 수에 있어서는 비록 적으나 문자의 수가 늘어나는 데에 있어서는 가장 원시적이면서도 기초가 되어 있다. 「허서」에는 "象形者, 畵成其物, 隨體詰詘, 日月是也"라 했다. '詰詘'은 자세가 굴절하는 것을 말한다.

둘째, 지사는 '一, 二, 三, 上, 下, 本, 末'처럼, 추상적인 사물을 점이나 선 따위로 짜 맞추어 새 글자를 만든 것이다. 「허서」에는 "指事者, 視而可識, 察而見意, 上下是也"라 했다. 이 말은 '指'자에는 두 가지 의미가 있다고 보는 것인데, 하나는 명시明示이고, 하나는 지정指定이다. '명시'의 경우, '上, 下' 두 글자는 길고 짧은 두 획의 중첩 관계로 뜻을 명시한다. '上, 下'의 경우, 짧은 것이 위에 있는 것이 '上'이고, 밑에 있는 것이 '下'이다.

셋째, 회의는 '木+木+木=森, 人+言=信, 木+各=格'처럼, 이미 만들어진 글자를 짜 맞추어 새로운 의미를 나타내는 글자이다. 「허서」에는 "會意字, 比類合誼, 以見指撝, 武信是也"라 했다. '比'의 뜻은 비교이고, '指撝'는 '指揮'와 같다. 서로 관련이 있는 글자를 비교하여 뜻을 모아 공통된 의미를 찾아내는 것을 말한다.

넷째, 형성은 '氵+工=江, 氵+可=河'처럼 꼴(形, 의미)을 나타내는 문자와 소리(聲, 음성)를 나타내는 문자로 짜여 있는 글자이다. 「허서」에는 "形聲者, 以事爲名, 取譬相成, 江河是也"라 했다. 여기 있는 '名'은

'字'와 같다. 이 내용은 사물의 종류에 따라 조자造字하고, 음이 비슷한 것을 취하여 글자를 이루게 하였다는 것이다. '江, 河'는 '水'를 동류로 하기 때문에 '水'로 두 글자를 만들었다는 것이며, '工, 可'의 소리가 비슷하여 '工, 可'를 성聲으로 '水'에 배합시켜 '江, 河' 두 글자를 만들었다는 것이다. 이러한 글자는 이체二體를 합하는데, 하나는 의류義類, 하나는 독음으로 되어 있다. 가공언賈公彦은 이것을 다음과 같이 여섯으로 나누었다.

左形右聲 : 江, 河	右形左聲 : 鳩, 鴿	上形下聲 : 草, 藻
上聲下形 : 婆, 裟	外形內聲 : 圃, 囿	外聲內形 : 問, 輿

형성은 성부를 포함한 형식적인 복합이라 할 수 있다.

다섯째, 전주는 '考, 老'와 같이, 어떤 글자의 음을 바꿈으로써 새로운 의미의 글자를 만들어 나가는 것이다. 「허서」에는 "建類一首, 同意相受, 考老是也"라 했다. '考, 老'의 관계에서 보면, '老'는 부수이고, '考'자는 '老部'에 속해 있다. '老'를 '考'라 하고, '考'를 '老'라고 해석하였다. 나중 것은 '同意相受'의 의미에 부합하고 앞의 것 역시 "建類一首"의 가장 타당한 설명이라고 할 수 있다. 바꾸어 말하면, 본의本義와 관련이 있는 다른 것의 의미로 이용하는 방법이다.

여섯째, 가차는 어떤 말을 나타내려 하나 그것이 문자화文字化가 안 될 경우, 이미 있어 온 글자의 음을 가차하여 대용하는 것을 말한다. '來(보리 → 오다)'가 본래 가지고 있던 뜻인 '보리'가 '오다'와 같은 음이므로 전용轉用된 것이다. 그리하여 지금은 '來'에는 '보리'의 뜻은 없어지고, '麥'이란 글자를 만들어 '보리'를 나타내고 있다. 문법에서 말하는 '以, 於, 可, 之, 而' 등의 조자助字 역시 이 같은 법칙에 따른 것으로 옛 문헌에는 많이 쓰이었다. 「허서」에는 "假借者, 本無其字, 依聲託事, 令長是也"라 했다.

제**7**장 허신이 '지사'를 '상형'에 앞세운 이유

저 앞에서 본 바와 같이, 문자 해석의 기반이 된 육서의 차례와 명칭이 반고의 것과 허신의 것과 정중鄭衆의 것이 서로 다르다고 했다. 여기서의 관심은 위 세 사람 가운데서 어찌하여 오직 '허신'만이 상형을 첫 번째로 하지 않고 지사를 첫 번째로 하였는가 하는 데 있다. 이에 관하여, 중국의 임윤林尹은 다음과 같은 흥미로운 견해를 제시하고 있다.

허신은 경학가(經學家)로 『후한서(後漢書)』「유림전(儒林傳)」에 의하면 당시 '오경무쌍(五經無雙)'이란 명성을 떨치고 있었다 한다. 『설문해자』라는 책은 부수의 배열은 물론이고, 문자의 잇닿음 등에서 때때로 허씨(許氏)의 경학적 견해가 나타나 보인다. 허씨가 '지사'를 먼저하고 '상형'을 뒤이은 것은 그의 '始一終亥' 부수 배열 및 '道立於一'의 문자 해설과 밀접한 관계가 있는 것이다. 왜냐 하면, '造分天地, 化成萬物'의 '一'은 곧 한 개 지사의 초문(初文)이기 때문이다. 허씨는 또 '형성'을 먼저 하고 이어 '회의'를 말하여 지사, 상형, 형성, 회의의 차례를 형성하고, 이어 각각 '上下, 日月, 江河, 武信'을 예로 들었다. '上下'는 '一'을 이어 나온 것으로 고문에서는 본래 '二'와 같이 천·지 양의를 대표한다. '日月'은 천상(天象)이고, '江河'는 지리(地理)이며, '武信'은 인사(人事)이다. 이 네 가지 속에 은근히

'양의'와 '삼재'가 함유되어 짜여졌으니, 결코 우연한 것이 아닐 것이며 아마 허신의 사상에 의한 안배(安排)일 것이다. 왜냐하면 "道立於一, 而生糧儀, 轉成三才"라는 말은 바로, 이 오경무쌍 허숙중(許叔重)의 머리 속에 내재하고 있는 우주인생관(宇宙人生觀)인 것이다. 하물며 문자 제작의 앞뒤로 말할 것 같으면, 복희(伏羲)가 괘(卦)를 만들고 창힐이 글자를 만들 때에 모두 일획(一畫)으로부터 시작하였는데 어떻게 상형이 지사보다 반드시 빠르다고 단정할 수 있겠는가? 그리고 형성자(形聲字) 중에는 회의자(會意字)로 소리를 삼는 것이 있고, 회의자 중에도 또한 형성자로 뜻을 삼은 것이 있어 이 둘 또한 앞뒤를 분명히 구분 짓기 어렵다. 하지만 허신의 차례는 사실 근거가 있는 것이다. 전주와 가차는 허신과 반고의 의견이 같아 다섯 번째와 여섯 번째에 나열하였다.[48]

그리고 임윤은 제3장 「지사」의 제2절 「지사정례指事正例」의 예거例擧에서 다음과 같은 내용을 제시하고 있다. 이것은 허신의 『설문해자』를 이해하는 데에 필요 불가결한 것으로 생각되므로, '一, 二, 三, 四'의 것을 소개한다.

『說文』: 一, 惟初太極, 道立於一, 造分天地, 化成萬物. 「弋」, 古文一
一은 한 사람, 한 자루의 붓, 하나의 탁자와 같은 유(類)의 모든 개별적인 사물을 두루 가리킨다. 고대 철학자들은 항상 숫자를 사용하여 우주의 기원과 형성 과정을 설명하였는데, 예를 들면 『주역』「계사전」에 "易有太極, 是生兩儀"라는 말이 있고, 『예기』「예운편(禮運篇)」에도 "禮必本於一, 分而爲天地"라는 말이 있으며, 『노자』에도 "一生二, 二生三, 三生萬物"라는 말이 있는데, 이러한 설명은 바로 허신이 '一'을 해설한 근거가 되었다. '弋'의 '弋'은 '橜弋'으로 곧 작은 나무 말뚝이다. 고대인들은 작은 나무 말뚝에다 하나의 흔적을 새겨서 하나를 표시하였다. 만약에 단지 흔적만 새

---

48) 임윤(林尹), 권택룡(權宅龍) 옮김, 『중국문자학개설(中國文字學槪說)』, 형성출판사, 1988, 76쪽.

겼다면 곧 '一'이고, '弋'과 함께 그려져 있다면 곧 '弍'인 것이었다. 一은
어실절(於悉切)이다.

『說文』: 二, 地之數也, 從耦一, 「弍」, 古文二.
『주역』에 "天一地二"라는 설명이 있는데, 허신의 해설에 근본이 되었다.
二는 어떤 두 개의 사물을 표시하며, 이지절(而至切)이다.

『說文』: 三, 天地人之道也, 從三數, 「弎」, 古文三.
『주역』「계사전」에 "有天道焉, 有人道焉, 有地道焉, 兼三才而兩之"라는
말이 있는데, 허신 설명의 근본이 되었다. 三은 어떤 세 개의 사물을 표시
하며, 소감절(蘇甘切)이다.

『說文』: 四, 侌數也, 象四分之形. '𠃜', 古文四; '亖', 籀文四.
사수(四數)를 대표하는데, 상(商)·주(周)시대에는 모두 이 글자를 썼으
나 주말(周末)에 이르러서야 점차 '亖' 대신에 '四'를 사용하게 되었다. 식
리절(息利切)이다.[49]

생각건대, 위에서 살펴 본 내용은 『훈민정음』에서의 이론 전개와
매우 흡사한 데가 있다. 중에서도, 『설문해자』에서나 『설문계전』에서
나 첫머리에서는 "道生於一"이라 하더니, 『훈정』「제자해」의 첫머리에
나오는 내용에서도, "天地之道 一陰陽五行而已"에서 보는 바와 같이,
"天地之道"의 '道'는 '一'인 "陰陽五行……"이라 했다. 또 『설문계전』권
1 첫머리에 나오는 지사의 초문인 '一'을 두고 이를 풀이하는 가운데서
도, "本乎天者 親上"(一·元·天·吏·丕)이라 하여, "道生一"의 '一'을 부수로
하는 글자들을 내세웠다.
『훈민정음』에서는 초성에 대한 중성의 문제이다. 『훈정』에서 중성

---

49) 林尹, 『文字學槪說』, 正中書局, 1971, 92~94쪽.

은 초성에 대비하여 "中聲者, 一深一淺一闔一闢"에 "陰陽, 天道 …… 天之用"이란 말을 썼고, 초성은 중성에 대비하여 "初聲者, 或虛或實或颺或滯 ……"에 "剛柔, 地道 …… 地之功"이란 말을 썼다. 쉽게 말해 하늘과 땅의 차이다. 『주역』「계사상전」에 "在天成象, 在地成形"이라 했다.

「문언전文言傳」에서 "本乎天者 親上, 本乎地者 親下"라 했다. 초성에 해당하는 글자에 대해서는 "ㄱ, 象舌根閉喉之形"("牙取舌根閉喉形", 「訣」)이니, "ㅁ, 象口形(脣則實是取口形)"이니 "ㅅ, 象齒形"이니 하여, 형상 또는 특성을 본떠 만들었다 하겠으나 중성에 해당하는 '·ㅡ ㅣ'에 대해서는 "·天開於子也 形之圓 象乎天地. ㅡ地闢於丑也 形之平 象乎地也. ㅣ人生於寅也 形之立 象乎人也"라 하여, '天-子-圓', '地-丑-平', '人-寅-立'과 관련시켜 추상적으로 표현했다. 더구나 "·之貫於八聲者, 猶陽之統陰而周流萬物也"라 하여 또한 '·'를 앞세웠다. 그 밖에도 'ㅗ'를 두고는 「결」에서 "洪出於天尙爲闔, 象取天圓合地平"이라 했다. 「문언전」의 말대로 한다면, 또 『설문계전』을 따른다면, 『훈민정음』 '·ㅡ ㅣ'은 허신의 풀이대로 상형이라기보다는 차라리 지사에 가깝다.

한자에는 의류상형依類象形이라는 것이 있다. 이것은 실체적인 상형과 추상적인 상형으로 나뉘는데, 첫째로, 구체적인 형체를 본뜬 'ㅂ → 日, 彡 → 月, 川 → 水, 火 → 火' 등과 같은 것을 실체적 상형이라 하고, 둘째로, 추상적인 사실을 형상으로 나타낸 'ㅡ, ㅣ(아래 위 연결, 아래 위 관통), ㅗ(上), ㅜ(下)' 등과 같은 것은 실체를 그릴 수 없어 추상적인 부호로써 표시하게 되므로 이를 추상적 상형이라 한다.

제**8**장 한자의 구조와 「허서」의 '文'과 '字'

한자의 자형적 연구는 『설문해자』에 의해 기초가 잡힌다. 한자의 구조법에는 다음과 같은 조자법造字法과 운용법運用法이 있다. 이 둘을 합하여, 육서라 한다.

조자법(造字法): 상형, 지사, 회의, 형성
운용법(運用法): 전주, 가차

이 가운데서도 '조자법'에서의 제1차적인 것은 단체單體로 된 '상형·지사'이고, 제2차적인 것은 복체複體로 된 '회의·형성'이다.
글자의 단체와 복체에 대해 「허서」에서는 아래에 보임과 같이, 제1차적인 것을 '文'이라 하고, 제2차적인 것을 '字'라 한다.

倉頡之初作書, 蓋依類象形, 故謂之文. 其後形聲相益, 卽謂之字.
文者物象之本, 字者言孳乳而寖多也

이 가운데서도, 주목을 끄는 것은 아래에 제시하는 '文'과 '字'이다.

· 文者物象之本

'문(文)'이란 것은 물상(物象)의 근본

* 字者言孶乳而寢多也

'자(字)'란 것은 말할 심정이 자꾸 생겨나서 점점 많아 간다.

'文'이란, 창힐이 글자를 만들 때에 '山, 水, 牛, 馬, 鳥' 같은 것을 보고, 특징을 잡아 꼴[形體]을 본뜬 것이다. 그래서 『설문』에서는 '文'을,

文, 錯畫也, 象交文

이라 했다. 이는 줄[線]이 서로 엇걸리고, 모양이 무늬를 나타내는 꼴을 보인 것이다. 文은 더 이상 분해 불가능한 단체의 것을 말한다.
그리고 '字'란 사회가 발달하고, 문물이 번잡하여 감에 따른, 한자수의 증가로 말미암아, 이미 있어온 '단체' 곧 '文'에 여러 가지의 꼴[形]이나 발음부發音符가 덧붙어 만들어진(形聲相益) 것을 말한다. 字란, 어쨌든 몇 가지의 文이 모여 만들어진 복체의 것으로 '港, 構, 鶴, 物, 狗, 海, 地' 등을 말한다. 그래서 『설문』에서는 字를,

字, 乳也, 從子在宀下, 子亦聲

이라 했다. 이는 아이[子]가 지붕[宀] 밑에 있는 꼴[形體]을 나타낸 것으로 여기서 아이를 낳고, 키우고, 식구가 늘어난다는 것을 뜻한다. 字란, 앞에서 말한 '孶(낳다, 늘다)'와 같은 것이다. 이는 「허서」의 "字者言孶乳而宀多也"에 있는 '字'에 대한 '孶'에서 '字'의 동음동의同音同義의 '孶'로 바꿔 옮겨 놓고 훈독의 방법으로써 설명한 것이다.
위에서 文을 두고 단체라 하고, 字를 두고 복체라 하였으나 이러한 글자에 대한 분별은 우리나라에서는 상당히 일찍부터 익히 전해 온 것 같다. 그것은 다음의 『주해천자문註解千字文』(1804)에 있는 기록을 보아서도 짐작이 간다. 『주해천자문』에서는 천자문 전체에 걸쳐 글자마

다 글자에 해당하는 소전의 글자를 달았는데, 여기서는 '始制文字'에
달아 놓은 것 가운데서 소전의 글자만 빼고 밖의 것은 있는 대로 그것
을 아래에 제시해 보이기로 한다.50)

- '始'에 달아 놓은 것: 비로슬시初也.
- '制'에 달아 놓은 것: 지을제 裁也. (又)졔도졔成法曰一. 禁也. 王言裁也仝製.
- '文'에 달아 놓은 것: 글월문 獨體爲一(又)一章. (又)꾸밀문掩過曰一法也
  斑也華也.
- '字'에 달아 놓은 것: 그월ㅈ合體爲一. (本)기룰ㅈ育子愛也(글월 아님)
- 上古無文字結繩爲治 伏羲始造書契 以代結繩 其臣蒼頡觀鳥跡 而制字爲文
  字之始

이에서 보면, '文'에 대해서는 '獨體'라 하고, '字'에 대해서는 '合體'라
했을 뿐 아니라, 맨 밑에 있는 주해註解의 내용으로 미루어 볼 때는 그
것이 비록 중국 한자의 것이기는 하나 우리에게도 상당히 일찍부터
글자를 처음 만들 때에 이러한 '文-독체', '字-합체'의 분별은 있어
왔을 것으로 보인다. 그리고 이러한 형체학적인 분별은 곧바로 새로
운 글자 창제에 하나의 의식으로 작용하고, 새로운 글자 창제의 욕구
에 자극을 주게 되어 새로운 글자인 '훈민정음' 창제에 많은 영향을
주었으리라 생각된다.

이로써, 생각건대, 한자의 '文'은 더 이상의 분해가 불가능한 단체·
독체이므로, 이를 『훈민정음』에 맞대어 보면, 'ㄱ ㄴ ㅁ ㅅ ㅇ'과 'ㆍ
ㅡ ㅣ' 같은 것이 이에 해당한다고 할 수 있다. 물론 '字'의 것은 나름
의 뜻을 가지고, 각기 풀이가 가능하지만, 이에 대한 논의는 뒤로 미루
기로 한다.

이렇게 풀이해 볼 때, 『설문해자』의 책 이름은 "'文'을 設하고, '字'를

---

50) 『주해천자문(註解千字文)』은 『천자문(千字文)』, 단국대학교 동양연구소, 1984, 200쪽
에 의함.

解한다"는 뜻이 된다.51)

　그런데 여기서 유의할 것은 한자의 기본은 상형에 있다는 것이다. 그것은 사물을 가리켜 보이는 기호를 더한 지사, 상형자의 복합에 의한 회의를 합하여, 기본자의 총수를 『설문』에서는 1,400자로 잡고 있는데, 다른 것은 모두 형성, 또는 표음적表音的인 용법이기 때문이다.

51) 이에 대하여는 '제2편 제2장 1.1'의 "초성(初聲) 17자 가운데서 'ㄱ ㄴ ㅁ ㅅ ㅇ'를 형체소로 삼고, 남은 글자(字)는 각기 그에 분속시킨 이론에 대하여"를 얼러 보라.

제**9**장 사마광의 자운 연구의 송학적 유교 이념

위에서 본 바와 같은『설문해자』의 형체소와 범주론적인 방법에 의한 이일분수의 이론 전개는 거의가『설문계전』,『고금운회거요』,『홍무정운』으로 이어지고, 이것은 또한『동국정운』으로 이어지는데, 이 같은 문자학의 맥락은 과연 '훈민정음' 창제 정신에는 어떻게, 어떠한 모습으로 계승·발전되어 나타난다고 할 수 있을 것인가?

우선, 송렴宋濂의 「홍무정운서洪武正韻序」에 나오는 다음과 같은 말을 보기로 하자.

司馬光有云 備萬物之體用者 莫過於字 包衆字之形聲者 莫過於韻 所謂三才之道 性命道德之奧 禮樂刑政之原 皆有繫於此 誠不可不愼也.

사마광(司馬光)이 말하기를, 글자는 만물의 체(體)와 용(用)을 갖추고 있고, 운(韻)은 모든 글자의 형(形)과 성(聲)을 포괄하고 있어서, 이른바 삼재지도(三才之道)와 성명(性命, 곧 천부(天賦)의 성질), 도덕의 근원과 예악형정(禮樂刑政)의 바탕이 모두 이와 연관이 있으므로 신중히 연구하지 않으면 안 된다.

여기서 주목할 것은 우선 사마광司馬光(1019~1086)의 말을 인용했다는 점이다. 사마광이라면,『황극경세서皇極經世書』에서 시간의 면에서

본 우주철학宇宙哲學인 '元, 會, 運, 世'를 말한 소강절邵康節(1011~1077, 낙양 사람)과 같은 시기, 같은 낙양洛陽 사람으로 송학적인 이념체계화로의 일대 계기를 마련한, 북송 중기中期의 역사책『자치통감資治通鑑』을 지은 학자이다.

『자치통감』은 '다스림[治]을 도와주는 통감通鑑, 곧 통사通史'라는 뜻이니, 황제의 통치를 위한 역사의 사례집이다. 그는 국가의 지배 체제를 강화하고, 선비의 기풍을 진작시키는 데에는 전통적인 유교이념을 높이 선양해야 한다고 인식하여, 관료들이 취해야 할 인륜 질서 확립의 자세를 역사적 사실을 들어 명시하고자 이 통사를 썼다. 정치의 궁극적인 목표는 명분사상名分思想의 현실적 정착에 의한 예적禮的 국가國家의 실현으로 그것은 예의 실천에 의해서만 가능하다고 본 것이다.

그런데 여기서 논란의 초점이 되는 것은「홍무정운서」에 있는 사마광의 말의 내용이다. 이는 황제의 명령으로 편찬된 운서韻書 가운데에 실려 있는 신하 송렴宋濂의 서문 안에 있는 것이라는 데에 유의하면서 내용을 검토하여야 한다는 점이다.

1. "備萬物之體用者 莫過於字"와 송학적 이일분수의 존재론

먼저, 여기서 "글자는 만물의 체와 용을 갖추고 있다[備萬物之體用者 莫過於字]"는 말은 어떤 내용을 두고 한 말일까? 이 말을『설문해자』의 조직을 통하여 생각해 보자.『설문』의 조직은 '一'을 두고 "一 惟初太極 道立於一 造分天地 化成萬物"이라 한 바와 같이 부수인 '一'에서 시작하여, 그것의 전개로서 '二('上'의 고문), 示', 그리고 '三'의 전개로서 '王, 玉, 珏, ……'으로 펼쳐 나간다. 이와 같이 강綱(大綱)에서 목目(細目)으로 형을 펼쳐 나가면서, 사이에 삼라만상을 줄줄이 늘어놓고, 마지막에 가서는 만상을 운선運旋하는 십간십이지十干十二支로써 끝맺는다.

이 같은 말은 문자(여기서는 한자)의 기본은 상형에 있다고 보고, 이를 『설문해자』의 "一 惟初太極 道立於一 造分天地 化成萬物", 곧 '一'은 '二('上'의 고문), 示'로, '三'은 '王, 玉'으로 펼쳐 나간다는 유출emanation에 기반을 둔 '이일분수'의 관점에서 분석 검토해야 할 것이다.

인식의 대상은 만물이다. 인식은 갖가지 경험으로부터 시작된다. 그러나 이것은 결국에 가서는 감각에 의지하게 된다. 그런데 갖가지 인식의 대상을 상징한 것은 기호이다. '글자는 만물'이란 이를 두고 한 말이다. 그렇다면 일반으로 체는 원element, 용은 함수函數, function가 되고, 특별히 말할 때 체는 인자因子, factor, 용은 적積, functin이라는 말을 할 수 있다든가 또 체는 근본적인 것, 제1차적인 것이라 하고, 용은 파생적인 것, 제2차적인 것이라 한다면, 여기서 말하는 체에 대한 용의 관계는

실체(實體)에 대한 작용(作用)이요,
본체(本體)에 대한 현상(現象)이다.
태극(太極)에 대한 만물(萬物) 만상(萬象)이요,
물[水]에 대한 물결[波]
몸통[體]에 대한 사지(四肢)요,
진월(眞月)에 대한 수월(水月)이요,

송학적인 '月印萬川', 세종의 '月印千江'에서는

하늘에 떠 있는 '달[月]'에 대한 '만천(萬川)', '천강(千江)'에 비친 달그림자[月影]이다.

이 같은 사상을 만물이자 그것을 표상, 상징, 기호화한 글자에 투영해 보자. 이를 문자의 구조에만 국한할 경우, 체는 어느 것이 될 것이며, 용은 어떠한 것들이 될 것인가? 유출적인 사고, 곧 '一 → 多'의 사상 전개는 곧 아래에서 보는 바와 같이, 형체소이자 부수인 ㉠유의

글자가 체가 될 것이고, 그에 따르는(속하는) ⓛ의 유의 글자가 용에
해당하지 않겠는가?

【표 7】

㉠		㉡
一	→	一, 元, 天, 丕, 吏
三	→	三
示	→	示, 禮, 禧, 祿, 禎, 祥
王	→	王, 閏, 皇
玉	→	玉, 瓘, 璥, 璵
口	→	口, 喙, 吻, 吞, 咽
走	→	走, 趨, 赴, 趣, 超, 趙

또 '理一分殊'에서는 앞 것이 '理一'이요, 뒤의 것이 '分殊'에 해당되
지 않겠는가?

그리고 『설문해자주』의 단옥재에 의하면, '一'부에 속하는 '吏'를 두
고, 다음과 같이 적고 있다.

　吏 治人者也, 從一從史, 史亦聲.
　'吏'는 사람을 다스리는 사람이라, 一에 따르고, 史에 따른다, 史는 또한
聲이다.

이 가운데서도, '從一從史'에 대하여는

　此亦會意也 天下曰從一大 此不曰從一史者 吏必以一爲體 以史爲用 一與史
二事 故異其詞也 史者 記事者也
　이것은 또한 회의(會意)이다. '天' 아래에 "一과 大에 따른다"라 하고, 여
기서 "一, 史에 따른다"라고 하지 않은 것은 '吏'는 반드시 '一'로써 체(體)
를 삼고, '史'로써 용(用)을 삼기 때문이다. 一은 史와 이사(二事)이다. 그러

므로 사(詞)를 다르게 하면 그렇게 된다는 것이다. '史'라는 것은 '사(事)'를 적는 것이다.

이때의 '史'에 대하여 '3편 하 4부三篇下四部'에 다음과 같이 적고 있다.

史, 記事者也, 從又持中, 中, 正也

위의 것은 「단주」이다. 여기서 말하는 '體'는 "一, 惟初太極, 道立於一, 造分天地, 化成萬物"의 '一'이며, '史'는 기록記錄의 패札를 넣은 통筒을 지닌 사관史官, 곧 기록계記錄係란 뜻이므로, '用'이 된다는 것이다.52) 이와 같이 글자는 만물의 체를 갖추고 있으며, 만물의 작용 또한 갖추고 있다는 말이다. 체용體用이란 무엇인가? 역학易學에서는 잠시도 떠날 수 없는 것이 음양이며, 잠시도 없어서는 안 될 것이 體와 用이라고 했다. 우주 간에 존재하는 사물에는 모두 체용을 갖추고 있다는 것이다. 體가 있고, 用이 없는 것이 없으며, 用이 있고 體가 없는 것이 없다는 것이다.

송의 정이천의 『역전서易傳書』에 체용일원·현미무간顯微無間이라 한 것은 이를 두고 한 말이다. 특히 송의 소강절의 말에 양은 道의 用이며, 음은 道의 體라고 한 말을, 여기서는 특히 유의하여야 할 내용이다.

이와 같이 글자 곧 한자[象形]는 만물의 體를 갖추고 있으며, 만물의 작용 또한 갖추고 있다는 말이다. 다른 말로 하면 『설문해자』 "一 惟初

---

52) ① '史'에 대하여, 『한자어원사전(漢字語源辭典)』(藤堂明保, 學燈社, 1965, 102쪽)에서는 다음과 같이 적고 있다. "사람을 다스리는 것이라." '一＋史'의 회의. …… 사(史)란 기록의 패(札)를 넣는 통(筒)을 지닌 사관(史官)[기록계(記錄計)]이란 뜻.
② 『설문해자주』의 '史부'를 보면, "記事者也"라 해 놓고, '단주'에 "옥조(玉藻)에 움직이면 곧 좌사(左史)는 이것을 쓰고, 말하면 곧 우사(右史)는 이것을 쓴다[玉藻 勤則左史書之 言則右史書之]"라 했다. 이는 『예기』 「옥조(玉藻)」편의 것이다. 상고시대(上古時代)에는 천자(天子)의 좌우에 좌사·우사라는 벼슬아치가 있었다. 좌사는 천자의 '行'을, 우사는 천자의 '言'을 기록하는 일을 맡았다.
③ 『훈민정음』 「제자해」 「결」에 나오는 "呑之爲字貫八聲 維天之用徧流行"의 '呑(ㆍ)'에 대한 '팔성(八聲: ㅗㅏㅜㅓ; ㅛㅑㅠㅕ)'의 관계도 물론 '체용론'의 범주에 든다.

太極 道立於一 造分天地 化成萬物"에서 곧, '一'은 '上, 示'로, '三'은 '王, 玉'으로 펼쳐 나가는데, 여기서의 체용의 관계는 위에서 말한 '이일분수'에 견줄 수 있다.

2. "包衆字之形聲者 莫過於韻"의 송학적 유교 이념

다음으로는 "韻은 모든 글자의 꼴[形]과 소리[聲]를 포괄하고 있어서, 이른바 三才之道와 性命[天性, 天命], 도덕의 근원과 禮樂刑政의 바탕이 모두 이와 관련이 있으므로 신중히 연구하지 않으면 안 된다"는 말이 나오는데, 이는 구체적으로 무엇을 말하고 있는 것으로 보아야 할 것인가?

생각건대, 이것 역시 근원적으로는 『설문해자』에서 보여 준 세계관에다가 송학적인 세계관이 가해진 자운학子韻學이라는 관점에서 검토되어야 할 문제로 생각된다. 가운데서도 사마광이 『자치통감』을 지은 취지와 관련시켜 생각해 보아야 할 것이다. 말하자면, '韻'은 원래 '同聲相應' 곧, '같은 소리는 서로 相應한다'거나 '뜻을 같이 하는 자는 자연히 相合한다'거나 하는 것으로 이해해야 옳을 것이고,53) '形'은 글자의 꼴이니 이에는 만물만사萬物萬事를 나타내는 뜻이고('江'의 'ⅰ', '晴'의 '日'), 또 '聲'은 글자를 읽는 소리이니('江'의 '工', '晴'의 '靑': 이 역시 의미와 무관하지는 않다), 결국에 가서는 이 '韻'은 위에서 말한 바와 같은 뜻을 포괄하고 있는 것이다. 결국 '韻'은 위에서 말한 것과 같은 뜻을 '形·聲' 안에 포괄하고 있어서 '三才之道와 性命',54) '道德'의 근원과 '禮

---

53) 이 같은 사고의 배경에는 다음의 것이 참고된다.
  • 子曰, 同聲相應, 同氣相求 …… 則各從其類也. (『易』「乾卦」「文言」)
    공자 말씀하시기를 "같은 소리가 서로 응하고, 같은 기운이 서로 요구되어 …… 바로 각각의 종류에 따르는 것이오"
  • 同類相從, 同聲相應, 固天之理也. (『莊子』「漁父」)
    같은 것끼리 서로 따르고, 같은 소리는 서로 응하는 것은 진실로 하늘의 이치이다.

樂刑政'의 바탕이 모두 이와 관련이 있으니, 신중히 연구하지 않으면 안 된다는 것이다. 송학적 관점에서 본 세계관이자, 『자치통감』에 나오는 내용과 맥을 같이하고 있다고 하겠다.

그 밖에도 다음과 같은 내용의 글은 이러한 내용을 이해하는 데에 도움을 줄 것으로 보이기에 소개한다.

문자학은 비록 문자형체(文字形體)의 연구이기는 하나 음의(音義)를 완전히 외면할 수 없으며, 오히려 음의를 통하여 자형에 대한 이해를 더할 수 있는 것이다. 문자는 언어를 위해서 만들어졌고, 언어는 곧 문자의 음의이므로 음의를 떠나서 문자란 근본적으로 존재할 수 없다. 그러므로 일반적으로 문자학은 문자의 본형(本形)을 연구하는 것이며, 구체적으로는 본음(本音)·본의를 확정지음으로써 자형의 원시적인 구성 요소를 파악할 수 있게 하는 것이다.[55]

이와 같이 "韻은……三才之道와 性命의 근원과 禮樂刑政의 바탕이 모두 이와 관련이 있으므로 신중히 연구하지 않으면 안 된다"라고 했다. 다음과 같은 기록도 참고가 되리라 본다.

• 一, 同也. (『廣韻』)
• 禮樂刑政, 其極一也. (『禮記』 「樂記」)
• 一: 益悉切 (羽次淸次音) (說文) 一 惟初太極 道立於一 造分天地 化生萬物

---

54) '삼재지도(三才之道)와 성명(性命)'의 이해에는 다음의 글귀가 도움을 준다.
• 昔者聖人之作易也, 將而順性命之理. 是以立天之道, 曰陰與陽, 立地之道, 曰柔與剛, 立人之道, 曰仁與義, 兼三才而兩之, 故易六畵而成卦, 分陰分陽, 迭用柔剛, 故易六位而成章.
옛날 성인이 역(易)을 지으실 때에 장차 성명(性命)의 이치에 순응하려 하였다. 이러므로 하늘의 도를 세워 음과 양이라 하고, 땅의 도를 세워 유(柔)와 강(剛)이라 하고, 사람의 도를 세워 인(仁)과 의(義)라 하였다. 삼재를 겸하여 이것을 곱함으로써 역(易)이 육획이 되어 괘를 이루고 음효(陰爻)로 나뉘고 양효(陽爻)로 나뉘어 유(柔)와 강(剛)을 서로 쓴다. 그러므로 역(易)이 여섯 위(位)가 되어 문장을 이룬다. (김경탁, 「설괘전(說卦傳)」, 『주역』, 명문당, 1986, 435~436쪽)
55) 龍字純, 梁東淑 譯, 『中國文字學』, 범학사, 1979, 9쪽.

徐曰 一者 天地之未分 太極生兩儀 ……（廣韻）數之始也 又同也 ……（禮
記)疎太一者天地未分混沌之元氣極大曰太未分曰一 …… (『고금운회거요』)

이 말에도 역시 근원적으로는 동양적인 우주론적이고도, 범신론적
인 연속적 세계관에 송학적인 유교 이념이 깔려 있다고 볼 수 있다.
위에서 말한 제1편의 내용을 대충 추려 아래에 보이면, 다음과 같이
된다.
『훈민정음』과『설문해자』류를 문자학적 내지는 형체학적으로 구조
적인 원리를 생각해 보면, 이에는 다 같이『역』의 음양오행사상을 배
경으로 하는 생성론과『노자』의 "道生一 ……"(42장)이 뜻하는 바와 같
은 유출사상이 깔려 있다. 특히『설문』'一'부에서 '一인 道'의 의미를
갖는 것만을 선택한 것은 범주론적인 방법이다. 이 같은 방법은 근원
적인 理가 만상이 되어 펼쳐 나간다고 하는 이일분수의 송대의 존재론
이 그때에도 행해지고 있었다고 생각할 수 있다.
그러므로 여기서 먼저 생각해 보아야 할 것은 허신이 지은『설문해
자』이다. 이것은 중국 최초의 자해서로서, 십삼경十三經의 하나이자, 문
자 설명서의 하나인『이아』와 더불어 훈고학에서 없어서는 안 될 보전
이며, 문자학의 성전이다. 이것의 문자학적 내지는 형체학적인 짜임새
는『설문계전』,『고금운회거요』,『홍무정운』등으로 연계되고, 이것은
또한 '훈민정음' 제자원리에까지도 연계·원용된 것으로 보인다.
이들 문헌에서 제시한 하나의 형체학적인 형식인 "某之屬皆從某字"
곧,『설문』의 "一 惟初太極 道立於一 造分天地 化成萬物 凡一之屬 皆從
一"의 "凡一之屬 皆從一"만 보더라도, "、之貫於八聲者 猶陽之統陰而周
流萬物也"(「제자해」)과 연계성을 가졌다고 해야 하지 않겠는가?『설문』
과『훈정』「제자해」「결」을 대비·대조해 보면 다음과 같다.

『설문』: 凡一之屬 皆從一: 一, 元, 天, 丕, 吏'
        '一' → '一, 元, 天, 丕, 吏'

『훈정』: 呑之爲字貫八聲 維天之用徧流行: ㅗ ㅏ ㅜ ㅓ; ㅛ ㅑ ㅠ ㅕ

'ㆍ' → 'ㅗ ㅏ ㅜ ㅓ; ㅛ ㅑ ㅠ ㅕ'

인식의 대상은 만물이다. 인식은 갖가지의 경험으로부터 시작된다. 갖가지 인식의 대상을 상징한 것은 기호이다. '문자는 만물'이라 할 때, 일반적으로 본체는 원element, 작용은 함수function의 관계에 놓인다. 본체는 일차적, 근본적인 것이라 하고, 작용은 이차적인 것, 파생적인 것이라 한다면, 위의 『설문』의 'ㅡ'과 『훈정』의 'ㆍ'는 본체요, 원이요, 일차적인 것이다. 이에 대해, 『설문』의 'ㅡ, 元, 天, 丕, 吏'와 『훈정』의 '(ㆍ) ㅗ ㅏ ㅜ ㅓ; ㅛ ㅑ ㅠ ㅕ'는 작용이요, 함수의 관계에 있게 된다. 이는 관계가 실체에 대한 작용이요, 본체에 대한 현상이요, 태극에 대한 만물만상이요, '水'에 대한 물결이요, '眞月'에 대한 '水月'이다. 위의 경우, 『설문』 'ㅡ'과 『훈정』 'ㆍ'는 그것을 따르는 글자의 한 구성 요소가 되어 있다. 여기서 말하는 '따른다[從]'라고 함은 '그런 구성 요소를 가지고 있다'고 하는 뜻이다.

이는 송학적인 월인만천, 세종의 월인천강이다. 같은 사상을 만물이자, 그것을 표상 상징 기호화한 글자의 세계에 투영해 보면, 이를 문자의 형체에만 국한할 경우, 본체–태극은 어느 것이 될 것이며, 현상–만물만상은 어느 것이 될 것인가.

글자는 만물의 '體'를 갖추고 있으며, 만물의 작용 또한 갖추고 있다. 체용이란 무엇인가? 역학에서 잠시도 떠날 수 없는 것이 음양이며, 잠시도 없어서는 안 될 것이 體와 用이라 했다. 이를 『설문계전』의 "老子曰 道生一 ……"의 유출사상과 더불어 또한 『훈정』 「제자해」의 첫마디인 "天地之道 一陰陽五行而已"의 뜻이 담고 있는 '道의 의미를 갖는 一'을 생각하면서, 이를 송학적인 이일분수의 관점에서 생각해 보아야 할 것이다.

제**2**편

훈민정음 제자 풀이의 원리

世·솅宗종 御·엉製·졩 訓·훈民민正·졍音음

나·랏말ᄊᆞ·미 中듓國·귁·에 달·아 文문字·ᄍᆞ·와·로 서르 ᄉᆞᄆᆞ·디 아·니ᄒᆞᆯ·ᄊᆡ·이런 젼·ᄎᆞ·로 어·린 百·ᄇᆡᆨ姓·셩·이 니르·고·져 ·홇·배 이·셔·도 ᄆᆞᄎᆞᆷ:내 제 ·ᄠᅳ·들 시·러 펴·디 :몯 ᄒᆞᇙ·노·미 하·니·라

해례본 『훈민정음』의 어제 서문과 정인지의 서문을 종합해 보면, 거기에는 '훈민정음'을 창제한 동기가 나타나 있다. 그것을 역사적인 관점에서 구체적으로 분석·검토해 보면, 다음과 같은 말을 할 수 있으리라 생각한다.

　첫째는 우리나라의 중국에 대한 문화 전반, 가운데도 우리나라의 말이 중국과 달라, 한자로서는 일상생활의 편의에서나 민의의 창달에서나 뜻하는 바를 제대로 통하지 못하므로 말에 맞는 독자적·독립적인 글자가 있어야 하겠다고 절실히 느낀 데에서 창제의 동기를 찾아야 한다는 것이다.

　둘째는 간접적인 것으로 우리나라의 중국에 대한 대외적인 자구책과 조선 왕조의 고려 왕조에 대한 대내적인, 자주적인 자구책을 들 수 있다. 대외적인 자주적 자구책으로는 중국으로부터의 정치적, 경제적 종속 관계로부터의 이탈의 강구를 들 수 있다. 가령, 명明으로부터의 왕위·국호의 승인, 조공朝貢의 강요에서 오는 자주적 자구책의 강구가 이에 속한다. 그리고 대내적인 자구책으로는 고려 왕조의 귀족적이고, 수탈적인 우민정책愚民政策에 대한, 조선 왕조의 훈민정책訓民政策의 뒷받침 같은 것을 들 수 있다.

　이 무렵은 국제적으로는 원·명의 교체기인 데다가 이른바 여말선초

麗末鮮初의 특수한 정치적 상황이 겹친 때이었다. 이때를 당하여, 태조 이성계李成桂를 위시한 위정자들은 왕권 교체에 따른 고려 왕조와 구귀족舊貴族들과의 격돌 마찰로 인한 극심한 경쟁 과정에서 내세웠던 숭유억불崇儒抑佛의 친명정책親明政策에서 야기된, 수구세력守舊勢力들의 정치적 불만을 해소해야 했고, 일반 백성들에 대한 민생의 안정, 민심 수습책이 강구되어야만 했던 때이어서, 조선 왕조로서는 국내외적으로 자주적인 자구책을 강구하지 않으면, 존립 자체까지도 위태로운 긴박하고도 절박한 상황에 처해 있었던 때이었다고 생각된다.

이때를 당하여, "天縱之聖, 制度施爲超越百王"의 세종에 이르러서는 조선 왕조와 민족의 자존자립自尊自立의 기틀을 근본적으로 굳건히 바로잡고, 자주적인 민족의식과 훈민정책을 수행·실천하기 위해, 세종은 '開物成務之大智'로서 '훈민정음' 창제의 혁명적·혁신적인 영단을 내렸던 것으로 생각할 수 있다. 당시와 같은 시대적인 상황에서는 그것이 비록 "날로 뿌메 편안킈 ᄒᆞ고저 홇 ᄯᆞᄅᆞ미니라"라는 명분은 설정·제시하였을망정, 일종의 사대모화事大慕華·숭유억불에 반하는 문화혁명적인 문자개혁文字改革이라고 할 수 있다.

'훈민정음' 제자원리에는 구체적으로 말하여, 위의 논제에 제시된 바와 같이, 음양오행의 역사상 생성론과 『설문해자』를 위시한 『설문계전』, 『고금운회거요』, 『홍무정운』 등에서 얻은 문자형체학적인 본보기와 사상 이론의 배경이 되어 있는 『노자』 "道生一, 一生二, 二生三, 三生萬物"(42장)의 유출사상, 또는 도학道學의 기본 명제의 하나라 할 수 있는 이일분수의 이론, 바꾸어 말하면, 주자의 '월인만천' 세계관과 세종의 '월인천강' 불교사상인,

부톄 百億世界예 化身ᄒᆞ야 敎化ᄒᆞ샤미 ᄃᆞ리 즈믄 ᄀᆞᄅᆞ매 비취요미 ᄀᆞᆮᄒᆞ니라. (『月印千江之曲』)

와 같은 사상 이론이 '훈민정음'이라고 하는 문자의 세계에 펼쳐진 것

이라 할 수 있기 때문이다. 진리眞理에 비유된 달[月]은 오직 하나[一]인데, 물의 달빛은 "즈믄 ᄀᆞᄅᆞ매", 한없이 갖가지로 다르게 반짝인다는 것이다.1) 따라서 다음과 같은 기록도 참고가 될 것이다.

禮ᄂᆞᆫ 眞實ㅅ ᄃᆞ를 니르시고 그리메ᄂᆞᆫ 므렛 ᄃᆞ를 니ᄅᆞ니라. (『능엄경』 2~83)

더욱 중요한 것은 위에서 말한 『설문』의 "惟初太極 道立於一 造分天地……"의 '道立於一'이나 풀이에 해당하는 『설문계전』의 "一者 天地未分太極生兩儀 一旁薄始結之義 …… 老子曰 道生一 今云道立於一者 …… 故以一爲冠首本乎天者 親上 故曰 凡一之屬 皆從一 當許愼時 ……"의 '道生一'이나 『고금운회거요』의 '一' 풀이에 나오는 "(說文) 一 惟初太極 道立於一"이 『훈민정음』 「제자해」의 "天地之道 一陰陽五行而已"의 '道'와 '一'에 완전히 일치하고 있으며, 『설문계전』에서는 또한 '一'로써 '관수'를 삼는다 했는데, 이에 해당하는 한자는 '元(一+兀), 天(一+大), 丕(一+不), 吏(一+史)' 같은 것이 있다. 이에 대해서는 앞에서 자상하게 말하였다. 이들 글자에는 '一'을 안에 가지고 있다. "道는 一에서 생겨난다[道一立於一]"라고 하였으니, 이들 글자는 '一인 道'라는 의미를 가진 것들이다. 『훈민정음』 「제자해」에도 다음과 같이 적고 있다.

· 取象於天地人而三才之道備矣. 然三才爲萬物之先, 而天又爲三才之始, 猶、一丨三字爲八聲之道, 而、又爲三字之冠也.
· 、之貫於八聲者, 猶陽之統陰而周流萬物也

위에서 보는 바와 같이, 『설문계전』과 『훈민정음』에도 꼭 같은 관수를 쓰고 이다. 이것은 문자형체학적 연계성을 말하는 것이다. 허신의

---

1) 이에 대하여는 『한힌샘 연구』 2권(한글학회)에 실린, 문효근, 「김윤경의 말본 연구와 '월'을 쪼가르는 기준」의 2) 불교사상과 웃듬(줄기)결, 붙이(가지)결(206~210쪽)을 얼러 보라.

말을 빌어 말한다면, 이 같은 문자형체학적인 체계·이론에는 일원—原에서 나와 만단萬端으로 펼쳐 가는 사이에 일관된 조리가 있다는 것이다. 또 「제자해」에 보면, 초성에 대해서도 "ㄴ ㅁ ㅇ …… 象形制字則爲之始", "ㅅ …… 制字之始", "ㄱ …… 牙音制字之始"의 '始'를 써서 'ㄱ ㄴ ㅁ ㅅ ㅇ'가 음류音類부수가 되어 있음을 보이고 있다. 중성의 'ㆍ ㅡ ㅣ'의 셋 가운데서도, 'ㆍ'는 나머지 여덟 소리에 꿰어 있다는 것이다. 이 모두는 노자의 道가 유출하여 세계를 형성한다는 세계관을 배경으로 하고 있다고 하겠다.

남송의 주자도 '이일분수'를 말한다. '이일분수'는 원래 정이천의 말이다. 이천伊川은 장횡거張横渠의 '서명西銘'에 대하여, "서명은 理一로서 分殊를 밝힌다[西銘明理一而分殊]"(『二程全書』 권63 答楊時論西銘書)라 했다. 주周·정程의 학설을 이어받아, 이를 대성시킨 주자의 이기론理氣論은 화엄종華嚴宗의 '금사자장金獅子章'의 학설에 가깝다. 주자는 인인물물人人物物마다 모두 태극이 있는데,[2] 이것은 곧 理의 전체全體라는 것이다. 화엄華嚴에도 "一卽一切, 一切卽一"이라 했다. 주자는 '이일분수'를 인용·해설한다.

여기서는 세종이 직접 번역에 참여했다는 『영가대사증도가남명천선사계송永嘉大師證道歌南明泉禪師繼頌』(줄여서 『南明集』, 성종 13년(1482))에 있는 「증도가證道歌」에서 아래의 것을 제시한다.

一月이 普現一切水ᄒ니 非邇非遐ㅣ라 體自常ᄒ도다 南北東西예 分影去ᄒ니 亭亭天外예 有餘光ᄒ니라 ᄒᄃ리 일체 믈레너비 나ᄐ니 갓갑디 아니ᄒ며 머디 아니 혼디라. 體 덛덛ᄒ도다 南北東西예 그르메 ᄂᆞ호아 가나 亭亭 하ᄂᆞᆯ 밧긔 나ᄆᆞᆫ 비치 잇ᄂᆞ니라 亭亭ᄋᆞᆫ 져기 블ᄀᆞᆫ 양지라.

ᄒᄂ나히 곧 一切ᄅᆞ식 갓가옴 아니오 一切 곧 ᄒᄂ나힐ᄊᆡ 머디 아니 ᄒ니라 즈ᄆᆞᆫ 비 ᄒᄂ디 모다 ᄒ 드를 ᄒ가지로 보다가 四方애 各各 가니 즈ᄆᆞᆫ ᄃ

---

2) 『주자어류』 94. "從有一太極, 物物有一太極".

리 ᄒᆞᆫ 가지 아닐ᄉᆡ 니ᄅᆞ샤ᄃᆡ 그르메를 ᄂᆞᆫ호아 가다 ᄒᆞ시니 이ᄂᆞᆫ ᄒᆞ나히 곧 一切오 네짯句ᄂᆞᆫ 一切 곧 ᄒᆞ나히라.

一切水月을 一月이 攝ᄒᆞ니 月不分形ᄒᆞ며 水不孤ᄒᆞ도다 時人이 未透淸波路 ᄒᆞ야 只道寒光이 滿大虛ᄒᆞᄂᆞ다 一切ㅅ므렛 ᄃᆞᄅᆞᆯ ᄒᆞᆫ ᄃᆞ리 자ᄇᆞ니 ᄃᆞ리 얼굴 ᄂᆞᆫ호디 아니ᄒᆞ며 므리 외ᄅᆞ외디아니 ᄒᆞ도다 時節ㅅ사ᄅᆞ미 믈ᄀᆞᆫ 믌겴 길흘 ᄉᆞᄆᆞᆺ디 몯ᄒᆞ야 오직 닐오ᄃᆡ 서늘ᄒᆞᆫ 비치 大虛에 ᄀᆞ둑다 ᄒᆞᄂᆞ다
므리 외ᄅᆞ외디 아니타호ᄆᆞᆫ 므렛 ᄃᆞ리 외ᄅᆞ외디 아니홀시라 三四句ᄂᆞᆫ 그르멧 ᄃᆞ리 本月에 다ᄅᆞ디 아니호ᄆᆞᆯ 아디 몯ᄒᆞ야 오직 그르멧 ᄃᆞ를 잡ᄂᆞ니 그러면 얼굴 업슨 法身이 이 곧마다 얼굴 ᄂᆞᆫ호왯거늘 모든 사ᄅᆞ미 오직 色相ᄋᆞᆯ 보고 法身ᄋᆞᆯ 보디 몯홀시라.[3]

그런데 여기서 또한 주목을 끌고 있는 것은 『세종실록』에는 「훈민 정음해례」(五解·一例)는 빠져 있고, 아래에 제시되어 있는 바와 같이, 세종 25년(1443)에 임금이 '諺文二十八字'를 만들었다는 것과 머리와 꼬리 격인 「예의例義」와 「정인지서鄭麟趾序」 정도의 내용만 적혀 있다는 것이다.

㉠ 是月, 上親制諺文二十八字, 其字倣古篆, 分爲初中聲, 合之然後, 乃成字, 凡 于文字及本國俚語, 皆可得而書, 字雖簡要, 轉換無窮, 是謂訓民正音. (『세종 실록』 권102 세종 25년(1443) 12월)

㉡ 是月訓民正音成, 御製曰, 國之語音, 異乎中國, 與文字不相流通, 故愚民有所 欲言 …… 予此憫然, 新制二十八字, 欲使人易習, 便於日用耳 …… 禮曹判書 鄭麟趾序曰, …… 恭惟我殿下, 天縱之聖, 制度施爲, 超越百王, 正音之作, 無 所祖述. (『세종실록』 권113 세종 28년(1446) 9월)

---

3) "一月普現一切水 一切水月一月攝"을 줄여 보이면, "달 하나 모든 물에 나타나니, 모든 물 속 달덩이는 하나의 달빛"이 된다. 慧業 編譯, 『선종영가집(禪宗永嘉集)』, 대각회출 판부, 1977, 380쪽.

어찌하여, 새 글자 제정의 원리·사상이 실려 있는 「훈민정음해례訓民正音解例」를 빠뜨렸을까? 게다가 "欲使人人易習"에서 "欲使人易習"이라 하여, '人'자 하나를 또 빠뜨렸다. 나중에 말하겠지만, 「예의例義」는 역리상易理上 54자라야 하는데도 말이다. 세속의 말로 하여, 춘추관春秋官 사관의 의도적 흠집내기인가 하고 의심도 할 만하다. 당시의 분위기를 반영하는 반대자들에 의한 거센 반발의 탓이라고나 할까? 이에 대한 속단은 어렵다. 이에 대하여는 '제2편 제2장 3'을 얼러 보기 바란다.

우선 위의 ㉠의 내용과 관련하여, 김민수 교수는 '훈민정음' 창제創制와 반포頒布에 관련된 언급에서 세종은 '훈민정음'이 창제되자, 첫째로, 『용비어천가龍飛御天歌』의 창작, 둘째로 운서韻書의 번역과 편찬, 셋째로 '훈민정음'에 대한 해설서 편찬, 넷째로 언문교서諺文敎書와 훈민정음과 시訓民正音課試, 다섯째로 『석보상절釋譜詳節』과 『월인천강지곡月印千江之曲』의 저술 등을 했다고 하였다. 그리고는 '훈민정음' 창제와 반포에 관련된 언급에서 다음과 같은 견해를 말하고 있다. 뜻에 시사하는 바가 있어 아래에 소개한다.

그 기록은 『세종실록』에 갑자기 위 8)[4]만이 나타날 뿐이며, 이상하게도 경위에 관한 기사가 없다. 이것은 아마도 崔萬理로 대표되는 集賢殿의 보수적 학자들의 타당한 반대를 극복하기 위하여 世宗이 직접으로 은밀하게 申叔舟와 成三問과 崔恒 등의 젊은 학자들을 지휘하여 창제한 것이 아닌가 하는 추측을 자아낸다.[5]

여기서 말하는 "集賢殿의 보수적 학자들의 타당한 반대"란 어떤 내용의 것을 두고 하는 말일까? 이는 아마도 사대모화적·숭유억불적인 사대교린事大交隣을 주장하는 보수적 학자들의 주장을 두고 하는 말이

---

[4] 이는 위 인용문의 ㉠을 두고 하는 말.
[5] 김민수, 『신국어학사』, 일조각, 1985, 114쪽

아니겠는가? 하기야, 위압적인 강대한 중국을 종주국으로 섬기는 것이 국권과 왕권을 다지고, 나라의 정치적·경제적·문화적 기반을 공고히 유지하는 데에 도움이 된다고 믿을 수 있으니까 말이다. 그러나 여기서는 '훈민정음' 창제에 따른, "최만리로 대표되는 집현전의 보수적 학자들"의 '반대'의 이유를, 사대모화·사대교린에 배치되는 데에 일차적인 까닭을 두기보다는 차라리 세종의 개인적인 불교 신앙에 바탕을 둔, 『월인천강지곡』 등에 나타난 불교사상의 이론 전개나 『노자』 사상에서 나온 유출사상의 이론 전개 같은 데서 찾아야 할 줄 안다. 왜냐하면 『훈민정음』에는 유교사상과 불교사상과 『노자』의 사상을 지양·통일한 송학적인 '이일분수'로 일컬어지는 사상을 원용했기 때문이다. 구국위민救國爲民의 훈민정책의 일환으로 수행하는 '훈민정음' 창제라는 혁명적인 영단을 내려, '어린 백성百姓'에게 "수비 니겨 날로 쑤메 便安케" 하려는데, 어찌 사대모화나 숭유억불의 건국이념에만 접합시킬 것인가?

『훈민정음』은 위에서 말한 것처럼, 「제자해」를 위시한 오해五解 일례 一例, 그리고 앞과 뒤에 「어제서문御製序文」과 「해례解例」의 정인지서로 되어 있다. 전반을 잘 들여다보면, 거기에는 이른바 송학적인 영향이 크게 작용하였구나 하는 생각이 우선 든다. 그런데 송학宋學이라면, 흔히 송대의 유교·불교佛敎·도교道敎의 삼교가 혁신적인 기운을 타고, 교의상敎義上 논쟁을 거쳐 새로운 논리로 지양·통일한 것이기 때문에 사색적이면서도 철학적이라 한다.

그러나 한참 더 생각해 보면, 또한 『훈민정음』은 앞에서도 말한 바와 같이, 후한 허신의 『설문해자』를 위시한, 당대唐代·송대의 몇몇 『설문』의 풀이가 나오고, 또 송의 정초의 『육서략』, 원의 대동의 『육서고』, 명 관찬官撰의 『악소봉樂韶鳳』, 송렴宋濂이 지은 『홍무정운』, 밖의 많은 자운학류字韻學類가 나오고 난 뒤에 제정된 것이라는 데에 대해서도 유의하여야 할 것이다.

현실적으로 무無에서 유가 나올 수 있을 것인가? 누가 하늘을 날고 있는 '새'를 보고, '새'의 형체를 모방하여 '비행기'를 만들었을 것이라 하더라도, 누구도 웃어넘길 수만은 없지 않는가?『훈민정음』은『설문해자』를 보고 이를 본보기로 하여, 이에 송학적인 사상 이론을 더하고 동양적인 유출사상에 기반을 두면서 음양오행과 이일분수의 이론을 문자학에 적용·전개·극대화한 것으로 생각된다.

성삼문成三問 등이 중국 요동에 여러 차례나 오간 것으로 기록되어 있다.[6] 그러나 이는 주로, '음운音韻, 운서韻書'에 대해 묻기 위해 간 것으로 되어 있다. 그도 그럴 것이,『동국정운』의 완성은 세종 29년, 반포는 세정 30년이며,『사성통고』와『홍무정운역훈』이 1455년에 나왔음을 보아 알 수 있다. 사실상에도 그러했을 것이다. 그러나 그들이 볼 일이 기록에 있는 그대로 그것뿐이었겠는가 하는 것이 여기서의 문제 제기이다. 그것뿐이었다고 본다면, 이는 너무나도 피상적인 일차원적이고도 평면적인 관점이라 아니할 수 없다. 생각해 보라. 세종 임금이 민족의 자주 자존의 기틀을 굳히기 위한 '훈민정책'의 일환으로서, 새로운 '나라의 글자'인 '훈민정음'을 만들겠다는 혁명적인 큰 뜻을 가지고 있는데, 남의 나라인 중국까지 간 신하로서, 창제의 협찬자로서, 어찌 유명한 '자형학字形學'의 성전으로까지 일컬어지는『설문해자』와 같은 문자학에 관련된 말 한마디는 묻지 않고, 보지도 않고, 중국의 '운학韻學'에 대해서만 물었단 말인가? 묻고 또 묻기 위해 십여 차례나 오갔다면, 볼 일의 일차적 목적은 차라리 '문자학'에 관련된 것이었을 것이라 해야 하지 않겠는가?『훈민정음』「정인지서序」에도,

象形而字倣古篆 (「정인지서」)

이라는 기록을 남겼다. 특히 최만리崔萬理 등의 '훈민정음' 제작 반대 상소문上疏文에 보면,

---

6)『東國文獻備考』樂考 訓民正音條. "明朝翰林學士黃瓚, 時謫遼東, 命三問等見瓚, 質問音韻, 凡往來十三度".

儻曰, 諺文皆本古字, 非新字也, 卽字形雖倣古之篆文, 用音合字, 盡反於古, 實無所據. (『세종실록』 권103 세종 26년(1444) 2월 경자(庚子))

　설혹 말하기를 "'언문'은 옛 글자를 본뜬 것이고, 새로운 글자가 아니다" 하지만, 글자의 형(形)은 비록 옛 전문(篆文)을 모방하였을지라도 음(音)을 쓰고, 글자를 합하는 것은 모두 옛 것에 반대되니, 실로 의거할 곳이 없습니다.

이라 했는데, "글자의 꼴[形]은 비록 옛 篆文을 모방하였을지라도"라 하여, 글자의 꼴이 옛날의 전문을 모방했다는 데 대해서는 확실히 긍정하고 있다.

　위의 두 글귀를 두고 볼 때에 이는 은연중이 아니라, 확실히 『설문해자』와의 연계성을 말한 것이라 볼 수 있지 않을까? 분명한 것은 '훈민정음'의 글자 꼴은 『설문』에서 제시한 소전 그대로다. 또 앞에서 말한 것처럼, 『세종실록』 '부엉이[鵂鶹] 울음소리 이야기'에는 『운회』 '부엉이' 이야기가 나온다. 알고 있는 바와 같이, 세종이 신숙주申叔舟·성삼문成三問 등에게 명하여, 『운회』의 국역國譯을 명한 적이 있었음을 기억해야 할 것이다. 이제, 『고금운회거요』에서 '一'을 두고 풀이한 것이 일부분만을 아래에 제시하여 본다. 여기에는 '설문'이 나오고, '서왈'이 나온다. 이 '서왈'은 서개의 『설문계전』을 두고 한 말이다. 이것은 허신의 『설문해자』, 서개의 『설문계전』, 웅충의 『고금운회거요』를 거쳐 세종과 당대의 집현전 학자들에 의한 『훈민정음』으로 이어지는 연계성을 입증하는 내용이다.

　一, 益悉切 (羽次淸次音)
　[說文] 一惟初太極道立於一造分天地化生萬物徐曰一者天地之未分太極生兩儀
　　　一旁薄始結之義橫者象天地人之氣是皆橫屬四極者也
　[廣韻] 數之始也又同也少也初也
　[增韻] 又均也

[禮記] 疏太一者天地未分混沌之元氣極大曰太未分曰一又太一天之貴神又天一
    星在紫垣端門之左位
[前漢注] 如淳曰天極大星一明者太一常居前選相如賦反太一而從陵陽又尺一詔
    書也後陳蓄傳尺一選擧注板長尺一以寫詔書 …… (『고금운회거요』 26권 7)

　그러면 왜, 그들은 『설문해자』와 같은 '문자학'에 관련된 질의의 기록은 남기지 않았을까 하고 반문할 수도 있으리라. 그러나 생각해 보라. 새로 만든 글자인 '훈민정음'은 「세종어제世宗御製」로 되어 있지 않는가? 또 「제자해」의 이론 전개에는 『노자』의 사상, 불교사상으로 가득 차 있지 않는가? 세종은 분명히, "國之語音 …… 矛 爲此憫然 新制二十八字 ……"라 하여, '矛'자를 분명히 쓰지 않았는가. 신하로서, 「훈민정음해례본」에 적혀 있는 것처럼,

- 吁 正音作而天地萬物之理咸備, 其神矣哉. 是殆天啓聖心而假手焉者乎 (「제자해」)

  아아, '훈민정음'이 제작되매, 천지와 만물의 이치가 구비되었으니, 참 신기하다. 이것이 아마도 하늘이 성왕(聖王)의 마음을 열어서 손을 빈 것인가 보다.

- 我殿下 天從之聖, 制度施爲超越百王. 正音之作, 無所祖述, 而成於自然. 豈以其至理之無所不在, 而非人爲之私也. 夫東方有國, 不爲不久, 而開物成務之大智, 盖有待於今日也歟. (「정인지서」)

  우리 전하께서는 하늘이 맡기신 성인(聖人)으로서, 지으신 법도(法度)와 베푸신 정사(政事)가 백대의 왕자(王者)에 높이 뛰어나사, 정음을 지으신 것도 있던 것을 이어받아 펴신 바가 없으시고 자연에서 이루시니, 아마도 지극한 이치가 있지 아니한 바 없으매, 정령 사람의 힘으로 한 사사로운 일은 아니니라. 대저 동녘 땅에 나라가 있은지 오래되지 아니함이 아니지만 만물을 열어 놓고, 일을 성취하는 큰 지혜는 대개 오늘날을 기다림이 있었구나.

라고까지 했다. 이 내용에는 비록 우리나라를 두고, "東方有國"이란 중국 중심의 표현은 썼을망정, 절대적인 위치에서 군림하는 임금이 친제親製하신 '훈민정음'을 두고, 신하로서 누가 감히, 『설문』류의 연계성과 『역』과 『노자』의 생성론의 이론 전개의 뒷받침에 대해 운운·거론하며, 그것을 기록으로 남겨, 티끌만큼이나마 누가 되게 하고, '임금'과 '새로 만든 글자'의 권위를 실추·감축시키겠는가? 안 될 말이다. 겨우 남긴 것이 있다면, "옛날에 신라의 설총이 비로소 吏讀를 만들어서, 官府와 민간이 이제까지 써 왔으나……[昔新羅薛聰, 始作吏讀, 官府民間, 至今行之……]"라든가 "그 깊은 근원과 정밀한 뜻의 신묘함 같은 것은 도저히 신들이 능히 펴 나타낼 수 있는 바가 아니다[若其淵源精義之妙, 則非臣等之所能發揮也]"하는 정도이다. 반면에 '훈민정음' 제작에 관여한 사람들은 당시에 이미 한문으로 된 각종의 운서류韻書類를 통하여, 반절법半切法을 익히 알고, 또 한자의 차자借字 형식, 곧 吏讀나 구결口訣이라는 오랜 국어의 표기 형식의 역사 속에서 음소나 음소 체계에 대해서는 거의 익히 이해하고 있었을 것으로 생각한다.

'훈민정음'의 제정자들은 위에 보인 『설문해자』 등의 문자학적인 업적을 다각적으로 이해하고, 이를 토대로 송학적인 이론으로 더욱 발전시킨 데다가 불교를 통한 범문梵文과 이두나 구결 형식의 각종 표기법 등 한자의 차자借字의 약자略字(古→口, 羅→罒) 등에도 자극 받아, 음소문자音素文字를 만들어 내었다고 할 수밖에 없다. 그런데 여기서는 가운데서도 첫째는 『설문계전』, 둘째는 『고금운회거요』의 이론과 방법이 더 많이 영향 주었으리라는 가정을 내려 보는 바이다.

'훈민정음' 창제의 목적은 어디까지나 민족의 자주 자존 위민의 '훈민정책'의 일환으로 수행된 것이라 했다. 따라서 그것은 「예의例義」의 "欲使從易習便於日用耳"에 잘 나타나 있다. 이로써 보면, 세종 임금은 정인지의 말처럼, "天從之聖 制度施爲超越百王"의 성군聖君이었다.

일찍이, 청대淸代의 대유大儒 손성연孫星衍은 단옥재에게 보낸 편지글에서 허신의 학문적 공적(『설문해자』)을 두고, "허신의 공적은 옛 聖天

子인 禹 이상이다"라는 초고의 찬사를 보냈다 한다. 여기서 세종장헌대왕世宗莊憲大王의 업적을 두고,

　　세종장헌대왕(世宗莊憲大王)의 공적은 우(禹) 임금을 능가하고, 허신을 앞선다.

고 해야 할 것이다. 그것은 뜻글자인 『설문』류의 문체형체학적인 충분한 이해의 바탕에서 한걸음 더 나아가 이것의 이론과 방법을 소리글자인 음소문자로 원용 발전시킨 창제의 성격을 띠고 있기 때문이다.

　'훈민정음'의 제정자들은 『설문해자』, 『설문계전』, 『고금운회거요』, 『홍무정운』 등의 사상·이론·방법 등의 내용을 그들 나름으로 충분히 이해하고, 이에 세종의 자주·위민의 민본정신을 더하여, 『훈민정음』을 제정할 때에 『설문해자』를 문자학의 성전으로 생각하고, 『설문해자』의 사상·이론·방법 등을 원용했을 것으로 생각해 본다.

제**1**장 『설문해자』와 『훈민정음』에 깔린 사상

　우리는 앞의 제1편에서 『설문해자』, 『설문계전』, 『고금운회거요』, 『홍무정운역훈』 등을 들고, 연계성을 생각해 보았다. 그리고 『훈민정음』「제자해」의 첫머리에 나오는 "天地之道, 一陰陽五行而已"의 의미를, 음양오행을 배경으로 한 천인상관적이고 형체학적인 관점과 『노자』(42장)에 나타나는 '一'이 만물만상의 근원임을 말한다거나 '道'가 "一元의 氣를 생하고, 一元의 氣가 나뉘어져 음양의 二氣가 되고……" 하여, 沖氣가 만물을 생한다거나 하는 유출사상과 관련시켜 생각해 보았다. 그리하여 『설문』류에는 음양오행과 유출사상에 기반을 둔 송학적인 이일분수의 이론이 전개되어 있다고 하였다.

　여기서는 우선 핵심과도 같은 『설문』, 『노자』의 것과 이에 연계된 『훈민정음』의 것을 다시 한 번 아래에 제시하여 본다.

- 一, 惟初太極, 道立於一, 造分天地, 化成萬物. (『설문』)
- 道生一, 一生二, 二生三, 三生萬物. (『노자』)
- 天地之道, 一陰陽五行而已. (『훈정』)

　특히 여기서 말하는 유출사상에서의 근원이란, 『노자』에서 말하면, "道生一"은 '道'가 '一元氣를 생한다'는 것이고, 이때의 '一'은 음양의 이기가 아직 갈라지기 전의 근본으로서의 '氣'를 말하는 것이다. 『노자』 42장은 만물의 생성자로서의 '道'를 풀이한 것이라 할 수 있으므로, 여기서의 '道'는 일체의 근원으로서의 '一'이므로 태극이 된다.

위에서 근원으로서의 '道'의 의미를 갖는 '一'에 대해 말하였거니와 『훈민정음』「제자해」의 첫머리에 나타나는 "天地之道"는 『동국정운』「序」에도 두 군데에 나타난다. 서로 관련되어 있을 것으로 생각되므로, 참고삼아 아래에서 그것을 생각해 보이기로 한다.

臣叔舟竊惟, 人之生也, 莫不受天地之氣, 而聲音生於氣者也. 清濁者陰陽之類, 而天地之道也. 四聲者造化之端, 而四時之運也, 天地之道亂, 而陰陽易其位 四時之運紊, 而造化失其序, 至哉聲韻之妙也. 其陰陽之闔奧造化之機緘乎.

신(臣) 숙주(叔舟)가 그윽이 생각하옵건대, 사람이 생길 때에 천지의 기운을 받지 않은 자가 없는데, 성음(聲音)은 기운에서 생기는 것이니 청탁(清濁)이란 것은 음양 유(類)로서 천지의 도요, 사성(四聲)이란 것은 조화(造化)의 단서(端緒)로서 사시(四時)의 운행이라. 천지의 도가 어지러우면, 음양이 자리를 뒤바꾸고, 사시의 운행이 문란(紊亂)하면 조화가 차례를 잃게 되나니 지극하도다, 성운(聲韻)의 묘함이여. 음양의 문턱은 심오(深奧)하고 조화(造化)의 기틀은 은밀한지고.

위의 『동국정운』의 것은 "天地之道"의 '道'와 두 요소로 된 음양·청탁과의 관계를 말하고 있으며, 두 가지 요소인 음양설에서는 만물을 둘로 분류하였으나 오행설에서는 이것을 다섯으로 분류한다. 그러므로 위와 같은 사시四時를, 음양오행설에서 '음소양다陰少陽多인 木의 春, 순양純陽인 火의 夏, 음양균陰陽均인 土의 土用, 음다양소陰多陽少인 金의 秋, 순음純陰인 水의 冬'의 다섯으로 분류한다. 그러므로 위와 같은 "天地之道" 역시 『훈민정음』「제자해」의 첫머리에 나오는 "天地之道 一陰陽五行而已"와 같은 내용이라 할 수 있다.

이 같은 유출사상은 보편적이다. 마치 서양 철학에서 말하는 신플라톤학파 철학의 대표자격인 플로티노스Plotinos(204~269)가 말하는 유출 Emanation의 원리와도 비슷하다. 우주와 '一'의 관계와도 비슷하다. 플로티노스가 말하는 '유출'의 원리란, 솟구쳐 흘러나오는 샘물이 무한히 절로 솟구쳐 흐르고 흘러, 바깥으로 흘러가는 것 또는 찬란한 빛[光]이 스스로 빛을 바깥쪽으로 비추는 것과 같은 것으로 근원적인 '一'은 그것으로부터 흘러나와(유출하여) 우주의 만물이 된다고 하는 생각이다. 말하자면, 一로부터 시작된 영원한 만물의 유출을 말한다.

『설문』류의 것과 『훈정』의 것을 다시 한 보기를 들어 맞대어 보자.

- 一, 天地之始也 一氣之化也 天先成而地後定 天者上也 (『설문계전』「部敍」上)
- 一元之氣 周流不窮

  天地之化本一氣 陰陽五行相始終[7]

  中聲唱之初聲和 天先乎地理自然

  、之貫於八聲者 猶陽之統陰而周流萬物也

  三才爲萬物之先 而天又爲三才之始 猶、一丨三字爲八聲之首 而、又爲三字之冠也 (『훈민정음』「제자해」)

그러므로 여기서 '一'이 '多'이며, '多'가 '一'이라는 것과도 같다는 생각에 이르게 된다(一→多, 多→一). 그리고 겸하여, 앞의 「머리말」에서 말한 정이천의 '이일분수'나 화엄華嚴의 "一卽一切, 一切卽一"이나, 『남명집』의 "一月普見一切水, 一切水月一月攝"과 같은 것도 상기해야 할 것이다.

아래에서 과연 이러한 사상이 「훈민정음」의 제자원리에 어떻게 작용·전개된 것인가를 보기로 하자.

「제자해」의 첫머리에 나오는 "天地之道, 一陰陽五行而已 ……"라든가 「제자해」「결」에 나오는 "天地之化本一氣 ……" 등에 나타나는 음양

---

7) "天地之化本一氣 陰陽五行相始終"(「제자해」「결」)의 내용으로 보아, "天地之道 一陰陽五行而已"(「제자해」)에 맞물려 있음에 유의해야 할 것임.

오행과 유출사상에 기반을 이루는 각종 이론이 여기서 논의의 대상이 될 것이며, 이는 또한 이일분수의 이론 전개와도 같은 사고나 논리가 본래적인 사고의 방식이었다는 것과 그때에도 이러한 논리의 전개(이일분수)는 이미 있어 왔다는 것을 잊지 말아야 할 것이다.

제2장 『훈민정음』의 형체소와 『설문해자』의 부수

　'훈민정음' 제자원리가 비록 『설문해자』의 것을 본보기로 했다 하더라도, 근본적인 차이는 허신의 『설문』은 이미 있어 온, 이미 만들어진 뜻글자인 한자를 대상으로 한 것이라면, '훈민정음'은 새로운 글자를 만들되 그것이 쉽게 익힐 수 있는 소리글자라는 데에 유의해야 할 것이다. 이 같은 근본적인 차이로 말미암아, 제자상制字上의 이론 전개에는 나름의 차이가 생겨나기 마련이다. '훈민정음'의 창제 의의는 이런 데서도 찾아야 할 것이다.

　『설문해자』의 육서에는 만물만상을 포괄하는 내용이 들어 있다. 전서篆書(少篆·大篆)의 기본은 상형에 있다. 『설문해자』에서는 문자의 구조적인 원리를 중요시하고 있다. 가령, 'ㅡ'부를 예로 들면 'ㅡ'을 형체소로 하는 글자는 다른 데에도 많이 있으나 범주론적인 방법을 취하여, 그것들 가운데서 'ㅡ인 道'의 의미를 갖는 것만을 선택하고 있다. 'ㅡ'부에는 'ㅡ, 元, 天, 丕, 吏'가 속해 있는데, 이 다섯 글자의 자형에 들어 있는 'ㅡ'은 모두 道는 ㅡ에서 서기 시작한다는 것이다. 바꾸어 말하면, 'ㅡ의 구성 요소를 가지고 있다'라는 근원적인 의미를 갖는다. 마치 '훈민정음'의 '설음' 'ㄴ ㄷ ㅌ'이 'ㄴ'이라는 구성 요소를 가지고 있는 것과 같다.

　『설문해자』에서는 이와 같은 범주론적인 방법을 써서 540부로 분류하고, 이 540부 안에서 부수글자를 내세웠다. 여기서 주목할 것은 이 540부수를 두고, 전체의 처음에 해당하는 자리에 '하늘'을 두고, 전체의 가운데 해당하는 자리에 '사람'을 두고, 전체의 마지막 자리에 해당하는 자리에 '땅'을 두었다는 사실이다.

『주역』에서는 우주 전체의 존재를 天·地·人의 세 영역으로 나누고 있다. 「계사하전」에

易之爲書, 廣大悉備, 有天道焉, 有人道焉, 有地道焉, 兼三才而兩之, 故六. 六者非他, 三才之道也.

『역』의 책됨이 넓고 커서 갖추어져 있다. 천도도 있고, 인도도 있고, 지도도 있다. 삼재를 겸하여 둘로 곱하였으므로 여섯 획이다. 여섯 획이란 것은 다른 것이 아니라, 삼재의 도이다.

라고 한 데서 따온 것이다. 『설문』 전체의 처음에 '天'을 두었다고 했는데, 이것은 만물의 근원인 '一'을 최초로 삼았다는 것이니, 가운데에 있는 '人'과 끄트머리에 있는 '地'도 이 같은 역학적 이론에서 처리된 것이라 할 수 있다. 『설문』에는 "三數名, 天地人之道也"라 했는데, 이것은 『설문계전』에도, 『고금운회거요』에도 그대로 인용·계승된다. 특히 『설문해자주』 「三부」 「단주」에서 "道立於一", "三者天地人也", "老子曰一生二 ……", "三畫而三才之道"의 내용은 눈길을 끌고 있다.

『훈민정음』 「제자해」에도, 'ㆍ ㅡ ㅣ'을 두고, "取象於天地人而三才之道備矣"라 하여, '三才之道'라 했고, 「정인지서鄭麟趾序」에서도 "有天地自然之聲, 則必有天地自然之文, 所以古人因聲制字, 以通萬物之情, 以載三才之道, 而後世不易也"라 하여, '三才之道'를 말하고 있다는 데에 유의해야 할 것이다. 「정인지서」의 내용은 『동국정운』 「서序」에도 비슷하게 나온다.

부수와 그것에 따르고 있는(속해 있는) 글자와의 관계를 이해하기 위해, 아래에 몇 가지 보기를 든다.

『설문』제1편에서는 '一, 示, 三, 玉, 艸'를, 제8편에서는 '人, 衣'를, 제13편에서는 '二, 土'를 제시하고, 그에 따르고 있는(속해 있는) 글자들의 보기를 든다.

부수는 형체소에 해당한다. (건너뛴 것은 활자 문제와 글자 수 때문이다.)

【표 8】

형체소	형체소에 따른(속해 있는) 글자(수)	
제1편		
一 →	一, 元, 天, 丕, 吏	(5자)
示 →	示, 祜, 禮, 禧, 祿, 禎, 祥, 祉, 福, 祐, 神, 祗,……	(63자)
三 →	三	(1자)
玉 →	玉, 瓘, 琪, 瑾, 瑜, 瓊, 珦, 珣, 瑛, 球, 琳, 璧,……	(124자)
艸 →	艸, 莊, 芝, 蘇, 藍·蘭, 苦, 莞, 蒲, 蕩, 苞, 薛,……	(445자)
⋮		
제8편		
人 →	人, 保, 仁, 企, 儒, 俊, 傑, 仲, 伊, 傀, 健, 伴,……	(245자)
衣 →	衣, 裁, 袍, 裕, 袒, 裂,……	(116자)
⋮		
제13편		
二 →	二, 函, 竺, 凡,……	(6자)
土 →	土, 地, 坤, 均, 壤, 堂, 坐, 堤, 封, 培, 垠, 墓, 墳,……	(131자)
⋮		
540부수		

이 가운데서 '一'부수로써 풀이하여 말하면, "一은 태극이니, 道는 一에서 서기 시작하여, 천지를 造分하고, 만물을 화성한다[一 惟初太極 道立於一 造分天地 化成萬物]"라는 기본적인 의미와 "모든 一이라는 글자로 시작하는 가운데에 있는 글자인 '一, 元, 天, 丕, 吏'는 모두 이 '一'이라는 글자를 따르고 있다[凡一之屬 皆從一]"라는 두 가지의 의미를 내포하고 있다. 말하자면 '一'의 본의는 삼라만상森羅萬象의 근원이며, 이에

서 하늘과 땅이 갈라져 나오고, 만물이 생겨났다는 것이다. '一이라는 글자를 따르고 있다(글자에 속해 있다)'라는 말은 앞에서 말한 대로, '一 이라는 구성 요소를 가지고 있다'라는 술어와 같은 것이라 했다.

'一'을 부수로 하는 부가 『설문해자』의 맨 첫머리에 있는 이유는 『강희자전康熙字典』(청의 康熙帝勅撰)에서 부수를 정할 적에 글씨의 획수가 가장 적음으로써 '一'을 처음으로 삼은 것과는 외형상으로는 같으나 의미는 전혀 다르다. 『강희자전』 부수법部首法은 명의 매응조梅膺祚가 지은 『자휘字彙』의 형식을 답습한 것이다. 『자휘』는 12집集으로 되어 있는데, 머리와 꼬리쪽에 두 권을 첨가했다. 각 집集은 십이지十二支로써 표제標題를 붙이고, '一'에서 시작하여, 17획인 약龠까지의 33,079자를 214부로 하고, 이를 12지支로 나누어 12부분으로 대별하였다. 오늘날의 자전의 획인畫引은 이 『자휘』로부터 시작한 것이라 할 수 있다.

『설문해자』에서는 글자의 꼴, 곧 형체 안에 '一'이라는 요소를 갖고 있더라도 그것이 '음부音符'이거나 '부수자部首字'로서 규정된 '一'이라는 의미가 아닌 다른 뜻으로 쓰였을 경우에는 그것은 '一'부에 들어가지 못한다. 가령, 12편 상에 있는 부수 '不'과 '至'가 그것인데, 이에 대해서 허신은 다음과 같은 해설을 달고 있다.

- 不, 鳥飛上翔 不下來也. 從一 一猶天也 象形.
  새가 날아 상상(上翔)하고, 아래로 내려오지 않는다(不). '一'에 따른다.
  '一'은 마치 하늘과 같다. 상형이다.
- 至, 鳥飛從高下至地也. 從一 一猶地也 象形.
  새가 날아 높은 데서 내려 와서 땅에 이른다(至). '一'에 따른다. '一'은 마치 땅과 같다. 상형이다.

바로 앞에서 언급한 바와 같이, 『훈민정음』 「제자해」의 첫머리에는 "天地之道, 一陰陽五行而已"라 전제해 놓고, 하위 분류의 형식으로 이어 같은 「제자해」에서 초성에 대하여는 "初聲凡十七字 …… 是則初聲之

中, 自有陰陽五行方位之數也"라 하고, 중성에 대하여는 "中聲凡十一字 …… 是則中聲之中, 亦自有陰陽五行方位之數也"라 했다. 따라서 아래에서 논의되는 것은 물론 위의 중간 생략 부분의 음양오행의 역학적인 이론을 배경으로 하고 있다는 데에 유의하여야 할 것이다.

『훈민정음』에서는 먼저 당시의 음소 체계를 파악하고, 음소문자音素文字에 착안하여, 당시의 음소 전체를 두고, 이를 초성과 중성으로 나누었다. 「예의例義」에서는 "종성글자는 따로 만들 것 없이 초성글자를 다시 쓰라[終聲復用初聲]"고 했다. 그러므로 종성에 대해서는 특별한 경우를 제외하고는 논하지 않기로 한다.

먼저 초성에서는 '아음牙音, 설음, 순음脣音, 치음齒音, 후음喉音'이라는 오음五音의 음류音類로 나누고, 해당 발음기관인 '아牙, 설舌, 순脣, 치齒, 후喉'의 형상을 본떠, 'ㄱ ㄴ ㅁ ㅅ ㅇ'와 같은 형상을 만들어 그로써 또한, 근원으로서의 원체인 형체소 곧 부수글자로 삼았다. 그리고는 이를 다시 각기 하위 분류하여, 17의 성류聲類로 나누었다('ㄴ'→ㄴㄷㅌ).

중성에서는 먼저 천지인天地人의 세 형상을 본떠, 'ㆍ ㅡ ㅣ'와 같은 형상을 만들어 이를 근원으로서의 '원체'인 '형체소' 곧 부수글자를 삼고, 이에 역학적인 풀이와 천인합일天人合一의 사상을 원용하여, 'ㆍ ㅡ'가 합하여 이루어진 'ㅗ ㅜ'의 형상에서는 '천지초교天地初交의 뜻'을 취하고, 'ㆍ ㅡ'가 합하여 이루어진 'ㅏ ㅓ'의 형상에서는 '천지의 작용이 사물에 피어나되 사람을 기다려서 이루어짐을 취한다'고 했다.

그리고 초출初出의 'ㅗ ㅏ ㅜ ㅓ'는 천지에서 비롯되었으니 초출이라 하고, 재출再出의 'ㅛ ㅑ ㅠ ㅕ'는 'ㅣ'에서 일어나서 사람을 겸하였으니 재출이라 했다. 그리고 초생初生의 뜻을 가진 'ㅗ ㅏ ㅜ ㅓ'에서 동그라미를 하나로 한 것은 그것이 처음 난 뜻을 취한 것이고, 재생의 뜻을 가진 'ㅛ ㅑ ㅠ ㅕ'에서 동그라미를 둘로 한 것은 그것의 두 번째 난 뜻을 취한 것이라고 했다. 이리하여, 'ㆍ ㅡ ㅣ; ㅗ ㅏ ㅜ ㅓ; ㅛ ㅑ ㅠ ㅕ'의 11자를 만들었다.

『훈민정음』「정인지서」에서 "象形而字倣古篆"이란, 여기서 말하는 자소字素이자 원체이자 형체소이자 한자 부수글자에 해당하는 'ㄱ ㄴ ㅁ ㅅ ㅇ; ㆍ ㅡ ㅣ'를 두고 하는 말일 것이다.

이 같은 발상은 허신이 전문篆文 9,353자를 범주론적으로 분류하여, 540부로 나누고, 부수에 따르는(속해 있는) 글자들을 부수글자에서 펼쳐 흘러나가게 하는 것과 사실상 같다. 이 같은 사상의 배경에는『노자』의 '道 → 萬物'(42장)과도 같은 동양적인 유출사상과 도학道學의 기본명제의 하나인 이일분수의 이론, 곧 주자의 '월인만천'의 세계관과 세종의 '월인천강'의 불교사상 이론 전개와도 맥락을 같이한다고 할 수 있다.

아래에서 초성과 중성의 차례를 따라 제정의 이론과 방법을 생각해 보기로 하자.

1. 초성(初聲) 17자의 제자원리

『훈민정음』「제자해」의 첫머리에 나오는 "天地之道, 一陰陽五行而已"는 다음에 나오는 "初聲之中, 自有陰陽五行方位之數也"와, 또 뒤에 나오는 "中聲之中, 亦自有陰陽五行方位之數也"로 이어져, 이 셋은 일체화一體化한다.

그런데「제자해」에서는 초성과 관련하여, "夫人之有聲本於五行. 故合諸四時而不悖, 叶之五音而不戾"라 했다. 이를 다섯 형체소인 'ㄱ ㄴ ㅁ ㅅ ㅇ'의 차례대로 말해 보면, 이것들은 오행의 '木·火·土·金·水'와 오음五音의 '牙·舌·脣·齒·喉'와 오성五聲의 '角·徵·宮·商·羽'와 사시四時의 '春·夏·季夏·秋·冬'과 사방四方의 '東·南·無定·西·北'으로 나타낼 수 있다.

이와 같이 초성 17자의 제자원리에도, 음양오행의 역리易理와『노자』 42장의 "道生一, 一生二, 二生三, 三生萬物. 萬物負陰而抱陽, 沖氣以爲和"에서 볼 수 있는 바와 같은 유출사상의 이론과 송학적인 이일분수의 이론이 기반에 깔려 있다고 할 수 있다.

이 같은 이론은 『설문해자』류의 문자학적인 형체학과 이론 사상이 연계된 것으로 보인다.

따라서 여기서는 '훈민정음' 28자 중, 초성 17자를 음류音類와 성류聲類로 나누고, 이에서 형체소를 선정하는 문제, 그것의 형상을 본뜬 상형 관련의 문제를 다루고, 이어 초성 17자 제자의 밑바탕에 깔려 있는 음양오향과 유출사상에 기반을 둔 이일분수의 이론 전개와 관련시켜 가면서 아래와 같이 생각해 보려 한다.

1.1 초성 17자 가운데서 'ㄱㄴㅁㅅㅇ'를 형체소로 삼은 이론에 대하여

초성 17자는 아래와 같이, 다섯 음류音類와 다섯 성류聲類, 그리고 반설반치半舌半齒의 음류·성류로 가를 수 있다. 이 역시 『설문』에서처럼 형식은 범주론적이다. 『주역』 「건괘乾卦」 「문언文言」의 "同聲相應 同氣相求"를 연상시킨다.

【표 9】

음류(音類)	성류(聲類)		
아음(牙音)	ㄱ君字初發聲	ㅋ快字初發聲	ㆁ業字初發聲
설음(舌音)	ㄷ斗字初發聲	ㅌ呑字初發聲	ㄴ那字初發聲
순음(脣音)	ㅂ彆字初發聲	ㅍ漂字初發聲	ㅁ彌字初發聲
치음(齒音)	ㅈ卽字初發聲	ㅊ侵字初發聲	ㅅ戌字初發聲
후음(喉音)	ㆆ挹字初發聲	ㅎ虛字初發聲	ㅇ欲字初發聲
반설음(半舌音)	ㄹ閭字初發聲		
반치음(半齒音)	ㅿ穰字初發聲		

이에서 보면, 이것의 차례에는 흥미로운 성운학적聲韻學的인 논의가 뒤따르게 되어 있으나 여기서는 글자의 형체학적인 면에만 초점을 맞추어 나가기로 한다.

『설문해자』에서는 하나의 형체소인 '一'(부수)에서 '一, 元, 天, 丕, 吏'

로 펼쳐 나가는데, '훈민정음'에서는 오음五音의 해당 발성기관發聲器官
인 '牙·舌·脣·齒·喉'의 꼴[形體]을 본 떠, 이른바 '상형'의 글자 다섯을
먼저 만들고, 17의 초성을 이 다섯에 각기 배당시켰다. 이럴 경우, 어
느 꼴 어느 글자를 원천적인 근원으로서의 원체, 곧 형체소를 삼을
것이며, 형체소에서 펼쳐 나온 글자들과 근원인 원체, 곧 형체소의 글
자와는 어떠한 관계, 어떠한 관련이 있다고 하고, 어떠한 논리로써 이
론을 전개하여 나가는가 하는 문제는 자못 흥미를 끈다. 이에는 분명
히 앞에서 말한 바와 같은 동양적인 유출사상, 송학적인 이일분수의
논리가 뒷받침하고 있다고 하겠다.

　오음五音과 그에 해당하는 형체소와 형체소의 상형 풀이를 먼저 표
로 보이면 다음과 같다.

【표 10】

오성(五聲)	형체소	상형(象形)
아음(牙音)	ㄱ	象舌根閉喉之形
설음(舌音)	ㄴ	象舌附上腭形
순음(脣音)	ㅁ	象口形
치음(齒音)	ㅅ	象齒形
후음(喉音)	ㅇ	象喉形

　이를 형체학의 측면에서 본다면, 여기 있는 '형체소'는 하나의 상형
으로서, '단체'로 된, 하나의 글자에 해당한다. 다시 강조하거니와 '훈
민정음'의 제정자들은 이와 같은 다섯 형체소의 상형 문자들을 먼저
만들어 놓고, 거기에서 밖의 글자들은 각기 『설문해자』의 다음과 같은
형체학적인 형식, 곧 "某之屬皆從某"의 규칙과도 같은 것을 모방하여
글자 수를 늘려 나가지는 않았을까 하고 생각해 보게 된다.

　번거롭기는 하나 『설문해자』 제1편의 글자에서 다시 한 번 형체학
적인 형식을 제시하여 보기로 한다. 그리고 이 같은 것들을 총체적으

로 볼 때는 모든 문자가 하나의 근원에서 나와 만단으로 펼쳐 나가는 사이에 일관된 조리가 있다는 것을 기억해야 할 것이다. 또한, 一은 道에서 서기 시작한다는 것[道立於一]과 『훈민정음』「제자해」의 첫 머리에 있는 "天地之道, 一陰陽五行而已"의 뜻과 "ㄴ ㅁ ㅇ……象形制字則爲之始", "ㆍ之貫於八聲者 猶陽之統陰而周流萬物也"이 함축하고 있는

【표 11】

제1편(第一篇)		
一부	→	凡一之屬 皆從一
↓		:一, 元, 天, 丕, 吏 ……………………………………… (5)
二(上)부	→	凡二之屬 皆從二
↓		:二, 帝 …………………………………………………… (4)
示부	→	凡示之屬 皆從示
↓		:示, 祜, 禮, 禧, 禛, 祿, 禎, 祥, 祉, 福, 祐 …………… (63)
三부	→	凡三之屬 皆從三
↓		:三 ………………………………………………………… (1)
王부	→	凡王之屬皆從王
↓		:王, 閏, 皇 ………………………………………………… (3)
玉부	→	凡玉之屬皆從玉
		:玉, 瓘, 琪, 瑾, 瓊, 珦, 珣, 瑛, 球, 瑗, 環, 琮 …… (124)
제14편(第十四篇)		
酉부	→	凡酉之屬皆從酉
↓		:酉, 酋 …………………………………………………… (2)
戌부	→	凡戌之屬皆從戌
↓		:戌 ………………………………………………………… (1)
亥부	→	凡亥之屬皆從亥
		:亥 ………………………………………………………… (1)

* ( ) 안의 숫자는 부의 해당된 글자 수를 나타낸다.

** 위의 종횡(縱橫)으로 된 '→'표는 『본초강목(本草綱目)』'강목'처럼, 대강(大綱)에서 세목(細目)으로의 방식, 곧 동식물을 분류할 때의 '강(綱, class)'에서 '목(目, order)'으로 가는 방식처럼, 『설문해자』에서는 부수를 (여기서는) 종(縱)으로 펼쳐 나가면서, 사이에 삼라만상(森羅萬象)을 (여기서는) 횡(橫)으로 줄줄이 늘어놓고, 마지막에 가서는 만상을 운선(運旋)하는 십간(十干) 십이지(十二支)로써 끝맺고 있다. 사이에는 일관된 조리가 있다고 하겠다.

내용을 서로 관련시키면서 기억해야 할 것이다.

다음으로는 부수 '一'에 따른[從]8) 글자들의 형식에 대해서 보기로 하자. 먼저, '一'에 대해서는

凡一之屬 皆從一

이라 했다. 또 '一'에 따른(속한) 문자로 '一, 元, 天, 丕, 吏'의 다섯을 제시했다. 이에 대한 형체학적인 형식을 다시 한 번 정리해 보기로 한다.

元 → 從一兀聲,　　　　　　天 → 從一大

丕 → 從一不聲,　　　　　　吏 → 從一史

가만히 생각해 보면, '훈민정음' 창제에 참여한 당시의 학자들은 위와 같은 『설문』류의 문자형체학적인 내용을 읽고 또 읽는 가운데서, '훈민정음' 제자 이론에서도 이 같은 이론을 원용한 것이 아닌가 하고 생각해 본다. 그리하여 마침내는 문자학적인 이론을 다음과 같이 말한 것이 아닐까 한다. 내친 김에 다시 한 번 강조하거니와, 앞에서 말한 제1편 제4장의 내용에 대해 다시 한 번 상기하였으면 한다.

좀 지나친 말이랄 수도 있으나 이해를 돕기 위해 굳이 "某之屬皆從某字"의 방법을 『훈민정음』의 형체학적인 형식에 적용·제시한다면 다음과 같이 될 수도 있지 않을까? 이 같은 방법은 모두 우리에게는 글자 수를 늘리는 데에 원용될 수 있다.

凡ㄱ之屬皆從ㄱ　　　凡ㄴ之屬皆從ㄴ　　　凡ㅁ之屬皆從ㅁ

凡ㅅ之屬皆從ㅅ　　　凡ㅇ之屬皆從ㅇ

---

8) '따른다[從]'라는 말의 뜻은 '그와 같은 문자의 구성 성분, 곧 그와 같은 꼴[形體]을 가지고 있다'라는 술어(述語)이다.

'훈민정음' 창제자들은 먼저, 형체소에 해당하는 단체글자인 부수글자를 먼저 만들어 놓고, 거기서 또한 여러 글자로 펼쳐 나가게 되는 까닭(뜻)에 해당하는 '획畫을 더하는 까닭(뜻)'을 다음과 같이 말하고 있다. 보기를 들어 보자.

ㅋ比ㄱ 聲出稍厲 故加畫 ㄴ而ㄷ ㄷ而ㅌ ㅁ而ㅂ ㅂ而ㅍ ㅅ而ㅈ ㅈ而ㅊ ㅇ而
ㆆ ㆆ而ㅎ 其因聲加畫之義皆同 而唯ㆁ爲異 半舌音ㄹ 半齒音ㅿ 亦象舌齒之形
而異其體 無加畫之義焉 (「제자해」)

ㅋ은 ㄱ에 비하여, 소리가 조금 거세므로 획을 더하고, ㄴ에서 ㄷ으로 ㄷ에서 ㅌ으로 ㅁ에서 ㅂ으로 ㅂ에서 ㅍ으로 ㅅ에서 ㅈ으로 ㅈ에서 ㅊ으로 ㅇ에서 ㆆ로, ㆆ에서 ㅎ으로 소리로 인하여 획을 더한 뜻[義]은 같으나 오직 ㆁ만은 다르다. 반 혓소리인 ㄹ과 반 잇소리인 ㅿ도 또한 혀[舌]와 이[齒]의 형상(形象)을 본 떴으나 체형(體刑)이 다를 뿐 획을 더한 뜻은 없다.

위의 것을 요약하고 보면, 획을 더하고, 더하지 않은 까닭(뜻)은 다음과 같다고 할 수 있다.

㉠ 소리가 조금 거세므로, 소리로 인하여 획을 더한 것:
　아음(牙音): ㄱ→ㅋ 설음(舌音): ㄴ→ㄷ, ㄷ→ㅌ
　순음(脣音): ㅁ→ㅂ, ㅂ→ㅍ 치음(齒音): ㅅ→ㅈ, ㅈ→ㅊ
　후음(喉音): ㅇ→ㆆ, ㆆ→ㅎ

㉡ 더한 뜻이 다른 것:
　아음(牙音): ㆁ('ㅇ'위의 'ㅣ'를 「제자해」에서는 "猶木之崩芽生於水而軟
　　　　　　尙多水氣也"라 했으니, 나무의 싹이 남과 같다. 水生木)

㉢ 획을 더한 뜻이 없는 것, 곧 혀와 이의 형상을 본떴으되 형체가 다름
　[象舌齒之形而其異體]:

144

반설음(半舌音): ㄹ(혀의 형상을 본 뜸)

반치음(半齒音): △(이의 형상을 본 뜸)

　이상의 것을 종합하고 보면, 위의 ㉠의 것에는 『설문』류의 "凡某之
屬皆從"과도 같은 형체적形體的인 하나의 형식이 내재되어 있음을 알
수 있다. 가령, 'ㄴ → ㄷ → ㅌ'에서는 '凡ㄴ之屬皆從ㄴ'과 같은 형식을
만들 수 있다는 것이다. 그런데 「제자해」에서는 "소리가 조금 거세므
로 소리로 인하여 획을 더한다[聲出稍厲 故加畫]"고 했는데, 이 가운데는
분명히 1차 가획의 것과 2차 가획의 것이 있다. 이는 'ㄴ'보다는 'ㄷ'가
'ㄷ'보다는 'ㅌ'가 소리가 거세다는 뜻이다. 그리고 ㉡의 'ㆁ'과 ㉢의
'ㄹ, △'에 대하여는 소리가 거세지 않으므로, 획을 더한 뜻이 다르다거
나 획을 더한 뜻이 없다고 했다. ㉠에 대한 ㉡, ㉢의 것은 곧, 두 가지의
분별을 말한다. 하나는 소리로 인하여 획을 더하는 것, 다른 하나는
이른바 이체異體라는 것으로 (ㆁ; ㄹ, △와 같이) 획을 더한 뜻이 없는
것─획을 더한 뜻이 다른 것을 말한다. 이 내용을 간단히 보이면 다음
과 같다.

　㉠ 소리로 인하여 획을 더함

　　: ㄱ, ㅋ; ㄴ ㄷ ㅌ; ㅁ, ㅂ, ㅍ; ㅅ, ㅈ, ㅊ; ㅇ, ㆆ, ㅎ (14)

　㉡ (소리로 인한)획 더함의 뜻이 다름─획을 더한 뜻이 없음(이체)

　　: ㆁ, ㄹ, △ (13)

　이 같은 사고는 신경준申景濬(1712~1781)의 『훈민정음운해訓民正音韻解』
로 이어지는데, 내용은 좀 달리 나타나나 「오음변성五音變成」에서 「제자
해」에 비슷한 것을 찾아보면 다음과 같이 나타난다.

　　ㅇ變而加一於上, 爲ㆆ, ㆆ變而加一於上, 爲ㅎ, ㄱ變而加一ㅋ, ㄴ變而加一於

上, 爲ㄷ, ㄷ變而加一於上, 爲ㅌ, ㅅ變而加一於上, 爲ㅈ, ㅈ變而加一於上, 爲ㅊ, ㅁ變而縱四角生, 爲ㅂ, ㅂ變而橫四角生, 爲ㅍ.

문제의 하나는 이체인 'ㅇ'과 'ㄹ, △'에 있다.

1.1.1 이체인 'ㅇ'의 형체에 대하여

'ㅇ'은 'ㄱ'처럼 '아음'에 속해 있다. 'ㄱ'을 부수이자 형체소로 볼 때, 이 'ㄱ' 역시 설음, 후음喉音의 형체소인 'ㅅ'이 'ㅅ → ㅈ → ㅊ'으로 'ㅇ'이 'ㅇ → ㆆ → ㅎ'으로 펼쳐 나가듯이, 이론적으로는 'ㄱ' 역시 'ㄱ → ㅋ→ㅋ'처럼 펼쳐 나간다고 할 수도 있을 것이다. 그러나 '훈민정음' 창제 당시의 음소 체계는 그렇지 못하였던 것이다. 여기에 그들의 고심이 있었다고 생각된다. 그리하여 그들은 당시의 음소 체계에 맞추어 아음牙音의 'ㅇ'의 형체를 만든 이론을, 오음으로는 아음에 오행으로는 목木에 속하는 'ㅇ'의 형체를 두고, 이를 오음으로는 후음喉音이자 오행으로는 수水에 속하는 'ㅇ'의 형체를 닮았다 하고, "盖喉屬水而牙屬木, ㆁ雖在牙而與ㅇ相似, 猶木之萌芽生於水而柔軟, 尙多水氣也"라 하고는 이에 "韻書疑與喩, 多相混用"을 더하여, 풀이를 음양오행의 상생설相生說인 수생목水生木에 맞추어 풀이하려 했다. 아래의 ㉠은 가획加畫의 뜻이 있는 것이고 ㉡은 없는 것을 갈라 보인 것이다. 주목되는 것은 소리의 거세고, 거세지 않음의 분별에 있는데, (소리로 인하여) 획을 더한 뜻이 없는 것을 두고 이체라 하는 데에 있다.

㉠			㉡	
ㄴ	ㄷ	ㅌ	(ㄹ)	
ㅁ	ㅂ	ㅍ		
ㅅ	ㅈ	ㅊ	(△)	
ㅇ	ㆆ	ㅎ	··········	········후(喉)−수(水)
ㄱ	(?)	ㅋ	(ㆁ)	········아(牙)−목(木)········"水生木"

146

우리의 관심은 오행사상에서 나온 수생목에서 후음이자 '水'에 해당하는 'ㅇ'가 아음ㅋㆍ이자 '木'에 해당하는 'ㆁ'가 될 때의 형체가 'ㅇ'위에 'ㅣ'가 붙어 있는 데에 있다. 구체적으로 말하면, 후음의 형체소이자 '水'에 해당하는 'ㅇ'위에 'ㅣ'가 붙어 있는 'ㆁ'에 대해 『훈정』에서는 "木之萌芽"라 함으로써 아음이자 목에 해당하는 'ㆁ'의 형체를 풀이했다. 'ㆁ'을 "木之萌芽生於水"라 했을 경우, 이 같은 기록 발상은 또한 어디서 왔을까? 『설문』류에는 이러한 것이 없었을까 하는 것이다.

저 대서본인 『설문해자』에 의하면, '艸'(초목의 싹; 권1 하)에 대해 다음과 같이 적고 있다.

屮, 草木初生也, 象ㅣ出形, 有枝莖也.
臣鉉等曰ㅣ上下通也, 象艸木萌芽, 通徹地上也.

여기에도, 'ㅣ'를 두고, "象艸木萌芽"라 하고 있다. 이 내용 역시 오행설에 근거하고 있다. 이에 바로 이어 나오는 "屯, 難也, 象艸木之初生, 屯然而從艸貫一, 一地也, 尾曲, 易曰, 屯剛柔始交而難生"(권1 하)의 내용은 주목할 만하다. 이 역시 '훈정'의 'ㆁ' 위의 'ㅣ'와 무관하지 않을 것으로 보인다.

1.1.2 이체인 'ㄹ, ㅿ'의 형체에 대하여

위의 의 'ㄹ, ㅿ'은 혀[舌]와 이[齒]의 형상을 본떴으되, 형체가 'ㄴ, ㅅ'와 달라, 획을 더하는 뜻이 없어 "無加畫之義"라 했다. 그것은 'ㄴ → ㄷ → ㅌ'를 두고, "소리가 조금 거세므로 획을 더한다"라는 말로 미루어 볼 때, 'ㄹ, ㅿ'는 소리가 거세지 않기 때문일 것이다. 그리하여 그들은 획을 더한 뜻이 없다 하면서도, 형체에 대하여는 역시 "象舌齒之形而異其體"라 했다. 그러니까 이것들은 역시 혀와 이의 형체를 본뜬, 'ㄴ, ㅅ'의 이체글자라는 것이다.

그런데 한자에서 말하는 이체자異體字는 글자의 형체는 다르지만 독음과 의미는 완전히 같아서 어떠한 조건에서도 서로 대체할 수 있는 글자들을 말한다. 반면에 '훈정'에서는 형체소의 글자가 아니면서 소리가 거세지 않은 'ㅇ → ㄹ → △'과 같은 "不淸不濁"의 글자들을 이체로 처리했는데, 이것들에 대한 이체로서의 요건은 앞의 ②와 ③에 나타나 있다. 한자는 뜻글자이고, '훈정'은 소리글자이다. 이체에 대한 풀이가 퍽이나 대조적이어서 흥미롭게 생각된다. 이에 대한 깊이 있는 연구는 앞으로 더 있어야 할 것으로 본다.

1.2 『훈민정음』에서 글자 수를 늘려 가는 방법

『설문』「서敍」에서는 글자를 처음 만들 때에는 "依類象形"했으므로, 이를 '文'이라 했고, 후 세상이 발달해 감에 따라, "形聲相益"하여, 곧 이것을 '字'라 했다는 것이다.

倉頡之初作書, 蓋依類象形, 故謂之文. 其後形聲相益, 即謂之字, 文者物象之本, 字者言孶乳而寖多也. (15 상2)

육서의 상형이나 지사는 더 분해할 수 없는 단체·독체인 '文'임에 대하여, 회의·형성으로 둘 이상의 '文'이 합하여 만들어진 합체·복체인 '字'에 해당한다. "文者物象之本"이라 했고, "字者孶乳而寖多也"라 했다.

'훈민정음'에서는 먼저 소리글자[音素文字]인 형체소의 글자, 곧 단체·독체라 할 수 있는 'ㄱ ㄴ ㅁ ㅅ ㅇ; ㆍ ㅡ ㅣ'의 여덟 글자를 먼저 만들어 놓고, 거기에 획을 더함으로써 글자 수를 늘려 나가는 방법을 쓰고 있다. 이는 합체·복체라 할 수 있다.

초성글자에서는 첫째, 소리로 인하여 획을 더 하는 것, 둘째, 획 더함의 뜻이 다른 것, 셋째, 획 더하는 뜻이 없는 것으로 나누고, 중성글자에서도 먼저 형체소의 글자를 먼저 만들어 놓고 'A與B合而成' → 'C(글자)', 'D與C同而起於ㅣ' → 'E(글자)'의 형식을 써서 글자 수를 늘려 가는 방법을 쓰고 있다.

앞(제2장 1.1)의 첫머리에서 보인 초성 17자의 5음류音類에 따른 형체소와 이에 가획된 1·2차 가획의 것과 이체의 것을 간단한 표로 아래에 제시한다.

【표 12】 초성(初聲)의 다섯 형체소와 1·2차 가획의 글자·이체자

오성(五聲)	아음(牙音)	설음(舌音)	순음(脣音)	치음(齒音)	후음(喉音)
형체소	ㄱ	ㄴ	ㅁ	ㅅ	ㅇ
	↓	↓	↓	↓	↓
1차 가획의 것	ㅋ	ㄷ	ㅂ	ㅈ	ㆆ
	↓	↓	↓	↓	↓
2차 가획의 것		ㅌ	ㅍ	ㅊ	ㅎ
이체(異體)	(ㆁ)	(ㄹ)		(ㅿ)	

이러한 1차 가획의 것과 2차 가획의 것은 중성의 제자에는 'A與B合而成' → 'C(글자)', 'D與C同而起於ㅣ'→'E(글자)'의 형식에다가 '初出－初生', '再出－再生'의 '出－生'으로 나타난다. 간단히 요점만 보이면 다음과 같다. 한자의 경우, 형·음·의 세 요소가 서로 밀접하게 맞물려 있는 것과 같이, '훈정'의 경우도 "天地初交之義"에 아래의 'ㅗ, ㅏ ㅜ, ㅓ'의 '初出－初生'과 'ㅛ ㅑ ㅠ ㅕ'의 '再出－再生'에서 보는 바와 같이, 형·음·의 세 요소는 서로 밀접하게 유기적이고도 연속적으로 맞물려 있다는 데에도 유의해야 할 것이다. 또한, 강조할 것은 위의 '出－生'의 자리의 것을 '하도河圖'에 중성글자들을 배치시켰을 경우, '위수位數'의 문제가 상관관계에 있다는 것이며(제2편 제2장 2.2.2), 또 아래의 풀이에 보이는 바와 같은 내용은 모두가 생성론적이라는 것이다.

1.2.1 중성의 '· ― ㅣ' 세 형체소와 '·'를 따른 1·2차 가획의 글자

㉠ 세 형체소: · ― ㅣ

　가) '·'에 '하-좌-상-우'로, 1차 가획한 것

　　: A與B合而成 → C(글자)

　　◆ ㅗ與·同而口蹙, 其形則·與一合而成, 取天地初交之義.

　　: · + ― → ㅗ

　　◆ ㅏ與·同而口張, 其形則ㅣ與·合而成, 取天地之用發於事物待人而成

　　: ㅣ + · → ㅏ

　　◆ ㅜ與―同而口蹙, 其形則―與·合而成, 亦取天地初交之義.

　　: ― + · → ㅜ

　　◆ ㅓ與―同而口張, 其形則·與ㅣ合而成, 亦取天地之用發於事物待人而成.

　　: · + ㅣ → ㅓ

　　◆ ㅗㅏㅜㅓ始於天地爲初出也.

　　◆ ㅗㅏㅜㅓ之一其圓者 取其初生之義也.

　나) 'ㅗㅏㅜㅓ'에 '상-우-하-좌'로, 2차 가획한 것

　　: D與C同出而起於ㅣ → E(글자)

　　◆ ㅛ與ㅗ同而起於ㅣ: ㅣ+ㅗ → ㅛ

　　◆ ㅑ與ㅏ同而起於ㅣ: ㅣ+ㅏ → ㅑ

　　◆ ㅠ與ㅜ同而起於ㅣ: ㅣ+ㅜ → ㅠ

　　◆ ㅕ與ㅓ同而起於ㅣ: ㅣ+ㅓ → ㅕ

　　◆ ㅛㅑㅠㅕ 起於ㅣ而兼乎人爲再出也

　　◆ ㅛㅑㅠㅕ 之二其圓者 取其再生之義也

'·'之貫於八聲者, 猶陽之統陰而周流萬物也

'―'이에 속하는 글자는 '―'밖에 없다.

'ㅣ'이에 속하는 글자는 'ㅣ'밖에 없다.

위의 초성·중성글자의 1차와 2차의 가획만 보더라도, 『훈정』의 형체소와 그것을 따르는(유출된, 속해 있는) 글자들은 한자의 형체소와 그것을 따른 복체·합체에 견줄 만하다.

앞에서 말한 오성류五聲類에 해당하는 아음·설음·순음·치음·후음과 각각의 원체인 다섯의 형체소와 다섯 형체소를 따르고 있는(유출된, 속해 있는) 글자들과 그것들의 '가획', '이체'의 것들을 글자의 형체라는 관점에서 본다면, 이것들은 한자의 독체·단체에 대한 복체·합체에 견줄 만하다. 다시 말해, '훈정'의 초성·중성의 형체소의 것을 한자의 상형이나 지사의 단체라 한다면, '훈정'의 형체소에 따른 글자들은 한자의 합체에 견줄 만하다는 것이다. 따라서 한자에서나 '훈정'에서나 형체소의 것을 文이라 한다면, 그에 따르고 있는 글자들은 字에 견줄 만하다. 그러므로 다음의 문제는 단체인 형체소의 글자를 만들어 놓고, 이에 글자 수를 늘리는 데는 어떠한 방법을 썼을까 하는 것이다.

'훈민정음'은 소리글자에 해당하므로 초성의 경우 글자 수를 늘리기 위한 방법으로 채택한 가획의 뜻은 역시 "因聲加畫"이라 하여, 글자의 소리에서 찾을 수밖에 없었다고 생각한 것 같다. 「제자해」의 초성 풀이에 있는 가획의 뜻은 다음과 같다.

ㅋ比ㄱ, 聲出稍厲 故加畫 …… 其因聲加畫之義皆同, 而唯ㅇ爲異. 半舌音ㄹ, 半齒音△, 亦象舌齒之形而異其體, 無加畫之義焉.

가획과 관련시켜, 굳이 하나를 덧붙이면, 가령, 뜻글자인 한자의 경우, 아래와 같은 글자의 보기는 단체이자 독체이자 원체로 된 상형글자에다가 소리의 요소가 가획된 글자라 할 수 있다. 모두 '江' → '從水工聲'과도 같은 '從AB聲'의 형식이다.[9]

---

9) 이에 관련된 것에는 "某之屬皆從某字"가 있다. 이에 대하여는 앞의 제1편 제4장을 참조하라.

鴻→ 從鳥江聲(1-14)　　　　　　崇→ 從山宗聲(1-21)

烽→ 從火逢聲(1-21)

이는 『고금운회거요』에서 따온 보기이다. 이러한 보기는 앞(제1편 제4장)에서 본 바와 같이, 얼마든지 있다(功→ 從力工聲(1-3), 銅→ 從金同聲(1-6), ……). 이러한 것 역시 성격은 다르나 '훈민정음' 창제를 앞두고 있는 당대의 학자들에게는 형체소의 글자(ㄱ ㄴ ㅁ ㅅ ㅇ)를 먼저 만들어 놓고, 이를 자형과 관련시키면서 글자 수를 늘리려 할 때에 많은 긍정적이고도 생산적인 자극이 되었으리라 생각한다. 그들은 한자의 '從AB聲'을 위시한 '某之屬皆從某字'의 형식과 같은 것들을 눈앞에 두고 보면서, 이를 자형의 분석과 합성·합체라는 형체학적 관점에서 검토했으리라는 것이다. 그것은 『훈정』이 『설문』류의 문자형체학적인 이론과 방법에 많은 영향을 받은 것으로 보아서도 알 수 있다.

한자의 육서에서 말하는 상형·지사·회의·형성의 네 법法은 조자의 원칙이다. 이에 대하여는 앞(제1편 제6장)에서 대강을 말하였다. 여기서는 '넷째, 형성에 대하여'의 내용과 관련시켜 말해보기로 한다. 거기서는 다음과 같은 말을 했다. 가령, '江, 河'의 경우, '水'를 동류로 하기 때문에 '水'자로 이 두 글자를 만들었다는 것인데, 'エ, 可'의 소리가 비슷하여 'エ, 可'를 소리로 하여 '水'에 배합시켜 '江, 河'의 두 글자를 만들었다는 것이다. 이러한 글자들은 두 형체를 합하는데, 하나는 의류義類, 하나는 독음인 성聲으로 되어 있다. 뜻글자[意義文字]인 한자의 분석과 합성에서는 그렇다치더라도, 소리글자인 '훈민정음'에서는 합성, 첨가, 가획 등의 방법으로 다양화하여, 그로써 글자 수를 늘리어야 할 경우, 가획-합성의 방법밖에 또 다른 방법이 있겠는가 하고 생각해 보게 된다. 가령, '훈정'에서 중성의 경우도, 초성에서처럼, "因聲加畫"의 '加畫'이란 말만 안 썼을 뿐 방법은 같다고 할 수 있다. 가령, 'ㆍ ㅡ ㅣ'를 형체소로 볼 경우, '훈정'의 창제자들은 앞에서 말한 바와 같이, 'ㅗ ㅏ ㅜ ㅓ'는 'A與B合而成 → C(글자)'의 형식으로 'ㅛ ㅑ ㅠ ㅕ'

는 'D與C同出而起於ㅣ → E(글자)'의 형식인 합성·합체의 방법을 취하고 있다. 이러한 것 역시 형식에 있어서는 초성의 "因聲加畫"에서의 '加畫'과 같다는 것이다. '합성'이란, '두 가지 이상의 것이 결합하여 하나를 이루는 것'이다. 그러므로 여기서는 가획하거나 합성하거나 글자 수를 늘리는 방법은 같다고 할 수 있다. 'ㄷ(ㄴ+ㅡ)'도 한 글자요, 'ㅗ(ㆍ+ㅡ)'도 한 글자가 되기 때문이다. 그러므로 뜻글자인 한자의 '從AB聲'의 형식은 이미 만들어진 것에 대한 풀이이고, 소리글자인 '훈정'의 'A與B合而成 → C(글자)', 'D與C同出而起於ㅣ → E(글자)'의 형식은 새로 글자를 만드는 차례를 나타내는 것이다. "因聲加畫"의 것과 비견됨을 굳이 말한다면, 형체소인 'ㆍ'는 근원적으로 소리가 "舌縮而聲深"이요, 'ㅡ'는 "舌小縮而聲不深不淺"이요 'ㅣ'는 "舌不縮而聲淺"이다. 형식으로 보아 초성에서처럼, "因聲加畫"이라 한 것과 모순되지 않는다.

'훈민정음'에는 이른바 이체라는 글자가 있다. 『설문해자』에도 성격은 조금 다르나, 이체가 있다. 여기서는 보기를 생략한다.

그리고 위의 'ㄱ ㄴ ㅁ ㅅ ㅇ'를 『설문해자』의 방식대로 풀이하면, 이는 단체이자 원체에 해당하므로 '文'에 해당하고, 이에 따른(이런 문자의 구성 요소를 가지고 있는) 가획된 글자들은 『설문해자』의 '字'에 해당한다고 할 수 있다.

『훈민정음』「제자해」「결」에서는 단체이자 원체이자 형체소의 글자들에 대해

牙 …… 那彌戌欲聲不厲 次序雖後象形始

라 하여, '始'자를 썼다. 또 「제자해」에서는 '制字之始'의 '始'를 썼다. 이때의 '始'는 다음의 『노자』 '始－母'와 관련 있다고 본다.

- 無名天地之始, 有名萬物之母. (1장)
- 天下有始, 以爲天下母, 既得其母, 以知其子. (52장)

이는 단체이자 독체라 할 수 있는 '형체소' 글자인 'ㄱ ㄴ ㅁ ㅅ ㅇ'는 '始−母'의 차원의 것이요, 복체에 비유될 수 있는 가획된 밖의 글자들은 '子'의 차원의 것이라 할 수 있다. 『설문』에서는 "始, 女之初也, 從女台聲"이라 했고, "字, 乳也, 從在宀下"라 했다. '字'는 '아이[子]'가 지붕[宀] 밑에 있는 꼴을 나타낸 것으로 여기서 아이를 낳고, 키우고, 식구가 늘어난다'는 것을 보인 것이라 했다.

그러므로 위와 같은 관련성에 수긍할 점이 있다면, 『훈민정음』에서도, 역시 '文'을 '說'하고, '字'를 '解'하는 『설문해자』의 문자학적인 방법이 원용된 것 아닌가 하고 생각하게 한다. 그도 그럴 것이, 허신의 『설문해자』 제15권 「서敍」에는 "依類象形, 謂之文, 其後形聲相益, 卽謂之字. 文者物象之本, 字者言孶乳而寖多也"라 했고, 송의 정초의 『통지通志』 「육서략」 「육서서六書序」에는 "象形指事, 文也, 會意諧聲轉注, 字也"라 했으니 말이다.10)

1.3 『훈민정음』에서 소리와 글자를 혼용함에 대하여

『훈민정음』에서는 흔히 글자의 형체와 소리를 같이 보거나 혼용하는 일이 많다. 가령, 글자란 뜻으로 쓰이는 '훈민정음'이란 말만 하더라도, 뜻은 "訓民正音은 百姓 그르치시논 正흔 소리라" 하여, '소리'와 '글자'를 같이 쓰고(혼용하고) 있고, 또 『훈정』의 "終聲復用初聲" 역시 뜻은 '종성 자리의 글자는 따로 만들 것 없이 초성 자리의 글자를 다시 쓰라'는 것인데, 여기서도 '소리'와 '글자'를 같이 쓰고 있다. 그 밖에도 『훈정』 「제자해」의 "初聲凡十七字" 등에서 볼 수 있는 바와 같이, '소리'에 대한 '글자'를 같이 쓰는 일이 많이 있다. 이러한 것은 물론 "夫單出爲聲, 成文爲音"(「홍무정운서」) 같은 데서 말하는 '聲'과 '音'의 분별은 차치하고 뭉뚱그려 하는 말이다. 왜 그러할까? 학계에서는 더러 이를

---

10) 이에 대하여는 제1편 제8장의 내용을 얼러 보라.

두고 덜 분석적이라 하여 탓하는 일이 있지만.

한자의 구조에는 형상의 상징성이 적절하게 나타나 있다. 글자의 점 하나 획 하나에도 글자의 형의形義는 들어 있다. 눈으로 보는 꼴인 '形', 그것이 나타내는 뜻인 '義', 입으로 말하는 소리인 '音'의 세 요소가 밀접하게 맞물려 있기 때문이다. 가령, '一, 日, 月'의 경우, 형체를 그려(써) 놓으면 그것에 해당하는 '하나, 해, 달'이라는 '뜻[義]'에다가 그것의 '소리'가 밀접하게 맞물리게 되어 있는 것으로 보는 것과도 같다. 다시 말하면, <u>언어 표기로서의 자형, 입말(음성언어)과 글말(書寫로서의 언어)을 맺어주는 자음字音, 정보 전달의 기능을 갖는 자의, 셋은 서로 밀접하게 유기적으로 관련을 맺고 있다는 것이다.</u> 이와 같이 한자는 글자의 '꼴ー자형, 소리ー자음, 뜻ー자의' 셋을 연속적 유기체로 생각하게 되어 있는데, '훈민정음' 창제자들 역시 오랜 한자의 생활에서 또 『설문』류의 문자형체학적인 형식에 영향을 받아, 소리글자인 '훈정'을 만들면서도, '丶(形之圓, 象乎天), 一(形之平, 象乎地), ㅣ(形之立, 象乎人), ㅗ(象取天圓合地平), …… ㅁ(象口形), ㅅ(象齒形), ㅇ(象喉形)'에서 보는 바와 같이, 형체소로서의 글자의 꼴[字形], 형체가 나타내는 뜻[字義], 입말(소리)과 글말(글자)을 맺어주는 소리[字音]은 서로 밀접하게 연속적이고도 유기적으로 관련을 맺고 있는 것으로 판단하고, 소리[聲音]와 글자[文字]를 같이 쓰고 있는 것으로 볼 수 있다.

앞(제1편 제9장 1)의 '「홍무정운서」의 사마광의 말'에서 "사마광은 말하기를, 글자는 만물의 體와 用을 갖추고 있고, 韻은 모든 글자의 形과 聲을 포괄하고 있어서, 이른바 三才之道와 性命(곧 天賦의 성질), 도덕의 근원과 예악형정의 바탕이 모두 이와 연관이 있으므로 신중히 연구하지 않으면 안 된다"란 말을 했다.11) 그리고 또 『모시毛詩』 권제1 「모시국풍毛詩國風」에 보면, "情發於聲, 聲成文. 謂之音"이라 해 놓고, "鄭注"에 "發猶見也. 聲謂宮商角徵羽也. 聲成文者. 宮商上下應"이라 했다. 이 같은

---

11) 이에 관하여는 앞의 제9장을 참조하라.

내용은 직접으로 '훈정' 창제자들에게 영향을 주었을 것으로 생각된
다. ㉠『훈정』「정인지서」, ㉡『동국정운』「서」, ㉢『성리대전』 권15 「역
학계몽 이易學啓蒙二」「원괘획 제이原卦畫第二」, ㉣『설문』 15권 상「허서」
에서도 다음과 같이 적고 있다. ㉢의 것은 ㉣의 앞부분과 같아, 앞은
같고 뒤가 약간 다르게 나타난 셈이다. 연관성을 아래에 뭉뚱그려 제
시해 보인다.

㉠ 有天地自然之聲, 則必有天地自然之文. 所以古人因聲制字, 以通萬物之情,
以載三才之道, 而後世不能易也. …… 我殿下創制正音二十八字, …… 象形而
字倣古篆, 因聲而音叶七調. 三極之義, 二氣之妙, 莫不該括. …… 以是解書,
可以知其義. …… 字韻則淸濁之能辨, 樂歌則律呂之克諧. ……

㉡ 天地之間, 大化流行, 而人生焉, 陰陽相軋氣機交激而聲生焉. 七音四聲經緯相
交, 而淸濁輕重深淺疾徐生於自然矣. 是故包犧畫卦蒼頡制字亦皆因其自然
之理以通萬物之情. …… (『세정장헌대왕실록』 제117권, 세정장헌대왕 29년 9월 29일)

㉢ 古者包義氏之, 王天下也. 仰則觀象於天. 俯則觀法於地. 觀鳥獸之文與地之
宜. 近取諸身. 遠取諸物. 於是始作八卦, 以通神明之德, 以類萬物之情.
(『주역』「계사하전」)

㉣ 敍曰, 古者庖犧氏之王天下也, 仰則觀象於天, 俯則觀法於地, 視鳥獸之文與
地之宜, 近取諸身, 遠取諸物, 於是始作八卦, 以垂憲象及神農氏, 結繩爲治,
而統其事, 黃帝之史, 蒼頡, 見鳥獸蹄之跡, 知分理之可相別異也, 初造書契
也 蒼頡之初作書, 蓋依類象形, 故謂之文. 其後形聲相益, 卽謂之字. 文者物
象之本, 字者言孶乳而寖多也.

말하자면, 이 같은 유기체인 연관과도 같은 사유의 바탕에서 '훈정'
을 만들었을 것으로 생각된다. 일반으로도, 한자와 같은 뜻글자의 경
우는 상형·지사의 형체에서 보면, 그 형체는 '一, 日, 月, 山'처럼 한정
적이다. '사람'을 'ㅇ'로, '산'을 '一'로 나타낼 수 없듯이 말이다. 『훈정』
역시 "象形而字倣古篆"이니, "字形雖倣古之篆文"이니 하고 있으니, 'ㅅ'

은 '잇발'을, 'ㅣ'는 '사람'의 꼴을 본 뜬 글자라는 것 따위이다. 이것들은 중국의 뜻글자인 한자의 조자 형식에 자극 받고, 이에서 형식을 원용했으리라는 데에 근거하여 하는 말이다.

저 앞(제1편)에서도 말한 바와 같이, 『고금운회거요』「원서原序」의 첫머리에는 "氣者天地之母也, 聲與氣同時而出, 有聲卽有字, 字又聲之子也"라 했다. 거기서는 이 같은 내용과 '훈정'을 관련시켜, 초성의 "ㄴ ㅁ ㅇ …… 象形制字則爲之始"의 '始'나 "三才爲萬物之先, 而天又三才之始"의 '始'나 "ㆍ ㅡ ㅣ 三字爲八聲之首, 而ㆍ又爲三字之冠也"의 '冠, 首' 모두 만물을 일체화시켜 풀이할 수 있다고 했다.

이 같은 것은 단옥재의 육서 풀이에서도 다음과 같이 나타난다.

六書者, 文字聲音義理之總匯也. 有指事, 象形, 形聲, 會意, 而字形盡於此矣. 字各有音, 而聲音盡於此矣. 有轉注, 叚借, 而字義盡於此矣. (『설문해자주』 15 상 「단주」 4장)

중국의 사운비謝雲飛는 단옥재의 이 같은 말에 대해 "육서가 곧, '形·音·義 學'"임을 말하면서, 또한 다음과 같은 말을 하고 있다.

按: 此一則分析言之, 一則隱括言之, 理亦同致. 又易稱觀乎天文, 觀乎人文, 天文者, 昭灼而示, 有形可象; 人文者, 措施而成, 有事可指, 故言文則可統形與事. 文爲獨體, 字爲合體, 取炎相成之謂聲, 比類合誼之謂意, 故言文則可統聲與意. 言文字則形·音·義皆統之矣. 故鄭樵曰: 文字之本, 出於六書, 象形 指事 文也; 會意 諧聲 轉注, 字也; 假借者, 文與字也. 此亦六書統形·音·義之論也.[12]

여기서 말하는 "觀乎天文", "觀乎人文"은 『주역』「십익+翼」「비괘賁卦」「단사彖辭」의 것을 말하며, '示'는 『설문』에서,

---

12) 사운비(謝雲飛), 「중국문자학통론」, 대만 학생서국, 중화민국 78년, 13쪽.

示, 天垂象, 見吉凶, 所以示人也, 從二, 三巫, 日月星也, 觀乎天文, 以察時變, 示神事也, 凡示之屬皆從示.

'示'는 상형글자이다. '示'를 두고, 하늘이 상(象)을 드리워서 길흉을 보인다. 사람에게 나타내는 까닭이다. '二(上)'에 따른다. 삼수(三巫＝三垂)는 해·달·별이다. 천문을 보고, 그로써 시변(時變)을 살핀다. '示'란 '신사(神事)'이다. 무릇 '示'에 속한 것은 모두 '示'를 따른다.

라고 한다. 또 여기 있는 "天垂象, 見吉凶"은 『주역』「계사상전」에서 다음과 같이 적고 있다.

是故天生神物, 聖人則之, 天地變化, 聖人效之. 天垂象, 見吉兇, 聖人象之. 河出圖, 洛出書, 聖人則之.

"從二"의 '二'는 고문의 '上'이다. "三垂"는 '示'의 아래쪽의 세 줄인 '해, 별, 달'을, "觀乎天文, 假察時變"은 『주역』「비괘」「단사」의 "觀乎天文, 以察時變, 觀乎人文, 以化成天下"의 것이다. 이로써 보아, "示神事也"는 『주역』「계사상전」의 "縣象著明, 莫大乎日月"과 『주역』「관괘觀卦」「단사」"聖人以神道設敎, 而天下服矣"의 둘로 풀이되었음을 알 수 있다. 앞 것은 "달려 있는 상象이 저명한 것은 일월보다 더 큰 것이 없다"는 것이고, 나중의 것은 "성인이 신비로운 道로 가르침을 베푸니 천하가 복종한다"는 것이다. 그러므로 이는 하늘이 상을 나타내어 밝혀 드리움으로써 사람에게 보이고, 성인은 이것으로 말미암아 신도에게 가르침[敎]을 베푼다는 것이다. 그렇다면 여기 이 "河出圖, 洛出書, 聖人則之"는 어떠한 뜻이 될까? "하수에서 그림이 나오고, 낙수에서 글이 나오면 성인은 이를 본받는다" 했다. 김경탁은 이와 관련하여, "천지의 현상이 변화하면 성인이 이것을 본뜨고, 하늘이 현상을 나타내어 좋고 나쁜 일을 나타내면 성인이 이것을 본뜨고, 하도와 낙서가 나오면 성인이 이것을 본뜬다"[13]고 했다.

내친 김에 하나를 덧붙인다. '示'와 관련된 것이다. 『도은선생문집陶隱先生文集』에는 삼봉三峯 정도전鄭道傳(1337~1398)의 「경산리자안도은문집서京山李子安陶隱文集序」「무진시월戊辰十月」이 나오는데 첫머리에는 다음과 같은 것이 나온다.14)

> 日月星辰天之文也, 山川草本地之文也, 詩書禮樂人之文也. 然天以氣地以形而人則以道. 故曰 文者載道之器, 言人文也得其道, 詩書禮樂之敎明於天下, 順三光之行, 理萬物之宜, 文之盛至此極矣.
>
> 해와 달과 별은 천문(天文)이요, 산천초목은 지문(地文)이요, 시서예악(詩書禮樂)은 인문(人文)이다. 그러나 하늘은 기를 갖고, 땅은 형을 갖고, 사람은 도를 갖는다. 그러므로 "文이란 것은 道를 싣는 그릇이다"라고 했으니, 인문이 도를 얻으면, 시서예악의 가르침이 천하에 밝아지고, 해와 달과 별의 운행이 순조로워지고, 만물의 다스림이 좋아진다는 것이다. 이에 이르면, 文의 성함이 지극히 크다.

여기 있는 "天之文"은 "日月星辰"을 말하고, "地之文"은 "山川草本"을 말하고, "人之文"은 "詩書禮樂"을 말한다. 첫 번째의 것만 보기로 하자. 다른 것은 이를 미루어 짐작하기로 하자. '天文'은 천공天空의 형상이므로, 하늘의 문양文樣을 뜻한다. 그러므로 위의 『주역』「계사상전」의 풀이에서 말한 대로, "仰以觀於天文, 俯以察於地理" 등에 관련된 것이다.

『설문』에는 "文, 錯畫也, 象交文也"(9편 상 20) 왕주王注에는 "錯者, 交錯也, 錯而畫之, 乃成文也, 易繁辭, 物相雜, 故曰文, 錯斯雜矣"라 했다. '文'이란, 오늘날의 '문양紋樣=文樣', 곧 '문紋=文'인 '무늬'에 해당한다. 그러므로 "錯畫也, 象交文也"는 엇갈린 획이라. "交文을 본뜬다"라는 뜻

---

13) 김경탁, 『주역』, 404~407쪽. 이후로는 페이지 표시만 하기로 한다.

14) 문경현·김정진 역, 『도은선생문집(陶隱先生文集)』, 경북인쇄소(경상북도지사, 김성배 발행), 1981. 이 문집은 도은(陶隱) 이숭인(李崇仁, 충목왕 3(1347)~태조 1(1392))의 시문집(詩文集)이다. 이숭인은 고려 말의 명유 석학이며, 삼은(三隱)의 한 사람이다. 본관은 성주(星州). 성리학에 밝고 넓다.

이다. 김경탁의『주역』에 의하면, "物相雜, 故曰文"의 풀이는 "물건이 서로 섞여 있으므로 무늬[文]라 하고"(430쪽)라 하고, '해설'은 "사물에 비유한 것은 형형색색으로 아주 잡다하므로, 이것을 무늬[文]라 한다. '무늬'란 것은 본래 사물을 수식하는 색채를 이름이다"(431쪽)라 했다. 이를 미루어 정도전의 "天之文－日月星辰, 地之文－山川草本, 人之文－詩書禮樂"은 연속적이며 유기적 연관으로 되어 있음을 알 수 있다.

이 같은 연속적인 유기체 철학은 위에서 말한 사운비의 "육서가 곧, '形·音·義'"임을 풀이한 내용에 비길 만한 데가 있어 흥미롭다. '天文'에 대한 '氣'와 '地文'에 대한 '形'에서『주역』「계사상전」의 "在天成象"에 대한 "在地成形"을 생각하게 하고,『훈정』「제자해」의 "初聲對中聲而言之"의 '五行之氣－天之用'에 대한 '五行之質成－地之功'을 생각게 한다. 이로써 정도전이『도은문집』을 쓴 '戊辰十月'이 서기로 1388년에 해당함을 생각하고, 그때가 '훈민정음' 창제에 비해 비록 오십여 년을 앞서기는 하나 우리에게 중요한 것은 윗글의 내용을 통하여, 무렵 사람들의 세계관을 이해하는 데에 도움을 받고, 또 더욱 중요한 것은 『훈정』제자 풀이의 원리를 찾는 데에 많은 암시를 받는다는 점이다. 정도전은 널리 알려 있는 바와 같이, 이름난 척불양유斥佛揚儒의 철학사 상가로 철학은 정주학程朱學에 바탕을 두고 있다. 여말선초의 유명한 성리학자로는 위에서 말한 이숭인李崇仁·정도전 말고도, 이색李穡·정몽 주鄭夢周·길재吉再·권근權近을 든다. 여기서는 당시의 학문적 흐름을 이 해하기 위해,『도은선생문집』에 있는 권근의 「서」하나를 더 소개한 다. 이 내용 역시 당시의 학문적인 분위기를 사상의 측면에서 엿볼 수 있는 것 가운데 하나이다.

星山陶隱李先生 生於高麗之季 天資英邁 學問精博 本之以苽洛性理之說 經 史子集 百氏之書 靡不貫穿 所造旣深 所見益高 卓然立乎正大之域 至於浮屠老 莊之言 亦莫不研究其是否 敷爲文辭 高古雅潔 卓偉精緻 以至高古律併儷 皆磊 其妙 森然有法度……

성산 도은 이 선생은 고려 말에 태어나서 타고난 자질이 뛰어나고 높으며, 학문이 깊고 넓었다. 염락(濂洛)의 성리학설(性理學說)에 학문의 근본을 두어 경사자집(經史子集)과 제자백가(諸子百家)의 학문에 통달치 않음이 없었으니, 조예가 깊으며 식견이 더욱 높아 우뚝 바르고 큰[正大] 경지에 서게 되었다. 불교, 도교에도 또한 연구치 않음이 없어 옳고 그름을 문사에 늘어놓았으니, 글은 높고 예스럽고 아담하고 맑고 뛰어나고 크고 순정하고 치밀하여, 고풍(古風) 율시(律詩)와 사륙병려(四六倂儷)의 글이 묘(妙)를 얻어 뚜렷하게 법도가 있었다. ……

이로써 보더라도, 중국의 문자학적인 영향을 받았을 '훈정'의 창제자들은 소리글자를 만들면서도 '소리'와 '글자'를 한데 합쳐 쓰고 있음은 그들의 세계관에서 나온 것임을 이해할 수 있다. 그뿐인가. 『훈정』「제자해」 "初聲對中聲而言之"에 보면, "中聲以深淺闔闢唱之於前, 初聲以五音淸濁和之於後, 而爲初亦爲終. 亦可見萬物初生於地, 復歸於地也"라 했고, 「결」에 보면 "中聲唱之初聲和, 天先乎地理自然. 和者爲初亦爲終, 物生復歸皆於坤"이라 했다. 이것의 내용을 보면, '唱和'가 나오는데, 이것들은 '唱—中聲—天'을 '和—初終聲—地'에 대응시키고 있다. 이는 『설문계전』「부서 상」의 "一, 天地之始也. 一氣之化也, 天先成而地後定 天者上也"를 연상시키면서도 사상의 밑바탕에는 입말로서의 '소리'와 글말로서의 '글자' 둘을 자음이 맺어주므로, 이로써 이들을 단절 아닌 영속적이고도 융합적인 유기체적 세계관의 바탕에서 '소리'와 '글자'를 한데 합쳐 쓰는 것으로 보인다.

1.4 「제자해」의 역학적 풀이와 초성과 낙서의 관계

「제자해」에서는 "人之聲音, 皆有陰陽之理"라 하면서, 초성과 관련하여, "夫人之有聲本於五行. 故合諸四時而不悖, 叶之五音而不戾"라 했다. 그리고는 아·설·순·치·후의 오성五聲(앞으로 이를 「궁·상·각·치·우」의 것과 구별짓기 위해, 오성으로 함)·오행·오음五音·사시四時·사방四方의 것을, 아래에 보이는 표에 나타나 있는 바와 같이, 오성의 형체소에 해당하는 아음의 'ㄱ', 설음의 'ㄴ', 순음의 'ㅁ', 치음의 'ㅅ', 후음의 'ㅇ'에 맞추어 풀이했다. 그리고는 또한 "初聲之中, 自有陰陽五行方位之數也"라 했다.

【표 13】

오성	형체소	오행 풀이	오음	사시	사방
아음	ㄱ象舌根閉喉之形	木之生於水而有形	角	春	東
설음	ㄴ象舌附上腭之形	火之轉展而揚揚	徵	夏	南
순음	ㅁ象口形	土之含蓄萬物而廣大	宮	季夏	無定
치음	ㅅ象齒形	金之屑瑣而鍛成	商	秋	西
후음	ㅇ象喉形	水之虛明而流通	羽	冬	北

· 脣居末, 土無定位而寄旺四季之義也.
· 水乃生物之源, 火乃成物之用, 故五行之中, 水火爲大.

음양오행설은 음양이 기초가 되고, 오행은 음양의 짜맞춤에 의해 생긴(生한), 한층 고차적인 요소이다. 『동국정운』「서」의 "天地之道……"에서 말한 것처럼, 음양설에서는 만물을 음양의 두 가지 요소로 분류하였으나 오행설에서는 이것을 다섯으로 분류하게 된다. 그러므로 음양오행설에서는 가령 사시四時─사방四方의 경우, 음소양다陰少陽多인 木에는 春─東을, 순양純陽인 火에는 夏─南을, 음양균陰陽均인 土에는 土用(『훈정』에서는 '季夏')─無定을, 음다양소陰多陽少인 金에는 秋─西를, 순음純陰인 水에는 冬─北의 다섯을 배치하게 된다.

중성의 풀이에서도 초성의 것과 꼭 같이, "自有陰陽五行方位之數也"라 했다. 그런데 중성 풀이에서는 초성 풀이에 없는 "ㅗ初生於天, 天一生水之位也. …… ㅛ再生於天, 天七成火之數也"와 같은 '생성수'가 더 있다. 그리하여 앞으로 나올 '제2편 제2장 2.2.2'에서는 '하도河圖'에 중성 11성의 글자를 배치시킨 그림도 제시했고, 근거가 될 이론도 함께 제시했다.

그러므로 여기서 다시 한 번 생각할 문제는 초성에서도 중성에서나 마찬가지로, "自有陰陽五行方位之數也"라 하여, 음양·오행·사시·사방위四方位를 말하였다면, 초성에서는 어찌하여, 중성 풀이에서와 같은 '生成數'에 대해서는 말하지 않았는가 하는 점이다. 이 점은 매우 중요한 의미를 갖는다고 본다.

1.4.1 『훈정』 「제자해」에서의 '生成數' 풀이

낙서洛書의 생성수는 'ㅡ'에서 '九'까지 연속되는 아홉 수가 되어 수의 화和는 모두 '四十五'가 되는데, 아홉 수는 사방四方·사우四隅·중앙으로 가지런히 배치되어 중앙의 '五'를 거쳐 그어진 종횡선縱橫線과 두 사선의 각단各端에 있는, 상대되는 양수兩數의 '和'가 각각 '十'이 된다. 그러므로 이들 네 직선, 곧 종횡선과 두 사선의 양단의 수의 '和'는 모두가 '四十'이 되고, 이에 중앙의 '五'를 더하면 '四十五'가 되는 것이다. 그런데 각 직선 양끝의 수는 어느 하나는 생수生數가 되고, 다른 하나는 성수成數가 되는데, 이럴 경우, 'ㅡ二三四'는 생수, '九八七六'은 차례에 따라 성수가 된다. '낙서洛書의 생성수'를 참고로 아래에 덧붙인다.

성수 '九'는 생수 'ㅡ'에서 이루어진다. 곧, '十' 빼기 'ㅡ'은 '九'
성수 '八'은 생수 '二'에서 이루어진다. 곧, '十' 빼기 '二'는 '八'
성수 '七'은 생수 '三'에서 이루어진다. 곧, '十' 빼기 '三'은 '七'
성수 '六'은 생수 '四'에서 이루어진다. 곧, '十' 빼기 '四'는 '六'

생각건대, '훈민정음' 창제자들은 아마도 초성의 형체소에 해당하는 'ㄱㄴㅁㅅㅇ'를 발음기관의 아·설·순·치·후의 형상을 본떠 형체를 먼저 만들고, 여기서 펼쳐나가는 1·2차 가획의 글자들을 만들어 이것의 이론을 하도나 낙서에 맞추려 했으나 이것이 중성 11자를 하도에 배치한 것처럼은 잘 되지 못했으리라고 생각된다. 이론과 실제의 괴리에서 오는 송학적인 공리공론空理空論의 실상을 보는 듯하다.

그러나 굳이 초성의 "初聲之中, 自有陰陽五行方位之數也"를 말하였고, 또 앞의 '오성의 형체소와 그에 배치된 오행·오음·사시·사방' 관련된 표에서 보인 '오행·오음·사시·사방'과 1·2차 가획을 말한 점으로 미루어 볼 때, 초성의 것 역시 중성을 하도에 배치한 것과 같은 생각을 할 여지도 있다. 만약에 하도나 낙서에 초성을 배치시킨다면, 먼저 "初聲之中, 自有陰陽五行方位之數也"(「제자해」)의 테두리 안에서 그리되 형체소의 것에서 가획의 것으로 유출되어 나가는 이론을 벗어나서는 안될 것이다. 그리고 참조할 것은 제2편 제2장 2.2.1 「역학계몽」에서 하도 중앙의 '五'는 셈하지 않고, 주위의 '一三七九'는 陽, '二四八六'은 陰이라 함은 『훈정』에서 'ㆍ ㅡ ㅣ'는 셈하지 않고, 'ㅗ ㅏ ㅛ ㅑ'는 陽, 'ㅜㅓ ㅠ ㅕ'는 陰으로 하면서, 'ㅣ'는 "獨無位 ……"라 함과 같다. 이어 나오는 '제2편 제2장 2.2.2'의 내용이다. 그것은 주희朱熹·채원정蔡元定의 설처럼, '하도河圖'는 '십수十數', '낙서'는 '구수九數'로서 경위표리經緯表裏시켰기 때문이다.

「제자해」에 나오는 "初聲對中聲而言之 ……"에 보면, 중성에 대해서는 "陰陽, 天道"에 "一深一淺一闔一闢, 是則陰陽分而五行之氣具焉, 天之用也"라 해 놓고, 초성에 대해서는 "剛柔, 地道"에 "或虛或實 …… 是則剛柔著而五行之質成焉, 地之功也"라 했다. 또한, 「계사상전」에는 "在天成象, 在地成形"이라 했다. 특히 여기서 주목할 것은 주자는 '圓者-河圖-十數'와 '方土-洛書-九數'를 결부시켰다는 점이다.

1.4.2 하도(河圖)에 중성을, 낙서(洛書)에 초성을 결부시킴

중성 11자는 하도에 배치·배열해 보였으나 초성은 하도나 낙서 가운데서 어느 것에 배치·배열시키는 것이, 『훈정』의 초성 제자 이론에 합치할 것인가 하는 문제가 있다.

이정호는 일찍이 『훈민정음의 구조원리: 그 역학적 연구』(1975)에서 '하도河圖'에 중성 11자를 배치시킨 그림(78~82쪽)과 초성 17자를 '初聲菱圖'에 배치시킨 그림(59쪽)을 제시했고, 또 유정기柳正基는 「訓民正音의 哲學的體系」[15]에서 '하도'에 중성 11자를 배치시킨 그림(183쪽)과 '낙서'에 초성 17자를 배치시킨 그림(190쪽)을 제시했다. 이에 대한 비판적인 필자의 견해는 서로의 것을 대조·대비하는 과정에서 절로 밝혀질 것이므로, 여기서는 줄이기로 한다.

다만, 여기서 지적할 것은 유정기의 다음과 같은 말이다. 유정기는 "洛書는 一六水에서 二七火, 三八木, 四九金, 五十土로 가서 다시 一六水로 相克해서 돌아가는 것이다"(189~190쪽)라 하고는 사정四正의 양수兩數와 사우四隅의 음수陰數와 중앙을 연결하는 종횡선과 사선斜線으로 된 네모꼴의 그림을 제시하고, 가운데에 'ㅇ-후喉'를 배치했다. 그리고는,

> 이에는 五音의 五音配屬이 一般의 通說과는 差違가 있으니, 그것은 喉音을 水, 脣音을 土라고 한 것이다. 이것은 確實히 誤錯이 된 것이므로, 申景濬公의 『訓民正音』圖解에서도 喉音은 土니 宮音이고 脣音은 水니 羽音이라고 訂正하여, …… 元來 洛書의 縱橫線上에는 ㅇ와 ㆆ의 形이 없는 것이나 ㅇ는 中央에 五點을 中心으로 해서 假象的으로 만든 零이기 때문에 音은 없는 것이다. 그러므로 終聲解에는 "ㅇ聲은 淡해서 虛하니 終聲으로 쓸 必要가 없는 것이나 ……"(192쪽)

라고 말하고 있다.

유정기가 신경준의 "ㅇ者, 象喉之圓而通也(喉音-宮-土)"의 'ㅇ'을 두고 이것의 자리를 가운데 잡은 것은 '제2편 제2장 1.4.4'의 밑줄 친 데서 말한 것처럼, "天圓地方"의 사상에서 말한 "이 '五'는 기수 '五'이며, 오행의 토수이며, 참천양지參天兩地에 의한 소연小衍의 수이다. 주희는 이

---

15) 유정기(柳正基), 「訓民正音의 哲學的體系」, 『동양문화(東洋文化)』 6·7집, 영남대학교부설 동양문화연구소, 1968.

것을 해명하는 사상적 근거를 소옹邵雍의 원성방토설圓星方土說에서 찾고, 천원지방天圓地方의 사상에서 천수天數(奇)는 '圓', 경일위삼經一圍三에서 '三'을, 지수地數(偶)는 '方', 경일위사經一圍四, 우이偶二로 '二'를 써서, 천삼天三 지이地二에 참양參兩하여 '五'를 얻는 것으로 되어 있다"고 하는 내용과 관련되어 있다.

이것을 줄여 나타내면, '天圓(星)—河圖十數圖'에 상생적인 오행을, '地方(土)—洛書九數圖'에 상극적인 오행으로 풀이한다고 할 때, 『훈정』의 중성은 앞 것에 초성은 나중의 것에 관련시켜야 할 것이다. 그러므로 「제자해」의 "脣音ㅁ, 象口形 …… 土之含蓄萬物而廣大也. 於時爲季夏, 於音爲宮. …… 脣居末, 土無定位而寄旺四季之義也. ……"의 내용은 마땅히, '地方(土)—經一圍四'에 맞추어 'ㅁ'를 중앙에 자리 잡게 하여야 할 것이다.

중성 11자를 하도에 배치시킨 것에 대하여는 '제2편 제2장 2.2.2'에 미루기로 하고, 여기서는 초성을 '하도'가 아닌 '낙서'에 관련시킨 까닭을 제시할 것이다. 이를 위해서는 먼저 하도낙서적인 상수론象數論에 대한 언급이 더 있어야 할 것이므로, 먼저 이를 간단히 풀이해 보기로 한다. 이는 하도낙서적인 풀이와 『훈정』의 "初聲對中聲而言之 ……"의 '天道' 등에 관련된 문제이다.

첫째, 『주역』「계사상전」에는 '河圖'는 하늘의 '象', '洛書'는 땅이 '示象'으로 되어 있다.

> 是故天生神物, 聖人則之. 天地變化, 聖人效之. 天垂象見吉兇, 聖人象之. 河出圖, 洛出書, 聖人則之.

이를 보면, 하도낙서는 '天生'의 '神物'이다. 성격은 매우 상징적이기는 하나 이 글의 뜻은 '하도는 하늘이 상을 드리우는 것이고, 낙서는 땅의 시상'으로 생각할 수 있다.

둘째, 송대宋代의 상수론은 "物有有象, 象生有數"이다. 이는 물론 순수

수학 아닌 상징적인 수를 뜻한다. 송대에 이르러서는 『역』의 철리哲理가 추구되는 반면에 『역』의 상수론이 성행하게 된다. 여기서 말하는 상수象數란, 음양오행사상에 의해 상징된 수학적인 것이다. 다른 말로 하면, 『역』의 '象'과 '數'로서, '象'은 '천일산택天日山澤' 부류, '數'는 '초상구륙初上九六'16)의 류를 말한다.

셋째, 『주역』「계사상전」에는 "在天成象, 在地成形"이란 것이 있다. 이것의 풀이는 "하늘에서는 해와 달과 별 같은 것들이 쉬지 않고 돌아가서 하나의 현상을 이루고, 땅에서는 산천과 동식물들이 하나의 형상을 이룬다"17)로 되어 있다. 여기서 주목할 것은 '하늘'에 대한 '땅'의 '成象-成形'에 있다.

넷째, 하도의 오행과 생성의 위수位數는 『훈정』의 중성 11자의 풀이에는 맞으나 초성의 풀이에는 맞지 않으므로, 차라리 낙서 어울린다. 『훈정』「제자해」에는 "正音二十八字, 各象其形而制之"라 해 놓고는 중성 11자에 대해서는 "ㆍ …… 形之圓, 象乎天也. ㅡ …… 形之平, 象乎地也. ㅣ …… 形之立, 象乎人也"와 "ㅗ初生於天, 天一生水之位也. …… ㅓ次之, 地八成木之數也. …… ㆍ 天五生土之位也. ㅡ地十成土之數也. ㅣ獨無位數者, …… 固未可以定位成數論也"를 말했다. 반면에 「초성 17자」에 대해서는 "牙音ㄱ, 象舌根閉喉之形, …… 脣音ㅁ, 象口形. 齒音ㅅ, 象齒形. 喉音ㅇ, 象喉形"에다가 "ㅋ比ㄱ, 聲出稍厲, 故加畫. ㄴ而ㄷ, ㄷ而ㅌ, ㅁ而ㅂ, ㅂ而ㅍ, ㅅ而ㅈ, ㅈ而ㅊ, ㅇ而ㆆ, ㆆ而ㅎ, 其因聲加畫之義皆同 ……"이라 하여 1·2차 가획을 말하였다. 또 「제자해」에는

初聲對中聲而言之 ……
- 중성: 陰陽, 天道也. …… ㅡ深ㅡ淺ㅡ闔ㅡ闢, 是則陰陽分而五行之氣具焉, 天之用也.

---

16) '초상구륙(初上九六)'에 대하여는 김경탁, 『주역』에 있는 "周易의 用語"(28~29쪽) 풀이를 참조하라.

17) 김경탁, 『주역』, 384쪽

* 초성: 剛柔, 地道 …… 或虛或實 …… 是則剛柔著而五行之質成焉, 地之功也.

라 하였다.

다섯째, 「역학계몽」에 있는 소자邵子(1011~1077)의 말에는 다음과 같은 것이 있다.

邵子曰, 圓者星也, 歷紀之數, 其肇於此乎. 方者土也. 畵州井地之法, 其放於此乎. 蓋圓者河圖之數, 方者洛書之文. 故羲文因之而造易, 禹箕敍之而作範也.
(「본도서 제일」)

소자(康範先生)는 주렴계周濂溪(1017~1073)와 거의 같은 시대 사람이다. 위에서 말한 '원성방토설'은 「황극경세서皇極經世書」(권11 12장)에도 꼭 같은 것이 나온다. 이 설에 대한 관심의 초점은 '원성圓星-하도河圖'에 '방토方土-낙서洛書'가 결합된 데 있다. 이를 줄여 보인다.

圓者星也-圓者河圖之數
方者土也-方者洛書之文

이상의 첫째에서 다섯째의 내용을 두고, 이를 「제자해」이 "初聲對中聲而言之……"의 내용에 견주어 맞대어 보면, 중성은 '하도'에 초성은 '낙서'에 밀접히 관련되어 있음을 알 수 있다.

그런데 주자의 설에는 이에 '원자-하도-십수'에 '방토-낙서-구수'를 결합시켰다.

1.4.3 낙서의 도형에 초성을 배치·배열하는 문제

하도는 복희伏犧 때, 황하黃河에서 나온 용마龍馬의 등에 그려져 있는 그림을, 낙서는 우禹 임금이 홍수를 다스릴 때, 낙수洛水에서 나온 신귀

神龜의 등[背]에 있었다는 글[文]을 말한다. 「서書」 「홍범洪範」에는 낙서에 대해 다음과 같이 적고 있다.

> 天乃錫禹洪範九疇, 彛倫攸敍. 傳(『서경』의 孔安國傳, 『시경』의 毛詩)天與
> 禹, 洛出書, 神龜負文而出, 列於背有數, 至于九, 禹遂因而第之, 以成九類, 常道
> 所以次敍

또 낙서의 도형에 대하여, 『성리대전』 권14 「역학계몽」 3장에 보면, 다음과 같은 것이 나온다.

> 孔安國云. 洛書者, 禹治水時, 神龜負文而列於背, 有數至九, 禹遂因而第之以
> 成九類

한 곡부曲阜의 공안국孔安國(字는 子國. 孔子의 12세 손)의 말이다. 낙서는 위에서 보는 바와 같이, 우禹와 홍범구주洪範九疇를 통합시켰다. 낙서는 하도와 함께 표리상관表裏相關하여 다 같이 역리易理를 나타낸 것이다. 그리하여 한 중엽의 대유大儒인 유흠劉歆은 다음과 같이 하도낙서가 서로 경위經緯가 됨을 말하고 있다.

> 虙羲(=伏羲)氏繼天而王, 受河圖則而畫之, 八卦是也. 禹治洪水, 賜洛書法而
> 陣之, 洪範是也. (『漢書』 「五行志」 上)

낙서도 역시 하도와 같이, 기수奇數를 백점白點으로 하고, 우수偶數를 흑점黑點으로 하고 있다고 했다. ('洛書'의 圖象化는 '제2편 제2장 2.2.1'에 있음.)

그리고 [그림 4]는 다음에 나올 제2편 제2장 2.3의 『훈민정음』 「제자해」에 있는 중성의 자형 풀이에 나타난 "陰陽五行方位之數"와 송유宋儒들의 '하도낙서' 풀이에 나오는 도설圖說과의 관계와도 관련되어 있다.

```
                        (남)
                         9
        (동남)4                      2(서남)


                         5
        (동)3          (중앙)          7(서)


        (동북)8                       6(서남)
                         1
                        (북)
```

【그림 4】 낙서의 그림

중성 11자의 문자형체학적인 관점에서 본 형체소이자 부수에 해당
하는 '·ㅡㅣ'에 대한 1차 합성이자 출생出生의 'ㅗㅏㅜㅓ'와 2차 합
성·출생인 'ㅛㅑㅠㅕ'의 「제자해」 풀이를 근거로 한 '하도' 배치의 그
림을 보더라도, 초성 17자의 형체소이자 부수에 해당하는 'ㄱㄴㅁㅅ
ㅇ'에 대한 1·2차 가획에 해당하는 것들(ㄴ→ㄷ→ㅌ, ㅁ→ㅂ→ㅍ, ……)
의 '낙서' 배치 그림을 그리려고 한다면, 적어도 다음과 같은 점이 고려
되어야 할 것이다.

첫째, 중성에서는 "中聲之中, 亦自有陰陽五行方位之數也"라 하면서,
"ㅗ初生於天, 天一生水之位也 ……"와 같은 '음양오행방위陰陽五行方位의
생성수'를 말하였으나 초성에서는 중성에서처럼, 다 같이 "中聲之中,
亦自有陰陽五行方位之數也"라 하면서도, 어찌하여 중성에서 말한 것과
같은 '음양오행방위의 생성수'를 말하지 않았을까, 분명한 것은 거기
에는 그럴 만한 까닭이 있었다고 생각한다.

둘째, 송학적인 음양오행설의 이론과 조음기관調音器官의 상형을 두
고, 이것을 실제로 어떻게 문자형체학적인 관점에서 절충·조화시켜
나가느냐 하는 것이다. 「제자해」에서는 'ㅁㅇㄴ'에 대해서 다음과 같
은 내용을 담고 있다.

ㅁ: 象口形－土之含蓄萬物而廣大－宮－季夏－無定

ㅇ: 象喉形－水之虛明而流通－羽－冬－北

ㄴ: 象舌附上腭之形－火之轉展而揚揚－徵－夏－南

이 말은 역리易理에 맞추어 나가되, 조음기관 상형의 실체－실제를 정충하여 합리화시킨 풀이가 아닌가 하고 생각하게 된다.

그것은 「제자해」에서 특히 'ㅁ(입), ㅇ(목구멍), ㄴ(혀)'에 대해 다음과 같이 강조하고 있기 때문이다.

- 脣居末, 土無定位而寄旺四季之義也.
- 水乃生物之源, 火乃成物之用, 故五行之中, 水火爲大. 喉乃出聲之門, 舌乃辨聲之管, 故五音之中, 喉舌爲主也.

셋째, '원성－하도－십수'에서 중성의 상생적인 오행설을 생각하듯, '방토－낙서－구수'에서 초성의 상극적인 오행설을 생각한다는 것은 위(제2편 제2장 1.4.2)에서 풀이한 바와 같은 이치가 있다고 할 수 있다.

넷째, 낙서의 사정四正 사유四維의 생성수와 중앙의 '五'를 종횡선과 두 사선으로 연결하여 네모꼴을 만들고, 이에서 찾아 낼 수 있는 다양한 꼴에서 유정기의 방식과 비슷하게 초성의 형체소에 해당하는 'ㄱ ㄴ ㅁ ㅅ ㅇ'의 꼴을 찾아야 할 것이고, 다섯 형체소의 글자에서 다시 1차 가획의 글자와 2차 가획의 글자들을 만들어 보아야 할 것이다.

이상의 네 가지 점을 총체적으로 고려한다면, 다음과 같은 말을 할 수 있으리라고 생각한다.

초중성을 '하도'나 '낙서'에 배당 배치시킬 경우, 초성의 것은 유정기의 방법처럼, 완전 일치는 아니나 낙서와 관련시킴이 낫겠고, 1·2차 가획의 것을 고려한다면, 이정호의 방법과 비슷이 되어야 할 것이다. 그런데 여기서 고려할 것은 다음의 그림과 같이, '낙서洛書는 수화목금 토의 상극적인 오행의 차례의 우동右動'이라야 하는 점과 초성을 낙서에 배치시키는 데는 '방토-낙서-구수'를 염두에 두어야 할 것이라는 것과 실제에 있어서는 이에 조음기관의 상형을 투입시킨 절충적인 그림이 되어야 할 것이라는 것이다. 시험 삼아, 하나의 시론으로 안을 제시해 보기로 한다.

먼저, '낙서의 상극적 오행의 차례의 우동右動' 그림을 제시하고, 이어 초성의 형체소에 해당하는 조음기관의 상형인 'ㄱ ㄴ ㅁ ㅅ ㅇ'의 자리를 보인다. 해당 영역에서 상형의 실체를 찾고(가령, 'ㄴ'의 형체는 'ㄴ' →'9-5-7'에서처럼), 그렇지 못한 것, 가령 'ㅇ' 같은 것은 절충적으로 풀이한다. 'ㅇ'는 'ㆁ'를 닮았다. 'ㆁ'위의 'ㅣ'는 "猶木之萌芽生於水而柔軟, 尙多水氣也"(「제자해」)라 하여 합리화시키고 있다. 그림의 해당 영역에서 형체소의 상형의 실체(글자)를 찾는다는 것은 일차적인 의미를 갖는다. 『훈정』에서는 형체소에 1·2차로 가획하여, 글자 수를 늘여 나가는 방법을 쓰고 있다. 이체류의 것 역시 형체소의 것과 무관한 형체가 아니므로, 이것 역시 해당 형체소류에 배당시켜야 할 것이다. 하나의 시론이므로, 초성의 것에서는 형체소 글자의 자리만 배당 제시하

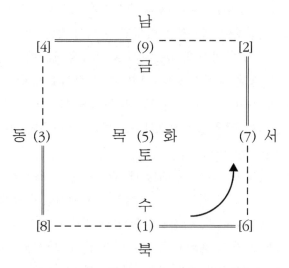

【그림 5】 낙서의 수화목금토의 상극적 오행의 차례(右動)

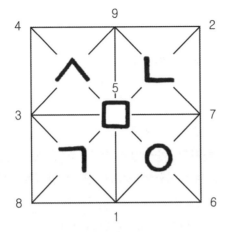

【그림 6】 낙서에 이론적 바탕을 둔 초성 형체소의 조음기관의 상형과 자리(시안)

고, 나머지 글자들의 자리는 위에서 말한 내용으로 미루기로 한다.

[그림 6]과 같이 낙서에 초성의 다섯 형체소를 배치하여 보았다. 1·2차 가획의 것은 여기서 펼쳐 나가는 것으로 한다. 그림에 실은 글자들은 『훈민정음』에서 형체를 그대로 따다 실은 것이다.

【그림 7】 다섯 형체소에 1·2차 가획한 것과 이체를 배치시킨 것

신경준申景濬은 'ㅇ ㅁ'에 대해 다음과 같이 적고 있다.

　　ㅇ者, 象喉之圓而通也. (喉音－宮－土) ㅇ→ㆆ→ㅎ
　　ㅁ者, 象羈之方而合也. (脣音－羽－水) ㅁ→ㅂ→ㅍ

그러나 이것을,『훈정』의 관점에서 보면, '天(圓) → ㅇ(喉), 地(方) → ㅁ(脣)'이 되어 잘못이다. 목구멍[喉]은 'ㅇ'처럼 둥글기는 하되,『훈정』의 관점에서는 이것은 '하늘'이 아닌 '땅'의 영역에 속한다. 그러니까 '天圓地方'을 말하려면, 차라리,『훈정』'天(圓) → ㆍ(形之圓, 象乎天)'에다가 '地(方) → ㅁ(地方)'의 것이 더 합리적이다.

1.4.4 하도낙서의 전설이 구수·십수 상수론과 통합된 과정

'하도낙서'의 전설이 구수·십수의 상수론과 결부 통합된 전개 과정은 셋으로 나눌 수 있다. 여기서는 이마이今井의 주장을 참고로 하여, 세 과정을 아래에서 살펴보기로 한다.

첫째,『상서尙書』의 고명顧命(임금이 임종 때에 후사를 부탁하는 유언)이나『논어』의 자한子罕,『예기』「예운」등에 나타나는 하도 전설은 모두 상스러운 징조의 부서적符瑞的인 성격을 갖는데,『주역』「계사상전」의 "河出圖, 洛出書, 聖人則之"에 이르러서는 다만 '하도'에 '낙서'를 덧붙이는 데에 그치지 않고, 앞에서 말한 부서적인 성격을 더하여 성인聖人 법상法象의 대상이 되는 규범적 성격이 더욱 중요한 의미를 지니는 것으로 풀이되어 있다. 그뿐 아니라「계사하전」에는 전설적인 성인인 복희씨伏犧氏＝庖犧氏의 다음과 같은 획괘작역전설畫卦作易傳說이 풀이되어 있다.

　　古者包犧氏之王天下也, 仰則觀象於天, 俯則觀法於地, 觀鳥獸之文, 與地之
　　宜, 近取諸身, 遠取諸物, 於是始作八卦, 以通神明之德, 以類萬物之情, 作結繩

而爲網罟, 以佃以漁, 蓋取諸離.[18] (「계사하전」)

　그리하여 위에서 말한 '하도낙서'를 통합하는 가능성을 보이었다. 이 전설은 물론, 『역』의 신비성과 위대성을 권위 있게 하느라고 탁고개제托古改制한 것이기는 하나 여기서 중요한 의미는 '하도낙서'와 획괘작역畫卦作易을 결합하여, 성인 복희에 계속繫屬시키는 전설을 쉽게 성립시키는 데에 있다.

　둘째, '하도'와 '낙서'를 분리하여, 이원론적으로 풀이한 것에 대한 것이다. 위에서 말한 『역』「계사전」의 전설을 계승하면서 전한말前漢末의 유흠劉歆(名은 秀, 字는 子駿)은 '하도'와 '낙서'를 발생적으로 달리 보고, '하도'는 복희와 팔괘를 결부시키고, '낙서'는 우禹와 홍범구주를 결부시키는 선에서 통합하여 풀이하고 있다.[19] 이것은 '하도낙서'의 이원설二元說이다. 유흠劉歆이 성인聖人을 복희伏犧와 하우夏禹의 둘로 한 사상적 근거에는 음양대대陰陽對待의 사상이 있었을 것이다. '하도'와 '낙서'를 대대對待시키고, 이것을 상수설象數說과 결부시켜 서로 경위표리經緯表裏하여 풀이하려고 한 것이리라.

　여기서 우리에게 중요한 것은 위에서 말한 '하도'와 '낙서'를 음양으로 대대시켜, 이것을 상수설과 결부시켰다는 것이다. 다시 말하거니와 『훈정』「제자해」에는 "初聲之中, 自有陰陽五行方位之數也"라 했고, "初聲對中聲而言之"에 이어서는 '天道—地道', '天之用—地之功'이라 했다. 말하자면, 유흠의 말은 「역학계몽」「본도서 제일本圖書第一」 첫머리에 나오는 "孔安國云, 河圖者, 伏羲氏, 王天下, 龍馬出河, 遂則其文而畫八卦"에 대한 "洛書者, 禹治水時, 神龜負文而列於背, 有數之九, 禹遂因而第之以成九類"의 내용과 관련되어 있다고 볼 수 있다. 『설문』「허서」에서도,

---

18) 離卦象辭: 이괘(離卦)는 붙어 있다는 상(象)이다. 해와 달은 하늘에 붙어 있고, 온갖 곡식과 초목은 땅에 붙어 있다는 것과 같다. '이괘(☲)'를 두고, "그물[網]의 눈[目] 가운데에 몬[物]이 들어 있는 꼴"(高田眞治·後藤基巳 옮김, 『주역』 하, 岩波書店, 1992, 257쪽)이라는 말을 하기도 한다.

19) 이에 관하여는 今井宇三郎, 앞의 책의 "『漢書』五行之上"(157, 181쪽)을 참조하라.

지사를 상형에 앞세웠다. 중성의 형체소의 글자들은 지사에 가깝고, 초성의 형체소의 글자들은 상형에 해당한다. 허신의 학문은 전한의 유향劉向의 아들인 유흠劉歆을 본받은 것으로 보고 있다.[20]

셋째, 그런데 다른 한편으로 생각할 것은 구수론九數論과 십수론十數論은 이미 한대漢代에 성립하고 있었다는 것이다. 구수론은 전한의 대덕戴德이 지은 『대대례大戴禮』「성덕편盛德篇」의 명당구실[21]을 정하는 글풀이 가운데에 '一'에서 '九'까지의 수를 나열하고, '二九四七五三六一八'의 구수를 풀이하는 데서 시작한다. 이 차례는 '五'를 중앙으로 하는 '사정사유각십오四正四維各十五'[22]라는 '삼차마방진三次魔方陳'[23]을 형성시키므로, 설괘전說卦傳의 이남감북離南坎北[24], 진동태서震東兌西 등의 팔괘방위八卦方位와 결부되어 '태일하행구궁설太一下行九宮說'(鄭玄注, 『易緯乾鑿度』下)[25]을 성립시켰다. "故太一取其數, 以行九宮. 四正四維, 皆合於十五" 말하자면, "坎一, 坤二, 震三, 巽四, 中央五, 乾六, 兌七, 艮八, 離九"의 방위 순서를 따라 태일신太一神이 하행하여 구궁을 순행한다는 것이다. 이 구수론을 오행의 수에서 해명하려고 하면, '月令的, 五行方位'와 모순되므로 둔갑설遁甲說이나 태일설太一說[26]로써 곡해방통曲解旁通하려고 한다(孔廣森, 『大戴禮記補注』).[27] 그러나 구수九數 그것은 오행의 수나 방위와 관련시켜 풀이할 수 있어도, 특수한 배열은 이것들과는 관계가 없다. 다만 구실구궁九室九宮의 수로 하는 것만으로써, 수적인 신비성을

---

20) 유흠(劉歆)은 중국 최초의 서적 분류 목록인 『칠략(七略)』을 지었는데, 이것은 나중의 『한서』「예문지(藝文志)」의 기초가 되었다. 그의 학통에 대하여는 阿辻哲次, 『한자학: 설문해자의 세계』, 동해대학출판회, 1989, 110쪽.

21) '명당구실(明堂九室)'에 대하여는 今井宇三郎, 앞의 책, 166·168쪽.

22) '사정사유(四正四維)'에 대해서는 今井宇三郎, 위의 책, 164·331쪽.

23) '삼차마법진(三次魔法陳)'에 대해서는 今井宇三郎, 위의 책, 164·170쪽.

24) 설괘전적(說卦傳的)인 이남감북(離南坎北) 등에 대하여는 今井宇三郎, 위의 책, 253쪽.

25) '태일하행구궁설(太一下行九宮說)'에 대해서는 今井宇三郎, 위의 책, 164·170쪽.

26) '둔갑설(遁甲說)'과 '둔갑태일설(遁甲太一說)'에 대하여는 今井宇三郎, 위의 책, 173·174쪽.

27) 이에 관하여는 今井宇三郎, 위의 책, 「구수론(九數論)」에 있는 '명당구실(明堂九室)' 풀이와 거기 나오는 '공광삼보주팔(孔廣森補注八)'(166쪽)을 참조하라.

발휘한다. 그리하여 송대에 이르러, 태일신적 협잡물을 멀리하고, 수적인 신비성만으로 풀이하여, 이것을 『성리대전』「역학계몽」에 있는 바와 같이, "九를 이고 一을 밟고, 三을 左로 하고 七을 右로 하고, 二四를 어깨로 삼고, 六八을 발로 삼는다[載九履一, 左三右七, 二四爲肩, 六八爲足]"(「본도서 제일」 권14-4)이라 일컫고 순연純然한 상수론으로 전개하고 있다.

그 십수론이란, 『주역』「계사상전」에 있는 "天一地二 ……"라는 천지의 수를 풀이하는 것으로부터 시작한다. "天一地二 …… 天九地十"의 십수十數를 오행의 수로 이해하고 배당하여, '一'에서 '五'에 이르는 수를 '生數', '六'에서 '十'에 이르는 수를 '成數'라 하였다. '一·六, 二·七, 三·八, 四·九, 五·十'의 배당을 풀이하는데, 음양필우陰陽匹偶로 한 것은 후한의 정현이었다(『禮記月令正義』 其數八; 본서 제1편 제5장 2). 이 천지의 십수를 생수와 성수의 음양필우에 의해, 오행의 수와 방위를 결합하면, 십수도十數圖는 쉽게 얻어진다. 기수奇數는 '○'로, 우수偶數는 '●'로 하여, 수만을 연결해서 월령의 방위에 배치하면 되기 때문이다.

여기서 중요한 것은 구수론九數論과 십수론十數論을 '하도', '낙서' 중 어느 것에 계속시키느냐에 있으며, 이 둘을 경위표리하여 어떠한 상수론을 전개하느냐에 있다. 송대에 이르러서 '하도낙서'적인 전설에 구수·십수의 상수론을 결부시켜 '하도낙서'적인 상수론을 전개한 최초의 역학자易學者는 유목劉牧(자는 長民 또는 先之, 彭城 사람)이다. 유목설劉牧說의 최대의 문제는 '하도'에 구수도九數圖를, '낙서'에 십수론十數論을 관련시켜, 이것을 성인 복희 한 사람에게 일원一源시킨 점에 있다. 이 모순을 시정하는 데는 '하도'에 십수도를, '낙서'에 구수도를 관련시켜, 발생에 따라 이것을 이원二元 하여, 경위표리 시키는 데에 있다. 이것을 이루어 낸 이가 주희와 채원정이다.

「역학계몽」「본도서 제일」에 보이는 '하도' 십수도는 『주역』「계사상전」의 천지의 수를 풀이한 "天一, 地二, …… 凡天地之數五十有五此所以成變化而行鬼神也"(제2편 제2장 2.2.1)를 들고, 이에 주를 달기를 "此一

節, 夫子所以發明河圖之數也 …… 皆夫子之意而諸儒之說也"(제2편 제2장 2.2.1)라 했다. 그리고는 이에 이어 "至於洛書, 則雖夫子之所未言. 然其象 其說已具於前, 有以通之, 則劉歆所謂經緯表裏者可見矣"라 했다.

주희·채원정설에 의하면, '하도'는 오행생성五行生成의 십수로서, '象 數'가 홍범오행洪範五行에 배열과 구주九疇의 자목子目 오십오에 합치하 며, '낙서'는 홍범구주洪範九疇의 구수로서, '象數'가 태극·양의·사상四象· 팔괘의 상을 나타내고 있다. 이것으로써 상수가 '하도낙서'를 교역交易 하여 논할 수 있게 된다는 것이다. 이에 대하여 「역학계몽」 「본도서 제일」에서는 다음과 같이 적고 있다.

洛書而虛其中, 則亦太極也. 奇偶各居二十, 則亦兩儀也. 一二三四而含九八 七六, 縱橫十五而互爲七八九六, 則亦四象也. 四方之正以爲乾坤離, 四隅之偏 以爲一兌震巽艮, 則亦八也. 河圖之一六爲水, 二七爲火, 三八爲木, 四九爲金, 五十爲土, 則固洪範之五行, 而五十有五者, 又九疇之子目也. 是則洛書固可以 爲易, 而河圖亦可以爲範矣. 且又安知圖之不爲書, 書之不爲圖也耶. (18장)

낙서[九數圖]에서 중앙을 허로 하는 것은 태극이다. 기우(奇偶)가 각각 '二十'(1·9, 2·8, 3·7, 4·6)인 것은 양의(兩儀)이다. '一二三四'가 '九八七六' 을 머금고, 종횡 '十五'가 되어 '七八九六'이 되는 것은 사상(四象)이다. 사 방의 정(正)이 건곤감리이며, 사우(四隅)의 편(偏)이 태진손간(兌震巽艮)이 되는 것은 팔괘이다. 하도[十數圖]의 '一·六'이 수, '二·七'이 화, '三·八'이 목, '四·九'가 금, '五·十'이 토가 되는 것은 원래 홍범오행의 수이며, '五十 五'도 구주(九疇)의 자목(子目)이다. 이것은 낙서도 역이 될 수 있고, 하도 도 홍범(洪範)이 될 수 있다는 것을 보이는 것이다. 또 하도가 낙서가 아니 며, 낙서가 하도가 아니라는 것을 어떻게 풀이할 것인가 풀이할 수 없지 않는가.[28]

---

28) '홍범(洪範)'과 '구주(九疇)」 관련 내용에 대하여는 上野淸, 『역(易)의 연구』, 歷史圖書社, 1980, 177쪽 이하.

위에서 말함과 같이, 하도 십수, 낙서 구수를 교역하여 역의 상수론을 전개하고 있다. 이와 같이, 하도낙서적인 전설이 나타내는 것은 작역作易한 성인聖人이 획괘畵卦에 즈음하여 법상法象해야 할 규범적인 성격의 것이라 할 수 있다. 따라서 하도와 낙서를 교역交易하여 논술할 상수론의 주제는 육십사괘에 있는 것이 아니고, 육십사괘를 성립시키기에 앞선 전제이며, 근거이어야 한다. 그것은 설시입괘揲蓍立卦의 전제인 시수蓍數 '五十'(大衍의 數)과 그것을 생하는 기수基數인 '五'(小衍의 數)와의 해명에 도움이 되어야 한다. 하도는 실중實中, 낙서는 허중虛中(「본도서 제일」), 천지의 수 '五十五'에서 '五'를 빼고, 구수 '四十五'에 '五'를 더하면, 어느 것이나 대연大衍의 수 '五十'이 된다. 여기서 말한 빼고, 더해진수 '五'의 성격과 사상적인 근거는 중요하다. 이 '五'는 기수 '五'이며, 오행의 토수이며, 참천양지參天兩地[29]에 의한 소연小衍의 수이다. 주희는 이것을 해명하는 사상적 근거를 소옹邵雍의 원성방토설圓星方土說에서 찾고, '天圓地方'의 사상에서 천수天數(奇)는 '圓', 경일위삼經一圍三[30]에서 '三'을, 지수地數(偶)는 '方', 경일위사經一圍四, 우이偶二로 '二'를 써서, 천삼天三 지이地二에 참양參兩하여 '五'를 얻는 것으로 되어 있다. 게다가 십수를 '偶', 구수를 '奇'라 하여, 십수는 상수常數로서 수의 '體'이며, 구수는 변수變數로서 수의 '用'이라 하여, 십수와 구수를 수의 '體用'으로 하여, 일원상즉적一源相卽的으로 풀이하고 있다(「역학계몽」). 그뿐 아니라 이것을 도상화圖象化하여 오행의 방위와 유행을 새롭게 전개함으로써, 십수도十數圖에 상생적인 오행을, 구수도九數圖에 상극적인 오행으로 풀이했는데, 이것의 근거로는 획천좌선畵天左旋・획지우동畵地右動의 설을 들었다.

---

29) 주자는 '참천양지(參天兩地)'를 "천삼지이(天三地二)를 참양(參兩)한다"로 풀이한다. 따라서 "參不是三之數, 是往參焉之參"(『주자어류』 권77)의 말처럼, '참양'의 '參'은 수인 '三'이 아니고, 가서[往] 참(參)한다는 '參'으로 풀이한다. 이 같은 주자의 근거는 원성방토설(圓星方土說)이다. 今井宇三郎, 앞의 책, 231~232쪽.

30) 원주(圓周)와 직경(直徑)의 비율이 3 : 1임을 말한다. 수학 공식으로는 직경×π가 되므로, 지름이 1이면, 둘레는 π(3.1416……)가 된다. 이에 관하여는 上野淸, 앞의 책, 147~148쪽.

이와 같이 주희·채원정의 하도낙서적인 상수론은 전통적인 여러 설을 종합하고 질서를 잡아, 송역宋易의 신전개에 도움을 주고 있다.

1.5 『설문해자』와 『훈민정음』에 나타난 유출사상과 밀접성

여기 또한 흥미로운 사실이 있다. 이것은 『훈민정음』 「제자해」에 깔려 있는 이론과 『설문해자』의 이론 전개와의 연계성을 말해 주는 것이다. 유학의 경서經書인 『주역』과 『노자』 사상에서 나온 유출사상의 기반 위에 선, 송학적인 '이일분수'의 이론 전개에 해당한다. 먼저, 『훈민정음』 「제자해」 「결」의 몇 부분을 문제의 자료로 제시해 보자.

天地之化本一氣 陰陽五行相始終 物於兩間有形聲 元本無二理數通
正音制字尙其象 因聲之厲每加畫 音出牙舌脣齒喉 是爲初聲字十七
牙取舌根閉喉形 唯業似欲取義別……
那彌戌欲聲不厲 次序雖後象形始 配諸四時與冲氣 五行五音無不協

위의 내용을 잘 들여다보고, 다음과 같은 대여섯 가지의 문제를 생각해 보자.

첫째는 위의 「결」에서 "天地之化本一氣 陰陽五行相始終 物於兩間有形聲 元本無二理數通"이라 하는 것은 「제자해」의 본문 첫머리에 나오는 "天地之道, 一陰陽五行而已. 坤復之間爲太極, 而動靜之後爲陰陽. …… 理旣不二, 則何得不與天地鬼神同其用也"에 해당하는 부분과 맞물려 있는 것으로 보이는데, 이 내용에 나오는 "天地之化本一氣"와 '元本'은 근원적으로 어떠한 의미를 가지고 있으며, 『설문해자』류에는 이러한 내용의 것이 없는가 하는 것이다. 다음으로는 역시 위의 「제자해」 「결」에서 "牙取舌根閉喉形 唯業似欲取義別…… 那彌戌欲聲不厲 次序雖後象形始 配諸四時與冲氣 五行五音無不協"이라 하는 것은 또한 「제자해」의 본문에 나오는 "牙音ㄱ, 象舌根閉喉之形. 舌音ㄴ, 象舌附上腭之形……

夫人之有聲本於五行. 故合諸四時而不悖, ﾏﾄ之五音而不戾. 喉邃而潤, 水
也 …… 是則初聲之中, 自有陰陽五行方位之數也. …… ㅇㄴㅁㅇㄹㅿ
爲不淸不濁. ㄴㅁㅇ 其聲最不厲, 故次序雖在於後, 而象形制字則爲之始.
……"에 해당하는 부분과 맞물려 있는 것으로 보이는데, 역시 이 내용
에 나오는 「결」의 沖氣는 또한 근원적으로 어떠한 의미를 가지고 있으
며, 『설문해자』류에는 이러한 내용의 것이 없는가 하는 것이다.

『훈민정음』「제자해」「결」에 나오는 ① 天地之本一氣, ② 兩間, ③ 形
聲, ④ 元本, ⑤ 沖氣를 차례에 따라, 이들 문제의 "淵源精義之妙"(「用字
例」)를 생각해 보기로 한다.

① 天地之化本一氣는 앞의 '제2장 3.1'에 ④ 元本은 『설문해자주』「단
주」에 ⑤ 沖氣 역시 『설문해자주』「단주」에 인용된 『노자』 사상과 관
련된 것이다. 이들 내용은 모두 그 근원[淵源]을 『노자』의 유출사상을
원용한 점에서 보면, 『훈민정음』이 『설문계전』보다는 뒤지고, 단옥재
의 『설문해자주』곧, 「단주」의 것보다는 몇 백 년이나 앞섰음은 물론
이다. 여기서는 이 같은 문제에 ② 兩間, ③ 形聲을 더하였다.

1.5.1 天地之化本一氣

이에 관하여는 '제1편 제2장 3.1'의 『설문계전』「부서 상」에서 조금
언급한 바 있다. 여기서는 이것을 부분적으로 되풀이하면서, 몇 가지
내용을 더 첨가하기로 한다.

「제자해」「결」의 첫머리에 나오는 위의 "天地之化本一氣 陰陽五行相
始終 ……"은 「제자해」의 본문 첫머리에 나오는 "天地之道 一陰陽五行
而已 ……"와 맞물려 있다고 했다. 이 둘을 뭉뚱그려 하면, 『설문계전』
「부서 상」이 "一 天地之始也 一氣之化也, 天先成而地後定"이라든가 『설
문해자』에서 "一 惟初太極 道立於一 造分天地 化成萬物 ……"이 말하는
바와 같이, 근원으로서의 일원지기–元之氣라든가 근원으로서의 '道의
의미를 갖는 一'이 만상이 되어 유출되어 나간다는 『노자』"道生一,

一生二, 二生三, 三生萬物"(제42장)에 나타나는 道의 사상에 견줄 만하다고 생각된다. 이 중에서도, 연계성이 더욱 확실시되는 두드러진 보기를 두어 가지만 맞대어 제시한다.

- 一元之氣 周流不窮 (「제자해」)
- 天地之化本一氣 (「제자해」「결」)
- 天地之始也 一氣之化也 (『설문계전』「부서 상」)

유도儒道의 두 교教에서는 천지지화天地之化를 기화氣化의 일원으로 보고 있다. 위의 중요한 것은, 되풀이하거니와, '훈민정음' 제자원리를 밝히기 위해, 『설문해자』와의 연계성을 말하려는 것이다.

1.5.2 兩間

여기서 말하는 '兩間'은 "物於兩間有形聲"의 '兩間'이다. 이는 문맥으로 보아, 하늘과 땅 둘 사이를 말한다.

『장자莊子』「전자방편田子方篇」에는 다음과 같은 것이 나온다. 여기에는 다음에 나올 沖氣와 관련되어 있으므로, 더욱 주목을 끌 만하다.

至陰肅肅, 至陽赫赫, 肅肅出乎天, 赫赫發乎地, 兩者交通成和而物生焉.
지극한 음(陰)의 기운은 엄숙하고 차며, 지극한 양(陽)은 번쩍이며 뜨거운 것이오. 이 엄숙하고 찬 지극한 음의 기운은 하늘에서 나오고, 번쩍이며 뜨거운 지극한 양의 기운은 땅에서 나와, 이 음양의 두 기운이 서로 통하고 화합하여 만물을 발생시키네. (이석호, 『장자』, 378쪽)

이 가운데에 있는 "兩者交通成和"에 대해 후쿠나가 미쓰지福永光司는 그의 『장자』「외편 상」(朝日新聞社, 1978)에서

『노자』제42장에 "만물은 음(陰)을 업고 양(陽)을 안고서, 충기(沖氣)로 화(和)를 삼는다"라 한 것과 같은 사상. 음양의 이기(二氣)가 교차·화합하여 만물이 생성되는 것을 말한다. (139쪽)

고 했다. 이로 보아「제자해」「결」의 "物於兩間有形聲"의 '兩'이란,『장자』「兩者交通成和」의 '兩'과 같아서, 양간兩間은 지음至陰인 땅과 지양至陽인 하늘 둘의 사이를 말하는데,「전자방편田子方篇」에는 "충기로 和를 삼는다" 하였으니, 위에서 문제로 제기한 ⑤ 沖氣가 매개되어 있어 더욱 흥미롭다.

그리고『송사宋史』「호안국전胡安國傳」과『성리대전』「황극경세서 이皇極經世書二」에도, 다음과 같은 것이 나온다.

• 至剛可以塞兩間, 一怒可以安天下矣 (「호안국전」)
• 兩間人物始生, 故人生於寅也 (「황극경세서」)

여기, 이 '兩間' 역시 하늘과 땅 둘 사이를 말한다.

1.5.3 形聲

여기서 말하는 '形聲'은 '제1편 제6장'에서 풀이한 '形聲'에 나오는 다음과 같은 내용을 다시 한 번 되새겨야 할 것이다. 편의상, 다시 일부분을 인용·제시하기로 한다.

「허서」에는 "形聲者, 以事爲名, 取譬相成, 江河是也"라 했다. …… '江, 河'는 '水'를 동류로 하기 때문에 '水'자로 이 두 글자를 만들었다는 것이며, '工, 可'의 소리가 비슷하여 '工, 可'를 성으로 '水'에 배합시켜 '江, 河' 두 글자를 만들었다는 것이다. 이러한 글자는 이체(二體)를 합하는데, 하나는 의류(義類), 하나는 독음으로 되어 있다.

하고, 이것을 나눈, 가공언賈公彦의 여섯 가지의 보기로,

左形右聲：江, 河　　右形左聲：鳩, 鴿　　上形下聲：草, 藻

上聲下形：婆, 裟　　外形內聲：圃, 囷　　外聲內形：問, 輿

등을 들었다.

　여기서는 이러한 꼴[形]과 소리가 합하여, 하나의 새로운 글자를 이루게 된 형식적인 복합이, '훈민정음' 창제, 곧 새로운 글자를 만들고자 할 때에 어떠한 형체학적이고 긍정적인 자극을 주었는지 생각해 본다.

　'훈민정음' 창제 과정에서는 먼저 사물, 여기서는 발성기관의 종류에 따라, 단체 또는 독체로 되어 있는,

아(牙)＝ㄱ, 설(舌)＝ㄴ, 순(脣)＝ㅁ, 치(齒)＝ㅅ, 후(喉)＝ㅇ

로 글자를 만들었다. 이것은 상형이다. 이것을 위의 의류義類와 성류聲類의 이체二體에서 말하면, 가공언賈公彦의 여섯 가지 보기에 나타난 좌우상하형左右上下形의 '水, 九, 合, 艸, 女, 口(외형), 口(내형), 車' 등의 형에 비유된다.

　그리고 다음으로는 이것에 근원을 두고, 이 같은 꼴을 가지고 있거나, 이 같은 글자의 꼴을 구성 요소 중 하나로 가지고 있는 음이 비슷한 것을 취하여, '단체'에 '因聲加畫'한 글자인,

아음류(牙音類)＝(ㄱ→) ㅋ, [ㆁ]

설음류(舌音類)＝(ㄴ→) ㄷ, ㅌ, [ㄹ]

순음류(脣音類)＝(ㅁ→) ㅂ, ㅍ

치음류(齒音類)＝(ㅅ→) ㅈ, ㅊ, [ㅿ]

후음류(喉音類)＝(ㅇ→) ㆆ, ㅎ

※ ( ) 안의 것은 단체(單體), [ ] 안의 것은 이체(異體)

와 같은 글자들을 만들었다. 이것은 가공언賈公彦의 여섯 가지 보기에 나타난 '右左上內外聲'의 '聲'에 비유된다고 할 수 있다.

그러므로 "단체에 인성가획된 글자"들은 「제자해」에서 "因聲加畫之義"니, "因聲之屬每加畫"이니 하여, "因聲加畫之義"를 말하고 있는 점에 유의하고, 이를 한자의 형성 풀이에 비하여 말한 것에 유의한다면, 위의 '단체(ㄱㄴㅁㅅㅇ)'에 '인성가획'한 글자들(ㅋ, ㄷ, ㅌ, ㅂ, ㅍ, ㅈ, ㅊ, ㆆ, ㅎ)은 소리글자이므로, 성부를 머금고 있고 속에 가지고 있는 형식적인 복합체의 성격을 띠고 있다고 할 수 있다.

정초는 『통지』 「문자략文字略」에서 "모든 '形聲相益'의 字는 '形與形相益'이건 '形與聲相益'이건 간에 모두가 다 두 개 혹은 두 개 이상이 初文으로 배합되므로, 合體爲字라 하였다"31)고 한다.

따라서 위에서 말한 「제자해」 「결」에 나오는 "物於兩間有形聲"의 '形聲'에 대하여, 또 하나를 덧붙인다면, 「홍무정운서」의 사마광의 말(앞의 제9장 2)에 있는 것처럼, "형은 글자의 형[形體]이니, 이에는 만물만사를 나타내는 뜻이 있고('江'의 'ㆍ', '晴'의 '日'), 또 '聲'은 글자를 읽는 소리이니('江'의 'ㅗ', '晴'의 '靑': 이 역시 의미와 무관하지 않다), '삼재지도'와 '성명性命', '도덕'의 근원과 '예악형정'의 바탕이 모두 이와 관련되어 있다는 것이다.

아래에서 「홍무정운서」에 나타난 형성의 풀이를 보기로 한다.

司馬光云 備萬物之體用者莫過於字 包衆字之形聲者莫過於韻 所謂 三才之道 性命道德之奧 禮樂刑政之原 皆有繫於此

사마광이 말하기를, 만물이 체용(體用)을 갖춘 것은 글자보다 더한 것이 없다. 여러 글자의 꼴과 소리를 포괄한 것은 운(韻)보다 더한 것이 없다. 이른바 삼재지도(三才之道)와 성명도덕(性命道德)의 오묘함과 예악형정(禮樂刑政)의 근원은 모두 여기에 걸려 있다.

---

31) 임윤(林尹) 지음, 권택룡(權宅龍) 옮김, 『中國文字槪說』, 螢雪出版社, 1988, 3쪽.

「제자해」「결」에 나오는 "物於兩間有形聲"의 '形聲' 곧, 『훈민정음』의 글자의 꼴과 소리란 마치 사마광이 한자를 두고, 그것도 『설문해자』에 나타나는 문자의 세계와 체계를 염두에 두고 한 말과 같은 것이 아니겠는가 생각해 본다.

『설문해자』의 문자 체계는 우주의 삼라만상를 나타내는 총체라 할 수 있다. 『설문해자』의 540부는 만물의 근원인 '一'에서 시작하여, '亥'로 끝난다[始一終亥]. 그것은 태일太一 원초元初로 시작하여 십간십이지十干十二支로 끝나는 음양오행설에 기반을 둔 것이다. 『주역』「계사전」에서 만물을 천지인삼재天地人三才의 세 영역으로 나누어 말하듯이, 『설문』에서도, 천지인삼재의 역리易理를 본받아, 540부 전체를 천부·인부·지부로 나누어 배치시키고, 지부 뒤에는 우주를 지배하는 시간을 체계화한 간지의 글자를 각기 부로 내세워, 십이지의 마지막인 '亥'부에 가서 『설문해자』를 끝맺는다.

그런데 마지막에 있는 亥부에 보면, 다음과 같은 글이 나온다.

荄, 荄也, 十月, 微昜起, 接盛会, 從二, 二, 古文上字也. 一人男, 一人女也. 從乚. 象裏子咳咳之形也. 春秋傳曰, 亥有二首六身, 凡亥之屬皆從亥, 《亥》, 古文亥, 亥爲豕, 與豕同, <u>亥而生子</u>, <u>復從一起</u>. (『설문』 14편 하)

'荄'는 풀뿌리이다. 시월, 겨우 양(陽)이 일어나 왕성한 음(陰)에 접한다. 二(上)에 따른다. 二(上)는 고문의 上이다(「단주」에 "謂陰在上也"라 했다). 한 사람은 남자, 한 사람은 여자이다(「단주」에 "其下從二人 一人男 一人女 像乾道成男 坤道成女"라 했다). 을(乙)을 따른다. 아이[子]를 어르는(咳咳: 어린이가 방긋이 웃는 모양) 모습[形]을 본 뜬 것이다. 『춘추전(春秋傳)』에 가로되, "亥에는 이수육신(二首六身)[32]이 있다"라고. 무릇 亥에 속하는 것

---

32) 『춘추좌씨전(春秋左氏傳)』에 있는 말로, "史趙曰, 亥有二首六身. 下二如身, 是其日數也"에서 따온 말이다. 이는 "대사(大史: 옛 관명)인 조(趙)가 그 노인의 이름인 亥라는 글자는 수(首, 윗부분)에는 이(二)가 있고, 신(身, 아랫부분)에는 여섯(六)이 있다. 수(首)의 이(二)를 밑으로 내려 신(身)의 옆으로 나란히 놓으면, 노인이 나서 지금까지 살아온 일수(日數)가 나온다"는 것이다. '亥'의 고자(古字)는 荄로, 윗부분(首)이 二,

186

은 모두 亥를 따른다. 丣는 고문의 亥이다. 亥는 豕라. 豕와 같다. 亥이면서
아이를 낳고, 다시 一에서 일어난다.

위의 것은 물론, 허신의 말이다. 이 내용은 "亥而生子, 復從一起"에
중요한 의미를 갖고 있다. 십이지+二支의 마지막에 있는 '亥'는 시월에
해당한다. 양이 겨우 일어나서, 왕성한 음의 기운에 접하는 때이다.
그리하여 계절이 순환하는 준비가 시작된다. 겨울이 가고, 봄이 된다.
『훈민정음』「제자해」의

一元之氣 周流不窮 四時之運 循環無端 故貞而 復元 冬而 復春

의 것이나 「제자해」의 중성 풀이에 나오는

萬物初生於地, 復歸於也

의 것이나 「합자해合字解」의 '평상거입平上去入'의 사성四聲 풀이에서 이를,

平聲安而和 春也 萬物舒泰 上聲和而擧 夏也 萬物漸盛 去聲擧而壯 秋也 萬
物成熟 入聲促而塞 冬也 萬物閉藏

이라 하여, '安 → 和 → 擧 → 促'으로 계기성繼起性을 말하고 있는 것과
같다. 모두, '만물생성'의 계기적인 순환 법칙을 말하고 있다.
음이 양과 접하면, 아이가 생긴다. 그러므로 '亥'자는 '二(上)' 밑에서
남자와 여자가 한 명씩 있고, 여자가 아이를 안아[抱] 어르고 있는 상형
이다.

아랫부분(身)이 육(六)을 나타내는 丁(ㄴ도 丁와 같음)를 셋(三)이나 가지런히 늘어놓
고 있다. 이에 관하여는 『춘추좌씨전(春秋左氏傳)』, 明治書院, 1981, 1155~1157쪽을
참조하라.

간지千支의 끝에 있는 '亥'는 아이를 낳는 것으로써, 다시 십이지의 처음인 '子'로 되돌아간다. 바꾸어 말하면, 시월이 지나면 십일월이 된다. 십일월은 '子'의 달이다. '亥'에 낳은 아이인 '子'의 십일월은 '滋(불을/증가할 자)'이다. 이리하여 십이지는 영원히 순환한다. 비유로써 말하면, 인간은 누구나 위로 쳐다보면 부모의 아들딸이요, 내려다보면 아들딸들의 부모이다. 남의 부모이자, 남의 자식이다. 인간도 영원히 남의 부모이자, 남의 아들딸이 되는 일을 계속하는 것과 같다. 『능엄경楞嚴經』 권3에도,

苦和合者ㄴ댄 同於變化ㅎ야 始終이 相成ㅎ며 生滅이 相續ㅎ야 生이 死ㅎ고 死ㅣ生 ㅎ야 生生死死ㅣ 如旋火輪ㅎ야 未有休息ㅎ리라

ㅎ다가 和合홇딘댄 變化ㅣ ㄷㅎ야 처섬과 내죵이 서르 일며 生과 滅왜 서르 니서 난 거시 죽고 주근 거시 나 生生死死ㅣ 블 도는 輪ㄷㅎ야 쉬여 그추미 잇디 아니 ㅎ리라 (66장)

라 하여, "난 것이 죽고, 죽은 것이 나(아), 生生死死가 火輪 돌 듯하야, 쉬어 그치지 아니 하리라"는 것이니, '생생사사生生死死'가 미래영겁未來永劫에 유전윤회流轉輪廻를 멈추지 아니 한다는 것이다. 이 역시 만물생성의 계기적 순환 법칙에 비유된다.

'始一終亥'의 문자 순환뿐 아니라, 십이지十二支도 순환한다는 것이다. 다시 말하면, '亥에 이르러 아이를 낳고, 다시 一에서 시작한다'는 것이다. 원문을 보면, "亥而生子, 復從一起"로 되어 있다. 이것에 대한 「단주」에는 다음과 같이 되어 있다.

此言始一終亥 亥終則復始 一也 一下以韵語起 此以韵語終

이로써 보면, 『설문해자』에는 '子'와 '起'의 운韵을 단 글자로써 끝나는데, 「단주」에 보면, "復始一"이라 하여, 모두冒頭의 '一'부로 되돌아가

는 것으로 되어 있다.

다음으로는 이것을 운韻의 측면에서 생각해 보자. 위의 "亥而生子, 復從一起"는 『설문』의 끝에 있다. 이를 보면, '子'와 '起'는 압운押韻으로 되어 있다. 이것은 『설문』의 첫머리인 '一'부에 있는 "惟初太極 道立於一 造分天地 化成萬物"의 '極, 一, 物'의 운韻을 다는 것과 균형을 이루고 있다.

『설문』 540부의 '540'이란 수가 『역』에서 음양을 상징하는 수인 양효陽爻의 九, 음효陰爻의 六을 곱한 '9×6=54'를 열 배한 수라는 것과 이 540부에 9,353이라는 수의 글자가 수용되어 있으며, 글자의 배열에 있어서는 천지인삼재의 사상이 깔려 있다는 점 등을 고려할 때에 허서의 "形聲者, 以事爲名, …… 江河是也"와 가공언賈公彦의 꼴形과 소리의 형식적인 복합 등을 생각할 때에 「홍무정운서」의 "여러 글자의 꼴과 소리를 포괄한 것은 운보다 더한 것이 없다"고 하는 말을 이해할 만하다. 수는 그 하나하나가 천지만물을 상징한다. '一'에서 삼라만상으로 펼쳐 나간다는 송학적인 이일분수의 사고가 바탕에 깔려 있다. 그것은 동시에 삼라만상을 나타내는 문자의 세계가 곧, 질서가 정연한 우주를 구축하고 있는 것과도 같은 것이다.

이로써, 『훈민정음』「제자해」「결」에 있는 "物於兩間有形聲", 곧 '하늘과 땅 사이에 있는 만물에는 '形聲'이 있다'고 하는 '形聲'의 성격을 알 만하다고 생각한다. 여기서 말하는 내용들은 형체학으로 볼 때에 모두 『설문』→『훈민정음』으로 연계되어 있다는 사실에 주목해야 할 것이다.

1.5.4 元本

『훈민정음』「제자해」「결」에서는 "天地之化本一氣 陰陽五行相始終 物於兩間有形聲 元本無二理數通"이라 하여, '元本'을 썼고, 『설문해자』 제1편 상의 첫머리에 나오는 허신의 "一, 惟初太極 道立於一 造分天地

化成萬物"과 "凡一之屬 皆從一" 사이에 있는 「단주」에서는,

> 漢書曰, 元元本本, 數始於一.
> 『한서』에 가로되, '元'을 '元'으로 하고, '本'을 '本'으로 하면, '수'는 '一'
> 로 비롯한다.

라 하여, 역시 '元元本本'을 썼다. 이는 '元本'을 말한다. '元'은 '源'이고,
'本'은 '根'이다. 아래에서 보는 바와 같이, 「단주」의 것과 「제자해」 「결」
의 내용이 꼭 같지 않는가?

- 元元本本, 數始於一 (「단주」)
- 元本無二 (「제자해」 「결」)

수라는 것은 하나하나가 만물을 상징하고, 그것을 추상화한 것이
태극이다. 이것은 『설문해자』, 『설문계전』, 『고금운회거요』로 그대로
이어지며, 『홍무정운』에도 표현만 다를 뿐 그대로 이어진다. "元元本
本, 數始於一"은 『설문』 첫머리의 '一'을 풀이한 "惟初太極, 道立於一,
造分天地, 化成萬物"에 대한 「단주」임에 유의하여야 할 것이다. 그리고
보니, 이러한 풀이는 『설문해자주』(1815) 「단주」의 것보다 『훈민정음』
의 것이 사백 년 가까이 앞섰다 할 수 있다.

『훈민정음』 '元本'은 바로 위에서 보인, 「제자해」 첫머리의 "天地之
道 一陰陽五行而已 ……"의 「결」에 해당하며, 총체적으로 볼 때는 역시
「제자해」 마무리 대목의

> 一元之氣 周流不窮 …… 正音作而天地萬物之理咸備 其神矣哉. 是殆天啓聖
> 心而假手焉者乎.

하는 것과 연계連繫된 내용의 사이에 있는 것이다.[33]

그런데 위에 보인 「단주」의 것은 허신의 해설 부분과는 어떤 관계가 있을까? 그것은 확실히 허신의 해설 부분에 대한 주일 수밖에 없다. 그러므로 '수'란 것은 위에서도 말한 것처럼, 하나하나가 천지만물을 상징하는 것이 되고, 그것이 추상화한 것이 태극이 된 것이다. 그리하여 '元元本本'은 태극으로 거슬러 올라간다는 것이다. '元元本本'은 元을 元으로 하고, 本을 本으로 한다는 것이니, '元本'은 곧 '근원'을 말한다. '一'을 두고 풀이한 말들이다. 그러므로 이 「단주」는 『노자』의 "道生一, 一生二, ……"에서 말한 유출사상에서 나온 것이 확실하다.

　'元本'에 대해 반고의 『한서』와 「서도부西都賦」(반고가 長安의 번화함을 이야기한 문장의 편명)와 『진서晉書』에서는 다음과 같이 적고 있다.

　첫째, 『한서』 「서전敍傳」에서는

元元本本, 數始於一, 産氣黃鍾, 造計秒忽.
[注] 張晏曰, 數之元本, 起於初九之一也.

와 같이 적혀 있다. 여기서 말하는 '産氣'는 만물을 낳는(生하는) 氣를 말하는데, 『사기』 「천관서天官書」에는 "歲始或冬至日, 産氣始萌"이라 했고, '黃鍾'은 음력 11월의 별칭이며, '秒忽'은 아주 작은 것을 말하는데, 秒는 벼까끄라기, 忽은 거미줄. 그리고 '주'에서 말하는 '初九'는 역괘易卦에서 최하위의 양효陽爻를 말한다. 양효를 『주역』과 『송서宋書』에서는 다음과 같이 적고 있다.

---

33) "一元之氣"의 '元' 뜻풀이 문제이다. 『설문』 제1편 첫머리 첫 글자인 부수 '一'에 따르는 (속하는) 첫 글자는 '元'이다.
　『설문해자주』 「단주」에는 "『이아』 「釋詁」에 보이기를, 『구가역(九家易)』에 말하기를, '元이란 것은 기(氣)의 시초'라 했다[見爾雅釋詁 九家易曰 元者 氣之始也]"고 했다. 『이아』 「석고」에는 "元, 始也"라 했다.
　여기 나오는 『구가역』에 대하여는 尾崎雄二郎 편, 『訓讀 『설문해자주(說文解字注)』』 金冊, 1985, 7쪽에서 "李鼎祚, 『周易集解』 卷一, 乾의 象傳, '大哉乾元'의 集解에서 따온 『九家易』"이라는 '역주'를 달고 있다.

居第一之位, 故稱初, 以其陽爻, 故稱九. (『周易』「乾」初九 疏)

夫陽爻初九, 氣始正北 (『宋書』律歷志下)

이로써 보면, '元本 곧 근원으로 하면, 수는 一로 비롯한다'라는 것이다. '유출', 아니 여기서는 '산출産出' 사상을 배경으로 하고 있다고 하겠다.

둘째, 후한의 반고가 지은 「서도부西都賦」에서는

元元本本, 殫見洽聞.

[注] 善曰, 元元本本, 謂得其元本也, 銑曰, 元元本本, 謂典籍根本.

이라 했다.

셋째, 당唐 태종太宗 때, 방현령房玄齡, 이연수李延壽 등이 칙령勅令을 받들어 지었다는 『진서晉書』「천문지天文志」에서는

北斗七星在太微北, 七政之樞機, 陰陽之元本也

라 했다. 여기 이 '太微'는 천자天子의 궁정宮廷이고, 오제五帝의 자리[座]이다. 「천문지」에서는 "太微, 天子庭也, 五帝之座也, 十二諸侯府也"라 했다. 이에 '북두칠성'을 "七政之樞機, 陰陽之元本也"라 하여, '음양이기陰陽二氣'의 '元本'을 말하고 있으니, 가히 '元本'의 뜻을 알 만하다고 하겠다.[34]

이로써 보건댄, 『훈민정음』「제자해」「결」의 '元本'은 앞에서 말한, 아래와 같은 『설문』류의 '一'자 풀이와 더불어 생각해야 할 것이다.

• 一, 惟初太極 道立於一 造分天地 化成萬物 (『설문』)

34) 모로하시 데츠지(諸橋轍次), 『대한화사전(大漢和辭典)』 1권, 980쪽; 『중문대사전(中文大辭典)』 제1책, 중화학술원(中華學術院), 1267쪽.

- 天地之道, 一陰陽五行而已 (『훈정』「제자해」)
- 一天地之始也 一氣之化也 (『설문계전』「부서 상」)
- 天地之化本一氣 (『훈정』「제자해」「결」)
- 一者天地之未分 太極生 兩儀 (『설문계전』)

특히 『설문계전』에서 '元'자의 풀이에 "元者 善之長"이라 했는데, 이는 『주역』「문언전文言傳」의 말로서, "으뜸이란 것은 잘 자라게 한다는 것이다"라 했고, 해설에는 "이 세상에서 만물이 생기기 전부터 가장 으뜸으로 존재한 것은 천지 사이에 가득 차 있는 기운으로서, 온갖 물건을 잘 자라게 한다"는 것이다.

조금 앞에서 말한 것처럼 "元을 元으로 하고, 本을 本으로 하면, '수'는 '一'로 비롯한다" 했다. '元'은 '源'이고, '本'은 '根'이라 했다. 이로써 생각건대, "元元本本, 數始於一"(『한서』·『설문해자주』)의 것이나 "元本無二"(『훈정』)의 것이 어찌, "(元本無二)理數通"(『훈정』)이라 하지 않을 수 있겠는가.

따라서 "元本無二理數通"의 '無二理數通'의 풀이는 둘[二]이 아닌 하나[一]의 이수理數로 통한다는 것이니, 이것은 또한 무엇을 말하고 있을까? 이는 바로 『훈민정음』「제자해」의 첫머리에 나오는 "天地之道 一陰陽五行而已"와 「결」의 "天地之化本一氣"와 더불어 허신의 "一 惟初太極 道立於一 造分天地 化成萬物", 서개의 "一者 天地未分 太極生兩儀 …… 老子曰 道生一 今云 道立於一者 得一以後道形 ……", 『고금운회거요』와 『홍무정운역훈』에 나오는 이러한 류의 내용, 곧 "道立於一"의 '無二'인 '一'이 '이수'로 통한다는 것이 아니겠는가 생각해 본다.

1.5.5 冲氣

『훈민정음』「제자해」「결」에는 다음과 같은 내용이 나온다.

那彌戌欲聲不屬 次序雖後象形始 配諸四時與冲氣 五行五音無不協

이에서 보는 바와 같이, 『훈정』에서는 충기를 썼고, 『설문해자』 제1
편 상에 있는 허신의 "三, 數名, 天地人之道也"와 "於文一耦二爲三, 成數
也" 사이에 있는 「단주」에서는,

陳煥曰, 數者易數也, 三兼陰陽之數言, 一下曰道立於一, 二下曰地之數, 王下
曰三者天地人也, 老子曰, 一生二, 二生三, 三生萬物, 此釋三之義, 下釋三之形,
故以於文二字別言之.
　진환(陳煥)이 가로되, "수는 역(易)의 수이다. 삼(三)은 음양의 수를 겸하
여 말한다" '一' 밑에서는 '도(道)는 一에서 선다(확립한다)'라 하고, '二' 밑
에서는 '땅의 수'라고 하고, '王' 밑에서는 '삼이라는 것은 天·地·人'이라고
말한다. 『노자』에서 말하기를, "一은 二를 낳고, 二는 三을 낳고, 三은 만물
을 낳는다"고 한다. 삼의 뜻을 푼다. 아래에 삼의 형(形)을 푼다. 그러므로
'문에 있어서[於文]'라는 두 글자로써 이를 따로 말한다.

라 했다. 그런데 여기 나오는 『노자』 제42장의 "(道生一) 一生二, 二生
三, 三生萬物"의 말에는 사실상 또 다음과 같은 말이 이어진다. 같은
맥락의 글이라는 말이다.

　(道生一, 一生二, 二生三, 三生萬物,) 萬物負陰而抱陽, 冲氣以爲和.
　(도는 一을 낳고, 一은 二를 낳고, 二는 三을 낳고, 三은 만물을 낳고,)
만물은 음을 업고[負], 양을 안고서[抱] 충기(冲氣)로 화(和)를 삼는다.

　여기서 말하는 冲氣는 전후의 문맥으로 보아, 뭐라 풀이해야 하며,
어떤 뜻으로 풀이해야 할 것인가? 편의상, 위의 것을 이른바 통석通釋
해 보면 다음과 같이 된다고 할 수 있다.

절대적(絶對的) 실체(實體)인 도(道)에서 하나[一]인 기(氣)가 나오고, 그 하나인 기가 다시 둘로 나누어져 음과 양이 생기고, 그 둘인 음(陰)과 양(陽)이 서로 조화됨으로써 세 번째인 화합체(和合體)가 생기고, 이 세 번째의 화합체에서 만물이 나오게 된다. 따라서 만물은 자체 내에 음과 양을 상대적으로 업거나 안거나 지니고 있으며, 음과 양의 두 기가 혼연 일체가 되어 충화(沖和)된 화합체를 이루고 있다. (장기근 역, 『노자』, 124쪽)

이에 관련된 주장에는 다음과 같은 ㉠ 주석, ㉡ 고증, ㉢ 해설들이 있어 참고삼아 아래에 제시한다. 유출사상을 한층 굳히는 데에 중요한 언급들로 생각되기 때문이다. 沖氣에 대한 주석으로 아래에 제시된 것은 김경탁의 『노자』에 의한 것이다.

㉠ [주석] 沖氣(충기) = 馮友蘭은 「道生一」의 「一」을 天下篇에 말한 「太一」이라 하고, 「二生三」의 「三」은 「陰氣, 陽氣, 和氣也」라 했다. 또 司馬光은 「道生一, 自無而有一生二, 分陰分陽, 二生二, 陰陽交而生和, 三生萬物, 和氣合而生物」이라 했다. (221쪽)

㉡ [고증] 武內義雄氏는 「一生二」의 '一'은 則 道인데, 二는 陰과 陽이요, 三은 다시 沖氣를 加한 것이다. 道가 現象으로 되는 데는 먼저 陰陽二氣가 나타나고, 二氣交合에 依하여 沖氣를 生하고, 이 陰陽沖의 三에 依하여 萬物이 生한다고 하는 것이 老子의 宇宙生成論이다. (221쪽)

㉢ [해설] 노자의 도(道)는 …… 현상계의 배후에 은폐(隱蔽)되어 있던 도 즉 기(道卽氣)가 움직이어 안전사물(眼前事物) 즉 유(有)의 세계로 나타나서 만물의 유일(唯一)한 근원자(根源者)가 된다. 그러므로 도는 一을 생(生)한다고 한다. 이미 一인 이상 그것과 대대(對待)되는 二 즉 음양(陰陽)을 생성하지 않을 수 없다. 음양은 본래 남녀의 원형(原型)으로 상대되는 두 힘이다. …… 그러므로 음기(陰氣)와 양기(陽氣)의 결합으로 충기(沖氣) 즉 화기(和氣)가 생기는 것을 二에서 三이 생한다고 한다. (222쪽)

아래에 제시된 것은 모두, 이른바, 「한묘백서본漢墓帛書本」인 『老子』
(1973년 발견; 齋藤晌, 集英社, 1979)에 의한 것이다. 먼저 참고삼아, 이 책
에 제시된 「통행본通行本」 제42장, 여기서는 전편 오前篇 五의 "道生一,
一生二, 二生三, 三生萬物, 萬物負陰而抱陽. 沖氣以爲和"를 '통석通釋'한
것을 제시한다. 이는 沖氣를 이해하는 데 매우 중요하기 때문이다.

[通釋] 도(道)는 일체의 근원으로서, 하나인 것 곧 태극이 된다. 태극은 분
열하여 둘의 것, 곧 음양이 된다. 음양이기는 충기(沖氣)를 발생시켜
셋[三]이 된다. 이 셋[三]의 것으로써 일체만물이 발생한다. 그런 까
닭으로 만물은 등에 음을 업고, 앞에 양을 안는다. 그리하여 충기에
의하여 조화의 세계를 실현하고 있다. (145쪽)

그리고는 이어 '道生一'과 '沖氣而爲和'에 대한 주석을 적고 있다.

【道生】 이것에 대한 해석은 『노자』 이후의 여러 책을 인용하는 데서 행
하여져 왔다.
  • 惟初太極, 道立於一, 造分天地, 化成萬物. (『說文』)
  • 主之以太一. (『莊子』 天下篇)
  • 易有太極. 是生兩儀. 兩儀生四象. 四象生八卦.
    禮必本於太一, 分而爲天地, 轉而爲陰陽. (『禮記』 禮運篇)
  • 太一出兩儀, 兩儀出陰陽. (『呂氏春秋』 大樂篇)
【沖氣以爲和】 충기(沖氣)는 동적상태(動的狀態)를 지적하는 것 같다.
  • 沖, 涌搖也. (『說文』)
  • 至陰肅肅, 至陽赫赫. 肅肅出乎天, 赫赫發乎地. (高亨曰, 天地二字當
    互易) 兩者交通成和而物生焉. (『莊子』 田子方篇)
  • 積陰則沈, 積陽則飛, 陰陽相接, 乃能成和. (『淮南子』 氾論篇)
  • 天地之氣, 莫大於和. (同上) (146쪽)

이상으로써 「제자해」「결」에 나오는 "那彌戌欲聲不厲, 次序雖後象形始, 配諸四時與冲氣"의 '次序雖後象形始'의 '始'(『說文』 "始, 女之初也")의 뜻풀이와 더불어 생각해 본다면, 『훈민정음』「제자해」「결」의 '冲氣'는 『노자』의 충기 사상과 연계되어 있음은 확실하다고 할 수 있다.[35]

겸하여 하나를 참고로 덧붙이면, 『성리대전』「태극도太極圖」'제삼도第三圖'에 보면, 한가운데에 있는 '土'에 대해 "土, 冲氣, 故居中"으로 풀이했다. 이를 "河圖洛書象數"라는 관점에서 보면, 이 자리는 '五, 十'의 자리이다. 주자가 『태극도설해太極圖說解』 권1에서 오행 발생 순서를, 水·木은 양에 火·金은 음에 배당하고, 오행 순환은 木·火는 양에 金·水는 음에 배당하여, 발생·순환에 의한 오행 순환의 배당을 달리하고 있으나 여기서 주목할 것은 오행을 음양에 배당한다는 것이다. 그런데 또한 주목할 것은 가운데서도 '土'는 중간을 '占'한다는 의미에서, 배당에서 제외하였다는 것이다. 『태극도설해』에서 오행을 확실히 음양으로 배당하고 음에 속하는 것은 음만으로 양에 속하는 것은 양만으로 하는 이러한 방식은 『훈민정음』 중성 'ㆍ ㅡ ㅣ'를 제외시킨 것은 '토'를 중간을 점하는 것이라 하여, 그 배당에서 제외시킨 것과 같으며, 'ㅗ ㅏ ㅜ ㅓ; ㅛ ㅑ ㅠ ㅕ'(ㅗ初生於天, 天一生水之位也. …… 地八成木之數也)를 'ㆍ ㅡ ㅣ'과 따로 보는 관점에도 완전 일치한다고 볼 수 있다. ('ㆍ ㅡ ㅣ'을 제외시킴에 대하여는 중성 풀이에 다시 나올 것임.) 어쨌든 '土'의 자리, 곧 가운데 자리의 것에 대해서도 '冲氣'를 쓰고 있다.

---

35) 위의 ㉠에 있는 '태일(太一)'은 '道'와 같은 뜻으로 쓰이고 있는 말이다.
  • '태일'에 관하여는 '제2장 4'를 참조할 것.
  • '태일'은 『홍무정운역훈』의 'ㅡ'의 풀이에도 나온다.
  • '태극도해(太極圖解)'의 충기(冲氣)의 설을 묻자, 선생께서 말씀하셨다. "충(冲)은 중(中)이다. 따라서 가운데에 위치하고 있다(問, 圖解冲氣之說. 日, 冲中義同. 土之氣, 不偏於陰, 不偏於陽, 其氣中也, 故居中]."(장기근(張基槿) 역, 『퇴계집(退溪集)』「언행록」제일권「논격치(論格致)」)

1.6 『노자』의 생성론과 『설문해자』, 『훈민정음』의 연계성

저 앞에서 보아 온 바와 같이, '소서본'인 『설문계전』에도, 『고금운
회거요』에도, 단옥재의 『설문해자주』에도 다음과 같은 『노자』의 말이
나온다.

* 老子曰 道生一 …… 無狀之狀 無物之狀 …… (『설문계전』)
* (說文) 一 惟初太極 道立於一 …… 徐曰 …… (『고금운회거요』)
* 老子曰 一生二 二生三 三生萬物 …… (『설문해자주』)

그 밖에 『설문해자』류와 『훈민정음』의 내용에도, 이른바 『노자』의
사상에 연계된 유출사상에 기반을 둔 갖가지 형태의 내용들이 나오고
있다. 그리하여 이 글의 '제1편 제5장 1'에서는 『노자』 제10·22·39·42
장의 내용을 제시하고, 이를 통하여, 유출사상에 대한 얼마 간의 언급
을 한 바 있다.

여기서는 『노자』의 사상을 유출론적이며 본체론적本體論的 생성론의
관점에서 그 의의를 파악하고, 이를 『설문해자』-『훈민정음』의 연계
성상에서 좀 더 심화시켜 보려 한다. 『노자』 제42·40장의 것을 제시하
면 아래와 같다. 제42장에 대해서는 앞에서 여러 번 언급한 바 있으므
로, 여기서는 제40장에 대해서만, 김경탁 역의 『노자』에 있는 '풀이'와
'해설'을 달기로 한다.

道生一, 一生二, 二生三, 三生萬物, 萬物負陰而抱陽, 冲氣以爲和 (42장)

反者, 道之動也, 弱者, 道之用. 天下萬物生於有, 有生於無 (40장)[36]

---

36) ① 反: 老子翼에 "反, 復也. 須溪云, 反者動之極, 則必歸也, 是其反也, 正以其動也, 非動無
反"이라 했다. ② 無: 嚴復은 "無不眞無"라 했다(김경탁, 『노자』, 214~215쪽).
제40장에서 "反者, 道之動 ……"이라 했으나 『훈민정음』 「제자해」에도, "中聲以深淺闔
闢唱之於前, …… 亦可見萬物初生於地, 復歸於地也"라 하여, '복귀(復歸)'를 말했고, 『설
문』 14편 하에서도 "亥而生子, 復從一起"라 했고, 앞의 하치야 구니오의 말대로, "만물은

만물(萬物)의 현상이 극도에 도달하여, 되돌아오는 것은 도(道)의 움직임이다. 약자(弱者)가 강자(強者)를 이기는 것은 도(道)의 작용(作用)이다. 천하 만물은 유(有)에서 생기고, 유는 무(無)에서 생긴다.

[해설] 만물의 현상은 극도에 달하면, 반드시 되돌아 온다. 예를 들면, 도(道)에서 나온 만물이 다시 도(道)로 되돌아가고, 무(無)에서 나온 유(有)가 다시 무(無)로 되돌아가는 것과 같다.

위의 제42·40장을 아울러 생각해 보면, 無는 만물을 '生, 出'하는 근원이 되어 있는 것을 알 수 있다. 三은 음양의 氣와 沖氣, 二는 음양의 氣, 一은 음양 분화分化 이전의 沖氣라고 한다면, 道는 그것들이 혼연일체가 되어 규정지어 말할 수 없는 상태이면서, 만물을 산출產出하는 무한한 가능성이라고도 할 수 있으며, 무한정이라는 점에서 그것을 無라고 하였을 것이다. 그러므로 無는 道 자체라고 할 수 있다. 아래에서는 하치야 구니오蜂屋邦夫의 흥미로운 말, 곧 "세계는 無인 道로부터 유출하고, 그것은 근원으로 복귀한다"고 하는 말을 인용하면서, 이를 『훈민정음』에 나타나 있는 사상과 관련시켜 생각해 보기로 한다. 하치야 구니오는 '노자의 無'에 대해 언급하는 가운데서, 바로 위에 보인 『노자』 제40장과 제42장을 들고서 다음과 같은 말을 하고 있다.

도(道)의 근원이나 본체라는 것은 밝혀 말할 수는 없으나, 적어도 천지라고 하는 규정된 것보다는 근원적이며 도에서 만물이 산출된 것은 확실하다. 도의 모습은 규정할 수 없다. 상태도 몬[物]도 아니다. 볼 수도 들을 수도 없다. 황홀(恍惚)이라고 말할 수밖에 없다(『노자』 제4·14·21장). 다시 말하면, 몬이 혼성(混成)하여 있는 천지의 시초에 대해서 이름 붙일 수는 없다. 그러나 일정한 질서가 있고, 천지 만물을 포괄하는 점을 상징적으로 대(大)라 하므로, 존재성을 강조하여 도라 하는 것이다(『노자』 제1·21·25

끊임없이 근원으로 복귀하여, 하나의 장대한 순환세계를 구성하고 있다"(『노자』 제16·40장)고 했다.

장). 그리고 도의 작용 자체를 표현하여 현(玄)의 우현(又玄)이나 자연, 또
는 하는 것이 없으면서도[無爲], 하지 않는 것이 없다고도 하고 있다(『노자』
제1·25·37장). 규정할 수 없다는 점에서 도는 충허(沖虛)이다. 그러나 강조
되는 것은 거기서 무진무한(無盡無限)의 만물이 생성된다는 것이다(『노자』
제4·5장). 그리고 그것은 때로는 생식작용(生殖作用)에 비유된다(『노자』제
6장). 동시에 생성은 일방적이 아니고, <u>만물은 끊임없이 근원으로 복귀하
여, 하나의 장대한 순환 세계를 구성하고 있다</u>(『노자』제16·40장). 이렇게
하여, 세계는 시시각각으로 무인 도에서 유출하면서 거기서 복귀하고 있으
며, 무는 모든 존재의 근거이어서, 본체론적으로, 생성론적으로 포착된다
고 할 수 있다.[37]

다음으로는 『훈민정음』「제자해」에 나타나 있는 "天地之道 一陰陽五
行而已"에서 '道'의 의미를 갖는 '一'이 만상이 되어 펼쳐 나가는 다음
과 같은 유출론적 생성론에 관련된 말들에 초점을 맞추어 생각해 보기
로 하자.

『훈민정음』에 나타난 유출론적 생성론에 관련된 말에는 다음과 같
은 것들이 있다.

天地初交	始於天地
初出	再出
初生	再生
陰陽交合之初	可見萬物初生於地 復歸於地也
初之生 終之成	天地生成萬物
萬聲生生	

여기서는 위의 여럿 가운데서 '萬聲生生'을 중심으로 하여 생각해

---

37) 하치야 구니오(蜂屋邦夫), 「空: 공(空)과 노장사상(老莊思想)의 무(無)」, 불교사상연구
회 편, 『불교사상』 7, 平樂寺書店, 1982, 647~648쪽.

보기로 한다. 「초성해初聲解」의 첫머리에는

正音初聲 即韻書之字母也. 聲音由此而生 故曰母

라 했다. 이 내용에 "韻書之字母"라 한 점으로 보아, 여기 이 "正音初聲……"의 '초성'은 "初中終三聲 合而成字"(「합자해」)에서 말하는 세 소리 가운데 하나인 처음 나는 소리인 초성을 말하는 것이다. 그리고 이 초성은 또한 「초성해」「결」에 있는

二十三字是爲母 萬聲生生皆自此

의 것에 해당한다. 이 내용은 초성 23자인 'ㄱ, ㅋ, ㄲ, ㆁ; ㄴ ㄷ ㅌ, ㄸ; ㅁ, ㅂ, ㅍ, ㅃ; ㅅ, ㅈ, ㅊ, ㅆ, ㅉ; ㅇ, ㆆ, ㅎ; ㄹ, ㅿ'가 자모가 되니, 만가지 소리[萬聲]가 이로부터 생생生生한다는 것이다. 그러니까 이른 바 '성자成字', '성음成音(지금의 音節)'에 해당하는 '萬聲'의 온갖 '성음'은 '어미[母]'인 이 23자로부터 나온다는 것이다. 『노자』 제1장에,

• 無名, 天地之始, 有名, 萬物之母 (제1장)
• 天下有始, 以爲天下母, 旣得其母, 以知其子 (제52장)

이라 했다. "二十三字是爲母"의 '母'는 "萬物之母"의 '母'에 해당한다. 위의 『노자』에 있는 '名'의 '有無'(無名/有名)에 의해 만물 발생의 제일차적인 원인인 '始'와 제이차적인 원인인 '母'를 풀이했다고 볼 때,『훈민정음』「초성해」의 '母'는 이 제이차적인 원인인 '萬物之母'의 '母'에 해당한다고 보아야 할 것이다. 『설문해자』에서도,

始, 女之初也.
'始'는 여성의 초조(初潮)이다.

母, 象懷子形, 一曰象乳也.

'母'는 '자식[子]'을 안은 모양으로 '一'은 젖[乳]을 모방하였다.

라 했다. 이로써 보면, 먼저 만물에 초조가 생하는 것이 '始'이며, 다음으로 만물이라는 '子'를 생하고, 포유哺乳하는 것이 '母'라 할 수 있다. 이 같은 발전의 단계를 거쳐 만물, 여기서는 "(二十三字是爲母) 萬物"이 '母'로부터 모두 '生生'하는 것 아닌가 한다.

다시금 말하거니와, 위의 "二十三字是爲母 萬聲生生皆自此"는 「초성해」 첫머리의 "正音初聲 即韻書之字母也. 聲音由此而生 故曰母"와 맞물려 있는 내용이라는 데에 유의해야 할 것이다.

이 같은 주장은 앞으로 나올 '제2편 제2장 2.3.2.2'에서 말한,

三才爲萬物之先, 而天又爲三才之始. 猶、一丨三字爲八聲之首, 而、又爲三字之冠也. (「제자해」)

의 내용에도 그대로 적용되어 모순되지 않는다. 그래서 위의 "三才爲萬物之先, …… 、又爲三字之冠也"에 바로 이어

ㅗ初生於天, …… ㅜ初生於地
ㅛ再生於天, …… ㅠ再生於地

에서처럼, '初生, 再生'이 나타난다. 그런데 이러한 것은 또한 앞의 다음과 같은 '初交'가 있고, '初出, 再出'이 있고, '초생, 재생'이 있게 된다. '초교' 연후에 '出, 生'이 있게 된다는 것이다.

ㅗ…… 取天地初交之義也.
ㅜ…… 亦取天地初交之義也.
ㅗㅏㅜㅓ 始於天地, 爲初出也. ㅛㅑㅠㅕ 起於丨而兼乎人, 爲再出也.

ㅗ ㅏ ㅜ ㅓ …… 初生之義也.

ㅛ ㅑ ㅠ ㅕ …… 取其再生之義也.

이러한 것들은 모두 따로 떨어져 있지 않고, 모두가 일체화되어 있다는 데에 유의해야 할 것이다.

이러한 내용의 것은 앞(제2편 제2장 1.1)에서 말한 다음과 같은 내용을 참조해야 할 것이다.

牙 …… 那彌戌欲聲不厲 次序雖後象形始

이는 내용으로 보아, 초성 17자를 꼴[形]을 본떠 만들 때에 'ㄱ ㄴ ㅁ ㅅ ㅇ'의 5자로써 처음으로 했다 하여, '始'자를 썼다는 것이다. 또 「제자해」에서도 "制字之始"의 '始'를 썼다. 이때의 '始'는 『노자』 '始-母'와 관련 있다고 본다.

여기서는 이 같은 점을 고려하면서, "萬聲生生"의 '生生'을 유출사상의 관점에서 생각해 보기로 한다.

『주역』 「계사상전」·「계사하전」에는 다음과 같은 글귀가 나온다.

- 天地之大德曰生 聖人之大寶曰位 (「계사하전」)

  천지의 큰 덕을 생(生)이라 하고, 성인의 큰 보물을 위(位)라 한다.

- 一陰一陽之謂道, …… 生生之謂易 (「계사상전」)

  음기로 되기도 하고 양기로 되기도 하는 것을 도(道)라 한다. …… 생(生)

  하고 또 생하는 것을 역(易)이라 한다.

위의 '生'은 천지의 위대한 덕이 성성하여 그침이 없는 생의 작용을 말하는 것이다.

일찍이, 이상은李相殷은 그의 『유학과 동양문화』에서 이 '生'에 대해 다음과 같은 말을 하고 있다.

「生」이란 무엇인가? 「生」은 이 宇宙의 根本性格이다. 「周易」繫辭에 「天地之大德曰生」이라 하였다. 즉 宇宙自體를 하나의 生으로 본 것이다. 「一源性」은 天地의 大德인 生에서 由來한 것이다. 生의 根本性格은 變化−「易」이다. 變化는 分列·對立과 調和·統一의 不斷한 連續이다. 分列은 統一을 前提하고 統一은 다시 分列을 前提한다. 分列은 對立을 意味하고 統一은 調和를 意味한다. 東洋思想에서는 이것을,

　　易有太極. 是生兩儀. 兩儀生四象. 四象生八卦. 〈周易〉

라고 表現하고,

　　道生一, 一生二, 二生三, 三生萬物, 萬物負陰而抱陽, 冲氣以爲和.
　　〈老子〉

라고도 表現하고,

　　　無極而太極, 太極動而生陽, 動極而靜, 靜而生陰 靜極復動, 一動一靜, 互爲其根, 分陰分陽, 兩儀立焉, 陽變陰合, 而生水火木金土 …… 二氣交感, 化生萬物, 萬物生生, 而變化無窮焉. 〈周濂溪太極圖說〉

이라고도 表現한다. 「太極」은 「一」이요, 「陰陽」은 「二」다. 「二」는 分裂·對立·矛盾을 表示한다. 「二生三」의 「三」은 對立의 「二」가 相反相成하여 第三의 「一」을 이룬 것을 말함이니, 그것은 調和·統一을 意味한다. 萬物은 「負陰抱陽」하여 氣(陰陽의 氣)를 「冲」함으로써 「和」를 이룬다고 한 것은 對立에서 調和를 이루는 것을 뜻한 말이다. 宇宙의 「生」은 이 「一生二, 二生三, 負陰抱陽, 冲氣以爲和」의 과정이다.[38]

---

38) 이상은(李相殷), 『儒學과 東洋文化』, 범학사, 1981, 185쪽.

'生生'의 '生'은 또한 위의 생명이라는 뜻으로 쓰이는 '살다'와 '낳다'라는 두 가지의 뜻을 통일적으로 머금고 있으나 여기서는 '낳다(생산하다)'라는 뜻으로 쓰이고 있다.

이러한 '生生'이란 개념은 유가儒家에서뿐만이 아니라, 황제·노자를 祖로 하는 이른바 도가道家에서도 쓰이고 있는 사상 내지는 세계관이라 할 수 있다.

유교와 도교에서의 氣 사상은 『노자』의 "道生一 ……"이라는 생성이론과 『역』의 "太極生兩儀 ……"라는 생성론과의 일체화를 중심으로 하여, 『여씨춘추』(기원전 3세기)와 그것을 이은 『회남자淮南子』(기원전 2세기경)에서도 이미 융합·절충되었다고 할 수 있다.

이 같은 관점에 대해 후쿠나가 미쓰지는 그의 『도교사상사연구道敎思想史硏究』에서 다음과 같은 말을 하고 있다.

7세기 전반, 당대 초기에서 유교경전을 대표하는 공영달(孔穎達, 574~648)의 『주역정의(周易正義)』에서는 "태극이란 천지가 갈라지기 이전, 원기(元氣)가 뒤섞여 하나[一]가 된 것을 말한다. 곧 이것이 태초태일(太初太一)이다. 그러므로 『노자』에서 말하기를, 도(道)가 一을 생(生)한다고 한 것은 곧 태극이 이것이다"(「계사상전」)라고 해설하여, 『역』의 '태극'을 『노자』의 '一'(一元氣)과 일체화시키고 있다. 『역』과 『노자』의 생성론을 절충하여, 『역』의 '태극'을 『노자』 '道'와 일체화시키든, 『노자』 '一'(一元氣)과 일체화시키든, 당대에 있어서는 '기(氣)' 사상(원기 생성론)에 관한 한, 유교경전과 도가도교(道家道敎)와의 구별은 이미 없어져서 양자는 원기의 생성론을 동일한 형이상학으로 공유하고 있다. 9세기에 이르러, 당 중기의 화엄(華嚴)의 불교학자인 종밀(宗密, 780~841)이, 그의 저서 『원인론(原人論)』에서 유교경학과 도가도교의 중국 전통 교학(敎學)을 비판하면서, 첫머리에서 "유도(儒道) 이교(二敎)를 풀이함"이라고 전제하고, "도는 자연을 본받아 원기를 생하고, 원기는 천지를 생하고, 천지는 만물을 생한다"라고 하였다. 이로써 원기 생성론을 유도 공통의 형이상학으로 이해하고 있는 것을 가장 잘 입증한다고 할 수 있을 것이다.[39]

『설문계전』 '一'의 풀이에서도 "太極生兩儀"가 나오고, "故王弼曰 道始於無 無又不可以訓"이 나온다.[40] 『역』의 '태극'에다가 『노자』 제28장의 "復歸於無極"이라는 '無極=道'를 위에 덧붙여 "無極而太極"을 말하는 주염계周濂溪(1017~1073)의 『태극도설』도 『역』의 '태극'을 『노자』의 '一'과 동격으로 보고, '태극' 위에 '道', 곧 '無極'의 '無'를 둔 것이라 할 수 있다. 같은 역학力學의 연장선상에 자리잡게 한 것이라 할 수 있다.

천지의 '生生'이라면, 우주에 충만한 음기와 양기가 인온絪縕하여, 서로 뒤섞여 오르내리고 움직이는 가운데서 갖가지 만물이 생겨난다는 것이다.

『근사록近思錄』은 송의 주희·여조겸呂祖謙 두 사람이 같이 지은 책이다. 이것은 송의 도학자道學者인 주염계·정명도程明道·정이천·장횡거의 말을 인용하고, 이를 수신修身, 제가齊家, 치국治國 등 일상의 절실하고도 긴요한 것을 622조條로 추려내어 도학道學 곧 송학적인 요지를 나타내어 보인 책이다. 권지일卷之一 「도체류道體類」에는 다음과 같은 정명도의 말이 나온다.

이를 주자의 "無極之眞 二五之精 妙合而凝 乾道成男 坤道 成女 交感化成 萬物 萬物生生而變化無窮"의 내용을 생각해 가면서 읽어야 할 것이다.

萬物之生意最可觀, 此元者善之長也, 斯所謂仁也.
만물을 생하는 뜻을 가장 잘 보아야 한다. 이 원(元)이라는 것은 잘 자라게 한다는 것이요, 이것이 이른바 인(仁)이다.

이것에 대한 주는 또한 다음과 같이 되어 있다.

---

39) 후쿠나가 미쓰지(福永光司)의 『도교사상연구사(道教思想研究士)』, 岩波書店, 1988, 367~368쪽에 있는 "五, 노자와 역(易)의 우주생성론(宇宙生成論)".

40) 위(魏)의 왕필은 유가(儒家)의 「경(經)」인 「역(易)」을 「주역주(周易注)」에서는 노장(老莊)에 의해 풀이하고 있음에 유의해야 할 것이다.

朱子曰, 物之初生, 淳粹未散, 最好看, 及幹葉茂盛, 傳不好看, 見孺子入井時, 怵惕惻隱之心, 只這些子便見得仁, 到他發政施仁, 其仁固廣, 然却難看.

[補] 性理大全卷三十五, 程子曰, 天地之大德曰生, 天地 絪縕萬物化醇, 生之謂 性, 萬物之生意, 最可觀, 此元者善之長也, 斯所謂仁也.

• 易乾卦文言曰, 元者善之長也, 本義曰, 元者生物之始, 天地之德, 莫善於此, 故於時爲春, 於人爲仁.

위에서 보면 "萬物之生意"를 말하면서 「주자」의 "物之初生"이 나오고, 「정자程子」의 "天地之大德曰生, 天地 絪縕萬物化醇 …… 斯所謂仁也"가 나오고, 「역건괘易乾卦」 「문언文言」의 "元者善之長"과 "本義曰, …… 故於時爲春, 於人爲仁"이 나온다.

'元'은 천지 대덕大德의 氣를 말한다. 『육서정온六書精蘊』(明 魏校)에서는 '元'에 대해 다음과 같이 적고 있다.

元, 天地大德, 所以生生萬物也, 元, 從, 二人, 仁, 從 人 從二, 在天爲元, 在 人爲仁, 在人身則爲體之長.

그리고 『주역』 「문언전文言傳」에는 다음과 같은 것이 나온다. '소疏'와 더불어 아래에 제시해 보기로 한다.

元者, 善之長也. 亨者, 嘉之會也. 利者, 義之和也. 貞者, 事之幹也. 君子體仁 足以長人, 嘉會, 足以合體, 利物足以和義, 貞固, 足以幹事. 君子行此四德者. 故 曰, 乾, 元亨利貞.

[疏] 元, 是物始, 於時配春, 春爲發生, 故下云體仁, 仁則春也, 亨, 是通暢萬物, 於時配夏, 故下云合體, 禮則夏也, 利, 爲和義, 於時配秋, 秋既物成, 各合其 宜, 貞, 爲事幹, 於時配冬, 冬既收藏, 事皆幹了也.

[程傳] 元亨利貞, 爲之四德, 元者, 萬物之始, 亨者, 萬物之長, 利者, 萬物之遂, 貞者, 萬物之成.

위의 '소琉'와 '정전程傳'의 것을 종합하여 보면, 「문언전」에서 말하는 것은 건괘乾卦가 가지고 있는 네 가지 덕德이다. 이는 '元−亨−利−貞'이 '만물−사계절−사덕四德'으로 된, '始−春−仁', '長−夏−禮', '遂−秋−義', '成−冬−智'의 관련을 보이고 있다 할 수 있다. 줄여 보이면 다음과 같다.

'元'은 만물의 시(始)이며, 봄[春]에 속하여 덕(德)은 인(仁).
'亨'은 만물의 장(長)이며, 여름[夏]에 속하여 덕(德)은 예(禮).
'利'는 만물의 수(遂)이며, 가을[秋]에 속하여 덕(德)은 의(義).
'貞'은 만물의 성(成)이며, 겨울[冬]에 속하여 덕(德)은 지(智).

그런데 위에서 말한 이러한 세계관 내지는 사상을 두고, 이를 음양의 균형이나 조화라는 관점에서 '萬物生生'과 '萬聲生生'의 '생성의 道'를 생각해 보면 다음과 같은 말을 할 수 있다.

"一陰一陽之謂道"란, 역(易)의 이치가 음과 양의 모순·대립을 매개로 하면서, 모순되는 것의 조화를 추구해 가는 논리라 할 수 있다. 모순하는 것의 조화란, 음양과도 같은 모순대립하는 두 개념을 상보적(相補的) 관계로 결합시키는 것이라 할 수 있다. 가령, '아들[子]'을 '딸[女]'에 대해서 양이라 한다면, '딸'은 '아들'에 대해서는 음이 된다. 또 '어버이[親]'는 '자식[子]'에 대하여는 양이 되고, '자식'은 '어버이'에 대하여는 음이 된다. 음과 양은 대립한다. 그러나 '어버이'가 '자식'에 대하여는 양이라는 명제와 '자식'이 '어버이'에 대하여는 음이라는 명제는 상보적인 상등(相等)이라 할 수 있는데, 이때 모순·대립하는 개념은 상등한 명제에 의해 결합되는 것이다. 이것은 음양이 균형을 이루며, 실현은 조화라 할 수 있다. 이같이 하여, 음양의 균형이나 음양의 조화가 실현되고, 조화의 실현은 불균형을 배제해 가면서 '만물생생(萬物生生) 만성생생(萬聲生生)'의 '생성'의 도(道)가 있게 되는 것이다.

앞에서 보인 그 밖의 "天地初交", "始於天地", ……"初之生" 등은 주로 중성 관련 풀이를 중심으로 많이 나타나는데, 여기서는 특히 위에 나타나는 '交合', '初出', '再出', '初生', '再生'과 「제자해」 첫머리에 나오는 "天地之道"의 '道'와 관련시키면서, 노자의 이른바 유출론적인 생성론을 더욱 이해·심화시키기 위해, 아래에서 가토 조겐加藤常賢(1894~1978)의 『중국고대문화의 연구』에 나오는 『노자』의 '道'에 대한 풀이를 소개하려 한다. 이 논저의 「서序」에 의하면, 저자는 "중국전통의 訓詁考證學에 최신 인류학적 지식을 주입하여, 精緻犀利의 독자적 연구법을 대성하고, 풍부한 한자·한문에다가 새로 나온 갑골·金文을 종횡으로 구사하여, 중국 고대 사회의 조직·종교현상·經書의 評價·思想의 전개 등, 前人未踏의 새 경지를 개척"한 학자라 한다.

도(道): 『노자』란 책의 발단(發端)은 극히 오랜 옛날로부터, 점차로 쌓아올려진 것으로 생각된다. 이 책에 이미 '몬의 시초'를 생각하는 철학적 사고가 있었다는 것은 극히 주목할 가치가 있다. 이 세계의 시초를 생각하여, 천지 인간의 창조를 생각하는 고대 신화의 발생은 이미 인간 철학 탐구의 결과이며, 과학적 추구의 결과에 지나지 않는다는 것을 안다면, 옛날의 『노자』란 책에 이미 '몬'의 시초를 생각하는 철학이 있었다 하여 이상할 것은 없다.

그리하여 『노자』의 책에 있는 '천지의 시초인 누이[姊]'의 구(句)를 보게 되면, 노자는 천지(음양이라 하든, 남녀라 하든 좋다)를 낳은 남편[夫]이 없는 한 사람의 여성을 상정하였다. 그 계집에서 비로소 남녀가 태어나고, 그로부터는 남녀(음양·천지라 해도 좋다)의 교합에 의하여, 사람도 태어나고, 몬도 태어났다고 생각했다. 이 '교합'을 '도'라 하였다. 이 인간 출생의 근본을 '도'라 한 것을 확대 해석하여, 천지 만물의 발생 근원을 '도'라 하기에 이른 것이다. 인간 남녀의 교합을 '도'라고 하는 이상, '도'는 의미를 나타내는 본자(本字)이어야만 할 까닭은 없다. 왜냐 하면, '도'는 도로가 원래의 뜻이고, 도로(道路)라는 뜻의 글자가 아이를 낳는 '교합'의 행위를 나타내는 본자이어야 할 이치가 없기 때문이다. 그렇다면 본자는 어떠한 글자일까? 이 같은 것을 말한 사람은 아직까지 없었으나 나는 남자의 성행위의 '搗, 擣(찧다)'가 원자라고 생각한다. 그로부터 남녀의 교합의 이름이 되고, 거기서 나아가 만물을 출산하는 것의 이름이 되어 철학적 실재의 개념을 나타내는 이름이 된 것이다.41)

위에서 소개한 가토加藤 씨의 이 저서 안에는 또한 "동양의 자연즉응 사상自然卽應思想의 근원: 노자서老子書를 통하여"라는 대목이 나온다. 거기에는 위에서 말한 바와 같은 『훈민정음』에 나오는 '교합' 등과 관련된 내용이 나온다. 본론에는 "一, 천지(陰陽)를 낳은 獨神女性", "二, '道'의 의미변천", "三, 無·無爲·無爲自然"과 그 밖의 것이 있는데, 그 중의 '一'과 '二'에 대하여 다음과 같은 말을 하고 있다.

　一, 도(道)는 일찍이 무명(無名)이었다. …… 천지가 서로 합하여 감로(甘露)를 내려서 만물을 발생시켰다. 인간은 아무런 명령을 받지 않고, 모든 사람은 같이 교합을 행하였다. 그로부터 '道'라고 부르는 이름이 만들어졌다. (제32장)

　二, 천지를 낳은 누이[姉]는 도의 이름[名] 없이 천지를 낳았다. (제1장)

여기서 '無名'이라 함은 '無道名'의 약어로, '道(남녀의 성교)'의 이름이 없었던 시대라 했다. 그러므로 위에서 인용한 말은,

　하늘과 땅이 교합하여, 만물을 발생시키기 이전에는 아직 '道(음양의 교합)'는 행해지지 않았다. 이 천지를 낳은 여성이 있었으나 그때에는 음양의 교합은 행해지지 않고, 독신의 누이가 천지를 낳았다고 하고 있다. 게다가 양임(養姙)하여 멈추지 않는다는 것은 성기(性器)만 있는 여성이라는 것이다. 이 여성의 성기가 천지가 태어난 문이라는 것이다. 이것은 오랜 옛날로부터 존재하고 있어서, 사용하여도 피로하지 않는다. (제6장, 170~171쪽)

---

41) 加藤常賢, 『中國古代文化의 研究』, 二松學舍大學 出版部, 1980, 928쪽.

라고 풀이했다.

"二, '道'의 의미 변천"에서는, 『노자』에 나오는 '道'에 대한 해석은 만물을 발생시킨 근원, 바꾸어 말하면 하나의 철학적 실재의 뜻을 가진 것에 지나지 않는 것으로 말해 오고 있으나 『노자』 가운데에 있는 '道'라는 말을 모두 자세히 관찰하여 보면, 여러 가지 뜻으로 쓰인 것을 알 수 있다고 했다. 가토加藤 씨가 정리했다는 네 가지의 조목은 다음과 같다. 괄호 속의 숫자는 『노자』의 해당 부분을 보이는 것이다.

- 一, 남성의 성활동, 나아가서는 남성의 뜻. (제21·51장)
- 二, 남녀의 교합의 뜻. (제5·8·32장)
- 三, 천지를 낳은 무명(無名)인 것의 뜻. (제25장)
- 四, 직접으로 만물을 낳은 것의 이름. (제62·42장)

"三, 無·無爲·無爲自然"에서는 먼저, 저자인 가토加藤 씨는 『노자』의 '무·무위·무위자연'의 사상이란 도대체 어디에서 온 것인가를 자문하고 나서,

앞에서 나는 '道'와 '德'을 '擣(찧을 도)'와 '竇(구멍 두)'로 읽고, 나아가서는 '道'라는 것을 음양 양성의 교합의 뜻이 되었다고 하였다. 이 양성의 교합은 인간뿐이 아니라, 생물 전체에 있어서 극히 자연스런 본능적 현상이다. 거기서 임신하고 태아가 생긴다. 식물에서는 과실이 생긴다. 이러한 현상은 고대인에 있어서는 전적으로 '무'에서 '유'로의 급변으로 받아들여졌을 것으로 생각된다. '임신, 출산'이라는 현실적인 '유'에 대해서 보면, 이전은 전적으로 '무'이다. 그것이 홀연히 '유'가 되는 것이다. 이와 같은 「유」의 현실 없이, 다만 한갓 추상개념으로서의 '무'라는 생각은 나올 수 없다고 생각된다. 게다가 '임신'에서 '출산'에 이르기까지의 '형성(形成), 세성(勢成)'(『노자』)에서 발육복포(發育覆抱)의 현상은 외존(外存)하는 인간의 인위적인 도움 같은 것에 전혀 의지함[42]이 없는 자연의 작용에

지나지 않는다. 이것을 '무위자연(無爲自然)'이라 한 것이다. (177쪽)

라 했다. 위의 견해는 모두『노자』의 유출론적인 본체론적 생성론을 이 해·심화시키는 데에 매우 긴요한 말로 생각되기에 소개하는 것이다.

생각건대, 위에서『훈민정음』과 이에 관련된 "天地之道"의 '道'와 '교합'의 문제, 이에 관련된 하치야 구니오, 가등이리加藤犀利의 말을 인용·소개했다.

『노자』에서는 "無인 道에서 만물이 산출·유출된다"고 했다.『훈민정음』「제자해」의 첫마디인 "天地之道 一陰陽五行而已"의 道 역시 천지의 본체를 가리킨다. 이 道는 중점을 氣에 두면서, 암암리에 理를 생각한 것은 확실시 된다. 그리하여『훈민정음』「제자해」「결」의 첫머리에서도 "天地之化本一氣"라 했던 것 아닌가. 그러므로 이 말은 理氣를 분별 않고 한 말이라 할 수 있다. 또 다음의 '一'은 음기와 양기로 분화되기 이전의 '一氣'의 '一'이다. 이는『노자』제42장의 "道生一, 一生二, 二生三, 三生萬物"에 나오는 우주의 근원적인 道에서 一元의 氣가 생기고, 一元의 氣에서 음기와 양기가 생기고 음기와 양기에서 화기和氣가 생기어 이 삼기三氣의 화합 운동으로 말미암아 만물이 생성된다고 하는 바로 '一元之氣'의 '一'이다.

『훈민정음』「제자해」에서는,

可見萬物初生於地 復歸於地也 …… 一元之氣 周流不窮 四時之運 循環無端 故貞而 復元 冬而 復春

이라 하였고, 마무리에 가서는 또한 다음과 같이 적고 있다.

正音作而天地萬物之理咸備, 其神矣哉.

---

42) 저자는 '의지함'에 대해서, '恃'자를 썼다. 이는『노자』제34장에 나오는 "만물이 도를 따라 나타나고 산다[萬物恃之以生]"에 나오는 글자이다. 장기근,『노자』, 107쪽.

그런데 여기 이 '神'은 『주역』 「계사상전」에 나오는 다음의 '神'과 관련되어 있다고 할 수 있다.

生生之謂易. 成象之謂乾. 效法之謂坤, …… 陰陽不測之謂神

위에서 말한 내용과 관련지으면서, 이들 '神'에 다음의 두 가지 풀이를 더해 보기로 한다.

㉠ 만물을 성장시키는 것
• 神, 天神, 引出萬物者也, 從示申聲. (『설문』)
• 天地生萬物, 物有主之者曰神, 說苑修文篇曰, 神者, 天地之本, 而爲萬物之始也, 故曰天神引出萬物. (『徐灝箋』)

㉡ 하는 일이 현묘하여, 도무지 예측할 수 없으며 만물의 근원이 되는 것
• 神也者, 妙萬物而爲言者也. (『역』 「설계」)

『노자』 제16장의 "각각 그 근본으로 돌아간다[各歸其根]", 제28장의 "다시 嬰兒로 돌아간다[復歸於嬰兒]", "다시 무극으로 돌아간다[復歸於無極]", "다시 原木(樸)으로 돌아간다[復歸於樸]" 제52장의 "다시 밝은 데로 돌아간다[復歸其明]"라고 하는 데서 볼 수 있는 바와 같이 복귀·순환함으로써 유출사상을 펼쳐 나가기 시작했다.
저 앞에서 말한, 하치야 구니오가 '無인 道로부터의 유출'에서

만물은 끊임없이, 근원으로 복귀하여, 하나의 장대한 순환세계를 구성하고 있다. (『노자』 제16·40장)

고 했다.
다시 되풀이 되거니와, 『훈민정음』 「제자해」의 "天地之道 一陰陽五

行而已"라는 첫머리의 말은 곧 『설문해자』 제1편 상 첫머리의 말, 곧 "一 惟初太極 道立於一 造分天地 化成萬物"에 해당한다. 동양적인 음양 사상과 노자의 유출론적인 본체론에 기반을 둔 말들이다.

이상에서 언급한 바와 같이, '훈민정음' 제작에는 『설문해자』와 『노자』의 사상이 연계되고, 또한 유출사상이 '훈민정음' 제작에 연계되었다면, 위에서 보인, 『훈정』의 '天地初交, 陰陽交合, 始於天地, 初生, 初出, …… 復歸, 循環' 등을 『노자』의 유출론적 사상의 관점에서 고찰한다는 것은 매우 합리적이고도 타당한 일로 생각된다.

1.7 'ㅸ'과 'ㆆ'의 처리 문제

여기서 부수적이기는 하나 흥미로운 문제 하나를 제기한다. 그것은 위에 제시한 『훈민정음』 「예의例義」에는 'ㆆ'이 있으나 「해례解例」 「용자례用字例」에는 'ㆆ'은 없고, 대신 'ㅸ'이 나타난다는 사실이다. 이 같은 사실을 두고, 'ㆆ'자의 나중 추가설을 말하는 학자도 있으나 여기서는 차라리 위와 같은 유출사상 내지는 이일분수의 이론 사상을 적용하여, 'ㆆ'이 이론의 것이며, 'ㅸ'은 어디까지나 필요에 따라 덧붙인 것이라 보는 것이 순리가 아니겠느냐고 보는 바이다.[43]

이 같은 이론의 전개는 송학이 일반적으로 그러하듯이, 여기서도 역시 이론에 치우치다가 보니 다음과 같은 기록을 남기면서도 「예의例義」에는 'ㅸ'은 안 쓰고 대신 이론에 맞는 'ㆆ'을 쓰고 있다.

* ㅇ連書脣音之下, 則爲脣輕音. (「예의」)
* ㅇ連書脣音之下, 則爲脣輕音者, 以輕音脣乍合而喉聲多也.
  初聲對中聲而言之 …… 初聲者, 或虛或實或颺或滯或重若輕, …… (「제자해」)

---

43) 李東林, 「諺文字母 俗所謂 '反切 二十七字' 策定根據」, 『梁柱東고희론문집』, 탐구당, 1973, 113~144쪽.

'ㆆ'이 쓰인 구체적인 보기는 아래에 보이는 바와 같이 두루 십여 군데에 나타나나 'ㅸ'이 구체적으로 쓰인 보기는 단 한 군데밖에 나타나지 않는다. 이를 두고 과연 'ㅸ'이 추가된 것이라 볼 수 있겠는가 하는 것이다. 'ㅸ'이 나타나는 「용자례用字例」의 보기에는 모두 순 우리말로만 되어 있는 것이 특이하다. 아래에서 『훈민정음』에서 쓰인 보기를 든다.

㉠ 'ㆆ'이 쓰인 보기

ㆆ 喉音 如挹字初發聲 (「예의」)　　　ㅇ 象喉形 …… ㅇ而ㆆ ㆆ而ㅎ (「제자해」)

ㄱㄷㅂㅈㅅㆆ 爲全淸 (「제자해」)　　　盖以ㆆ聲深不爲之凝 (「제자해」)

ㆆ比ㅎ聲淺 (「제자해」)　　　　　　　即戌挹亦全淸聲 (「제자해」「결」)

喉之挹虛洪欲 (「초성해」)　　　　　　挹虛洪欲迺喉聲 (「초성해」「결」)

五音之緩急 …… 喉之ㅇㆆ (「종성해」)　　穰欲亦對戌與挹 (「종성해」「결」)

初聲之ㆆ與ㅇ相似 (「합자해」)　　　　挹欲於諺用相同 (「합성해」「결」)

㉡ 'ㅸ'이 쓰인 보기

ㅸ 如사ᄫᅵ爲蝦 드ᄫᅵ爲瓠 (「용자례」)

그런데 「제자해」에 보면, 분명히 "'ㅇ'을 입술소리 아래 이어 쓰면 입술가벼운소리가 되는 것은 입술이 잠깐 합하지마는 목구멍소리가 많아서 가벼운소리가 되기 때문이다[ㅇ連書脣音之下 則爲脣輕音者 以輕音脣乍合而喉聲多也]"라 했다. 이를 형체학적인 관점에서 본다면, 이는 「합자해合字解」의 "初聲二字三字合用並書, …… 各自並書, …… 中聲二字三字合用, …… 終聲二字三字合用 ……"의 '合用並書'나 '各自並書'라는 표현을 쓰는 것을 보아서도, (합용)연서連書로 된 'ㅸ'은 'ㅂ+ㅇ'의 꼴이므로, 이는 두 형체소의 합슴으로 보아야 하며, 'ㅇ'에서 유출된, 'ㅇ'의 형체소를 글자의 한 구성 요소로 가지고 있는 '因聲加劃之義'가 있는 'ㅎ'와는 다르며, 「제자해」의 이론 체계로 보아, 'ㅸ'이 하나의 음소임에도 부득

이 '어제 훈민정음 28자'에는 제외되었다고 보는 바이다. 그뿐 아니라 이론 체계 때문에 'ㄹ'과 'ㅿ'는 형체적으로는 이체라 하면서, 'ㆁ'에 대해서는 후음의 'ㅇ'와 관련시켜 "唯牙之ㆁ, 雖舌根閉喉聲氣出鼻, 而其聲與ㅇ相似, 故韻書疑與喩多相混用, 今亦取象於喉, 而不爲牙音制字之始, 蓋喉屬水而牙屬木, ㆁ雖在牙而與ㅇ相似, 猶木之萌芽生於水而柔軟, 尙多水氣也"라 하여, 구차스런 이론을 늘어놓고 있다. 「합자해合字解」에서 제작상의 어려움을 들어낸 말, 곧 "우리말의 일상어가 만 가지로 같지 않아, 소리 있고 글자 없어 써서 통하기 어렵다[方言俚語萬不同 有聲無字書難通]"라는 말에도 나타나 있지만 어찌 어려움이 따르지 않겠는가?

2. 중성 11자의 제자원리

『훈민정음』중성 11자의 제자원리 역시 「초성 17자의 제자원리」에서 말한 바와 같이, 「제자해」의 첫머리에 나오는 "天地之道 一陰陽五行而已"와 이에 이어 나오는 "初聲之中, 自有陰陽五行方位之數也", "中聲之中, 亦自有陰陽五行方位之數也"의 일체화에서 이루어진 것이라 할 수 있다.

따라서 이 같은 이론에는 물론 음양오행의 역리易理의 생성론과 『노자』의 "道生一……"과 같은 유출사상에 기반을 둔, 송학적인 이일분수의 이론이 바탕에 깔려 있다고 할 수 있겠는데, 이는 '제1편'에서 말한 바와 같이, 『설문해자』・『설문계전』의 문자학적 형체학적인 성격과 내용을 풀이한 『고금운회거요』・『홍무정운』의 이론 전개와 연계되어 있다고 할 수 있다.

따라서 여기서는 다음과 같은 것에 중점을 두고, 중성 11자의 제자원리를 생각해 보기로 한다.

첫째, 『훈민정음』의 '三才之道'와 『설문해자』류의 '天地人誌道'의 연계성 문제.

둘째, 『성리대전』「역학계몽」의 송학적 상수론과 『훈민정음』「제자해」 중성 풀이의 관련성 문제.

셋째, 『훈민정음』「제자해」의 중성자 자형 풀이에 나타난 '음양오행방위지수陰陽五行方位之數'와 송유宋儒들의 '하도河圖' 풀이에 나오는 도설圖說의 상관관계 문제. 따라서 여기서는 'ㅗ ㅏ ㅛ ㅑ'의 원圓이 '上·外'에 있는 것은 그것이 하늘에서 나와 양이 되고, 'ㅜ ㅓ ㅠ ㅕ'의 원圓이 '下·內'에 있는 것은 그것이 땅에서 나와 음이 되었다는 뜻풀이가 포함된다.

넷째, "'ㆍ(하늘)'이 여덟 소리(ㅗ ㅏ ㅜ ㅓ; ㅛ ㅑ ㅠ ㅕ)에 꿰어 있는 것이, 마치 양이 음을 거느리고, 만물에 두루 흐르는 것과 같다" 함과 "'ㅛ ㅑ ㅠ ㅕ'가 사람[人]을 겸하고 있다"고 함의 뜻풀이 문제.

다섯째, 유출사상에 기반을 둔, 중성 11자 제자의 이일분수 이론의 전개와 '삼재'에 따른 '先, 始 : 首, 冠'의 뜻풀이 문제.

그런데 여기서는 이를 다시 다음과 같이 갈라 보기로 한다.

① "'ㆍ'(하늘)이 여덟 소리(ㅗ ㅏ ㅜ ㅓ; ㅛ ㅑ ㅠ ㅕ)에 꿰어 있는 것이, 마치 양이 음을 거느리고, 만물에 두루 흐르는 것과 같다" 함과 "ㅛ ㅑ ㅠ ㅕ가 사람을 겸하고 있다"고 한 말의 역학적인 풀이에 대하여.

② '천지인삼재'인 'ㆍ ㅡ ㅣ'에 따른 '先, 始'의 뜻풀이.

③ 『설문』의 부수 'ㅡ'을 풀이하는 과정에 나타난 『설문계전』의 '首冠'과 『훈민정음』의 '冠首'와 『노자』의 '道'에 대하여.

여섯째, 『훈민정음』「정인지서鄭麟趾序」의 "象形而字倣古篆"과 『세종실록』의 최만리의 "字形雖倣古之篆文"의 풀이와 『설문』류의 문자형체학적 연계성 문제.

일곱째, 『훈민정음』「서문」의 글자 수 '54' 역시 『설문』의 부수 '540'과 연계성을 갖는지의 문제.

2.1 『훈민정음』와 '河圖先天象數'의 연계성

『훈민정음』「제자해」에 보면, 중성 11자의 근원이자 원체인 단체·독체라 할 수 있는 형체소의 기본글자 '丶 ― ㅣ'에 관하여 다음과 같이 말하고 있다.

> 丶舌縮而聲深, 天開於子也. 形之圓, 象乎天地. ―舌小縮而聲不深不淺, 地闢於丑也. 形之平, 象乎地也. ㅣ舌不縮而聲淺, 人生於寅也. 形之立, 象乎人也.

위의 내용에서 발음에 따른 혀[舌]의 모양과 목소리의 깊고 얕음은 빼고, 형체소, 곧 '부수'로서의 천지인삼재인 하늘[天]의 둥근 꼴[形之圓]을 본 뜬 '丶'와 땅[地]의 평평한 꼴[形之平]을 본 뜬 '―'와 사람[人]의 서 있는 꼴[形之立]을 본 뜬 'ㅣ'와 그것들이 생겨난 때의 차례를 간단한 표로 보이면 다음과 같다.

【표 14】

형체소	생겨 난 때의 차례	형체가 天·地·人을 본뜸
丶	天開於子	形之圓, 象乎天
―	地闢於丑	形之平, 象乎地
ㅣ	人生於寅	形之立, 象乎人

여기 보인 글자로서의 '丶 ― ㅣ'가 천지인삼재지도의 뜻을 가지고, '子, 丑, 寅'에 생겨났다는 것은 『설문해자』에서 "亥而生子, 復從一起", "始一終亥"이 우주 순환─문자 순환을 말한 것과 같아서 이들 사이에는 같이 동양적인 연속적이고도 융합적인 세계관이 뒷받침하고 있으며, 문자학으로서의 연계성이 있는 것으로 보인다. 말하자면, 『훈민정음』에서 '丶(天), ―(地), ㅣ(人)'을 '子, 丑, 寅'과 관련시킨 것은 송학적인 우주시간론을 말하며, 이는 『성리대전』에 있는 바와 같이, '도서상수▨

書象數의 學學'과 연계되어 있음을 말한다고 할 수 있으므로, 중성 11자의 제자 이론을 밝히는 데는 매우 중요한 의의가 있다. 아래에서 이같은 내용에 대해 살펴보기로 하자.

2.1.1 『설문』·『노자』·『性理大全』·『훈민정음』에 공통적으로 깔린 음양오행의 생성 사상

『훈민정음』「제자해」의 'ㆍ ㅡ ㅣ'의 글자의 형상은 하늘·땅·사람에서 본뜨고, 하늘은 '子'에 열리고[開], 땅은 '丑'에 열리고[闢], 사람은 '寅'에 생했다는 것이다. 그렇다면 여기서 말하는 「제자해」의 우주시간론적인 '子, 丑, 寅'에 대한 언급은, 중성 11자의 제자에 관련된 내용 전체와 관련시켜 이를 총체적인 일체화의 관점에서 볼 때, 어떠한 의미를 가지고 있다고 보아야 할 것인가?

서구, 그것도 중세의 기독교적인 세계관에서 신은 창조주이며, 인간은 피조물이어서 그 사이에는 단절이 있다. 서구 지향적인 단절적·대립적 세계관에 빠져가는 오늘날의 이 땅의 현실에서는 그러한 서구적 경향의 사고와 사상에서만 참된 가치가 있는 것으로 생각하는 나머지, 더러는 여기서 말하는 동양적인 연속적·융합적 세계관이니, 천인합일天人合ㅡ의 사상이니 하는 이러한 사상에서 나온 세계관 내지는 우주시간론에 대해서는 한 푼의 가치, 별다른 의미가 없는 것으로 판단하기 쉬워, 그리 이해가 잘 가지 않으리라 보지만.

어쨌든 글자로서의 'ㆍ ㅡ ㅣ'이 (하늘, 땅, 사람의 형상을 띠고 있기 때문에) 그것들의 생겨난 때가 '子·丑·寅'의 차례라는 것이고, 형체가 '圓·平·立'으로 된 것은 '天·地·人'을 본뜬 것이라는 의미를 가진다. 그러나 이러한 것들을 총체적으로 일체화시켜 볼 때에는 역시 天地人三才의 道와 위에서 말한 바와 같이 '子·丑·寅'의 우주시간론이 뒷받침한 것이다. 이러한 연속적 융합적인 세계관의 바탕에는 天地人三才가 하나의 氣에 의해 구성되었다고 하는 데에 대해 유의해야 할 것이다.

이 같은 사고의 방법을 문자학 쪽으로 돌리게 되면, 이것이 곧, 아래에서 제시한 서개의 『설문계전』 권1의 부수인 '一'의 풀이에 나타나는 "老子曰 ……"의 내용과 단옥재의 『설문해자주』 1편 상의 "三, 數名天地人之道也"에 이어 나오는 "老子曰 ……"의 내용과 같은 것이 된다.

- 老子曰, 道生一 …… (『설문계전』 권1)
- 道生一, 一生二, 二生三, 三生萬物 …… (『설문해자주』 1편 상)

『설문계전』・『설문해자주』로 연계되는 이러한 사고의 방법은 또한 다음과 같은 『노자』 제42장의 유출사상과 관련되어 있음을 알 수 있고, 이러한 사상은 또한 다음과 같은 『훈민정음』의 내용과 연계되어 있는 것으로 생각할 수 있다. 곧 『노자』의 "道生一 ……"과 『설문해자』・『설문계전』의 "道立於一 ……"과 『훈민정음』의 "天地之道 一陰陽五行而已 ……"에서의 "'道'는 '一'인 ……"을 말한다.

- 道生一, 一生二, 二生三, 三生萬物, 萬物負陰而抱陽, 冲氣以爲和 ……
  (『노자』 제42장)
- 惟初太極, 道立於一, 造分天地, 化成萬物. …… 凡一之屬, 皆從一. (『설문』)
- 天地之道, 一陰陽五行而已 ……、之貫於八聲者, 猶陽之統陰而周流萬物也.
  (『훈민정음』 「제자해」)

문자학사文字學史라는 관점에서 위의 「제자해」의 기록을 생각해 보려면, 먼저 위의 '子・丑・寅'에 대한 『설문해자』와의 관련성을 생각해 보아야 할 것이고, 다음으로는 '훈민정음' 창제에 직접으로 많은 이론의 뒷받침이 되었다고 생각되는 『성리대전』과의 관련을 생각해야 할 것이다. 이와 같이 이들 문헌의 '간지干支'에는 음양오행의 생성 사상이 깔려 있다.

아래에서 『설문』의 간지와 『성리대전』의 간지를 제시한다. 특히 『설

문』「십간十干」의 '甲·乙·丙'을 더 첨가한 것은 『훈민정음』「제자해」에
보면 총체적인 관점에서 "天地之道, 一陰陽五行而已"라 하고, 초성에
대하여는 "初聲之中, 自有陰陽五行方位之數也", 중성에 대하여는 "中聲
之中, 亦自有陰陽五行方位之數也"라 하여, '초중성初中聲'의 '陰陽五行方
位之數'라는 말을 쓰고 있기 때문이다. 그것은 '간지'의 풀이에는 '음양
오행사상'이라는 기본적인 철학이 배후에 깔려 있기 때문이다.

아래의 풀이를 보면, 『훈민정음』 '子·丑·寅'은 소자邵子의 것과 꼭 같
음을 알 수 있다.

- 子, 十一月易气動萬物滋. …… 凡子之屬皆從子.

  丑, 十二月萬物動用事. …… 凡丑之屬皆從丑.

  寅, 正月易气動, 去黃泉欲上出, 陰尙強也. …… 凡寅之屬皆從寅.

  甲, 東方之孟易气萌動 …… 大一經曰, 人頭空爲甲. 凡甲之屬皆從甲.

  乙, 象春艸木冤曲而出会气尚彊其出乙乙也. 與丨同意. 乙承甲象人頸. 凡乙

  之屬皆從乙.

  丙, 位南方, 萬物成炳然, 会气初起易气將虧 …… 一者易也, 丙承乙象人肩.

  凡丙之屬皆從丙. (『설문』 14편 하)
- 天開於子 …… 地闢於丑 …… 人生於寅. (『성리대전』 권8 「황극경세서 이」; 『훈민

  정음』「제자해」)

『설문』의 것과 『성리대전』·『훈민정음』의 것에서 연계성을 생각해
보기 위해, 다시 한 번 『설문』에서 이에 관련된 된 말을 되새겨 보자.

앞의 '제2편 제2장'에서 『설문해자』에서는 범주론적인 방법을 써서
『설문』 전체 글자인 9,353자를 540부로 분류하고, 이 540부 안에서 부
수글자를 내세웠다고 했다. 그런데 여기서 주목할 것은 540부수를 두
고 전체의 처음에 해당하는 자리에 '天'을 두고, 전체의 가운데에 해당
하는 자리에 '人'을 두고, 전체의 마지막에 해당하는 자리에 '地'를 두
었다는 말을 했다. 『주역』「계사하전」에서는 우주 전체의 존재를 '三才

之道'와 관련시키면서, '천지인'의 세 영역으로 나누었다고 했다.

또 '제2편 제2장 1.2'에서는 『설문』 14편 하의 "亥而生子, 復從一起"를 인용하고서, "始一終亥"의 문자 순환뿐 아니라, 십이지+二支도 순환한다고 했다.

『설문』 14편 하에는 '甲'에서 '癸'까지의 십간과 '子'에서 '亥'까지의 십이지가 있는데, 흥미로운 것은 이러한 이른바 '간지'의 글자가 각각 부수글자로 되어 있다는 사실이며, 더욱 흥미로운 것은 거기에는 물론, 음양과 관련시킨 생성·소멸의 풀이가 있다는 사실이다.

위의 『설문』에서 보면, 십간의 글자들은 모두 방위, 계절과 관련을 가지면서, 끝에는 『대일경大一經』이라는 책에 의해, 사람 몸의 부위를 상징하기를, '甲'은 '머리[頭]', '乙'은 '목[頸]', '丙'은 '어깨[肩]'라 하고 있다. 이것은 물론 음양오행사상에 바탕을 두고 있다. 십이지의 '子'는 음력 11월로서, 한겨울이다. 양기가 차차 움직이기 시작하여, 만물은 번식[滋]하고, '丑'은 역시 음력 12월로서, 만물이 봄을 향해 활동을 시작하는 계절이다. '寅'은 정월의 양기가 움직여 황천으로부터 위로 올라오려고 하는 것은 음기가 오히려(아직도) 강하기 때문이다. 『설문해자』의 "始一終亥"과 같이, 십이지도 "亥而生子, 復從一起"와 같이 순환한다.

2.1.2 『훈민정음』 '子·丑·寅'과 송학적인 우주시간론의 주기설

다음으로 생각해야 하는 것은 『훈민정음』의 '天開於子, 地闢於丑, 人生於寅'는 송학적이며 우주 철학적인 우주시간론의 주기설週期說에 근거를 두고 있다는 것이다.

송학에 미친 도가道家·도교적道敎的인 영향은 크다고 한다. 그 중에서도 이름난 소강절은 송초宋初의 유명한 도사道士 진단陳摶, 陳希夷 계통의 학學을 물려받은 학자로서, 도가에 전해지고 있는 '도서선천상수학圖書先天象數學'을 배웠다고 한다. 『성리대전』「황극경세서皇極經世書」에도,

康節數學源流於陳希夷, 康節天資極高, 其學只是術數學.

이라 하고 있다. 여기서 말하는 '도서圖書'는 '하도낙서'를 말하고, '선천상수先天象數'란, 『역』의 철리적哲理的 해석에 나타나는 '先天說, 後天說'을 말한다.

'도서선천상수학圖書先天象數學'은 『훈민정음』의 제자이론에 직접으로 원용된 것으로 보이는데, 대표적인 것이 바로 중성 11자 제자의 생성 이론이다. 여기서 말하려는 '天開於子, 地關於丑, 人生於寅'에 대한 논란도 이런 데서 의의를 찾아야 할 것이다.

'선천상수'란, 『역』의 해석학 가운데 도상적圖象的 방법에 의한 상학象學과 일종의 수리철학에 의한 수학으로서 『역』의 우주이론 내지는 우주시간이며, 이것은 도가·도사들 사이에 면면히 전해 내려온 것이다.

소강절의 젊은 시대는 유명한 경력의 시대로 범중엄范仲淹·문언박文彦博·구양수歐陽脩 등 이상주의적 정치가에 의해 북송 최초의 고조기高調期를 맞은 때였고, 그의 만년은 유명한 왕안석王安石·사마광·소식蘇軾 등의 정치활동이 활발한 때였으며, 정명도·정이천·장횡거와 같은 대사상가들도 모두 이때의 사람들이다. 게다가 당시 낙양洛陽에는 부필富弼·사마광 등이 관계官界에서 은퇴하여 있었고, 이정자李程子는 여기서 새로운 바람을 일으킬 이상주의 철학을 고취시키고 있었고, 장횡거도 한때 이곳에서 강의를 했다고 한다. 당시 낙양은 중국사상사中國思想史상 일대 장관을 이루었던 때라 할 수 있다. 부필·사마광 같은 이들은 소강절을 위해 낙양에 살 집까지 마련해 주었다고 하니, 북송에서 소강절의 사상적 위치를 짐작할 만하고, 그의 '도서선천상수학'이 『훈민정음』 제자이론에 막대한 영향을 주었으리라는 생각은 이로써 쉽게 짐작할 수 있으리라 본다.

소강절의 '도서상수학圖書象數學'은 유명하다. 그의 「황극경세서皇極經世書」에는 '元, 會, 運, 世'의 설이 있다. 이것은 시간의 흐름 측면에서 본, 우주철학 또는 우주시간의 주기와도 같은 것이다.[44]

'元, 會, 運, 世'란, '一世'를 30년으로 치고, 12세世가 되면 '一運(360
년)', 30운運이 되면 '一會(10,800년)', 12회會가 되면 '一元(30×12×30×12
=129,600년)'이 된다는 것인데, '一元'이 되면 천지는 다시 갱신하는 것
으로 되어 있다. 이것은 『역』에서 말하는,

　易, 窮則變, 變則通, 通則久. (『주역』 「계사상전」)
　역(易)이 궁(窮)하면 변하고, 변하면 통하고, 통하면 오래간다.

에 해당한다. 이 같은 '一元'의 수는 최초의 주기일 뿐, 우주의 시간은
여기서 다시,

　元의 世=129,600년×30
　元의 運=129,600년×30×12
　元의 會=129,600년×30×12×30
　元의 元=129,600년×129,600

과 같이, 얼마든지 이어져 나가 최후에 가서는 아래와 같은 계산까지
도 할 수 있는 것으로 되어 있다.

　元之元之元之元, 二萬八千二百十一兆九百九十萬七千四百五十六億年

　소강절과 『훈민정음』의 '天開於子, 地闢於丑, 人生於寅'을 위에서 말
한 '一元'에 맞추어 풀이해 보면, 이 일원은 밤낮이 합쳐진 하루[一日]에
비길 만하다. 이때의 '자시子時'는 12시의 첫 번째, '축시丑時'는 12시의
두 번째, '인시寅時'는 12시의 세 번째에 해당한다. 아래에서 『성리대전』
「황극경세서皇極經世書」에서 말한 우주철학의 주기설에 해당하는, 『주역』

44) 이에 관하여는 시마다 겐지(島田虔次), 『주자학(朱子學)과 양명학(陽明學)』, 岩波書店,
　　1985, 71~76쪽.

「계사전」의 "易, 窮則變, 變則通, 通則久"와 같은 사상의 맥락에서 이루어진 "窮則變, 變則生, 生而不窮"과 더불어 "一元之數"를 인용·제시하기로 한다.

一元象一年, 十二會象十二月, 三百六十運象三百六十日, 四千三百二十世象四千三百二十時也. 蓋一年有十二月, 三百六十日, 四千三百二十時故也. 經世一元十二會, 三百六十運, 四千三百二十世, 一世三十年, 是爲一十二萬九千六百年, 是爲皇極經世書一元之數, 一元在大化之間, 猶一年也. 自元之元更相變而至于辰之元, 自元之辰更相變而至于辰之辰而後數窮矣. 窮則變變則生, 生而不窮也. (『성리대전』 권10 「황극경세서」 4)

'一元' 전체를 하나로 볼 때, 12지支인 '子, 丑, 寅, 卯, 辰, 巳, 午, 未, 申, 酉, 戌, 亥'의 앞쪽 반인 '子, 丑, 寅, 卯, 辰, 巳'는 양, 뒤쪽 반인 巳, 午, 未, 申, 酉, 戌, 亥'는 음으로 가를 수 있다. 이것을 그림으로 보이면 다음과 같이 된다.

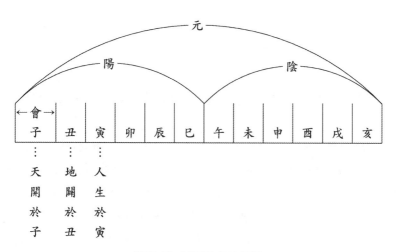

【그림 8】 소강절의 '元會運世'

최초의 10,800년(1會)에 하늘[天]이 열리고[開], 두 번째의 10,800년(2會)의 기간에는 땅[地]이 열리고[闢], 세 번째의 10,800년(3會)의 기간에는 사람[人]이 생한다는 것이다. 「황극경세서 이」에는 다음과 같은 기록이 나온다.

> 邵子皇極經世書, 以元統十二會爲一元. 一萬八百年爲一會. 初間一萬八百年而天始開. 又一萬八百年而地始成. 又一萬八百年而人始生. …… 天開於子 …… 地闢於丑 …… 人生於寅也.

이에서 「황극경세서」에 나타난 "天始開", "地始成", "人始生"의 뜻이 함축하고 있는 사상적인 배경에 유의하면서, 또한 "天開於子"와 "地闢於丑"과 "人生於寅"에 나타난 우주이론 내지는 우주시간론에 주목해야 하며, 이 역시 도가·도교적인 영향에서 나왔다는 것을 기억해 두어야 할 것이다.

앞에서 말했듯이, 『성리대전』과 『훈민정음』 '子, 丑, 寅'의 풀이는 꼭 같았다. 송초의 도사 진단의 학學을 이어 받은 소강절의 '圖書先天象數學'은 『훈민정음』의 중성 제자의 생성 이론에 원용되었을 것이라는 데 대해서는 각별히 유의해야 할 것이다.

2.2 「역학계몽」과 『훈민정음』 「제자해」 중성 풀이의 연계성

『성리대전』 권14에 있는 「역학계몽 일」 「본도서 제일」에는 '하도낙서'가 나와 있다. 이 가운데서도 '하도'의 풀이는 『훈민정음』 「제자해」 중성 풀이의 "天一生水", "地二生火"의 것과 완전 일치한다.

여기서 먼저 생각할 문제 중 하나는 「역학계몽」의 풀이와 『훈민정음』 중성 풀이의 '深─淺, 闔─闢'에 따른 천지음양오행의 생성수이다.

『훈민정음』 「제자해」 중성 풀이를 보면, "此下八聲, 一闔一闢"이 있는데, 「역학계몽」에도,

西山蔡氏曰, 天下之萬聲, 出於一闔一闢

이라 했다. "西山蔡氏"란 채원정(宋 建陽 사람, 호는 西山)을 말한다. 주자가 가장 신뢰한 문인이다.『주자어류朱子語類』권74에는 "問 一陰一陽之謂道 曰, 此與一闔一闢謂之變相似"라 하여, '一闔一闢'을 '一陰一陽'과 '相似'라 하고 있다. 물론 위의 말은 「계사상전」의 "是故闔戶謂之坤, 闢戶謂之乾, 一闔一闢, 謂之變"의 '一闔一闢'에서 따온 말이다. 그런데 「제자해」에서는 팔자八字에 속하는 'ㅗ ㅏ ㅜ ㅓ; ㅛ ㅑ ㅠ ㅕ'에 대한 '天地陰陽五行方位'의 생성수生成數를 다음과 같이 적고 있다.

 ㉠'ㅗ ㅏ ㅜ ㅓ'의 천지음양오행 생위(生位)의 수

  'ㅗ'는 天一生水之位也.　　　　'ㅏ'는 天三生木之位也.

  'ㅜ'는 地二生火之位也.　　　　'ㅓ'는 地四生金之位也.

 ㉡'ㅛ ㅑ ㅠ ㅕ'의 천지음양오행 성위(成位)의 수

  'ㅛ'는 天七成火之數也.　　　　'ㅑ'는 天九成金之數也.

  'ㅠ'는 地六成水之數也.　　　　'ㅕ'는 地八成木之數也.

이라 해놓고는 바로 이어 '水火'는 '闔', '木金'은 '闢'이라 했다.

  水火未離乎氣, 陰陽交合之初, 故闔. 木金陰陽之定質, 故闢.

그리고 바로 이어 'ㆍ, ㅡ, (ㅣ)'에 대해 말했는데, 'ㆍ, ㅡ'에 대해서는 천지음양오행의 생성 위수位數를 말했으나 오직 'ㅣ'에 대해서만은 위치를 "人則無極之眞 二五之精 妙合而凝"이라 하여 "固未可以定位成數論也"라 했으며, 「제자해」「결」에서는 "侵(ㅣ)象人立 …… 三才之道斯爲備"라 했다.
 'ㆍ, ㅡ'의 천지음양오행의 생성수와 'ㅣ'의 위치를 아래에서 다시

한 번 눈 익혀 되새겨 보기로 하자.

- '‵'는 (初生·再生 없이) 天五生土之位也.
- '一'는 地十成土之數也.
- '丨'는 獨無位數者, 盖以人則無極之眞, 二五之精, 妙合而凝, 固未可以定位
  成數論也.

「제자해」는 원문에 보면, 'ㅗ/ㅠ(水)·ㅜ/ㅛ(火)'는 '闔'이고, 'ㅏ/ㅕ(木)·
ㅓ/ㅑ(金)'는 '闢'으로 되어 있다. 아래에서 그것을 요약해 보인다. 그런
데 여기서 미리 유의해야 할 것은 '闔闢'의 문제이다.

'ㅗ(ㅠ: ㅠ與ㅜ同而起於丨)'(水)와 'ㅜ(ㅛ: ㅛ與ㅗ同而起於丨)'(火)에 대해서
는 "水火未離乎氣, 陰陽交合之初, 故闔"이라 하여, '闔'을 썼고, 'ㅏ(ㅕ:
ㅕ與ㅓ同而起於丨)'(木)와 'ㅓ(ㅑ: ㅑ與ㅏ同而起於丨)'(金)에 대해서는 "木金
陰陽之定質, 故闢"이라 하여, '闢'을 썼다.

그런데 '‵ 一 丨'에 대해서는 소리가 "深淺"이라는 것이다. 나중에
나올 것이로되 「역학계몽」 「본도서 제일」에는 '하도'가 나오는데, 중
앙에 있는 '‵ 一 (丨)'의 위수位數에 해당하는 것을 "河圖之虛五與十
者, 太極也"라 했다. 말하자면, '하도'에 있어서는 중앙에 있는 '五'와
'十'은 셈하지 않고, 주위의 것에 대해서는 '一三七九'(陽), '二四六八'
(陰)이라 하는 것이다.

따라서 아래의 풀이는 크게는 하나의 연속적인 유기체요, 작게는
세 토막인데, 셋째 토막은 다시 두 토막으로 갈라 풀이할 수 있는 내용
으로 되어 있다. 특히 '丨'는 "獨無位數者 ……"의 것이므로, 이를 '‵,
一'와 따로 가르면, 하나의 천체 속에서의 네 토막이 될 수 있다. 이는
물론 설명의 편의상 하는 말이요, 계층적으로 되어 있다는 말이 아니
다. 사이를 따로따로 묶어 나타내어 보인다.

㉠ ㅗ初生於天, 天一生水之位也. ㅏ次之, 天三生木之位也. ㅜ初生於地, 地二生

火之位也. ㅕ次之, 地四生金之位也. ㅛ再生於天, 天七成火之數也. ㅑ次之,
天九成金之數也. ㅠ再生於地, 地六成水之數也. ㅓ次之, 地八成木之數也.

ⓛ 水火未離乎氣, 陰陽交合之初, 故闔. 木金陰陽之定質, 故闢.

ⓒ-가) ㆍ 天五生土之位也.

ㅡ地十成土之數也.

나) ㅣ獨無位數者, 盖以人則無極之眞, 二五之精, 妙合而凝, 固未可以定位
成數論也.

위의 것은 『성리대전』 「역학계몽」 「본도서 제일」의 '하도'의 수리적
인 풀이와 직접으로 관련되어 있다. 이 「본도서 제일」의 것은 「계사전」
의 "河出圖, 洛出書, 聖人則之"의 장章을 들고, 『역』의 본원本原을 밝힌
것이다. 아래에서 송대의 상수론을 주자·채원정의 설 곧 '도십서구설
圖十書九說'을 중심으로 생각해 보되, '도십圖十'을 중심으로 하고 필요에
따라 '서구書九'의 것도 곁들이기로 한다.

2.2.1 「역학계몽」과 『훈정』의 관계

여기서는 먼저 '하도'를 풀이한 「계사상전」과 「역학계몽」에서 '하
도' 중앙의 '五, 十'은 셈하지 않음에 대한 문제부터 언급함이 좋으리라
생각된다.

『성리대전』 「역학계몽 일」에서는 '하도'를 풀이한 「계사상전」의 것
을 다음과 같이 적고 있다.

天一. 地二. 天三. 地四. 天五. 地六. 天七. 地八. 天九. 地十. 天數五, 地數五,
五位相得而各有合. 天數二十有五, 地數三十, 凡天地之數五十有五此所以成變
化而行鬼神也.

위와 같은 「계사상전」의 "天地之數" 풀이에 이어 다음과 같은 주를

달고 있다.

此一節, 夫子所以發明河圖之數也. 天地之間, 一氣而已. 分而爲二則爲陰陽, 而五行造化, 萬物終始, 無不管於是焉. 故河圖之位, 一與六共宗而居乎北. 二與七爲朋而居乎南. 三與八同道而居乎東. 四與九爲友而居乎西. 五與十相守而居乎中. 蓋其所以爲數者, 不過一陰一陽, 一奇一偶. 以兩其五行而已. 所謂天者陽之輕淸而位乎上者也. 所謂地者陰之重濁而位乎下者也. 陽數奇故一三五七九皆屬乎天, 所謂天數五也. 陰數偶故二四六八十皆屬乎地, 所謂地數五也. 天數地數各以類而相求. 所謂五位之相得者然也. 天以一生水而地以六成之, 地以二生火而天以七成之, 天以三生木而地以八成之, 地以四生金而天以九成之, 天以五生土而地以十成之, 此又其所謂各有合焉者也. 積五奇而爲二十五. 積五偶而爲三十, 合是二者而爲五十有五. 此河圖之全數, 皆夫子之意而諸儒之說也.

위의 것을 총체적으로 보면, "諸儒之說"이 있는 점에서 이것은 유흠설劉歆說·정현설鄭玄說·양웅태현설揚雄太玄說·소자설邵子說·유목설劉牧說 등을 채장보단採長補短하여 풀이한 것으로 보인다. 여기에는 '하도낙서河圖洛書'가 도상화圖象化되어 있다. 『성리대전』의 것을 보이기로 한다([그림 9]).

'하도십수설河圖十數說'을 보면 "천지 사이는 하나의 氣일 뿐이다. 나뉘어서 둘이 될 때는 곧 음양이 된다. 그리하여 오행의 조화, 만물의 始終이 이에 관련되지 않는 것이 없다"고 했다.

여기서 "이에 관련되지 않는 것이 없다[無不管於是焉]"고 한 이[是]는 음양을 가리키고 있으나 앞에서 "천지 사이는 하나의 氣일 뿐이다[天地之間, 一氣而已]"라 하고 있으므로, 음양의 근거는 '一氣'인 것으로 보아야 할 것 같다. 그런데 이 一氣는 늘 이기음양二氣陰陽으로 나뉘어 있으며, 一氣는 음양의 기체基體이기는 하나 이것을 음양의 근거로 볼 수는 없다. 그렇다면 여기서 태극은 어떻게 풀이되어 있다고 보아야 할 것인가?

이 내용은 『훈민정음』「제자해」의 중성 풀이 가운데서도, 특히 'ㆍ、

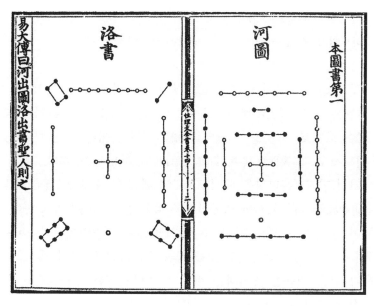

【그림 9】『성리대전』「역학계몽」의 주자의 하도낙서

ㅡ ㅣ'의 것과 매우 깊고 밀접한 관계가 있어 보인다. 'ㆍ'에 대해서 "ㆍ之貫於八聲者, 猶陽之統陰而周流萬物也"라 했다. 이 세 글자의 풀이는 나머지 여덟 글자인 'ㅗ ㅏ ㅜ ㅓ; ㅛ ㅑ ㅠ ㅕ'의 것과는 달리 되어 있기 때문이다. 눈 익혀 볼 일은 'ㆍ'는 "天五生土之位"이고, 'ㅡ'는 "地十成土之數"인데, 'ㅣ'만은 "獨無位數者, 盖以人則無極之眞, 二五之精, 妙合而凝, 固未可以定位成數論也"에 "侵(ㅣ)象之立 …… 三才之道斯爲備"(「제자해」「결」)이라 했기 때문이다. 이 같은 말은 '하도'에 대한 『역학계몽』의 논의 초점이 어디까지나 'ㆍ ㅡ ㅣ'에 있다는 것을 염두에 두어야 하겠기 때문이다.

다시 『성리대전』「역학계몽」「본도서 제일」의 풀이로 되돌아가자. 이 풀이의 훨씬 뒤쪽(권14 17장)에 보면, 다음과 같은 것이 나온다. 곧 "然則聖人之則之也奈何. 曰. 則河圖者, 虛其中. 則洛書者, 總其實也"의 다음에 이어 나오는 내용이다.

河圖之虛五與十者, 太極也

하도의 오와 십을 허(虛)로 하는 것은 태극이라.

이것은 하도의 중앙에 있는 五와 十은 셈하지 않고, 주위의 음양의 수가 양은 '一三七九'로 하여 모두 '二十', 음은 '二四六八'로 하여 모두 '二十'이 되므로, 이것을 "河圖者其中虛"라 한 것이다. 물론 「낙서洛書」에 대해서도 "洛書而虛其中, 則亦太極也"(권40 18장)라 했다.

여기서 먼저 『훈민정음』에서도 '、'에 대해 "、之貫於八聲者 猶陽之統陰而周流萬物也"라고 한 역학적인 의의를 알고 넘어가기로 한다. 그리하여 주자의 『역학본의易學本義』(中國北京書店) 「주역계사상周易繫辭上」 第5에 나오는 "天一地二天三地四天五地六天七地八天九地十"을 풀이한, 다음과 같은 내용을 중시하는 바이다. 이에는 여러 가지 자료가 될 내용이 들어 있어 관심을 끌 만하다.

此簡本在第十章之首, 程子曰, 宜在此今從之此言, 天地之數, 陽奇, 陰耦, 卽所謂河圖者也, 其位一六居下, 二七居上, 三八居左, 四九居右, 五十居中, 就此章言之則, 中五爲衍母, 次十爲衍子, 次一二三四爲四象之位, 次六七八九爲四象之數, 二老位於西北, 二少位於東南, 其數則各以其類交錯於外也

위의 것에서 밑줄 친 데를 보라. 그리고는 또 『성리대전』 권15 「역학계몽 이」에 다음과 같은 것이 나온다. 이것은 「원괘획 제이」의 첫머리이다.

古者包義氏之, 王天下也. 仰則觀象於天. 俯則觀法於地. 觀鳥獸之文與地之宜. 近取諸身. 遠取諸物. 於是始作八卦, 以通神明之德以類萬物之情.

이라 해 놓고, 또 바로 이어 『주역』 「계사상전」의 "易有太極是生兩儀. 兩儀生四象. 四象生八卦"라 하고는 이를 풀이하기를 다음과 같이 하고 있다.

蓋盈天地之間, 莫非太極陰陽之妙. 聖人於此, 仰觀俯察, 遠求近取, 固有以超然而默契於其心矣. 故自兩儀之未分也. 渾然太極, 而兩儀四象六十四卦之理已粲然於其中. 自太極而分兩儀, 則太極固太極也, 兩儀固兩儀也. 自兩儀而分四象, 則兩儀又爲太極, 而四象又爲兩儀矣. 自是而推之由八, 由八而十六, 由十六而三十二, 由三十二而六十四, 而至于百千萬億之無窮. 雖其見於 畫者若有先後而出於人爲. 然其已定之形, 已成之勢, 則固已具於渾然之中而不容毫髮思慮作爲於其間也.

대개 하늘과 땅 사이에 차서 태극 음양의 묘(妙) 아님이 없다. 성인이 이에 있어 쳐다보고 굽어보아 멀리 (이것을 만물에서) 구하고, 가까이 (이 것을 그의 몸에서) 취하여, 처음부터 초연하여 마음에 묵계(默契: 은연중에 서로 뜻이 통함)함이 있다. 그러므로 양의가 아직 나뉘지 않았을 때는 혼연 (渾然)한 태극이어서 양의 사상(四象) 육십사괘(六十四卦)의 이(理)가 이미 가운데에 찬연(粲然)하다. 태극으로부터 양의를 나누면, 곧 태극은 처음부 터 태극이고, 양의는 처음부터 양의이다. 양의로부터 사상을 나누면, 곧 양의는 또한 태극이 되어 사상(四象) 또는 양의가 된다. 이로부터 이것을 미루어 사로부터 팔, 팔로부터 십육, 십육으로부터 삼십이, 삼십이로부터 육십사, 이로써 백천만억의 한없음에 이른다. 비록 모화(摹畵: 베껴 그림, 轉寫)에 나타난 것이 선후가 있어서 인위(人爲)에 나타나는 것과 같다고 할지라도, 그러나 이미 정해진 꼴, 이미 이루어진 세(勢)는 곧 처음부터 혼 연한 가운데 갖추어져, 호발(毫髮)의 사려작위(思慮作爲)를 그 사이에 용납 하지 않는다.

주자는 천지의 모든 것을 태극(理) 음양(氣)의 묘한 작용으로 보고, 성인은 이와 같은 천지의 모습을 앙관부찰仰觀俯察하여, 그렇게 된 바 까닭을 묵계默契·영회領會(깨달음)하고, 괘획卦畵을 했다고 풀이한다. 묵 계·괘획한 성인은 이미 그렇게 된 바 까닭인 태극 근거의 理를 파악하고, 태극에는 현실 세계를 기호화한 양의 사상四象 육십사괘六十四卦의 理가 혼연이 되어 포함돼 있으므로, 성인의 괘획과 함께 태극의 理가 양의 사상 육십사괘의 理가 되어 현현顯現하는 것으로 되어 있다. 성인 역괘聖人易卦의 描出은 현실의 氣의 음양, 상대 세계에 있는 태극의 理의 현현을 상징하는 것이다. 『주역본의周易本義』「주역계사상전」 제5 「주희본의朱熹本義」에 있는 "易有太極"(22장)에는 다음과 같이 적고 있다. 곧, "是故 易有太極 是生兩儀 兩儀生四象 四象生八卦"의 풀이에 해당한다.

一每生二自然之理也. 易者陰陽之變 太極者 其理也.
一이 매양 二를 생함은 자연의 이(理)다. 역(易)이란 것은 음양의 변(變)이며, 태극이란 것은 이(理)다.

이것은 태극의 理가 음양의 變을 타고[乘] 상징적으로 전개되는 易의 괘를 그린 것이다. 여기서 '變'이라 함은 "是故闔戶謂之坤, 闢戶謂之乾, 一闔一闢謂之變"(「계사상전」)에서 말하는 '變'이다. 易의 기본은 음양·건곤인데, 가령 문호[戶]를 닫은 것 같이 고요하고 움직이지 않는 상태는 坤(陰)이라 하고, 문호를 연 것 같이 밖을 향해 움직이는 상태는 乾(陽)이라 하고, 닫았다가 열었다가 하는 것, 곧 어떤 때는 음이 되고, 어떤 때는 양이 되는 것, 이것을 '變'이라 한다. 관심의 초점은 이 '變'을 아래에 보이는 「제자해」 첫머리의 것이나 「제자해」 중성 풀이에 나오는 것의 내용에 맞추어 보는 데에 있다.

天地之道, 一陰陽五行而已. 坤復之間爲太極 …… (「제자해」의 첫머리)
・之貫於八聲者 猶陽之統陰而周流萬物也 (「제자해」의 중성 풀이)

말을 「역학계몽」으로 되돌리자. 따라서 주자가 말하는 '양의'는 건곤 천지를 가리키는 것이 아니고, '儀'는 '匹'의 뜻으로 상대적인 것을 말한다.

무한정한 태극의 理는 가운데에 무한의 理를 머금고 있으면서, 항상 음양의 변화를 타고, 一對(四)가 되어 상대적으로 현실의 세계에 현현하고 있는 것이다. 이와 같은 理의 상징이 易의 괘획이다. 물론 이것은 주자의 것이다. 또한 주자의 바로 앞에서 말한 「역학계몽 이」「원괘획제이原卦畫第二」 풀이 다음에서 "易有太極"을 'ㅇ'로 보이고서, 다음과 같이 말하고 있다.

太極者, 象數未形而其理已具之稱, 形器已具而其理无朕之目. 在河圖洛書, 皆虛中之象也. 周子曰无極而太極, 邵子曰道爲太極, 又曰心爲太極, 此之謂也.
태극이란 것은 상수(象數)가 아직 나타나지 않았는데, 이(理)가 이미 갖추어진 것을 일컫는다. 형기(形器)가 이미 갖추어져 이(理)가 나타남(迹: 자취, 조짐)이 없는 이름[目], 하도낙서에 있어 모두 가운데를 허(虛)로 하는 상(象)이다. 주자 가로되 "무극이면서 태극"이라 하고, 소자 가로되 "도는 태극이 된다"고 말한다. 또 가로되 "마음이 태극이된다"고 하는 것은 이것을 말하는 것이다.

여기서 상수象數가 아직 나타나지도 않았는데, "理는 이미 갖추어진 것을 일컫는다"고 하는 것은 도서圖書도 아직 출현하지 않고, 괘획도 정립되지 않았는데에도 양의 사상四象 팔괘의 理가 혼연되어 태극에 갖추어져 있다는 것으로, 이것은 태극 음양의 불리간不離看의 관점이다. 다음의 "刑器가 이미 갖추어져 그 理가 나타남이 없는 이름[目]"이라고 하는 것은 건곤 천지 현실 세계는 이미 있고, 도서도 출현하여 괘획卦畫도 정립되어 있으면서, 그것이 그렇게 된 까닭인 理에는 형적形跡이 없다고 하는 것으로 이것은 태극 음양 불리간의 관점이다. 여기에 나타난 표현을 보면, 앞에서 말한 태극해太極解의 논리가 극히 선명하게 나타나 있음이 판명된다. 여기서 염계濂溪의 "무극이면서 태극"을 인용한 것도 까닭이 없다고는 할 수 없다. 게다가 "형기가 이미 갖추어져 理가 나타남이 없는 이름"의 표현은 정이천의 "空漠하여 아무런 조짐(징조)

도 없는 천지간에 만물이 장차 생하려고 하는 형상이 森然하게 이어져 있다[沖漠無朕萬象森然已具]"(『程子遺書』15)에서의 인용일 것으로 보인다.

이에 여기서 어떤 암시를 받아야 할 것으로 생각한다. 여기서도 중앙의 '五'와 '十'은 'ㆍ(天)'과 'ㅡ(地)'에 주위의 'ㅡ三七九'(陽), 'ㅡ四六八'(陰)은 'ㅗ(天一生水), ㅏ(天三生木); ㅛ(天七成火), ㅑ(天九成金)'(陽)와 'ㅜ(地二生火), ㅓ(地四生金); ㅠ(地六生水), ㅕ(地八成木)'(陰)에 '陰陽五行方位之數'의 이론이 합치된다는 것을 말이다. 다만, 'ㅣ'만은 "獨無位數者 …… 固未可以定位成數論也"라 했다. 이 역시 셈하지 않음은 마찬가지다.

성급한 감은 있으나 『훈민정음』 중성 11자를 문자학의 관점에서 「역학계몽」 '하도河圖'에 맞대어 풀이해 보면 다음과 같이 됨을 금방 알 수 있다.

　　㉠ '하도(河圖)' 중앙의 오(五)와 십(十): ㆍ ㅡ (ㅣ)

　　　　('ㅣ'만은 "獨無位數者 …… 固未可以定位成數論也)

　　㉡ 주위의 것:

　　　一三七九(陽): ㅗ(天一生水), ㅏ(天三生木), ㅛ(天七成火), ㅑ(天九成金)

　　　二四六八(陰): ㅜ(地二生火), ㅓ(地四生金), ㅠ(地六生水), ㅕ(地八成木)

특히 위의 ㉠에는 중성 11자의 형체소이자 부수글자가 배치되었다. 이것은 앞(제1편)에서 말한, 『설문』에 적혀 있는 문자구성의 형체학적 형식인 "凡某之屬皆從某"의 것과 맞대어 풀이해 보이면 다음과 같이 된다.

　　㉠ 凡ㅡ之屬 皆從ㅡ: 'ㅡ' → 'ㅡ, 元, 天, 丕, 吏'

　　　凡ㆍ之屬 皆從ㆍ: 'ㅡ' → '(·) ㅗ ㅏ ㅜ ㅓ; ㅛ ㅑ ㅠ ㅕ'

　　　　　　　(·之貫於八聲者, 猶陽之統陰而周流萬物也)

ⓒ 凡三之屬 皆從三: '三' → '三'(한자뿐)45)

　凡三之屬 皆從一: '一' → '(一)'

ⓒ 凡丨之屬 皆從丨: '丨' → '(丨)'

　　　　　　　(丨獨無位數者, 盖以人則無極之眞, 二五之精, 妙合而凝,
　　　　　　　固未可以定位成數論也)

그리고 앞(제2편 제2장 2.2)에서 풀이의 편의를 위해 중성 11자의 위수位數를 「역학계몽」의 '하도'에 맞대어 분류하여 보인 것 가운데서 「제자해」 중성 풀이인 "天一生水 …… 地八成木"의 내용을 다시 한 번 눈익혀 보아야 할 것이다. 이에는 중성 11자 풀이를 셋으로 나누었는데, 세 번째 것은 다시 둘로 갈라 풀이했다.

「역학계몽」 「하도십수설河圖＋數說」을 보면, 여기에는 "一與六共宗"(北), "二與七爲朋"(南) "三與八同道"(東), "四與九爲友"(西), "五與十相守"(中)가 나온다. 여기 이 '共宗·爲朋, 同道·爲友, 相守' 등은 전한의 양웅(成都人, B.C. 53~A.D. 18)이 『역』을 본떠 지은 『태현경太玄經』에 바탕을 둔 것이라 한다.46) 그런데 이 『태현경』에서는 "'五與五'相守"로 되어 있으나 위에서 말한 주자의 「역학계몽」 「본도서 제일」에서는 "'五與五' 相守"로 되어 있다. 이 점은 주목을 끈다. '五與五相守'에 대한 논의는 아래와 같이, 「太玄圖 第十四」에 보인다.

　　一與六共宗(在北方也), 二與七爲朋(在南方也), 三與八成友"(在東方也), 四

---

45) 『설문』에서는 한 부수에 따른 글자가 하나뿐인 데에도 '凡某之屬 皆從某'의 형식을 취한 글자는 수가 모두 30자이다.

46) 한의 큰 유학자(碩儒)인 양웅(揚雄)의 자(字)는 자운(子雲)이며, 촉도(蜀都) 성도(成都) 사람이다. 『역(易)』을 본떠[擬] 『태현경(太玄經)』을 지었다. 양웅의 성(姓)은 '楊'으로도 쓰고 있어 혼재상태이다. 이에 대한 연구서에는 『태현역(太玄易)의 연구』(鈴木由次郎, 明德出版社, 1964)가 있다.
이 책은 「第一部 太玄易의 硏究」, 「第二部 太玄經譯註」로 되어 있는데, 「第一部」의 「서설(序說)」에는 "一, 太玄易의 構造와 思想", "二, 太玄易의 筮法", "三, 揚雄과 太玄經에 대하여"가 있고, 「第二部」에서는 원문을 먼저 들고, '역주'를 달았다.

與九同道(在西方也), 五與五相守(在中方也)[47]

일과 육이 종(宗)을 같이 하여 북에 있으며, 이와 칠이 붕(朋)이 되어 남에 있으며, 삼과 팔이 우(友)를 같이 하여 동에 있으며, 사와 구가 도(道)가 되어 서에 있으며, 오와 십이 상수(相守)하여 중(中)에 있다.

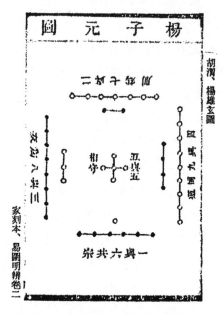

【그림 10】호위(胡渭)의 '양웅현도(揚雄玄圖)'

이에서 보면, '玄圖'라는 것이 나온다. 이것으로 보면, 원래부터 '圖'가 있었을 것이라 하여, 호위胡渭[48])는 위의 그림(호위의 '양웅현도')[49])을

---

47) 이와 관련하여, 『역경연구(易經硏究)』(徐芹庭, 五洲出版社, 1971.1)에서는 「河圖洛書篇」에서 다음과 같이 적고 있다.

揚子太玄曰. 一六爲水. 二七爲火. 三八爲木. 四九爲金. 五十爲土. 一與六共宗(范望解云在北方也). 四與九同道(在西方也.), 五與互相守(在中央也). 按此已具河圖與五行生成之數矣. (377쪽)

48) 호위(胡渭, 1633~1714)는 절강(浙江) 덕청(德淸) 사람이다. 저서에는 『우공추지(禹貢錐指)』20권, 『역도명변(易圖明辨)』10권이 있다. 『청대학술개론(淸代學術槪論)』(梁哲超, 小野和子 譯註, 平凡社, 1974)에서는 다음과 같이 소개하고 있다. "호위의 『역도명변』의 주지(主旨)는 송 이래의 이른바 '하도낙서'라는 것이 소옹(邵雍, 1011~1077, 호는 康節)으로부터 전해지고, 소옹은 이지재(李之才)한테서 배우고, 이지재는 도사(道

그려 보이었다고 한다.

이 같은 그림이 실제로 있었는지는 모를 일이로되, 여기서 제시한 호위의 모도摸圖가 과연 위에서 말한 범망范望이 지은『태현경주太玄經注』「太玄圖 第十四」의 글 뜻을 제대로 보인 것인지는 모른다. 그러나 여기서의 관심은 이것이 과연 「제자해」 중성 풀이인 "天一生水 …… 地八成木"의 내용과 어느 만큼의 관련성을 띠느냐 하는 것이다. (이를 '하도' 상에 배치시켰을 때를 생각하라.) 짐작으로는 위의 범망주范望注는『태현경』「數 第十一」의 양웅설에 의한 것이리라 한다. 양웅의 말에는

三八爲木, 爲東方, 爲春, 日甲乙……

四九爲金, 爲西方, 爲秋, 日庚辛……

二七爲火, 爲南方, 爲夏, 日丙丁……

一六爲水, 爲北方, 爲東, 日壬癸……

五五爲土, 爲中央, 爲四維, 日戊己……

이라 했기 때문이다. 따라서 사상四象에 있어서 '三八木東, 四九金西, 二七火南, 一六水北'은 호위가 그린 그림[圖]으로 보아, 문의文意에 맞다고 할 수 있다. 그러나 중앙의 오는 "爲中央, 爲四維"라 했기 때문에, 호위가 그린 그림 사정도四正圖는 이에 맞지 않다고 볼 수 있다. 유목도劉牧圖50)에 보이는 것과 같은 사유四維의 형상을 취해야 한다는 것이다.

土) 진단(陳搏, ?~989)으로부터 배운 것으로 복희·문왕·주공(周公)·공자 때부터 있어 온 것은 아니며,『역(易)』의 원리와는 관계가 없음을 논증한 것이다. 이것은 한층 더 국부적인 조그마한 문제인 것 같기는 하나 나는 왜 이 서책을 두고, 염(閻, 필자 주: 열(開)의 서책과 같은 가치가 있다고 생각하고 있을까? '무극', '태극'이라 하여 '하도 낙서'를 말하는 것은, 실은 송학을 구성하는 주요 핵이 된다. 송대의 학자가 이(理)를 말하고, 기(氣)를 말하고, 수를 말하고, 명(命)을 말하고, 심(心)을 말하고, 성(性)을 말하는 것은 모두 이것에서 끌어 낸 것이다. 주돈이(周敦頤, 1017~1073, 호 濂溪)는 '불전(不傳)의 학(學)을 유전(遺傳)에서 얻었다'라 하고, 정(程)·주(朱)는 이것을 조술(祖述)하여, 도통(道統)이 의거(依據)하는 데라 했다."(34쪽)

49) 今井宇三郎, 앞의 책, 220쪽.

50) 이에 관하여는 今井宇三郎, 앞의 책, 215~223쪽을 참조하되 216쪽을 보라.

그런데 흥미로운 것은 위에서 보는 바와 같이, 「太玄圖 第十四」에는 "'五與五'相守"로 되어 있으나 「역학계몽」'하도십수설河圖+數說'에서는 "'五與十'相守"로 되어 있다는 것이다. 이 '五'는 '丶'를 두고, "天五生土 之位"라 하고, '一'를 두고, "地十成土之數"라 한, '五, 十'의 '음양오행 생성의 위수位數'가 아닌가. 「太玄圖 第十四」에 있는 "五與五相守"의 논論은 이러하다. 여기서 말하는 "五與五相守"란, 호위의 가각본家刻本, 『역도명변易圖明辨』권2에 있는 호위의 '양웅현도揚雄玄圖' 그림 중앙에 있는 "五與五相守"를 말한다. 위의 그림을 보면 五를 병렬하지 않고 '十' 꼴의 네 끝과 교차점에 동그라미[空]를 그려 나타내었다. 그 이유는 양웅설이 구구산법九九算法(九進法)이기 때문이다. 아래에 이를 제시한다.

按太元演五行之數, 不曰五與十相守, 而曰五與五相守, 隱其十而不言, 何也. 蓋子雲 思渾天, 參摸而四分之, 極於九九八十一首. 每首九贊, 以五行之數, 分隷九贊之下, 勢不得復用十矣. 故其說曰, 鴻本五行, 九位施重. 此十之所以隱而不言也與.
[注] 今九九算法, 遇十則變爲一, 十常隱而不見, 卽是此理. (『역도명변』 권2)

여기서 구구산법으로 十이 변하여 一이 되어 十이 늘 숨겨져 보이지 않는다고 한 것은 타당한 것으로 생각되고 있다. 그러나 五와 十이 서로 지킨다[相守]고 할 때에는 十이 구구산법으로는 숨겨졌다고 할 수 있으나 양웅설揚雄說에서는 五와 十이 아닌, 五와 五로 되어 있으므로, 역시 하나의 五를 더 도시圖示해야만 한다고 생각한다. 말하자면, 「역학계몽」'하도'에서처럼, "天以一生水而地以六成之"(居乎北)의 위와, "地以二生火而天以七成之"(居乎南)의 아래에 五를 더 도시해야 한다는 것이다. 그리고 '一六, 二七, 三八, 四九'와 같이, 사상四象 필우匹耦를 말한다면, 주자와 같이 오십이어야만 한다. 五와 五로서는 수적음양필우數的陰陽匹耦가 되지 못하기 때문이다. 십수설十數說로서는 당연히 "五與十相守"이어야만 한다. 이렇게 볼 때, 양웅설은 십수설로 가는 과도적인 산물로 생각되는데, "五與五相守"를 말하는 것은 대연의 수 오십과 관계가 있는 것으로 생각된다. 그렇다면 대연의 수란 어떤 것인가를 생각해 보기로 하자.

2.2.2 대연의 수

대연의 수란, 『주역』「계사상전」의 "天一地二, 天三地四, 天五地六, 天七地八, 天九地十. 天數五, 地數五, 五位相得, 而各有合, 天數二十有五. 地數三十. 凡天地之數, 五十有五, 此所以變化 而行鬼神也.[51] 大衍之數五十, 其用四十有九……"에 나오는 말이다. 이에서 보면 대연의 수, 곧 크게 부연數衍한 수가 오십이고, 기용其用, 곧 서법筮法을 사용하는 데 있어서는 사십구라 했다. 말하자면, 서죽筮竹은 오십본本, 그 쓰임[其用]은 사십구본이 된다는 것이다. 여기서 말하는 오십이란 천의 수와 지의 수의 합계, 곧 '一三五七九'의 기수奇數를 합한 '二十五'를 천수天數로 하고 '二四六八十'의 우수偶數를 합한 '三十'을 지수地數로 하여 천지를 합하여 '五十五'를 얻는데 대수大數를 들어 '五十'이라 한다. 이 '천지의 수'에서 천지간의 만상이 연출되므로 이를 대연오십大衍五十이라 한다. 그런데 이미 대연오십이라 해 놓고 기용, 곧 서법을 사용함에 있어서는 사십구라 하니 이는 무슨 뜻일까. 이에 대해서는 여러 설이 있다.

주자는 『역』을 '卜筮'의 '書'로 보았다. 중성 11자 제자의 구조적인 원리를 하도록 풀이하는 데에는 매우 중요한 내용으로 생각한다. 『주자어류』 권66에 보면, 다음과 같은 것이 나온다.

---

51) 이에 덧붙인다면, 여기서도 "귀신(鬼神)"이니, '其用'이란 말이 나온다. 여기서 말하는 "귀신(鬼神)"이란, '其用'과 더불어 『훈정』과도 어떤 연계성을 가지고 있을 것 같다. "鬼神"이란, 송대(宋代)의 장횡거(張橫渠)나 주자(朱子)에 이르러서는 「귀(鬼)」는 「귀(歸)」로서 굴축(屈縮)하는 음기(陰氣)이요, 「신(神)」은 신장(伸長)하는 양기(陽氣)로 생각한 것 같다. 다시 말하면, 「귀신(鬼神)」이란 음양(陰陽) 이기(二氣)의 소장(消長)이라는 것이다. 그런데 『훈민정음』「제자해」에도 "理旣不二, 則何得不與天地鬼神同其用也"라 하여, '鬼神'과 더불어 '其用'이 나온다. 바로 아래의 '變化'와 더불어 '鬼神'의 풀이를 참고하여 생각해야 할 것이다.

易本爲卜筮而作. 古人淳質, 初無文義, 故畵卦爻以, 開物成務. 故曰, 夫易, 何爲而作也, 夫易, 開物成務, 冒天下之道如斯而已. 此易之大意如此.(謨)

『역』은 근본이 복서(卜筮) 때문에 만들었다. 옛 사람은 순질(淳質)하여, 처음에는 문의(文義)가 없었다. 그러므로 괘효(卦爻)를 그려, 그것으로써 물건을 열어 놓고 일을 이루어 놓았다[開物成務]. 그리하여 가로되, "대체 역은 어떤 것이냐. 대체 역은 물건을 열어 놓고 일을 이루어 놓아 천하의 도를 덮어 놓는 것뿐이다". 『역』의 대의(大意)는 이와 같다.

여기에는 "開物成務"가 두 번이나 나온다. 『주역』「계사상전」의 이 대목은 "子曰, 夫易, 何爲者也. 夫易 開物成務. 冒天下之道, 如斯而已者也. 是故 聖人以通天下之志, 以定天下之業, 以斷天下之疑. 是故 蓍之德, 圓而神 …… 一闔一闢 …… 探賾索隱 …… 河出圖, 洛出書, 聖人則之"로 이어지는데, 『훈정』에도 "探賾錯綜"(「제자해」「결」)과 더불어 "開物成務"(「정인지서」)가 나오고 있어 중성 제자에 많은 이론적 뒷받침이 되고 있는 부분으로 생각된다. "探賾錯綜"의 '錯綜' 역시, 바로 앞에 "參伍以變錯綜其數, 通其變, 遂成天地之文, 極其數, 遂定天下之象"[52]에 나온다. '錯綜'은 '錯雜'과 '綜合'의 뜻이다.

위에서 말한, 『역』과 『훈정』의 해당 부분을 쉽게 풀어 말하면 다음과 같다. 『역』은 무엇 때문에 만들었는가 하는 데 대해 길흉의 도에 의해 인간의 지식을 개발하고, 행위·사업을 성취하는 것으로써, 천하의 도리는 모두 역의 괘효나 점서占筮=卜筮 가운데에 포괄된다는 것이다. 그러므로 성인은 『역』으로써 사람들의 바라는 바를 개통시키고, 사업을 성취시켜, 의혹을 해결하려는 것이다. 그러므로 『역』의 점서는 톱풀[53]과 괘를 쓴다. "蓍草의 덕은 원만하고도 신기롭다[蓍之德, 圓而神]"라 했다. 그런데 시초(톱풀)의 성질은 수에 있으며, 원전圓轉하여 변

---

52) 이에 대한 '해설'은 김경탁, 『주역』, 402~403쪽.

53) 시초(蓍草)라고도 하며, 줄기는 점칠 때 쓰이는 점대, 즉 책(策).

화무궁하여, 신묘불측神妙不測하다는 것이다. 그러니까 '대연의 수 오십, 그 쓰임[其用] 사십유구四十有九' 등의 것은 『주역』 점서의 서죽筮竹을 고르는 것이다.54) 여기서 강조할 것은 「정인지서鄭麟趾序」의 "我殿下 …… 正音之作 …… 開物成務之大智"의 '開物成務'는 사람으로 하여금, 복서에 의해 길흉을 알고, 그로써 사업을 성취시키는 것, 또는 인간의 지식을 개발하여 행위·사업을 성취하는 것이라고 풀이하는 것이다. 그런데 스즈키 유지로鈴木由次郎는 그의 『태현역太玄易의 연구』에서 "역의 점서는 괘효를 매개로 하여 우주의 정리를 미리 알아 이것을 점서사건占筮事件에 응용하고 길흉의 판단을 내리는 것이다. 따라서 역의 점서자占筮者는 예언자도 아니며, 마술사도 아니다. 다만, 인생의 조언자의 성격을 갖는다"(21쪽)라고 했다. 점서의 참된 뜻은 앞에서 말한 대로 『주역』 「계사상전」의 "子曰, 夫易 開物成務, …… 蓍之德, 圓而神, …… 河出圖, 洛出書, 聖人則之"에 잘 나타나 있다. 『성리대전』 권14에 있는 「본도서제일」의 '하도'와 '낙서'에도 "易大, 傳曰. 河出圖, 洛出書, 聖人則之"라 하여, '聖人則之'를 부각시키고 있다.

말하자면 『훈정』에서는 이 같은 『주역』의 이법理法을 원용했다는 것이니 「정인지서」에서 세종의 '훈민정음' 창제를 두고, "我殿下 …… 正音之作 …… 開物成務之大智"라 한 것은 이러한 데에서도 참뜻을 찾아야 할 것이라고 생각된다.

여기서는 주자의 「역학계몽」에 있는 "大衍之數五十, 其用四十有九"의 풀이를 아래에 들고, 이를 통해 뜻의 대강을 생각해 보기로 한다. 이 ㉠의 대목은 아래의 ㉡~㉢의 내용과 더불어 『훈정』 중성 풀이의 이론에 크게 뒷받침된 것으로 볼 수 있다.

㉠ 河圖洛書之中數皆五, 衍之而各極其數, 以至於十, 則合爲五十矣, 河圖積數 五十五, 其五十者, 皆因五而後得, 獨五爲五十所因, 而自無所因, 故虛之則但

---

54) 서죽(筮竹)을 나누는 방법[捌法]에 대하여는 鈴木由次郎, 앞의 책, 62~67쪽 참조.

爲五十, 又五十五之中, 其四十者, 分爲陰陽老少之數, 而其五與十者無所爲, 則又以五乘十, 以十乘五, 而亦皆爲五十矣, 洛書積數四十五, 而其四十者, 散布於外, 而分陰陽老少之數, 唯五居中而無所爲, 則亦自含五數, 而并爲五十矣, 大衍之數五十, 而一根百莖, 可當大衍之數者二, 故揲之法, 取五十莖爲一握, 置其一不用, 以象太極, 而其當用之策, 凡四十有九, 蓋兩儀體具而未分之象也.

하도낙서에 의해 도서(圖書)의 가운데 수는 모두 五이며, 이것을 부연(敷衍)하여 각각 수를 극하면 십에 이르고, 그것을 합하면 오십이 된다. 하도의 적수(積數)는 오십오, 五는 기수(基數)이므로 이것을 제하면 오십이 된다. 또 오십오 가운데서 사십은 음양노소(陰陽老少)의 수의 합계이며, 五와 十은 하는 바(구실)가 없다. 이 둘을 서로 곱하면 또한, 오십이 된다. 낙서는 사십오, 그 사십은 밖으로 흩어 퍼져 음양노소의 수로 나뉜다.55) 다만 五만은 가운데에 있어 하는 바(구실)가 없다.56) 곧 또한 절로 오수(五數)를 함(含)하고 있기 때문에 십이다. 이에 합하여, 오십이 된다. 시초(蓍草)는 한 주(株)가 백경(百莖)이지마는 가운데에 대연의 수에 마땅한 것은 둘이다. 그러므로 절반으로 하여, 오십경(五十莖)을 취하여 한줌으로 하여, 一을 두고 쓰지 않음으로써, 태극을 상징한다.57)

---

55) '하도(河圖)'의 "陰陽老少"의 위수(位數)

	老陽	少陰	少陽	老陰
位	1	2	3	4
數	9	8	7	6

56) 『성리대전』 권14 2장의 '낙서' 그림을 보라.

57) 『훈민정음의 구조원리』(이정호)에도 「계사상전」의 "大衍之數"와 관련된 내용이 나온다. 「[3] 易의 功用的인 面」(14~27쪽)의 일부를 소개한다. 먼저 "數에 대하여서도"라 하고, 이어 "繫辭에 「天一 地二 …… 天九 地十」이라 하여 一에서 十까지가 天地의 數라는 것과 天數가 一三五七九의 다섯이요, 地數가 二四六八十의 다섯이니, 天數의 合計가 二十五요, 地數의 合計가 三十이라는 것과 天數 二十五와 地數 三十을 合하니 五十五로서 이것이 바로 河圖의 數니, 이 河圖의 數가 變化를 이루어 鬼神의 造化를 行한다는 것을 말하고 있다. 그리고 이어 大衍數 五十과 一二三四79)가 나타내는 意義와 四營 十八變의 小成易과……"라 했다.
여기 이 "79)"의 주에는 다음과 같은 내용이 나온다. "79) 一은 「大衍之數五十 其用四十有九」를 指稱하니 太極의 象이요, 二는 「分而爲二 以象兩」을 指稱하니 兩儀의 象이요, 三은 「掛一以象三」을 가리키니 三才의 象이요, 四는 「揲之以四 以象四時」를 가리키니

244

그리고 마땅히 써야 할 책(策, 점대) 사십구는 양의58)를 갖추엇으되, 아
직 나뉘지 않은 상象이다.

한편, 『주역』「계사상전」에 나오는 "天一 地二 天三 地四 天五 地六
天七 地八 天九 地十"에 대한 주자의 『주역본의』의 풀이를 보면, 다음
과 같다. 이것은 하도河圖를 풀이한 것이다. 이것은 ㉢, ㉣로 이어진다.

㉡此言天地之數 陽奇陰耦卽所謂河圖者也 其位一六居下 二七居上 三八居左 四
九居右 五十居中 就此章而言之則 中五爲衍母 次十爲衍子 此一二三四爲四象
之位 次六七八九爲四象之數 二老位於西北 二少位於東南 其數則各以其類交
錯於外也
이것은 천지의 수가 양은 기수(奇數)요, 음은 우수(耦數)를 말한 것이니,
이것이 바로 하도라는 것이다. 一과 六의 자리는 하위에 있고, 二와 七은
상위에 있다. 三과 八은 왼쪽에 있고, 四와 九는 오른쪽에 있다. 또 五와
十은 가운데 자리에 있다. 이 장(章)에 대하여 말하면, 가운데 자리에
있는 五는 부연(敷衍)된 수의 어미[母]요, 다음 十은 부연된 수의 아들[子]
이요, 다음 一二三四는 사상(四象)의 자리요, 또 다음 六七八九는 사상의
수이다. 노음(老陰)과 노양(老陽) 두 개는 서쪽과 북쪽에 자리를 잡고 있
고, 소음(少陰)과 의 소양(少陽) 두 개는 동쪽과 남쪽에 자리를 잡고 있다.
수는 각각 동류(同類)끼리 외측(外側)에 교착(交錯)하고 있다.

그리고 바로 위의 「계사상전」의 것은 또한 "天數五地數五 五位相得
而各有合天數二十有五 地數三十 凡天地之數五十有五 此所以成變化而行
鬼神也"로 이어지는데 대한 『주역본의』의 풀이는 다음과 같이 되어

四象의 象이다"(119쪽)
위의 "四營 十八變"에 대하여는 김경탁, 『주역』, 398~399쪽 참조하라.
58) 건곤 천지가 아니다. 儀는 匹의 뜻으로 속어로 '一對一(相對)'을 뜻하는 음양의 기호화,
곧 양의인 '一'과 음의인 '━━'이다.

있다.

ⓒ 天數五者 一三五七九皆奇也, 地數五者 二四六八十皆耦也. 相得爲 一與二, 三與四, 五與六, 七與八, 九與十, 各以奇耦爲類, 而自相得, 有合謂, 一與六, 二與七, 三與八, 四與九, 五與十, 皆兩相合. 二十有五者 五奇之積也, 三十者 五耦之積也. <u>變化 謂一變生水 而六化成之, 二化生火而七變成之, 三變生木 而八化成之, 四化生金 而九變成之, 五變生土 而十化成之. 鬼神謂 凡奇耦生 成之屈伸, 往來者.</u>

천수(天數)가 五란 것은 一三五七九의 기수(奇數)요, 지수(地數)가 五란 것은 二四六八十의 우수(耦數)를 말하는 것이다. 서로 얻는다고 하는 것은 一과 二, 三과 四, 五와 六, 七과 八, 九와 十이 각각 기수와 우수로서 동류가 되어 서로 얻는다는 것이요, 합한다는 것은 一과 六, 二와 七, 三과 八, 四와 九, 五와 十이 두 개씩 합한다는 것이다. 이십오란 것은 다섯 개의 기수가 쌓였다는 것이요, 삼십이란 것은 다섯 개의 우수가 쌓인 것이다. <u>변화란 것은 一이 변하여 수기(水氣)가 생기면 六이 화하여 이것을 이루어 놓고, 二가 변하여 화기(火氣)가 생기면 七은 변하여 이것을 이루어 놓고, 三이 변하여 목기(木氣)가 생기면 八은 화하여 이것을 이루어 놓고, 四가 화하여 금기(金氣)가 생면 九는 변하여 이것을 이루어 놓고, 五가 변하여 토기(土氣)가 생기면 十은 화하여 이것을 이루어 놓는 것이다. 귀신이란 것은 기수와 우수가 생성할 때에 굽히기도 하고 펴기도 하고, 가기도 하고 오기도 하는 것을 말하는 것이다.</u>

또 『주역본의』에는 이어서 『주역』「계사상전」의 "大衍之數五十, 其用四十有九……"를 인용하고, 이 부분에 대한 풀이를 다음과 같이 달고 있다. 필요한 부분의 것만을 제시한다.

ⓔ <u>大衍之數五十蓋以河圖中宮天五乘地十而得之至用以筮則又止用四十有九蓋皆出於理勢之自然而非人之知力所能損益也. 兩謂天地也. 掛懸其一於左手小</u>

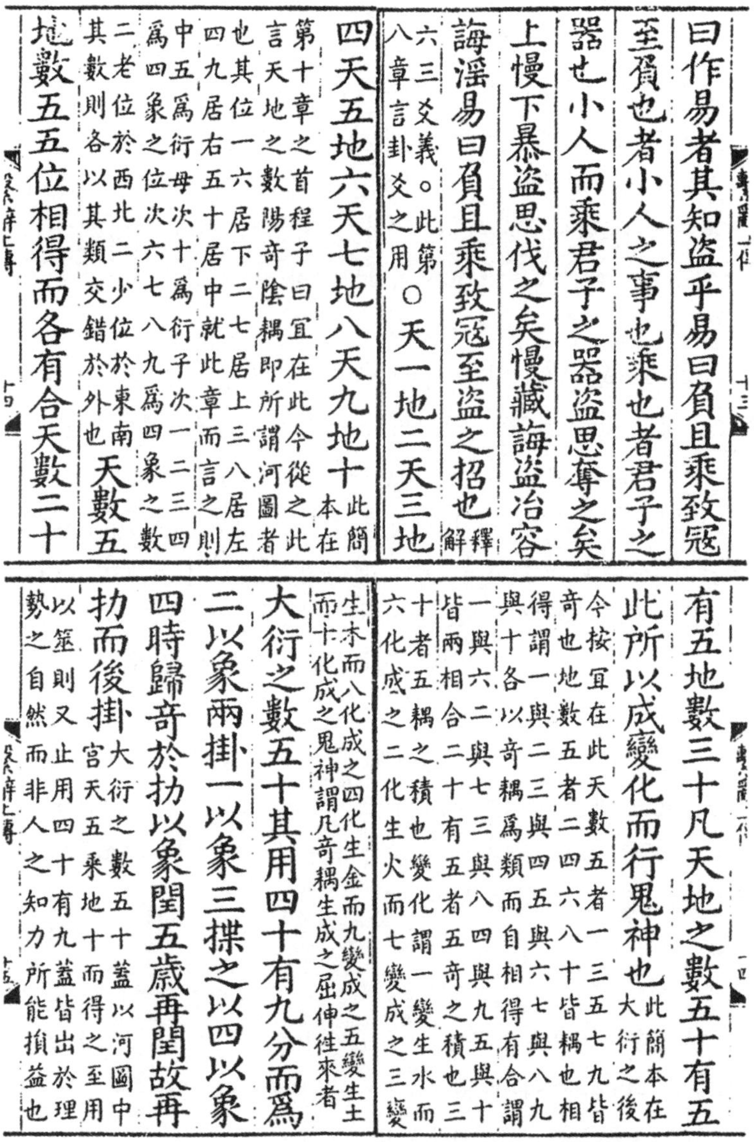

曰作易者其知盜乎易曰負且乘致寇
至負也者小人之事也乘也者君子之
器也小人而乘君子之器盜思奪之矣
上慢下暴盜思伐之矣慢藏誨盜冶容
誨淫易曰負且乘致寇至盜之招也　釋
六三爻義。○此第○天一地二天三地
八章言卦爻之用○天一地二天三地

四天五地六天七地八天九地十　此簡本在
第十章之首程子曰宜在此今從之此
言天地之數陽奇陰耦即所謂河圖者
也其位一六居下二七居上三八居左
四九居右五十居中就此章而言之則
中五爲衍母次十爲衍子次一二三四
爲四象之位次六七八九爲四象之數
二老則各以其類交錯於外也　天數五
地數五五位相得而各有合天數二十

有五地數三十凡天地之數五十有五　此簡本在
此所以成變化而行鬼神也　大衍之後

今按宜在此天數五者一三五七九皆
奇也地數五者二四六八十皆耦也相
得謂一與二三與四五與六七與八九
與十各以奇耦爲類而自相得有合
謂一與六二與七三與八四與九五與
十皆兩相合也五奇五耦之積也變化
謂一變生水而六化成之二化生火而
七變成之三變生木而八化成之四化
生金而九變成之五變生土而十化成
之也鬼神謂凡奇耦生成之屈伸往來者

大衍之數五十其用四十有九分而爲
二以象兩掛一以象三揲之以四以象
四時歸奇於扐以象閏五歲再閏故再
扐而後掛　大衍之數五十蓋以河圖中
宮天五乘地十而得之至用四十有九
則又止用四十有九蓋皆出於理
勢之自然而非人之知力所能損益也

【그림 11】 주희의 『주역본의』에 나타난 「계사상전」의 '하도(河圖)' 풀이

指之間也. 三三才也. 揲間而數之也.

크게 부연(敷衍)한 수가 오십이란 것은 하도의 중궁(中宮) 천수(天數) 五
가 지수(地數) 十을 승(乘)하여 얻은 것이다. 서법을 사용하는 데 있어서
는 다만 사십구를 사용한다. 왜냐하면 다 이세(理勢)의 자연성에서 나
온 것이요, 사람의 지력(智力)으로 가감할 것이 못된다. 양(兩)이란 것은
하늘과 땅을 말하는 것이요, 괘(掛)라는 것은 그 하나를 왼쪽 손 작은
손가락 사이에 끼운다는 것이다. 삼(三)이란 것은 삼재요, 설(揲)이란 것
은 그 사이에 끼워 가지고서 이것을 셈한다는 것이다.

주자가 말하는 위와 같은 기록에서 우선 관심의 초점이 될 수 있을
만한 것에는 밑줄을 쳤다. 여기서는 이 밑줄 친 부분에서 중요하다고
생각되는 것들을 골라 아래에 정리·제시해 보이고, 이어 이러한 주자
의 이론이 『훈민정음』 중성 풀이에 어떻게 반영·원용되고 있는가를
생각해 봄으로써 『훈민정음』 중성 풀이의 이론적인 성격을 밝혀 보려
한다. 위의 ㉠ ~ ㉣에서 밑줄 친 부분의 내용을 골라 이를 다시 각기
가) ~ 라)로 갈라 정리해 보인다. 이는 내용을 총체적으로 종합해 보이
기 위한 것이다.

첫째는 문제의 제기이다. "크게 敷衍한 수가 오십이고, 其用, 곧 筮法
을 사용하는 데 있어서는 사십구라" 하고, 이어 "이미 大衍五十이라
해 놓고, 또한 기용, 곧 서법을 사용하는 데 있어서는 사십구라 하니,
이는 무슨 뜻인가" 하는 문제이다.

㉠에서:

가) 도서(圖書)의 가운데 수는 모두 五이며

나) 五는 기수(基數)이므로

다) 五와 十은 하는 바(구실)가 없다.

라) 오십경(五十莖)을 취하여 한줌으로 하여, 一을 두고 쓰지 않음으로써,
   태극을 상징한다.

이 내용에서는 가), 나)의 '五'를 '하도河圖'상에 배치할 경우, 가운데에 있게 된다. 『훈민정음』의 중성을 배치할 경우, 이는 'ㆍ'에 해당한다. 그리고 다)의 '五, 十'은 "無所爲"의 것이므로, "하는 바 없다"가 되는데, 뜻은 아무런 '구실'을 하는 바가 없다는 것이다. 이것을 『훈민정음』의 중성에 맞대어 말한다면, 이는 'ㆍ ㅡ (ㅣ)'는 'ㅗ ㅏ ㅜ ㅓ ; ㅛ ㅑ ㅠ ㅕ'에는 셈하지 않는다는 것이다(제2장 2.2.1 참조). 또 라)의 것을 『훈민정음』의 중성 풀이에 맞대어 말하면, 쓰지 않는 'ㅡ'은 태극이 되고, 남은 '四十九'는 '其用'이 되므로, 이 'ㅡ', 곧 '태극'은 'ㆍ'가 되어 『훈민정음』의 "ㆍ之貫於八聲者, 猶陽之統陰而周流萬物也"에 맞아 떨어진다. 그리고 『설문』의 "凡一之屬 皆從一"을 생각하게 한다.

ⓛ에서:

가) 五와 十은 가운데 자리에 있다.

나) 가운데 자리에 있는 五는 부연(敷衍)된 수의 어미[母]요, 다음 十은 부
    연된 수의 아들[子]이요,

가)의 것은 ㉠-가)의 것과 같다. "五와 十은 가운데 자리에 있다"고 했으니, 이는 『훈민정음』의 'ㆍ ㅡ (ㅣ)'의 자리이다. 나)의 것은 퍽 흥미로운 문제를 제시한다고 할 수 있다. "가운데 자리에 있는 五"는 『훈민정음』의 'ㆍ'이다. 이것을 "敷衍된 수의 어미[母]"라 하였으니, 이는 역시 "ㆍ之貫於八聲者 …… 周流萬物也"(「제자해」)와 "呑(ㆍ)之爲字貫八聲 維天之用徧流行"(「제자해」「결」)의 'ㆍ'에서 어미[母]를, 'ㅏ聲'에서 '자식[子]'을 말하는 관계로 풀이한 것이다. 이 때의 '어미'는 '양'이 되고, '자식'은 '음'이 된다. "ㆍ之貫於八聲者, 猶陽之統陰而周流萬物也"의 '陽'과 '陰'의 쓰임을 보라. 자식은 반드시 어미를 따른다. 이렇게 풀이가 가능하다면, 이는 곧 『설문』의 "一 惟初太極 道立於一 造分天地 化成萬物 凡一之屬 皆從一"과 이에 따른 『노자』의 "道生一 ……"의 풀이에 그대로 맞아 떨어진다고 할 수 있다.

©에서:

가) 변화란 것은 一이 변하여 수기(水氣)가 생기면 六이 화하여 이것을 이루어 놓고, 二가 변하여 화기(火氣)가 생기면 七은 변하여 이것을 이루어 놓고, 三이 변하여 목기(木氣)가 생기면 八은 화하여 이것을 이루어 놓고, 四가 화하여 금기(金氣)가 생면 九는 변하여 이것을 이루어 놓고, 五가 변하여 토기(土氣)가 생기면 十은 화하여 이것을 이루어 놓는 것이다.

나) 귀신이란 것은 기수와 우수가 생성할 때에 굽히기도 하고 펴기도 하고, 가기도 하고 오기도 하는 것을 말하는 것이다.

위의 가)의 것은 『훈민정음』 중성 풀이의 "ㅗ初生於天, 天一生水之位也. …… 地八成木之數也. …… ㆍ天五生土之位也. 一地十成土之數也"에 해당한다. (따라서 "ㅣ獨無位數者……"임을 고려해야 함.)

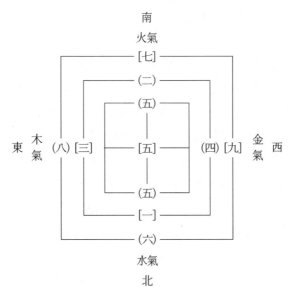

· [ ] 안의 수는 양수, ( ) 안의 수는 음수
· (十)은 (五)와 (五)로 표시되었음

【그림 12】

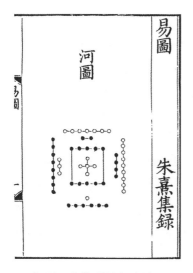

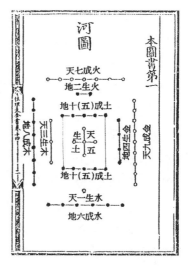

| 【그림 13】『주역본의』의 하도 | 【그림 14】『성리대전』의 하도[59]에
『훈민정음』의 오행 생성수[60]를 배치함 |

가)의 것을 그림으로 약도를 그려 보이면 다음과 같이 된다. 이에
『훈민정음』의 중성 11자를 배치시키면 될 터인데, 여기서는 우선 바로
아래에 있는 『주역본의』와 『성리대전』의 '하도'의 것을 대조하여 보아
야 할 것이다. 이 둘은 같은 것이로되 문헌이 다르므로 참고로 이리하
였다. 『성리대전』의 것에는 또한 참고로 『훈민정음』의 "ㅗ初生於天, 天
一生水之位也. ……"의 오행생성五行生成의 수를 그림에 맞추어 적어 이
해하기 쉽게 하여 보았다. "地十(五)成土"의 것은 『훈민정음』의 "一地
十成土之數也"의 것으로 '五'가 둘이면 '十'이 된다는 뜻이다. '하도河圖'
에 중성 11자를 배치할 경우는 자연 '一(則字中聲)'의 글자는 ' ㅣ (侵字中
聲)'의 글자와 함께 둘이 된다.

---

59) "圓者, 星也. 圓者, 河圖之數, 言無那四角底, 其形便圓. 以下啓蒙圖書. 淵."(『주자어류』,
　　제65, 「하도낙서」 / 『성리대전』 권14 「역학계몽 일」)

60) '一二三四五'는 생수, '六七八九十'은 성수가 되는데, '하도'의 '一二三四五'의 다섯 수에
　　중앙의 수인 '五(內)'를 더하여(얹어서), '一+五→六, 二+五→七, 三+五→八, 四+
　　五→九'가 되고, '五(外)+五(內) → 十'이 된다.

『주역본의』의 것이나『성리대전』「역학계몽」의 하도에서 보면, 양은 흰 동그라미[白圈]이고, 음은 검은 동그라미[黑圈]로 되어 있다. 굳이, 위의 두 하도를 두고, 뚜렷함을 말한다면,『주역본의』의 것이 더 뚜렷하다. 말하자면, 이것은『성리대전』의 것에 비해 가운데의 '五'와 '十'의 것[五十居中]이 밖의 '一六, 二七, 三八, 四九'의 것과 뚜렷이 구별되어 있기 때문이다.『성리대전』의 것은 '五, 十'에 대한 '一六四九'의 구별이 뚜렷하지 않다.『훈정』의 중성 11자를 '하도河圖'에 배치시킬 경우, 이 점은 매우 중요하다.

나)에서 말하는 '귀신鬼神'과 '생성'의 문제는 쓰임의 정황이『훈민정음』「제자해」에 나오는 "理旣不二, 則何得不與天地鬼神同其用也"의 '鬼神'과 '其用'의 쓰임과 비슷하다.

㉣에서:

크게 부연(敷衍)한 수가 오십이란 것은 하도의 중궁(中宮) 천수(天數) 五가 지수(地數) 十을 승(乘)하여 얻은 것이다. 서법을 사용하는 데 있어서는 다만 사십구를 사용한다. 왜냐하면 다 <u>이세(理勢)의 자연성</u>에서 나온 것이요, 사람의 지력(智力)으로 가감할 것이 못된다.

『훈민정음』대로 하면, "正音之作, 初非智營而力索……"이요, "正音之作, 無所祖述, 而成於自然……"(「정인지서」)이다.

여기서 관심을 가져야 될 것은, 첫째는 무엇보다도 "크게 부연할 수가 오십"이란 것이고, 다음은 "하도의 중궁 천수 오", 또 다음은 "지수 십"이라는 말의 역학적인 뜻이다. 여기서 '하도'의 '생성도生成圖'의 자리를 이해해야 한다. 하도에서의 '五'의 자리(生數), '十(五·五)'의 자리(成數),『훈민정음』에서의 'ㆍ'의 자리(生數), 'ㅡ'의 자리(成數)를 확인해야 할 것이다. 또한 '성수成數'인 十이, '五·五'로 이루어진다는 데에 대해 이해해야 할 것이다. 끝으로는『훈민정음』의 'ㅣ'는 하도의 가운데 자리에 놓이되, 유명한 주렴계周濂溪의 말에서 인용된 "ㅣ獨無位數者,

蓋以人則無極之眞, 二五之精, 妙合而凝, 固未可以定位成數論也"처럼, 'ㅣ'는 '獨無位數'라는 데에 유의해야 할 것이다. 이는 인간 중심 철학의 소치이다.

이것들은 『훈민정음』의 중성 풀이에서도 'ㆍ ㅡ (ㅣ)'의 제자에 매우 밀접한 관계가 있거나 어쩌면 이론 전개에 결정적인 뒷받침이 된 것으로 볼 수 있지 않을까 생각해 본다. '하도'에서 보자. 중성 11자를 '하도'에 배치했을 경우, 이 글자들은 "하는 바가 없다"고 하는 五와 十에 해당한다. 또 'ㆍ'에 해당하는 '五'는 '기수基數', 'ㆍ ㅡ (ㅣ)'는 네 둘레의 '陰陽老少'의 四十의 위수位數인 'ㅗ ㅏ ㅜ ㅓ; ㅛ ㅑ ㅠ ㅕ'와는 배당이 다르다('하도'에 배치시킨 중성 11자 그림 참조). 그뿐 아니라 중성 "中聲者, 一深一淺一闔一闢"이라 했는데, "하는 바가 없다[無所爲]"고 하는 것에 해당하는 'ㆍ ㅡ (ㅣ)'는 '深·淺'이라 하고, 남은 여덟 소리, 곧 'ㅗ ㅏ ㅜ ㅓ; ㅛ ㅑ ㅠ ㅕ'에 대해서는 '闔·闢'이라 했듯이. 다만, 또다시 말하거니와 'ㅣ'만은 "ㅣ獨無位數"이다. 거듭 중요한 것을 아래에 보아면 다음과 같다.

㉠ 하도낙서(河圖洛書)의 가운데 수는 모두 五이다.
㉡ 五는 기수이므로
㉢ 五와 十은 하는 바가 없다.
㉣ 오십경(五十莖)을 취하여 한줌으로 하여, 一을 두고 쓰지 않음으로써, 태극을 상징한다.
㉤ 가운데 자리에 있는 五는 부연(敷衍)된 수의 어미[母]요, 다음 十은 부연된 수의 아들[子]이요,
㉥ 『훈정』 'ㆍ ㅡ (ㅣ)'는 하도에 배치시킬 경우, 가운데의 수에 해당한다. 'ㆍ'→'十+子', '(ㅣ)'→'獨無位數'

특히 위의 ㉣·㉤의 것의 뜻을 잘 생각해 보자. 또 「하도낙서」의 가운데에 있는 '五' 또는 '十(五·五)'이 "하는 바가 없다"고 하는 것은 어떤

의미를 가질 것인가?

'제1편 제2장 3.3'에서 『설문계전』의 "一 惟初太極 道立於一 造分天地 化成萬物 凡一之屬 皆從一"을 두고, 이 내용은 『역』의 이론·체계와 노 자의 道가 유출하여, 세계를 형성하는 발출론적인 세계관을 배경으로 하고 있다고 했고, 허신의 이러한 이론·체계에는 一原에서 나와 만단萬 端으로 미치는 사이에 일관된 조리가 있다고 했다. 여기서의 '一原'은 "至於體用一原, 顯微無間之語, 則近嘗思之"(『朱子文集』「答汪尙書」)의 '體 用一原'의 '一原'이요, '一貫'의 '貫'은 "至於用力之久, 而一旦豁然貫通焉. 則衆物之表裏精粗無不到, 而吾心之全體大用, 無不明矣"(『大學章句』「傳五 章」), "此書之旨, 支分節解, 脈絡貫通"(『中庸章句』「序」)에서의 '貫通'의 '貫'이다.

우리는 여기서 이러한 송학적인 이론·사상을 통하여, 다시 한 번 「제자해」 첫머리의 "天地之道 一陰陽五行而已"를 생각하고, 또 중성 풀 이에 나오는

- ·之貫於八聲者 猶陽之統陰而周流萬物也
- 、天五生土之位也. 一地十成土之數也. ㅣ獨無位數者, 蓋以人則無極之眞,
  二五之精, 妙合而凝, 固未可以定位成數論也.

의 내용을 역학적으로 풀이해 보아야 할 것이다.

여기서는 "、之貫於八聲者 猶陽之統陰而周流萬物也"의 것을, 「하도」 의 방법에 따르고, 또 노자의 유출사상에 바탕을 둔 송학적 이일분수 의 이론에 근거하여 그림을 그리면 [그림 15]와 같이 된다. 여기서도 "凡一之屬 皆從一"(『설문』)과의 연계성을 생각해야 한다.

그리고 중성 11성聲의 글자를 「하도河圖」에 배치할 경우를 보이면 [그림 16]과 같이 될 수 있다. (여기 실은 글자들은 『훈민정음』「제자해」에 서 형체를 그대로 따다 실은 것이다.)

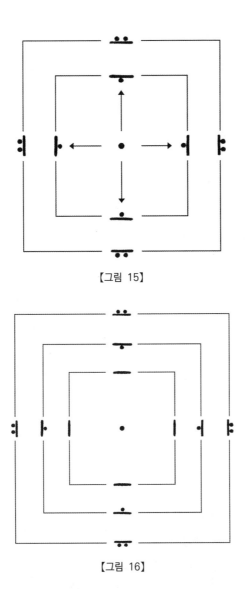

【그림 15】

【그림 16】

역시 앞에서 '하도'에 『훈민정음』의 중성 풀이에 나오는 오행의 생
성도를 첨가·배치해 보인 바와 같이, 'ㅡ'와 'ㅣ'도 가운데에 있되, 'ㅡ'
는 "地十成土之數"(「제자해」)이어서, '五'가 아래위 둘이면, '十'이 된다.
그림의 아래위의 "地十(五)成土"를 확인하기 바란다. 『설문』 제30편 하

에 있는 땅[地]을 상징하는 소전을 보면, 아래위 길이가 같은 '二'로
되어 있다. 『설문』에서 '二'를 "地之數也"라 한 것은 이런 사상에서 나
온 것이리라(이에 관하여는 '제2편 제2장 2.3.4.3'을 참조). 또 'ㅣ'는 "獨無
位數"에 "侵(ㅣ) …… 三才道斯爲備"(「제자해」「결」)라 했다.

총체적으로 보아 주희의 『주역본의』에 나오는 『주역』「계사상전」의
'하도河圖' 풀이의 것이 『훈민정음』 중성 제자 이론과 사상을 가장 많이
뒷받침하고 있는 것으로 보인다.

2.2.3 왕필의 『주역정의』

『주역본의』에서 말한 주자의 설에 대해 위魏의 노장풍老莊風의 사상가
인 왕필은 천지의 수에서 태극의 一을 끌어왔다고 한다. 학자들의 연구
에 의하면, 『주역정의周易正義』(10卷, 魏의 王弼 注, 晉의 韓康伯 注, 唐의 孔穎達
疏)에서 말하는 체용의 관계는 왕필의 無 사상에 따른 것으로 이는 體로
부터의 用이라고 하는 우주생성론으로 이해되고 있다고 한다. 이것을
실증할 수 있는 것이 대연의 수 오십에서의 일과 사십구와의 관계를
보게 되면, 이것을 판명할 수 있다고 믿는다. 아래에서 보기를 들어
보자. '한주韓注'는 물론 왕필을 조술祖述한 한백韓伯(字는 康伯, 晉 穎川 長社
사람)의 주를 말한다. ㉠~㉤은 설명의 편의상 삽입된 것이다.

- 大衍之數五十 其用四十有九. (「계사상전」)

(韓注) 王弼曰, ㉠演天地之數, 所賴者五十也, 其用四十有九, ㉡則其一不用也,
㉢不用而用以之通, ㉣非數而數以之成, ㉤斯易之太極也. 四十有九, 數
之極也. 夫无不可以无明, 必因於有. 故常於有物之極, 而必明其所由之
宗也.

(正義) ㉠ 據王弼此說, 其意皆與諸儒不同. 萬事之策, 凡有萬一千五百二十, 其
用此策, 推演天地之數, 唯用五十策也. 一謂自然. 所須策者唯用五十, 就
五十策中, 其所用揲蓍者, 唯用四十有九. 其一不用, 以其虛无非所用也,

故不數之.

ⓛ 經旣云五十, 又云其用四十九也. 旣稱其用, 明知五十之內, 其一不用
也.

ⓒ 若全不用, 理應不賴. 此旣當論用, 所以幷言不用爲用. 五十者唯是不
用, 其有用從不用而來. 以不用而得用也, 故云不用而用而之通. 所用者
則四十九蓍也. 蓍所以堪用者, 從造化虛无而生也. 若无造化之生, 此蓍
何由得用也.

ⓔ 太一虛无, 无形无數, 是非可數也. 然有形之數, 由非數而得成也. 卽
四十九是有形之數, 原從非數而來, 故將非數之一, 總爲五十, 故云非數
而數以之成也.

ⓜ 斯此也. 言此其一不用者, 是易之太極之虛无也. 无形, 卽无數也. 凡
有皆從无而來, 故易從太一爲始也.

　위에서 풀이한 바와 같이, 한주韓注는 왕주王注를, 정의正義는 한韓·왕王
의 두 주를 조술祖述하고 있다. 대연의 수는 오십책五十策인데, 한 책은
쓰지 않고, 남은 사십구책을 쓴다. 그 不用의 一策은 『역』의 태극을
본뜬다. 말하자면, 이것은 太一이며, 무형·무수無數·자연·허무虛无이며,
여기서 말하는 道의 본체이다. 사십구책은 소용所用으로서 有用이며 유
수有數이어서 여기서 말하는 道의 用이다. 이 不用의 一策은 매우 미묘
하여, 不用의 用, 非數의 數라 하여 풀이하고 있으나 이것은 어디까지
나 이 不用의 一策과 有用의 四十九策의 관계에서 논구하는 것이지,
결코 一策과 五十策과의 관계에서 논구하는 것은 아니다. 따라서 有用
의 四十九策은 不用의 一策으로부터 생한다거나 不用으로부터 온다거
나 하는 것을 정의正義로 풀이하여, 非數의 一策과 합쳐 五十策이 된다
는 것을 말하고 있다.
　一策과 四十九策의 관계는 體用 관계로서 명시된다. 그것은 體로부
터 用을 생하고, 用에 의해 體를 밝힌다고 풀이한다. 이것은 體用의
관계를 우주생성론과 본체론으로 이해해야 하는 것으로 생각된다.61)

『주역』「계사상전」의 "大衍之數五十, 其用四十有九"에 대해 한주韓注는 "天地之數"는 "五十"인데, "用"은 "四十九", 不用의 一策은 『역』의 태극의 一이라는 것이다. 그리고 有用의 四十九策은 不用의 一策으로부터 생한다거나 온다는 것이다. 이 一策과 四十九策의 관계는 體用의 관계로 명시된다는 것이다.

여기서 잠깐, 제1편에서 말한 '소서본'인 『설문계전』의 내용을 되씹어 보자. 거기에도, 왕필의 말이 나온다. 거기에도, '一'이 있었고, '太極'이 있었고, '道'가 있었고, '無'가 있었다.

> 一은 오직 첫 태극(太極)이니, 도(道)는 一에서 확립하여(생겨나), ……
> 신(臣) 개(鍇)가 가로되, 一이란 것은 아직 천지가 나뉘지 않은 상태이고,
> 태극은 양의를 낳고, …… 왕필이 말하기를 도는 무에서 비롯하고, 무는 또
> 한 설명할 수 없는 것이다. 그러므로 글자를 만든 자는 一에서 시작했다.
> 그러므로 一로써 관수(冠首)를 삼고, 하늘에 근본을 둔 것은 위[上]를 친근
> 히 하는 것이다.

위에서 살펴 본, 왕필의 사상이, 『설문계전』에 나타나고, 이것이 '훈민정음' 제자 이론에 원용되었다면, 여기서 무엇을 말할 수 있을 것인가? 문제는 한자문화의 영향에 있다. 역사[時間]와 더불은 지리적 여건[空間性]으로 본다면, 또 이를 문자형체학이라는 관점에서 본다면, 여기서 있을 법한 같은 맥을 감지할 수도 있으리라. 또 노자의 사상을 담고, 왕필의 사상에 노장풍의 사상이 담겨 있다 하여, 『훈민정음해례訓民正音解例』가 왕조의 실록에서 외면당하지는 않았을런지 생각해 보게 된다.

여기서도 언급되어 있는 바와 같이, 대연의 수는 오십이다. 不用의 一策은 『역』의 태극을 본뜨고, 道의 본체를 말하고 有用의 四十九策은

---

61) 今井宇三郞, 앞의 책, 117~120쪽.

소용所用·유수有數이어서 道의 작용을 말한다. 一策과 四十九策의 관계는
體用의 관계를 명시한다. 體로부터 用을 생하고, 用에 의해 體를 밝힌다
는 것이다. 이 같은 내용은 바로 앞(제2편 제2장 2.2.2)의 내용을 다섯
가지로 축약한 것에다가 體用의 우주생성론을 더해 주고, 또한 이를
문자형체학적인 체계體系를 표현하려 하고 있음은 부인할 수 없다.

2.2.4 주자의 오행과 음양양단 그리고 '무정체·정질'

우리는 앞에서 ' ヽ ― (ㅣ)'를 하도에 배치시킬 때의 위수位數에 대한
말을 하면서, 다음과 같은 내용에 대해 언급한 바 있다.

- 河圖之虛五與十者, 太極也. (제2장 2.2.1)
- 『주역』「계사상전」의 '대연의 수 오십'에 대한 '기용(其用) 사십구'의 『역
  학계몽』의 풀이와 『훈민정음』 중성 풀이의 ' ヽ ― (ㅣ)'에 대한 'ㅗ ㅏ ㅜ
  ㅓ; ㅛ ㅑ ㅠ ㅕ'에 대하여 (제2장 2.2.2)
- 왕필의 『주역정의(周易正義)』의 말 "대연의 수는 오십 …… 일책은 『역』
  의 태극, 도의 본체 …… 체에서 용이 생함"에 대하여 (제2장 2.2.3)

그런데 이러한 문제를 제기한 의도의 초점은 결국 「제자해」 중성
풀이의 이론이나 사상을 알아보자는 데에 있다.
생각건대, 위에서 보아 온 ' ヽ ― (ㅣ)'의 위수位數 관련의 문제는 바로
'음양을 氣'로, '오행을 質'로 보는 문제와 직접으로 관련되어 있다는
데에 대해 유의해야 한다는 것이다. 이에 독자들은 여기서 『훈민정음』
「제자해」의 중성 풀이에 있는 다음의 내용을 다시 생각해야 할 것이다.
아래에 보인 「제자해」 중성 풀이의 ㉠~㉢은 「제자해」에 있는 차례
를 그대로 보인 것이다.

㉠ ㅗ初生於天, 天一生水之位也. …… ㅕ次之, 地八成木之數也.

ⓛ 水火未離乎氣, 陰陽交合之初, 故闔. 木金陰陽之定質, 故闢.

㉠의 것을 ⓛ의 '水火'와 '木金'으로 분속시킨 것	
ⓛ-가) 水火未離乎氣, 陰陽交合之初, 故闔	ⓛ-나) 木金陰陽之定質, 故闢
ㅗ初生於天, 天一生水之位	ㅏ次之, 天三生木之位
ㅜ初生於地, 地二生火之位	ㅓ次之, 地四生金之位
ㅛ再生於天, 天七成火之數	ㅑ次之, 天九成金之數
ㅠ再生於地, 地六成水之數	ㅕ次之, 地八成木之數

ⓒ ·天五生土之位也. 一地十成土之數也. ㅣ獨無位數者, 盖以人則無極之
眞, 二五之精, 妙合而凝, 固未可以定位成數論也.

　위의 것에서 다만 가운데 ⓛ을 가)와 나) 둘로 나눈 것은 ㉠에 있는
내용을 '기氣-무정체無定體'와 '질질-정질定質' 둘로 분속分屬시켰을 뿐
이다. 이것은 『훈민정음』의 중성 풀이를 이해하는 데에 매우 중요한
대목으로 생각된다. 말하자면, ㉠의 한 부분은 ⓛ-가)에 ㉠의 다른 한
부분은 ⓛ-나)에 내용이 분속된다는 것이다. 이해를 돕기 위해 편의
상 세 토막으로 갈라놓았을 뿐이다. ㉠~ⓒ의 세 토막으로 가른 것은
위에서 말한 것처럼 셋째 토막인 ⓒ은 하도河圖의 가운데 자리에 해당
하고, 둘째 토막인 ⓛ에 있는 앞부분 곧 "水火未離乎氣, 陰陽交合之初,
故闔"의 것은 '무정체'의 것이고, 뒷부분 곧 "木金陰陽之定質, 故闢"의
것은 '정질'의 것이라는 것이다.
　그리고 본즉 이것을 하도에 배치시킬 경우, '무정체'의 것, 곧 ⓛ-
가)의 "ㅗ初生於天, 天一生水之位 …… ㅠ再生於地, 地六成水之數"와 '정
질'의 것, 곧 ⓛ-나)의 "ㅏ次之, 天三生木之位 …… ㅕ次之, 地八成木之
數"의 것은 하도에 다음과 같이 배치된다.

　㉠'무정체'의 'ㅗㅠ; ㅜㅛ'의 배치
　　天一(ㅗ) — 地六(ㅠ) → '居下'
　　地二(ㅜ) — 天七(ㅛ) → '居上'

ⓛ '정질'의 'ㅏ ㅕ; ㅓ ㅑ'의 배치

天三(ㅏ) — 地八(ㅕ) → '居左'

地四(ㅓ) — 天九(ㅑ) → '居右'

이를 음양으로 말하면 「제자해」의 경우 다음과 같이 되어 있다. 이를 하도에 배치시키면 물론 '生者(ㅗㅏㅜㅓ 之一其圓者, 取其初生之義)在內, 成者(ㅛㅑㅠㅕ 之二其圓者, 取其再生之義)在外'에 따른다. 쉽게 말하면 동그라미(圓, 呑字中聲)가 어디에 붙느냐는 문제이다.

• 천지 음양에 따른 팔성의 '圓'의 위치

ㅗㅏㅛㅑ 之圓居上與外者, 以其出於天而爲陽也.

ㅜㅓㅠㅕ 之圓居下與內者, 以其出於地而爲陰也.

그리고 앞에서 말한 "河圖之五與十者, 太極也"니, "대연의 수 오십 …… 一策은 『역』의 태극, 도의 본체 ……"니 하는 가운데의 것은 "五十居中"인데, 이에 대하여 『주역본의』 「계사상전」에서는 "中五爲衍母次十爲衍子"라 한다고 했다. 이에 「역학계몽 일」 「본도서 제일」의 '하도'를 눈 익혀 보아야 할 것이다. 『훈민정음』에서는 'ㆍ(天)'과 'ㅡ(地)'에 대해 다음과 같이 적고 있음은 아는 바이다. 이것의 위치를 '하도'에서는 어떻게 잡아야 할 것인가? ('土'에는 '五'와 '十'을 붙였음.)

ㆍ天五生土之位也. ㅡ地十成土之數也.

분명한 것은 "ㅗ …… 天一生水之位, ㅏ …… 天三生木之位, ……"처럼, 'ㅗㅏㅜㅓ'의 위수位數는 '生者在內'요 "ㅛ …… 天七成火之數, ㅑ …… 天九成金之數, ……"처럼 'ㅛㅑㅠㅕ'의 위수는 '成者在外'이니, 'ㆍ'의 위수는 마땅히 '生者在內'의 것이요, 'ㅡ'는 마땅히 '成者在外'의 것이다. 여러 차례 말했지만 여기서 무엇보다도 "ㆍ之貫於八聲者, 猶陽

之統陰而周流萬物也"의 역학적인 의미를 항상 머리에 두고, 이것과 팔성 'ㅗㅏㅜㅓ; ㅛㅑㅠㅕ'의 관련을 생각해 보자. 앞에서 말한 '대연의 수'의 풀이에서 "有用의 四十九策은 不用의 一策으로부터 生한다"거나 "一策과 四十九策의 관계는 體用의 관계"라거나 "一策은『역』의 태극의 一"이라는 말을 했다.

우리는 여기서 다시 한 번, 앞에서 말한『설문』의 "惟初太極 道立於一 造分天地 化成萬物 凡一之屬 皆從一"에는『노자』제42장의 "道生一……"에서 보는 바와 같이, 道로서의 一이 유출하여, 세계를 형성한다는 발출론적인 세계관이 문자학의 밑바닥에 깔려 있음을 이해하여야 할 것이며, 또 근원적인 하나의 理가 만상이 되어 펼쳐 나간다는 송학적인 '이일분수'의 존재론을 되새겨 보아야 할 것이다. 송학은 흔히 유불도濡佛道의 사상을 지양·통일했기 때문에 사색적이고 철학적이라 한다. 주자의 '월인만천'이 비유한 세계관이『증도가證道歌』의 "一月普現一切水, 一切水月一月攝"에서 차용되듯 "부톄 百億 世界예 化身ᄒ야 敎化ᄒ샤미 ᄃ리 즈믄 ᄀᄅ매 비취요미 ᄀᆮᄒ니라"(『월인천강지곡』)의 불교사상은 '훈민정음' 창제에 어떤 사상, 어떤 이론으로 작용했을까 생각해 보게 된다.

되풀이 되거니와『태극도설』에서 주자는 오행 발생의 경우, 水·木을 양에 배당하고, 火·金을 음에 배당했고, 오행 순환의 경우, 木·火를 양에 金·水를 음에 배당시켜, 발생과 순환에 의한 음양의 배당을 달리했다. 그러나 오행을 음양으로 배당한 것은 명백하다. 그런데 여기서 <u>다만 土만은 가운데에 있다</u> 하여, 배당에서 제외시켰다. 이 점에 초점을 맞추면서 아래의 내용을 생각해야 할 것이다.[62]

여기서의 관심은 무엇보다도『훈민정음』「제자해」와의 관련이다. '훈민정음'의 'ㆍ ㅡ (ㅣ)'을 하도에 배치시킬 경우, 이것들은 모두 한가운데에 배치하게 된다(다만, 'ㅣ'는 "獨無位數"). 이에 관련된 'ㅗㅏㅜㅓ;

---

62) '제2장 2.2.1'에서 '주자는 질(質)로서의 오행 발생의 순(順)과 기(氣)로서의 오행 순환의 순을 판연히 구별함'을 설명한 부분을 참조하라.

ㅛㅑㅠㅕ'와의 문제를 더 생각해 보기로 하자.

첫째, '중성'의 제자 과정에서 'ㆍ ㅡ ㅣ'과 'ㅗ ㅏ ㅜ ㅓ; ㅛ ㅑ ㅠ ㅕ'를 갈라, 'ㆍ ㅡ ㅣ'의 소리에 대해서는 '深淺'을, 팔성八聲 'ㅗ, ㅏ …… ㅠ, ㅕ'의 소리에 대해서는 '闔闢'이라 했다는 것이다. 그런데 이것은 "ㆍ 天五生土之位也. ㅡ 地十成土之數也. ㅣ 獨無位數者, 盖以人則無極之眞, 二五之精, 妙合而凝, 故未可以定位成數論也"에 대한 "水火未離氣, 陰陽交合之初, 故闔"(ㅗㅜ; ㅠㅛ), "木金陰陽之定質, 故闢"(ㅏㅓ; ㅕㅑ)의 관계와 같다. 여기서의 문제는 "天一生水", "地二生火"의 '水, 火'가 무정체라는 데에 있다.

둘째는 'ㅗㅜ'에 대해서는 "天地初交"라 말하면서, 'ㅏㅓ'에 대해서는 "天人初交"(이는 이정호 박사의 말씀)라 말하지 않고, "天地之用發於事物待人而成"이라 했느냐는 것이다.

주자나 『훈민정음』 모두 "天一生水"와 "地二生火"의 음양 양단陰陽兩端을 말한다. 이는 상반되는 두 극단을 의미한다. 『주자어록朱子語錄』 권제94 「謨綠」에는 다음과 같은 말이 나온다.

統言陰痒, 只是兩端, 而陰中自分陰陽, 陽中亦有陰陽. <u>乾道成男. 坤道成女</u>. 男雖屬陽, 而不可謂其無陰, 女雖屬陰, 亦不可謂其無陽. 人身氣屬陽, 而氣有陰陽, 血屬陰, 而血有陰陽. 至如五行, <u>天一生水</u>, 陽生陰也, 而壬癸屬水, 壬是陽, <u>地二生火</u>, 陰生陽也, 而丙丁屬火, 丙是陽, 丁是陰.

곧 뭉뚱그려 말하면, 음양은 양단으로서, 음 가운데는 절로 음양이 나뉘어 있고, 양 가운데도 음양이 있다는 것이다. <u>건도(乾道)는 남이 되고, 곤도(坤道)는 여가 된다</u>. 남이 양에 속한다고 하지마는 음이 없다고 할 수 없다. 인신(人身)의 기(氣)는 양에 속하여 기에는 음양이 있다. 혈(血)은 음에 속하여 혈에 음양이 있다. 오행과 같은 것에 이르러서는 <u>천일(天一)이 수(水)를 생한다</u>는 것은 양이 음을 생한다는 것이다. 그런데 임계(壬癸)는 수에 속한다. 임(壬)은 양이고, 계(癸)는 음이다. <u>지이(地二)가 화(火)를 생한다</u>는 것은 음이 양을 생하는 것이다. 그리하여 병정(丙丁)은 화에 속하는데, 병(丙)은 양, 정(丁)은 음이 된다.

총괄적으로 보면, 음양은 양단兩端을 의미한다. 따라서 음에도 양단이 있으므로, 음 가운데는 필연적으로 음양이 있고, 양에도 양단이 있으므로 양 가운데도 필연적으로 음양이 있다. 오행의 경우, "天一生水"는 양이 음을 생한다는 것이다. 그리하여 '壬癸'는 水에 속한다. 壬은 양, 癸는 음이다. "地二生火"는 음이 양을 생한다는 것이다. 그리하여 '丙丁'은 火에 속하는데, 兵은 양, 丁은 음이 된다. 앞에서 말한 대로, '天一'이 水를 생한다는 것은 양이 음을 생한다는 것이다.

그런데 '甲乙, 丙丁, 戊己, 庚申, 壬癸'의 십간을 '木火土金水'에 배당시킬 때, '壬癸'는 水에 속하나 '壬'은 양이고, '癸'는 음이다. "地二生火"는 음이 양을 생한다는 것이다. 그리하여 '丙丁'은 火에 속하나 丙은 양이며, 丁은 음이다. 이와 같이 음 가운데도 음양이 있고 양 가운데도 음양이 있다는 것이다. 오행에도 음양이 있고, 음인 水에도 음양이 있고, 양인 火에도 음양이 있다는 것이다. 이와 같이 하여, 음양의 개념은 중층적이며 정체定體63)가 없다.

반면에 주자는 음양을 氣, 오행을 質로 규정하였다. 그리고 그 규정에 따라, 먼저 음양과 오행을 준별하고, 그렇게 한 다음에는 氣 또한 質, 質 또한 氣라 하여, 기질氣質의 분합分合을 풀이하고 있다. 먼저 음양을 氣, 오행을 質이라 하는 것에는 다음과 같은 『주자어류』의 기록이 있다.

- 陰陽是氣, 五行是質. 有這質, 所以做得物事出來. (1 高·淵錄)
- 曇問太極兩儀五行. 曰, 兩儀卽陰陽, 陰陽是氣, 五行是質. 立天之道, 曰陰 與陽. 立地之道, 曰柔與剛, 易是質. (94 蓋卿)
- 又曰, 氣自是氣, 質自是質, 不可滾說. (94 義剛)

---

63) 定體란 일정하여 고정한 꼴을 말한다. "「中庸 君子之中庸也, 君子而時中, 章句」 蓋中無 定體, 隨時而在."

이에서도, 氣와 質을 혼설混說 못하게 하고 있다. 음양을 氣라 함은 당연하나 이에 대해 오행을 質이라 하고, 또 위의 둘째 보기에서와 같이, 강유剛柔를 質이라 하여, 오행과 같은 범주에 속하게 하는 것은 퍽이나 흥미로운 일이 아닐 수 없다. 立天의 道를 음양, 立地의 道를 강유라 하여 구별하는 것은『주역』「설괘전說卦傳」에 다음과 같이 나와 있다. 곧,"立天之道, 曰陰與陽. 立地之道, 曰柔與剛, 立人之道, 曰仁與義" 가 그것이다. 그러나 여기서는 아래의 첫 번째에서 보는 바와 같이, 주자는 음양을 氣, 강유를 質이라 하여 대대對待시키고 있다. 이것은 음양과 강유를 氣와 質로 규정짓는 것이다.

- 立天之道, 曰陰與陽. 是以氣言, 立地之道, 曰柔與剛, 是以質言. 立人之道, 曰仁與義, 是以理言. (『주자어류』 77 端蒙)
- 陰陽, 是陽中之陰陽, 剛柔, 是陰中之陰陽. 剛柔以質言, 是有箇物了, 見得是 剛底柔底. 陰陽 以氣言. (『주자어류』 70 淵)

그런데 위의 음양은 氣, 강유는 質이라고 하는 이러한 규정은, 또한 위의 두 번째에 가서는 음양에 속하는 양중陽中의 음양, 음중陰中의 음양 으로도 되어 있다. 이것을 '유행저流行抵(시간적·계기적)'와 '정위저定位底 (공간적·對待的)'에 비겨 풀이하면, 음양은 유행저의 음양, 강유는 정위 저의 음양으로 풀이할 수 있으나 이것은 다시 음양의 기와 음양의 질 로 풀이할 수도 있다.64) 송의 어록語錄에 많이 쓰인다. 『주역』「계사하 전」의 처음 무렵에 보면, 다음과 같은 것이 있다. 곧 "剛柔者, 立本者也" 가 그것이다. 이에 관련하여, 『주자어록朱子語錄』에는 다음과 같이 적고 있다.

- 剛柔者, 陰陽之質, 是移易65)不得之定體, 故謂之本. (76 僩)

---

64) '유행저(流行抵)'와 '정위저(定位底)'에 관하여는 今井宇三郎, 앞의 책, 421~422쪽. '底' 는 '的'과 같음.

이것은 강유로써 음양의 質이라 하는 것이다. 이역移易할 수 없는 정체定體라 하여, 정위저定位底로 풀이한다. 이것은 음양과 강유를 음양의 氣와 質로 풀이한 것이다.

여기서는 다만 『성리대전』의 주자·면재勉齋·운장雲莊의 말을 인용한 것으로써 무정체無定體에 해당하는 『훈민정음』의 "水火未離乎氣, 陰陽交合之初, 故闔"(ㅗ, ㅠ; ㅜ, ㅛ)의 것과 정질定質에 해당하는 "木金陰陽之定質, 故闢"(ㅏ, ㅕ; ㅓ, ㅑ)의 것에 대한 풀이를 대신하려 한다. 물론 아래의 인용은 『성리대전』 권14 「역학계몽 일」에서도, '하도河圖' 풀이에 관련된 것이다.

㉠ 朱子曰, 五行, 有以質而語其生之序者, 則曰水火木金土. 有以氣而語其行之序者, 則曰木火土金水. 水陰根陽, 火陽根陰, 錯綜而生. 其端是天一生水, 地二生火, 天三生木, 地四生金, 到得運行處便水生木, 木生火, 火生土, 土生金, 金又生水, 水又生木, 循環相生又曰, 陽變陰合, 初生水火. 水火氣也, 流動閃爍, 其體尚虛, 其成形猶未定. 次生木金, 則確然有定形矣. 又曰, 大底天地生物, 先其輪清以及重濁. 天一生水, 地二生火, 二物在五行中最輪清. 金木復重於水火, 土又重於金木 …… (7~8장)

㉡ 勉齋黃氏曰 …… 水火雖有形質, 然乃造化之初, 故水但能潤, 火但能炎, 其形質終是輕清. 至若天三生木, 地四生金, 則形質已全具矣. 亦如人身耳目旣具, 則人之形成矣 …… (8장)

㉢ 雲莊劉氏曰 …… 盖水火未離乎氣陰陽交合之初, 其氣自有互根之妙. 木則陽之發達, 金則陰之收斂, 而有定質矣. 此氣所以與水火不同也. (9장)

특히 ㉡의 "勉齋黃氏"의 '勉齋'는 송의 '황간黃幹'의 호號이다. 어려서부터 주희를 사사師事했다고 한다. 또 ㉢의 "雲莊劉氏"의 '雲莊' 역시 송의 '유삭劉爍'의 호이다. 주희의 백록동규白鹿洞規를 태학太學에 반시頒示할

---

65) 移易은 '바뀜, 변함'의 뜻.

것을 청했고, 주희의 『사서집주四書集注』를 간행했다고 한다.

앞에서 『훈민정음』의 중성글자 11자 가운데서도 'ㅗ ㅏ ㅜ ㅓ; ㅛ ㅑ ㅠ ㅕ'를 두고, 이를 '무정체無定體'의 것으로는 'ㅗ, ㅠ; ㅜ, ㅛ'를 '정질定質'의 것으로는 'ㅏ, ㅕ; ㅓ, ㅑ'라 하여 분류·제시한 것은 이러한 '무정체'와 '정질'의 이론적인 뒷받침 때문으로 생각된다.

위의 ㉠~㉢의 내용을 통해서도 『훈민정음』의 "水火未離乎氣 ……"에 연계된 'ㅗ, ㅠ; ㅜ, ㅛ'와 "木金陰陽之定質 ……"에 연계된 'ㅏ, ㅕ; ㅓ, ㅑ'의, '무정체'에 대한 '정질'의 성리학적인 성격을 짐작할 만하다고 생각한다. 또 『훈민정음』의 "水火未離乎氣 ……"와 "木金陰陽之定質 ……"의 것이 주자의 『역학계몽』에서 따온 것이 확인된 이상, 'ㅗ, (ㅠ); ㅜ, (ㅛ)'에 대해서는 "取天地初交之義"의 '天地初交'는 말할 수 있으나 'ㅏ, (ㅕ); ㅓ, (ㅑ)'에 대해서는 '天人初交'라는 말을 할 수 있을까 다시 한 번 생각해 보게 된다. 이에 관련된 그 밖의 성리학적인 내용 풀이는 다음 기회로 넘긴다.

2.3 중성의 자형 풀이와 「하도」 풀이의 상관관계

『훈민정음』의 중성 11자 가운데서 근원이자 원체·독체라 할 수 있는 형체소로서의 'ㆍ ㅡ ㅣ'가운데서, 'ㆍ'를 두고 "天開於子, 形之圓 象乎天", 'ㅡ'를 두고 "地闢於丑, 形之平 象乎地", 'ㅣ'를 두고 "人生於寅, 形之立 象乎人"이라 함이, 『설문해자』의 삼재지도와 더불어 그 우주 순환─문자 순환과 연계되어 있다고 했고, 또 『훈민정음』의 "子·丑·寅"의 우주시간론은 송학적인 도가·도교적인 '하도상수河圖象數'와도 연계되어 있다고 했다.

여기서는 먼저 『훈민정음』 'ㆍ ㅡ ㅣ'의 세 소리[三聲]와 더불어 그 나머지 여덟 소리[八聲]에 해당하는 'ㅗ ㅏ ㅜ ㅓ; ㅛ ㅑ ㅠ ㅕ'에 대해 이 것의 자형적인 풀이를 생각해 보되, 이것의 이론 전개에 뒷받침이 되었다고 생각되는 『성리대전』 권14에 나오는 「역학계몽」 「본도서 제일」

의 '하도낙서'에 대한 주자·채원정의 학설을 중심으로 하여 생각해 보기로 한다.

2.3.1 'ㆍ ㅡ ㅣ'와 'ㅗ ㅏ ㅜ ㅓ; ㅛ ㅑ ㅠ ㅕ'와 음양오행방위지수

여기서는 중성 11자에 대한 자형적인 풀이를 하기에 앞서, 먼저 '단체'인 'ㆍ ㅡ ㅣ'와 합체인 나머지 여덟 글자의 소리[八聲]의 특성을 『훈민정음』「제자해」에서는 어떻게 다르게 풀이하고 있는가에 대해 생각해 보기로 한다.

「제자해」에서는 아래에 보임과 같이, 'ㆍ ㅡ ㅣ'에 대해서는 '深淺'으로 풀이했고, 'ㅗ ㅏ ㅜ ㅓ; ㅛ ㅑ ㅠ ㅕ'에 대해서는 '闔闢'으로 풀이했고, 또 "初聲對中聲而言之 ……"에서도 중성에 대해 '深-淺, 闔-闢'으로 풀이 했다.

이것은 'ㆍ ㅡ ㅣ-深淺'에 대한 'ㅗ ㅏ ㅜ ㅓ; ㅛ ㅑ ㅠ ㅕ-闔闢'의 분별·차별을 말하는 것으로 풀이의 내용을 달리했다는 것이 여기서의 관심의 초점이 된다. 이것을 「제자해」의 중성 풀이에 나오는 "水火未離乎氣, 陰陽交合之初, 故闔"의 내용과 "木金陰陽之定質, 故闢"의 내용과 더불어 생각해 볼 때, 이 같은 분별은 중성 'ㆍ ㅡ ㅣ'와 'ㅏ ㅑ; ㅓ ㅕ'에 대한 'ㅗ ㅛ; ㅜ ㅠ'의 분별적 풀이에 매우 중요한 의의를 갖는 것이라고 생각한다. 아래에서 이 같은 내용에 대해 생각해 보기로 하자.

2.3.1.1 'ㆍ ㅡ ㅣ'의 소리는 "深"·"淺"

「제자해」에 의하면, 중성 풀이의 첫머리에는 중성 11자의 원체이자 단체單體이자 부수에 해당하는 'ㆍ ㅡ ㅣ'에 대해 소리의 특성을 다음과 같이 '深, 淺'으로 적고 있다.

ㆍ 舌縮而聲深, 天開於子也. 形之圓, 象乎天也.

一舌小縮而聲不深不淺, 地闢於丑也. 形之平, 象乎地也.

ㅣ舌不縮而聲淺, 人生於寅也. 形之立, 象乎人也.

그런데 여기서 이것들과 함께 생각해야 할 또 하나의 관심은 『훈민정음』 중성 11자 가운데서 '丶 ㅡ ㅣ'의 위치이다. '훈민정음' 창제자들은 이들 글자에 대해 아래에서 보인 바와 같이, '先－始, 首－冠'이라 하기 때문이다. 여기서 다시 한 번, 『설문계전』 권1「통석」과「문언전文言傳」의 다음과 같은 기록을 되새겨야 할 것이다. 글자의 꼴은 곧바로, 그것이 나타내는 역학적인 여러 요소들과 연속 연계되어 있는 것으로 풀이하고 있기 때문이다.

- 以一爲冠首 本乎天者 親上 故曰 凡一之屬皆從一 (『설문계전』)
- [九五] 飛龍在天 …… 本乎天者 親上, 本乎地者 親下 (「문언전」)
- 取象於天地人而三才之道備矣, 然三才爲萬物之先, 而天又爲三才之始, 猶丶 ㅡ ㅣ 三字爲八聲之首, 而丶又爲三字之冠也 (『훈정』「제자해」)

위의 『설문계전』의 내용과 「문언전」의 내용과 『훈민정음』「제자해」의 내용이 연계성을 가졌다고 보고, 「문언전」의 "本乎天者 親上"을 매개 개념으로 볼 때는 『설문계전』의 '冠首'(ㅡ)와 『훈민정음』「제자해」의 '冠'(丶), '首'(丶 ㅡ ㅣ)는 다 같이 "本乎天者 親上"의 뜻을 내포하고 있는 같은 유의 것으로 생각할 수 있다. 앞(제2장 2.2.1)에서 "河圖 중앙의 '五'와 '十'은 셈[數]하지 않음"에 대해 언급했다. 또 "河圖之虛五與十者, 太極也"(『성리대전』권14 17장)라 했다. 이 역시 연속적 세계관에서 뜻을 파악해야 한다. 물론, 여기서도 "ㅣ獨無位數者. 盖以人則無極之眞, 二五之精, 妙合而凝 ……"는 고려되어야 한다.

그뿐 아니라 '先－始, 首－冠'의 '始'에 해당하는 '丶'는 '天'이자, '冠'이며, 이는 「제자해」의 초성 풀이에도 원체이자 단체이자 부수에 해당하는 하나의 형체소인 'ㄴ ㅁ ㅇ'에 대해 "而象形制字則爲之始"라 하여,

'始'를 쓴 것과도 같다.

이와 같이 『훈민정음』「제자해」에는 '先-始, 首-冠'의 '丶 ― ㅣ'의 소리의 특성이 위에서 말한 바대로, '丶'는 '深', '―'는 '不深不淺', 'ㅣ'는 '淺'이라 하여, '深淺'이라는 것이다.

2.3.1.2 'ㅗㅜ; ㅛㅠ'는 '闔-水·火-無定體, 'ㅏㅓ; ㅑㅕ'는 '闢-木·金-定質'

위에서 보인 「제자해」의 '丶(深), ―(不深不淺), ㅣ(淺)'의 풀이에 해당하는 "丶舌縮而聲深……"에 바로 이은 것으로는 "此下八聲, 一闔一闢……"이 나온다. 이때의 팔성八聲은 물론 'ㅗㅏㅜㅓ; ㅛㅑㅠㅕ'를 두고 말하며, "一闔一闢"의 '闔'은 'ㅗㅜ; ㅛㅠ'를, '闢'은 'ㅏㅓ; ㅑㅕ'를 말한 것이다. 아래에서 '闔闢'에 관련된 「제자해」의 기록을 제시한다. 아울러 편의상 "此下八聲, 一闔一闢……"에 이어 나는 중성 관련 풀이도 겸하여 아래에 제시한다. 모두 일체화가 되어 있는 연속적·융합적 세계관에서 나온 것이다.

此下八聲, 一闔一闢.
㉠-가) ㅗ與丶同而口蹙, 其形則丶與―合而成, 取天地初交之義也.
　　ㅏ與丶同而口張, 其形則ㅣ與丶合而成, 取天地之用發於事物待人而
　　成也.
　　ㅜ與―同而口蹙, 其形則―與丶合而成, 亦取天地初交之義也.
　　ㅓ與―同而口張, 其形則丶與ㅣ合而成, 亦取天地之用發於事物待人而
　　成也.
㉠-나) ㅛ與ㅗ同而起於ㅣ.
　　ㅑ與ㅏ同而起於ㅣ.
　　ㅠ與ㅜ同而起於ㅣ.
　　ㅕ與ㅓ同而起於ㅣ.

ㄴ-가) ㅗㅏㅜㅓ 始於天地, 爲初出也.

ㄴ-나) ㅛㅑㅠㅕ 起於ㅣ而兼乎人, 爲再出也.

ㄷ-가) ㅗㅏㅜㅓ之一其圓者, 取其初生之義也.

ㄷ-나) ㅛㅑㅠㅕ之二其圓者, 取其再生之義也.

ㄹ-가) ㅗㅏㅛㅑ之圓居上與外者, 以其出於天而爲陽也.

ㄹ-나) ㅜㅓㅠㅕ之圓居下與內者, 以其出於地而爲陰也.

ㅁ-가) 、之貫於八聲者, 猶陽之統陰而周流萬物也.

ㅁ-나) ㅛㅑㅠㅕ之皆兼乎人者, 以人爲萬物之靈而能參兩儀也.

ㅂ-가) 取象於天地人而三才之道備矣.

ㅂ-나) 然三才爲萬物之先, 而天又爲三才之始,

　　　　猶、一ㅣ三字爲八聲之首,

　　　　而、又爲三字之冠也

ㅅ-가) ㅗ初生於天, 天一生水之位也.

　　　　ㅏ次之, 天三生木之位也.

　　　　ㅜ初生於地, 地二生火之位也.

　　　　ㅓ次之, 地四生金之位也.

ㅅ-나) ㅛ再生於天, 天七成火之數也.

　　　　ㅑ次之, 天九成金之數也.

　　　　ㅠ再生於地, 地六成水之數也.

　　　　ㅕ次之, 地八成木之數也.

ㅇ-가) 水火未離乎氣, 陰陽交合之初, 故闔.

ㅇ-나) 木金陰陽之定質, 故闢.

㉔-가) 、天五生土之位也.

㉔-나) 一地十成土之數也.

㉔-다) ㅣ獨無位數者, 盖以人則無極之眞, 二五之精, 妙合而凝, 固未可以定位
成數論也.

위의 ㉠-가), 나)에서 보면, '闔'인 'ㅗ/ㅛ, ㅜ/ㅠ'는 "取天地初交之
義", '闢'인 'ㅏ/ㅑ, ㅓ/ㅕ'는 "取天地之用發於事物待人而成"이라 하는 데
대해 더 생각해 보기로 하자.

첫째, "此下八聲, 一闔一闢……"의 것에서 관심을 끌고 있는 것은 무
엇보다도 'ㅗ ㅛ ㅜ ㅠ'는 소리가 '闔'인데 'ㅗ, ㅜ'의 형체에 대해서는
"ㅗ…… 其形則 、與一合而成", "ㅜ…… 其形則一與、合而成"이라 했다.
이것을 형체학적 관점에서 형체소를 갈라 제시해 보면 다음과 같이
된다. 'ㅗ'는 '、'와 'ㅡ'의 합체, 'ㅜ'는 'ㅡ'와 '、'의 합체로 이루어졌다.

ㅗ = 、 + ㅡ

ㅜ = ㅡ + 、

ㅛ = ㅣ + ㅗ = ㅣ + 、 + ㅡ

ㅠ = ㅣ + ㅜ = ㅣ + ㅡ + 、

※ 'ㅗ ㅜ'는 '初出', 'ㅛ ㅠ'는 '再出'

그런데 여기서 유의해야 할 것은 ㉠-나)의 내용처럼, 'ㅛ, ㅠ'는 "與
ㅗ/ㅜ同而起於ㅣ"라 했으니, 이는 소리가 'ㅗ, ㅜ'와 같되 "起於ㅣ"이라
는 것이다. ㉠-가), 나)의 첫마디에 있는 "此下八聲, 一闔一闢……"에
서 보는 바와 같이, 일차적인 것은 소리의 합벽闔闢 문제이다. 그리하여
위에서 보는 바와 같이, 'ㅛ, ㅠ'의 것도 'ㅗ, ㅜ'처럼 함께 "取天地初交
之義"로 처리하였다. 왜냐 하면, ㉠-나)의 'ㅛ'로써 보기를 들어 풀이
해보면, "ㅛ與ㅗ同而起於ㅣ"의 뜻은 'ㅛ'의 소리는 그 소리가 'ㅗ'와 더
불어 같으나 "起於ㅣ"이라는 것이다. 이것은 형체소별로 본 분별 의식

272

작용이라 할 수 있다. 물론 이때의 'ㅗ'의 소리는 "ㅗ與‧同而口蹙, 其形則‧與一合而成, <u>取天地初交之義</u>"에서 그 뜻을 취해야 할 것이다. 그러므로 ⓛ-가)처럼 'ㅗ(初生於天, 天一生水之位), ㅜ(初生於地, 地二生火之位)'는 '始於天地, 爲初出'이 되고, 'ㅛ, ㅠ'는 ⓛ-나)에서처럼, 'ㅛ(再生於天, 天七成火之數), ㅠ(再生於地, 地六成水之數)'를 "起於ㅣ而兼乎人, 爲再出"이라 했으니, 이것은 'ㅗ, ㅜ'처럼 '初出'을 한 번 한데다가 또 "起於ㅣ而兼乎人"을 거듭했으니, 이는 그 소리가 '再出'이 된다는 것이다.

그리고 또 여기서 중요한 것은 ⓢ-가)의 'ㅗ(天一生水), ㅜ(地二生火)'와 ⓢ-나)의 'ㅛ(天七成火), ㅠ(地六成水)'의 것에다가 ⓞ-가)의 "水火未離乎氣, 陰陽交合之初, 故闔"의 내용을 관련시켜 이를 풀이해 보면, 이것들(ㅗ ㅜ; ㅛ ㅠ)은 모두가 '무정체無定體'가 된다는 것이다. 이정호 박사에 의하면, "<u>기(氣)</u>-음과 양으로서 형질이 되기 이전의 상태"(『訓民正音의 構造原理』, 165쪽)라 했다. 전적으로 옳은 말씀이다. 오행에는 음양이 있는데, 음인 水에 음양이 있고, 양인 火에 음양이 있다는 것이다. 음양의 개념은 중층적이다. 그러므로 음양에는 정체가 없다. 무정체이다. 이것은 ⓢ-가)에서 ⓩ-다)까지 내용의 문제인데, 이 내용은 제2장 2.2.4에서 언급한 바가 있다. 이것은 『주역』「계사상전」의 "河出圖, 洛出書, 聖人則之"와 또 같은 「계사상전」의 "天一地二, 天三地四……"에 바탕을 둔, 주자의 「역학계몽」「본도서 제일」에서 하도낙서의 풀이 내용과 밀접한 관련이 있는 것이다.

둘째는 'ㅏ ㅓ; ㅑ ㅕ'의 문제인데, 이것의 소리는 '闢'이다. 그러나 'ㅏ ㅓ'는 ㄱ-가)에서처럼 그 형체를 "ㅏ …… 其形則ㅣ與‧合而成", "ㅓ …… 其形則‧與ㅣ合而成"이라 하면서 다 같이, "取天地之用發於事物待人而成"이라고 했다. 'ㅑ ㅕ'는 ㄱ-나)에서처럼 소리가 "ㅏ/ㅓ同而起於ㅣ"이라 했다. 그러므로 소리는 'ㅏ ㅓ'와 같되 '起於ㅣ'라는 것이다. 이것 역시 형체학적인 관점에서 형체소를 갈라 제시해 보면 다음과 같다. 'ㅏ'는 'ㅣ'와 '‧'의 합체, 'ㅓ'는 '‧'와 'ㅣ'의 합체로 이루어졌다.

ㅏ = ㅣ + ·

ㅓ = · + ㅣ

ㅑ = ㅣ + ㅏ = ㅣ + ㅏ + ·

ㅕ = ㅣ + ㅓ = ㅣ + · + ㅣ

※ 'ㅏ ㅓ'는 '初出', 'ㅑ ㅕ'는 '再出'

　학계에서는 혹 'ㅏ ㅓ'를 두고, "天人初交"(이는 이정호 박사의 말씀)를 말하나 이는 '天人初交'의 조건이 아니라, ㉠-가)에서처럼, 'ㅏ'는 "與 ·同而口張, 其形則ㅣ與·合而成"이요, 'ㅓ'는 "與一同而口張, 其形則·與ㅣ合而成"인데다가 다 같이 "取天地之用發於事物待人而成"이라는 것이며, 이에 더욱 중요한 것은 ㉢-나)의 "木金陰陽之定質, 故闢"이라는 조건하에서 만들어진 것이다. 또 여기서도 'ㅑ ㅕ'는 "與ㅏㅓ同而起於ㅣ"라 했으니, 이 역시 그 소리가 'ㅏ ㅓ'와 같되 "起於ㅣ"라는 것이다. 그러므로 'ㅏ(天三生木之位), ㅓ(地四生金之位)'는 ㉡-가)에서처럼 "始於天地, 爲初出"이라 하였고, 'ㅑ ㅕ'는 그 소리가 "起於ㅣ而兼乎人, 爲再出"이라 했으니, 이것 역시 'ㅏ ㅓ'에서 '初出'을 한데다가 또 'ㅑ ㅕ'에서 "起於ㅣ而兼乎人"을 거듭했으니, 이 역시 그 소리가 '再出'이 된다는 것이다.

　그리고 여기서 다시 한 번 강조해 말할 것은 저 ㉥-가)의 'ㅏ(天三生木之位), ㅓ(地四生金之位)'와 ㉥-나)의 'ㅑ(天九成金之數), ㅕ(地八成木之數)'에다가 ㉢-나)의 "木金陰陽之定質, 故闢"을 관련시켜 이를 풀이해 보면, 이것들(ㅏ ㅓ; ㅑ ㅕ)은 모두가 '정질定質'이 된다는 것이다. 이정호 박사에 의하면, "질(質)-음과 양이 이미 교합하여 고정된 형질로 나타난 것"[66]이라 했다. 이미 '고정固定된 형질形質'이란 것이다. 이는 '정질'이라 할 수 있다.

---

66) 이정호, 앞의 책, 165쪽.

2.3.1.3 'ㅏ ㅓ; ㅑ ㅕ'에 대한 "取天地之用發於事物待人而成"의 풀이와 '天人初交' 문제

이것은 퍽 흥미로운 문제의 제시라고 본다. 위에서 본 바와 같이, 이를 'ㅏ ㅓ'만으로 우선 보면, 이는 'ㅣ＋ㆍ'(ㅏ)와 'ㆍ＋ㅣ'(ㅓ)에서의 'ㅣ', 그리고 '사람'의 문제인데, 이에 송학적인 '정질定質'이 더한 것이다. 문제의 핵심, 해답의 핵심은 "取天地之用發於事物待人而成"의 송학적 풀이에 있다고 본다. 「제자해」에서는 또한 다음과 같이 말하고 있다. 이것 역시 사람의 위치를 규정짓는 『훈민정음』의 기본 사상이다. 그 내용은 오행이 사람에 있어서는 '質之成', 천지가 만물을 생성하되 '財成輔相'하는 데는 사람의 힘에 자뢰資賴함을 뜻한다.

> 五行在天則神之運也, 在地則質之成也, 在人則仁禮信義智神之運也, 肝心脾肺腎質之成也. …… 盖字韻之要, 在於中聲, 初終合而成音. 亦猶天地生成萬物, 而其財成輔相則必賴乎人也.

이것은 물론 앞에 나오는 "ㅛ ㅑ ㅠ ㅕ 之皆兼乎人者, 以人爲萬物之靈而能參兩儀也"의 사람과 연계되어 있음은 말할 것도 없다. 여기서 주목할 것은, 사람은 '神之運(하늘)'과 '質之成(땅)'의 가운데에 위치하고 있는데, 이는 다음에 나올 『주자어류』의 기록들에 나타나 있다. 이 같은 세계관의 특징을 쉽게 풀어 말한다면, 하늘과 자연과 사람은 연속적 관계에 있으며, 사람은 하늘과 땅 사이에 있으면서 삼자三者를 융합시키는 중개자적·중매자적인 관계에 놓인다는 것이다. 이러한 연속의 기초에는 "一元之氣, 周流不窮", "天地之化本一氣"(『훈정』「제자해」)에 나오는 것과 같은 氣의 사상이 깔려 있다.

따라서 위에 보인, 'ㅏ ㅓ; ㅑ ㅕ'는 '闢 －"取天地之用發於事物待人而成"의 "取天地之用 …… 待人而成"라는 것이 문제 해결에 중요한 의미를 제공해 줄 것으로 보인다. 또 "오행이 사람에 있어서는 '質之成',

천지가 만물을 생성하되 '財成輔相'하는 데는 사람의 힘에 資賴함"과 같다고 하는 것도 역시 뒷받침이 된다고 본다. 이것은『훈정』과『주역』「계사상전」에 다 같이 나타나는 "開物成務"에 관련된 것으로 보인다. 앞에서 하도 풀이와 관련시키면서 내세운 주인 "역은 근본이 복서 ……"(제2장 2.2)라 한 데서도 말한『주자어류』(권66)의 다음의 말을 다시 한 번 기억해야 할 것이다.

> 易本爲卜筮而作. 故人淳質, 初無文義, 故畵卦爻以開物成務. 故曰, 夫易, 何爲而作也, 夫易, 開物成務, 冒天下之道如斯而已. 此易之大意如此.(謨)

그리고 또한,『주역본의』에 나오는 "開物成務"의 풀이도 함께 생각해야 할 것이다. 아래의 것이 그것이다. 특히 여기 나오는 "開物成務"의 '物'과 '務'의 뜻풀이에 유의해야 할 것이다.

> • 開物成務, 謂使人卜筮, 以知吉凶而成事業, 冒天下之道, 謂卦爻旣設, 而天下之道皆在中. (『주역본의』「계사상전」)
> • 物只是人物, 務只是事務. (『주자어류』권66「복서」)

이것에 의하면, 첫째「복서」에서 규정한 뜻대로라면, "開物成務"는 '사람으로 하여금, 복서에 의해 길흉을 알고, 그것에 의하여 사업을 성취하게 하는 것'이다. 세상의 모든 것은 자연 그대로 두어도 잘 되어나가나 그보다는 인공을 가함으로써 성취하고자 하는 것이 더욱 잘 된다. 이때의 '物'은 '사람', '務'는 '사업'을 말한다. 다시 강조하거니와, 'ㅏ ㅓ'에 '天人初交'를 말할 수 있을지는 몰라도, 이는『훈정』의 "ㅏ與 ·同而口張, 其形則ㅣ與·合而成"과 "ㅓ與一同而口張, 其形則·與ㅣ合而成"에 다 같이 해당되는 "取天地之用發於事物待人而成"에는 안 맞다고 할 수 있다. 말하자면, 이 "取天地之用……"의 것은『훈민정음』의 "開物成務"를 좇아 풀이하고,『훈민정음』의 "開物成務"는 또한, 위의

"物只是人物, 務只是事務"의 뜻을 좇아 풀이해야 한다는 것이다. 그러고 보면, "物只是人物, 務只是事務"는 '人物'과 '事務'로 하여, 인위나 인공으로의 풀이를 생각할 수 있다. 따라서 'ㅏ(其形則ㅣ與ㆍ合而成), ㅓ(其形則ㆍ與ㅣ合而成)'에 대한 "取天地之用發於事物待人而成"은 절대적인 하늘(天=ㆍ)과 사람(人=ㅣ)의 천인조화天人調和의 지향의 뒷받침에서 생각할 수 있으리라 본다. 그렇다면 '정질定質'의 문제는 절로 해결된다. 줄여 말한다면, 이는 'ㅏㅓ'를 두고 "天人初交"라는 이 박사님의 관점에 대한, 다른 송학적인 풀이라 할 만하다.

이에 참고로, 하나를 덧붙인다. 『주자어류』에 보면 음양오행에 연계된 '人ㆍ物'의 차이를 다음과 같이 제시하고 있다. 이는 특히 '사람'의 위치를 확인하는 데에 필요하다고 생각한다.

二氣五行, 交感萬變, 故人物之生, 有精粗之不同. 自一氣而言之, 則人物皆受是氣而生, 自精粗而言. 則人得氣之正且通者, 物得其氣之偏且塞者 ……. (『주자어류』 권4「僩錄」)

이기(二氣) 오행(五行)은 감응(感應)하여 여러 가지로 변화한다. 그러므로 사람이나 몬[物]이 생겼을 때에는 정조(精粗: 정함과 거침)의 차이가 있다. 일기(一氣)로써 말하면, 사람이나 몬이나 기(氣)를 받아서 생겨난다. 정조에서 말하면, 사람은 바르고 투명한 기를 받고, 몬은 기울어지고 막힌 기를 얻는다.

위의 『주자어류』의 것은 또한 다음과 같은 내용으로 바로 이어진다.

惟人得其正, 故是理通而無所塞, 物得其偏, 故是理塞而無所知. 且如人, 頭圓象天, 足方象地, 平正端直, 以其受天地之正氣, 所以識道理, 有知識. 物受天地之偏氣, 所以禽獸橫生 草木頭生向下, 尾反在上. (『주자어류』 권제4「性理一 人物之性氣質之性」)

사람은 바른 기氣를 받고 있으므로 도리를 잘 알지만, 몬[物]은 천지의 기울어진 기를 받고 있으므로, 동식물의 저 같은 몰골을 볼 수 있다는 것이다. 이 또한 참고가 되겠다.

2.3.1.4 만물이 오행에 의해 생성될 때의 氣와 質에 대하여

여기서는 『성리대전』 「역학계몽」 「본도서 제일」에 초점을 맞추고 있으므로, 우선 이 같은 주장을 보완하기 위해 다시 한 번 다른 각도에서 다음과 같은 주자의 말을 인용·제시하기로 한다. 이 내용에는 'ㅗ ㅜ; ㅛ ㅠ'는 '闔－水·火－無定體'이며, 'ㅏ ㅓ; ㅑ ㅕ'는 '闢－木·金－定質'이란 것을 이해하는 데에 매우 중요하다고 생각되겠기 때문이다.

원래 이것은 오행의 차례에 관련된 문제이다. 하도河圖 생수生數의 차례는 水에서 시작하여 土에서 끝난다. 말하자면, '天一生水, 地二生火, 天三生木, 地四生金, 天五生土' 차례이다. 그런데 이것을 오행, 곧 質로써 말하면 유체流體는 水, 기체氣體는 火와 고체固體인 木金土로 가를 수 있다는 것이다. 역학에서는 이것을 水火는 氣, 木은 氣와 形의 가운데에 있는 마치 식물과 동물과 광물 사이에 있는 것과 같다는 것이며, 다음이 金, 다음이 土의 차례이다.

이것은 앞(제2장 2.2.4)에 나오는 『성리대전』 「역학계몽 일」의 하도 풀이에 관련하여 나오는 주자·면재勉齋·운장雲莊의 말과 같다.

『태극도설』에 보면, "陽變陰合而生水火木金土"라 했다. 그런데 여기 이 "陽變陰合"에 의해 홍범洪範 오행의 '水·火·木·金·土'의 차례[序]가 생겼다고 한다. 주자의 「도설해圖說解」에는 '陽之變, 陰之合'이라고 했으나 이는 '陽變, 陰合'과 같은 뜻으로 생각하고 있다. 그런데 가만히 보면, 이 양에는 반드시 '變'을, 음에는 반드시 '合'이라고 했는데, 그 까닭에는 음양오행의 일원상즉一源相卽이 단적으로 나타난 것으로 생각한다. 왜냐하면 그것은 원래, '變'이란 것은 음에서 양으로 가고, '合'이란 것은 양에서 음으로 가는 것을 말하는데, 여기서는 이것을 배반하여,

양에서 음으로 가는 것에 대해 '變', 음에서 양으로 가는 것에 대해 '合'이라 했기 때문이다. 『주자어류』에는 다음과 같은 것이 있다.

- 或問變化二字. 曰, 變是自陰之陽, 忽然而變, 故謂之變. 化是自陽之陰, 漸漸 消磨將去, 故謂之化. 自陰而陽, 自是長得猛, 故謂之變. 自陽而之陰, 是漸漸 消壓將去. (『주자어류』 권74 「燾錄」)
- 是言剛化爲柔, 柔變爲剛. 蓋變是自無而有, 化是自有而無也. (『주자어류』 권74 「燾錄」)

이는 음에서 양으로 柔에서 剛으로 가는 것에 대해 '變', 양에서 음으로 剛에서 柔로 가는 것에 대해 '合(化)'을 말하는 것이다. 이것은 無에서 有로 가는 생성론적인 표현에서 말하는 '變', 有에서 無로 가는 본체론적인 표현에서 말하는 '合'을 일컬은 것이다. 그런데 이에 배반하여, '陽變, 陰合'이라 했다. 이것은 '태극도太極圖'의 '제이위第二位(중앙의 ○를 태극으로 함; 坎離圖)'와 '제삼위第三位(五行圖)'를 결합하는 교차곡선交叉曲線에 나타나 있는 바와 같이, 단적으로 '제이위第二位'의 감리坎離와 '제삼위第三位'의 ㊌㊍와의 일원상즉을 나타내고 있다. 양동陽動을 양변陽變, 음정陰靜을 음합陰合이라 일컫고, 양동·음정의 관계를 양변·음합의 관계로 말을 바꾸고 있다. 이것을 실증하는 것이 '제삼위第三位' 오행도五行圖의 ㊌㊍를 氣로 하는 설이다.

다음의 것을 보자. 이는 '陽變, 陰合'하여, 처음에는 氣인 '水火'가 생겼는데, 이는 "其成形未定"이라 했고, 다음에는 '木金'이 생겼는데, 이는 "確然有定形", "資於土"라 했다. 생각건대, 이것은 역시 『훈민정음』의 '무정체無定體'에 대한 '정질定質'의 풀이에 도움이 될 것으로 보인다.

陽變陰合, 初生水火. 水火氣也, 流動閃鑠, 其體尙虛, 其成形猶未定. 次生木金, 則確然有定形矣, 水火初是自生, 木金則資於土. 五金[67]之屬, 皆從土中, 旋生出來. (『주자어류』 권94 「德明錄」)

'양이 변화고 음이 합하여'에서 처음에는 수(水)와 화(火)가 생겼다. 수와 화는 기(氣)이다. 움직이며 번쩍여서 그 체(體)는 아직 공허하고, 그 형(形)도 아직 정해지지 않았다. 이어 목(木)과 금(金)이 생기게 된즉, 확실히 일정한 형체를 가지게 됐다. 수와 화는 처음에 절로 생겨났지만 목(木)과 금(金)은 토(土)에서 취한다. 다섯 가지의 금은 모두 토(土) 속에서 빙빙 돌면서 생겨났다.

水・火는 원래, 오행에 속하여, 質에 배치되었던 것을 氣로 했다. 때문에 이 '감수이화坎水離火'와 水・火의 결합을 양변음합이라 한 것인데, 이것은 생성론적 표현으로서는 이해할 도리도 방법도 없으며, 전적으로 인식론적 실재성에 의한 것이라고밖에 생각할 수 없다는 것이다. 양변음합이 이기오행의 일원상즉을 풀이하는 까닭이다. 오행의 水・火를 氣로 하고, 木・金과의 관계를 氣의 경청輕淸과 중탁重濁, 곧 음양과 강유剛柔, 氣와 質의 관계로 풀이한다. 『주자어록朱子語錄』에 있는 다음의 것을 보자.

天地生物, 先其輕淸以及重濁. 天一生水, 地二生火, 二物在五行中最輕淸. 金木復重於水火, 土又重於金木. (『주자어록』 94권 「謨錄」; 『성리대전』 권1 「태극도설해」 6장)
천지가 만물을 생(生)할 경우, 먼저 가볍고 맑은[輕淸] 것이 만들어지고, 거기서 무겁고 흐린[重濁] 것에 이른다. 천일(天一)은 수(水)를 생하거, 지이(地二)는 화(火)를 생한다. 수(水)・화(火)의 둘은 오행 가운데서 가장 가볍고 맑으며(輕淸하며), 금(金)・목(木)은 수・화보다 무겁고, 토(土)는 금・목보다 무겁다.

위의 것은 오행의 氣와 質을 풀이하는 것이며, 동시에 氣와 質의 일원상즉을 풀이하는 것이다. 말하자면, 음양이 오행에 승재乘載하는 기

---

67) 오금(五金)은 금(金)・은(銀)・동(銅)・철(鐵)・석(錫)을 말한다.

기氣機라는 것을 나타낸 것이다. 뭉뚱그려 말하면, 천지창조가 氣의 경중輕重·청탁淸濁에 의해 만들어진다는 것인데, 이 같은 생각을 오행의 생성에까지 적용해 본 것이라 할 수 있다.[68]

　만물의 생성을 일기－氣의 운동으로 풀이할 경우, 음양에 대한 말이 나온다 할지라도, 음양 하나하나의 작용에 대한 각별한 풀이는 하지 않고, 음양을 머금고 있는 일기라는 식으로 이해하고 풀이해 나간다. 그러나 거기에는 음양의 존재가 이미 고려된 것으로 친다. 경청輕淸한 氣는 양의 성격을 지니고 있으며, 중탁重濁한 氣는 음의 성격을 지니고 있기 때문이다. 다만, 오행의 氣의 발생에 관하여서나 음양의 성격에 대해서는 각별한 풀이를 하지 않고, 경중·청탁만 생각하게 된다.

　위의 주자의 말과 같이, 오행의 발생의 순서는 '水·火·木·金·土'의 차례로 되어 있다. 가운데서도 '水·火'는 경청輕淸이며, '木·金·土'의 차례로 생긴다는 것이다. 그런데 水·火가 가장 먼저 생긴다는 데에 대한 주자의 말에는 또한 다음과 같은 것이 있다. 이것은 동시에 주자의 세계 생성 과정을 보인 것이기도 하다.

　　天地始初混沌未分時, 想只有水火二者. (『주자어록』 권제1 「儞錄」)
　천지의 처음, 혼돈 미분(未分)인 때는 수(水)·화(火)의 두 행(行)만이 있은 것으로 상상된다.

여기에 다음과 같은 말이 이어진다. 참고로 적어보면,

　水之滓脚便成地. 今登高而望, 羣山皆爲波浪之狀, 便是水泛如此, 只不知因甚麽時凝了. 初間極軟, 後來方凝得硬. 問. 想得如潮水湧起沙相似. 曰. 然. 水之極濁便成地, 火之極淸便成風霆雷電日星之屬.
　그 물의 앙금이 땅이 되었다는 것이다. 오늘날, 고지에 올라 산들을 바

────────────────

68) 이에 관하여는 今井宇三郎, 앞의 책, 442~450쪽.

라보면, 모양이 물결을 하고 있는 것은 그것이 물이었기 때문이다. 그것이 어느 사이에 응결한 것이다. 물이 지극히 탁한 것이 땅이 된 데 대하여, 불이 지극히 맑은 것이 바람이나 천둥이나 해나 별이 되었다는 것이다.

주자가 水·火의 발생을 가장 먼저라고 생각한 것은 주염계의 '태극도太極圖'에 의한 것인 듯하다. 이에 대한 주자의 말은 이러하다.

水陰根陽, 火陽根陰. 錯綜而生其端, 是, 天一生水, 地二生火, 天三生木, 地四生金, (到得運行處, 便水生木, 木生火, 火生土, 土生金, 金又生水, 水又生木, 循環相生.) (『주자어류』 권94 「賀孫錄」)
수음(水陰)은 양에 뿌리박고, 화양(火陽)은 음에 뿌리박는다. 음양이 착종(錯綜)하여 단서가 생긴다. 천일(天一)은 수(水)를 생하고, 지이(地二)는 화(火)를 생하고, 천삼(天三)은 목(木)을 생하고, 지사(地四)는 금(金)을 생한다.

1) 주자의 오행 발생의 순서

『성리대전』의 주염계의 '태극도'를 보라. 그림의 셋째 것은 오행도五行圖로 되어 있다. 한가운데에는 '土'가 있다. '土'의 왼쪽에는 '火·木'이 세로[縱]로 놓여 있고, 그 '土'의 바른쪽에는 '水·金'이 역시 세로로 놓여 있다. 이를 바꾸어 달리 말하면, '水·火'는 '土'의 위쪽에 옆[橫]으로 '木·金'은 '土'의 아래쪽에 역시 옆으로 되어 있다는 것이다. 그런데 가만히 보면, '水'는 둘째 그림의 '陽動'에 연계되어 있고, '火'는 둘째 그림의 '陰靜'에 연계되어 있음을 알 수 있다. 태극도가 이와 같은 꼴을 가지고 있으므로, 水·火를 오행 발생의 첫째에 두는 것으로 생각할 수 있다는 것이다. 또 이론적으로 생각해 보면, 앞에서 말한 것처럼, 水·火의 氣는 경청輕淸하여 양의 성격을 지니므로, 다른 어느 것보다도, 水·火가 먼저 생기고, 이어 木·金·土의 차례로 생겼다고도 할 수 있다. 이상의 것은 오행을 발생의 차례를 따라 본 것이다.

2) 주자의 오행 순환의 순서

그런데 오행에 대하여는 이를 다시 순환의 차례를 따라서도 생각할수 있다. 오행의 순환은 木·火·土·金·水의 차례이다. 이것은 보통으로말하면 오행 상생과 같다. 다른 것이 있다면, 水에서 다시 木으로 되돌아가는 것이다. 앞에서 인용한, "…… 水又生木, 循環相生"의 것에 해당한다. 이 순환의 차례도 '태극도'에 근거한다. 주염계의 방식이 곧 전통적인 오행 상생의 방식을 따르고 있다고 할 수 있다. 그러나 주자는오행 발생의 차례와 오행 순환의 방식을 판연히 구별한다. 주자는 이점에 관하여, 다음과 같이 말하고 있다.

有陰陽, 則一變一合而五行具. 然五行者, 質具於地而氣行於天者也. 以質而語其生之序, 則曰水火木金土, 而水木陽也. 火金陰也. 以氣而語其行之序, 則曰木火土金水, 而木火陽也, 金水陰也. (『성리대전』 권1 26장)

음양이 생기면, 일변일합(一變一合)하여 오행이 갖추어진다. 그러나 오행은 질(質)로서 땅에 갖추어지고, 기(氣)로써 하늘에 순환하는 것이다. 질로서 발생 순서를 말하면, 수−화−목−금−토의 순으로서, 수·목은 양이며, 화·금은 음이다. 기로 순환의 순서를 말하면, 목−화−토−금−수의순으로서, 목·화는 양이며, 금·수는 음이다.

이 같은 주자의 말은 『태극도설』에 붙여진 것으로 음양에서 오행으로의 발전을 풀이한 것이다. 주염계의 『태극도설』에서는 음양의 변합變合에 의해 오행이 생하는 내용을 풀이한 것이므로, 주자의 이에 대한풀이 역시 이에 따르고 있다. 다만, 주자는 오행에 대하여, 발생과 함께 운행을 풀이하는데, 여기서 중요시하는 것은 오행의 발생을 質의문제로, 오행 순환의 문제를 氣의 문제로 포착한다는 점이다. 이 같은풀이를 두고, 학계에서는 주자의 독자적인 풀이로 볼 만하다고 한다.『태극도설』에는 다음과 같이 적고 있다. 이에는 오행에 대한 氣·質의 구별은 없다.

陽變陰合而生水火木金土. 五氣順布, 四時行焉. (『성리대전』 권1 26장)

양이 변하고 음이 합하여, 수·화·목·금·토를 생하고, 오기(五氣)가 순포(順布)하여, 사시(四時)가 운행된다.

위의 내용을 두고, 이를 굳이 氣·質의 구별을 따지려고 한다면, 차라리 氣에 속하는 풀이로 보아야 할 것이다.

주자는 위의 "陽變陰合而生水火木金土 ……"의 것을 두고, 이를 氣와 質로 갈라 이해하려고 했다. 그것은 오행을 질로 치고 음양의 氣와 대비시키려는 의식이 주자에게 있었기 때문일 것이라는 것이다. 氣와 그것에서 생한 物─구체적이기는 하나 아직 형체를 갖추지 않은 物─과의 대비감이 작용하여, 음양을 氣로서 오행을 質로서 생각을 하게 된 것으로 보인다는 것이다.

다시금 말하거니와 『훈민정음』의 중성 제자 풀이에 나오는 "水火未離乎氣, 陰陽交合之初, 故闔"과 "木金陰陽之定質, 故闢"을 생각해야 할 것이다. 이때의 '闔'은 'ㅗㅜ; ㅛㅠ'의 소리가 되며, '闢'은 'ㅏㅑ; ㅓㅕ'의 소리가 된다.

음양은 늘 氣일 뿐, 質은 될 수 없다. 다만 음양을 분류 형식으로 사용한다면, 『태극도설해』에 보이는 것처럼 氣를 양에 質을 음에 속하게 하는 풀이도 나올 수 있다.

오행을 氣와 質로 나누는 것은 주자의 독자적인 풀이라 했다. 게다가 주자는 오행을 質 쪽으로 생각하는 강한 경향을 가지고 있었다고 했다. 이 같은 사정을 『주자어류』에서 찾아보기로 하자.

陰陽是氣, 五行是質. 有這質, 所以做得物事出來. 五行雖是質, 他又有五行之氣做這物事, 方得. (『주자어류』 권1 「高錄」)

음양은 기(氣)이며, 오행은 질(質)이다. 이 질이 있으므로 물(物)을 만들

수 있다. 오행은 질이지마는 거기에 오행의 기가 없으면, 물(物)이 잘 만들
어지지 않는다.

위의 말은 두 부분으로 가를 수 있다. 첫째, 이 말은 음양과 오행의
대비에 의해서 음양은 氣로 오행은 質로 정한다는 것이고, 둘째는 오
행만을 문제 삼아 이것을 質과 氣로 분석한다는 것이다. 그리고 이 부
분적인 설명에서는 物의 제작이 마치 오행만으로 행해지는 꼴이 되어
있어, 物은 오행의 氣와 오행의 質에 의해 만들어진다는 뜻이 나타난
다고 할 수 있다. 여기에는 대비적인 또 이자=著인 氣와 質을 단위로
하는 주자의 사고 방법이 나타나 있으나, 주자는 物이 만들어질 때에
는 오행의 氣와 오행의 質이 아무래도 꼭 필요하다고 말한다. 물物이
만들어질 때에 필요한 氣가 質에 대비될 때를 생각해 보라. 이는 앞에
서 말한 『태극도설해』의 "天地生物, 先其輕淸以及重濁 …… 土又重於金
木 ……"(『성리대전』 권1 6장)의 내용처럼, 경중청탁輕重淸濁이 기준이 된
다. 그러나 (質이 있으므로) 物을 만든 방향, 또는 (오행은 質이나 거기에다
가 다시 오행의 氣가 없으면, 物이 만들어지지 않는다고 하는) 이미 만들어진
物 방향에서 보게 되면, 생명력, 에너지와도 같은 것이 오행의 氣 가운
데서 감득感得된다는 것이다. 質에서 떠난 氣는 아니라는 것이다. 아래
에서 뜻하는 바를 보기로 하자.

天包乎地, 天地氣又行乎地之中. (『주자어류』 권1 「振錄」)
하늘은 땅을 겸한다. 하늘의 기(氣)는 땅 가운데까지 침투한다.

여기서 말하는 뜻을 보더라도, 質은 氣의 가운데에 포함되어 質 가
운데서도 氣가 발산하고 있는 것으로 보인다.
다음으로는 氣와 質 사이의 관계를 보기로 하자. 『주자어류』에는 다
음과 같은 말이 나온다.

天以氣而依地之形, 地以形而附天之氣. 天包乎地, 地特天中之一物爾. 天以氣而運乎外, 故地摧在中間, 隤然不動. 使天之運有一息停, 則地須陷下. (『주자어류』 권1 「道夫錄」)

하늘은 기로써 땅의 형에 의지하고, 땅은 형으로써 하늘의 기에 달라붙어 있다. 하늘은 땅을 감싸고 있어, 땅은 하늘 가운데 있는 일물(一物)에 지나지 않는다. 하늘이 기로써 땅의 바깥을 돌고 있기 때문에 땅은 중앙에 안정하여, 조금도 움직이지 않는다. 만약에 하늘의 운행에 조금이라도 정체가 있게 되면, 땅은 틀림없이 함락할 것이다.

이 말에는 땅에 대해서 '形'이라는 글자를 쓰고 있으나 이것은 내용으로 보아, '質'자로 바꿀 수 있다. 그러므로 위의 내용은 氣와 質의 호상관계를 말한 것이라 할 수 있다. 하늘의 氣가 땅의 質을 감싸고 있다는 것과 天氣 운행이 땅을 안정시키고 있다는 것 등은, 위에서 "오행은 質이지만은 거기에 오행의 氣가 없으면, 物이 잘 만들어지지 않는다[五行雖是質, 他又有五行之氣做這物事, 方得]"라고 한 것처럼, 氣와 質은 떠날 수가 없다. 늘 가까이서 동반하여 서로 의지하고 있다. 이와 같이 氣와 質을 겸비한 오행은 또한 음양을 떠나서 존재하는 것이 아니고, 오히려 음양의 발전·분열이라고도 할 만한 것이다. 앞에서 "음양은 氣이며, 오행은 質이다[陰陽是氣, 五行是質]"라는 말을 했는데, 다음에는 아래와 같은 말이 이어진다.

然却是陽陰二氣截做這五個, 不是陰陽外別有五行. 如十干甲乙, 甲便是陽, 乙便是陰.

그러나 음양의 이기(二氣)가 나뉘어져 오행이 되나 음양 밖에 오행이 있는 것은 아니다. 가령, 십간(十干)의 갑을(甲乙)의 경우, 갑이 양이며, 을이 음인 것과 같다.

위의 말은 꼭 음양의 二氣에 의해 구성된 一氣의 분열分裂을 말하는 것 같으나, 음양과 오행은 異質의 것이 아니라는 것이다. 이렇게 된다면, 오행의 氣에도, 오행의 質에도 음양의 二氣가 포함되어 있다 할 수 있다. 위에서 보기로 제시된 십간十干은 이것을 오행에 배당할 경우, 갑을甲乙·병정丙丁·무기戊己·경신庚申·임계壬癸와 같이 되어 각각에 음양이 포함된다. 주자가 든 보기에서는 갑을甲乙 조組의 경우, 갑에는 양을, 을에는 음을 각각 배당시키고 있다. 그럴 경우 오행의 각각에는 음과 양의 둘이 포함되게 될 것이다. 『태극도설』 가운데서, 주자는 오행 발생 순서의 경우 水·木을 양에 火·金을 음에 배당하고, 오행 순환의 경우 木·火를 양에 金·水를 음에 각각 배당하여, 발생·순환에 의한 오행의 음양 배당을 달리하고 있으나, 어느 것이든 간에 오행이 음양에 배당되는 것은 확실한 것이다. 다만, 관심을 끌고 있는 바와 같이, '土'는 중앙을 차지한다는 의미에서 이 같은 배당에서 제외된다는 것이다. 그것이야 어느 것으로 하든, 『태극도설』에서는 오행을 확실히 음양으로 배당하고, 음에 속하는 것은 음만으로 양에 속하는 것은 양만으로 한다는 것이다.

2.3.2 『훈정』 「예의」에서 중성의 차례와 '하도'의 관계

여기서는 중성 11자 배열의 차례를 말하기 전에 먼저 중성 11자에 대한 아래와 같은 분류표를 먼저 제시하려 한다. 이 같은 내용은 지금까지 풀이해 온 내용을 축약한 성격을 띠고 있으므로, 여기서 제기한 문제를 푸는 데에 직접으로 도움을 주는 것으로 생각되기 때문이다.

첫째, 아래의 ㉠의 것은 앞에서 말한 「해례解例」의 중성 11자를 ㉠-가)의 '深·淺(ㆍ ― ㅣ)', ㉠-나)의 '闔(ㅗㅜ; ㅛㅠ)', ㉠-다)의 '闢(ㅏㅓ; ㅑㅕ)'으로 분류·배열하고, 이에 필요에 따라, 오행 '무정체無定體와 정질定質'을 더한 것이다. 둘째, 아래의 ㉡의 것은 ㉠ 안의 세 분류, 곧 '深·淺', '闔―水·火―無定體', '闢―木·金―定質'의 것을 음양오행의 생위生位와 성수成數로 갈라 붙인 것이다.

㉠ 『훈민정음』 중성 11자를 ‘深淺’, ‘闔－闢’에서 분류·배열

　가) ·ㅡㅣ: 深·淺

　나) ㅗㅜ; ㅛㅠ: 闔－水·火－無定體

　다) ㅏㅓ; ㅑㅕ: 闢－木·金－定質

㉡ ㉠을 바탕으로 음양오행(陰陽五行)의 생위(生位)와 성수(成數)로 배치
　한 것

　가) 하도(河圖)의 ‘五’의 생수(生數), ‘十’의 성수(成數)와 사람(ㅣ)의 위치

　　·: 天五生土之位也.

　　ㅡ: 地十成土之數也.

　　ㅣ: 獨無位數者, ……

　나) 闔－水·火－無定體

　　ㅗ: 天一生水之位也　　　　ㅜ: 地二生火之位也

　　ㅛ: 天七成火之數也　　　　ㅠ: 地六成水之數也

　다) 闢－木·金－定質

　　ㅏ: 天三生木之位也　　　　ㅓ: 地四生金之位也

　　ㅑ: 天九成金之數也　　　　ㅕ: 地八成木之數也

　이상의 내용을 하도河圖에 배치시키면 거기에 11자의 차례가 나타나
게 된다. 이것은 앞에서도 풀이한 바와 같이 『훈민정음』 「제자해」에
있는 천지 음양에 따른 팔성八聲의 ‘圓’의 위치 풀이에서도 확인된다.
곧, 「제자해」에서는 “ㅗㅏㅛㅑ 之圓居上與外者, 以其出於天而爲陽也.
ㅜㅓㅠㅕ 之圓居下與內者, 以其出於地而爲陰也”라 했다.

　이것을 ‘위[上]’와 ‘바깥[外]’, ‘밑[下]’과 ‘안[內]’으로 분류 표기하면 다
음과 같이 된다.

　　ㅗ: 居上－天一生水,　　　ㅏ: 居外－天三生木,

　　ㅛ: 居上－天七成火,　　　ㅑ: 居外－天九成金

288

ㅜ: 居下－地二生火,　　　　ㅓ: 居內－地四生金,

ㅠ: 居下－地六成水,　　　　ㅕ: 居內－地八成木

이것을 또 하도에 상하좌우로 갈라 배치시키면 다음과 같이 된다.

㉠ 무정체(無定體)의 위치

天一(ㅗ)－地六(ㅠ) → 居下

地二(ㅜ)－天七(ㅛ) → 居上

㉡ 정질(定質)의 위치

天三(ㅏ)－地八(ㅕ) → 居左

地四(ㅓ)－天九(ㅑ) → 居右

이로써, 『훈민정음』에서 중성 'ㆍ ㅡ ㅣ; ㅗ ㅏ ㅜ ㅓ; ㅛ ㅑ ㅠ ㅕ'의 차례는 총체적으로 '하도河圖'의 오행의 생위生位(內)와 성수成數(外)인, '生者在內', '成者在外'의 원칙에 따라, 첫째는 "天五生土"의 'ㆍ', "地十成土"의 'ㅡ', "獨無位數"의 'ㅣ'가 배열되고, 둘째는 역시 '生者在內', 곧 'ㅗ(水), ㅏ(木), ㅜ(火), ㅓ(金)'의 차례가 되고, 또 '成者在外', 곧 'ㅠ(水), ㅕ(木), ㅛ(火), ㅑ(金)'의 차례가 됨을 알 수 있다. 그리고 이것은 오행 상생－순환의 차례로 되어 있음을 알아야 한다.[69] 『주역』 「설괘전說卦傳」에는 "坎者水也. 正北方之卦也"라 했다. '坎'이란 '물[水]'이며, 한겨울[眞冬]에 해당하는 '正北方의 卦'라는 것이다. 그러므로 그 밖의 것은 이를 미루어 알 수 있다. 곧, '木→火→土→金→水(→木)[木生火, 火生土, 土生金, 金生水, 水生木]'이다.

저 앞(제2편 제2장 2.2.2)에서 제시한 『성리대전』의 하도河圖에 『훈민

---

69) 오행의 상생·순환에 대하여는 저자가 쓴 『韓國語 聲調의 分析的 研究』(세종출판사, 1974)에 있는 「易理의 八卦·方位·四時·五行과 萬物 生成의 繼起的 順環의 法則」 (203~209쪽) 참조.

정음』의 오행 생성수를 첨가·배치한 그림과 하도에 중성 11자를 배치한 그림을 참조하기 바란다. 여기에서는 물론 『주역』 「계사상전」의 "大衍之數五十, 其用四十有九"의 '五十'에 대한 '其用四十有九'와 연계된 것들을 말해야 함은 물론이다. 이는 모두 "中聲之中, 亦自有陰陽五行方位之數也"(「제자해」)에 어긋나지 않는다고 할 수 있다.

그러므로 『훈민정음』 「예의例義」에서 중성의 차례를 'ㆍ ㅡ ㅣ; ㅗ ㅏ ㅜ ㅓ; ㅛ ㅑ ㅠ ㅕ'로 잡은 것은 전적으로 주자의 『역학계몽』이나 『주역정의周易正義』에 있는 하도河圖에 의거했다고 할 수 있다. 차례를 다음과 같이 요약해서 제시하기로 한다.

㉠ ㆍ(天五生土之位)

㉡ ㅡ(地十成土之數)

㉢ ㅣ(獨無位數者, 盖以人則無極之眞, 二五之精, 妙合而凝, 固未可以定位成數論也)

㉣ ㅗ(初生於天, 天一生水之位)

㉤ ㅏ(次之, 天三生木之位)

㉥ ㅜ(初生於地, 地二生火之位)

㉦ ㅓ(次之, 天四生金之位)

㉧ ㅛ(再生於天, 天七成火之數)

㉨ ㅑ(次之, 天九成金之數)

㉩ ㅠ(再生於地, 地六成水之數)

㉪ ㅕ(次之, 地八成木之數)

2.3.2.1 『훈몽자회』 「범례」와의 차이

다음으로는 이 같은 문제를 두고, 이를 『훈몽자회』 「범례」에서 중성의 차례를 'ㅏ ㅑ ㅓ ㅕ; ㅗ ㅛ ㅜ ㅠ; ㅡ ㅣ ㆍ'로 잡은 것과 더불어 생각해 보기로 한다.

생각건대, 『훈민정음』「예의」에 있는 중성 11자의 배열 차례와『훈몽자회』「범례」에 있는 중성 11자의 배열 차례는 서로 관련이 있을 것으로 보인다. 여기에도 각기 일관된 송학적인 오행 생성의 사상이 깔려 있는 것으로 보이는데 다만 다른 것이 있다면, 그것은 보는 각도에 따른 처리 방법이다. 먼저 그 배열의 차례를 아래에 제시한다.

㉠ 『훈민정음』「예의(例義)」의 중성 11자 배열
· ㅡ ㅣ; ㅗ ㅏ ㅜ ㅓ; ㅛ ㅑ ㅠ ㅕ
㉡ 『훈몽자회(訓蒙字會)』「범례(凡例)」의 중성 11자 배열
ㅏ ㅑ ㅓ ㅕ; ㅗ ㅛ ㅜ ㅠ; ㅡ ㅣ ·

『훈민정음』의 것을『훈몽자회』의 것에 맞대어 보면, 위에서 보는 바와 같이 배열을 크게 세 토막으로 가른 것은 같다. 그러나 배열에 있어서는 차이가 난다. 아무래도, 천지인의 삼재 사상이 깔려 있는 것 같다. 앞 토막에는 'ㅣ'가 가운데 토막에는 'ㅡ'가 끝 토막에는 보는 바 그러하다.

위의 ㉡의 것은 ㉠의 것에 맞대어 풀이해 보면, '陽(ㅏ, ㅑ), 陰(ㅓ, ㅕ); 陽(ㅗ, ㅛ), 陰(ㅜ, ㅠ)'의 차례이자, 생수生數−성수成數의 연속이다. 오행으로는 '木, 金, 金, 木; 水, 火, 火, 水'의 차례에다가 'ㅡ(土, 生數), ㅣ(無位數), ㆍ(土, 生位)'의 차례이다. 『훈몽자회』에서는 양은 양끼리(ㅏ, ㅑ), 음은 음끼리(ㅓ, ㅕ) 모여 있는 차례를 보이고 있다. 이 같은 발상의 배경에는 「범례」에 나오는 '방점' 풀이와 "平上去入定位之圖"의 풀이가 있어 이를 염두에 두고 하는 말이다.

이 같은 문제는 바로 중성의 어느 쪽에 초성글자를 갖다 붙일 것이냐의 문제와도 직결된다. 자형학의 관점에서 보면, 'ㅏ ㅑ ㅓ ㅕ'에는 'ㅣ'를 가지고 있어 'ㅣ(侵字中聲)'와 더불어 초성을 왼쪽에 붙이게 되어 있으나 다음의 'ㅗ ㅛ ㅜ ㅠ'의 글자에는 'ㅡ'를 가지고 있어 초성을 윗쪽에 붙이게 되어 있다. 'ㅡ ㅣ ㆍ'의 차례는 『훈민정음』 '天開−子(ㆍ)', '地闢−丑(ㅡ)', '人生−寅(ㅣ)'의 경우와는 달리 차례가 구조적이다. 땅

있고, 위에 사람 있고, 또 위에 하늘이 있다. 천지의 것 곧 '`、 ㅡ`'는 초성을 위에, 사람의 것 곧 '`ㅣ`'는 왼쪽에 초성을 붙이게 되어 있다.

그러나 한편으로 생각해 보면, 『훈몽자회』「범례」에는 "가갸거겨고 교구규그기ᄀᆞ"의 "初中合用作字例"와 "간갼걀감갑갓강"의 "初中終三聲合用作字例"를 말한다. 여기서는 "諺文字母, 俗所謂反切 二十七字"라 했다. '反切'이라면, 이미 알고 있는 두 글자의 소리 가운데서 위의 소리와 아래 글자의 소리를 합하여 하나의 소리를 나타내는 것을 말한다. 그러므로 속俗에서 이미 알고 있는 것들을 아래위로 맞추되 '간, 갼, ……'의 경우처럼 중성을 중심으로 초성의 것을 어디에 놓으며, 종성의 글자는 어디에 놓을 것인가 하는 것과 같은 규칙의 귀납에서 위와 같은 차례가 나오지 않았을까 생각해 본다.

2.3.3 이정호의 견해와 『훈민정음』 '`ㅣ`(人)' 중심의 자형적 풀이

『훈민정음』「제자해」에서는 '`ㅗ, ㅏ`'에 대해서는 "天地初交"-"陰陽交合之初"를 말하면서도 '`ㅏ ㅓ`'에 대해서는 '天地初交'는 없고, 다만 "天地之用發於事物待人而成"이라 하면서, 또 '`ㅛ ㅑ ㅠ ㅕ`'의 풀이에서는 "起於ㅣ而兼乎人, 爲再出也"라 했다. "其形則ㅣ與、合而成"과 "其形則、與ㅣ合而成"이라 했으니, 이는 '`、`'와 '`ㅣ`'의 두 형체소가 합체되어 이루어진 '`ㅏ`'와 '`ㅓ`'의 문제로서, 합체되었을 때의 '`、`'와 '`ㅣ`'의 성리학적인 풀이의 문제이다.

이정호 박사는 이에 대해 다음과 같은 견해를 제시했다. 참고가 되고, 학계에 주목을 끌고 있으므로 몇 가지를 아래에 제시한다.70)

㉠ '`ㅏ`'의 "力學的 意義"에서:

`ㅏ`는 `ㅣ`와 `、`의 合字이니, `、`에서 나왔으므로 하늘 소리(또는 밝은 소

---

70) 이정호, 『훈민정음의 구조원리: 그 역학적 연구』, 아세아문화사, 1975.

리)에 屬하며 <u>天人의 初交</u> 즉 사람이 天地의 化育에 參贊하는 뜻이 있다. ……… 陰陽과 五行의 方位生成數로는 天三生木의 자리니, 河圖로는 三木이요 干支로는 甲寅에 該當한다.

ⓛ 'ㅓ'의 "力學的 意義"에서:

ㅓ는 ·와 ㅣ의 合字이니 ㅡ에서 나왔으므로 땅소리(또는 어둔 소리)에 屬한다. 역시 <u>天人 初交</u>의 뜻이 있고 ……… 陰陽과 五行의 方位生成數는 地四生金의 자리니, 河圖로는 四金이요 干支로는 辛酉에 該當한다.

ⓒ 'ㅛ ㅑ ㅠ ㅕ'의 "力學的 意義"에서:

먼저 "力學的 意義"에 앞선 "制字의 起源"의 풀이에서는 "ㅛ ㅑ ㅠ ㅕ의 制字 起源은 各各 上記 ㅗ ㅏ ㅜ ㅓ의 起源과 一致한다. 다만 사람을 表示하는 ㅣ를 點(·)으로 縮約하여 하나씩 더 붙였을 뿐이다. (생략, 밑줄은 인용자)

라는 말을 제시해 놓고, 또 다음과 같이 적고 있다.

ㅛ ㅑ ㅠ ㅕ의 오무리고 벌리며 닫고 여는 뜻은 위에서 말한 ㅗ ㅏ ㅜ ㅓ의 경우와 같다. 다만 여기에는 사람을 表示하는 <u>ㅣ가 ㅡ點化하여 · 로 縮約</u>되어 各各 ㅗ ㅏ ㅜ ㅓ의 點 옆 또는 위에 찍혀 있기 때문에 <u>ㅗ ㅏ ㅜ ㅓ가 天地와 天人의 初交</u>를 의미하는데 比하여 <u>ㅛ ㅑ ㅠ ㅕ는 再交를 意味</u>하고, ㅛ ㅑ ㅠ ㅕ가 單純한 天地와 天人의 交合에 지나지 않는데 比하여, ㅛ ㅑ ㅠ ㅕ는 天地의 作用이 事物에 發現하되 사람을 기다려서 完成하는 뜻이 있다. 制字解에는 ㅏ ㅓ에서 이미 「天地의 作用이 事物에 表現하되 사람을 기다려서 이룬다」고 하였지만 筆者는 이에 對히여 若干 見解를 달리 하고 있다. 管見에 衣하면 <u>ㅗ ㅏ ㅜ ㅓ는 上記한 바와 같이 單純한 天地와 天人의 初交요 初生이요 初出이다.</u> 設使 ㅏ ㅓ에 사람이 들어 있다 하더라도 그것은 天地가 初交하여 萬物이 化生한 後 사람이 겨우 天地의 化育에 參贊하는 뜻

즉 原理가 있을 뿐이요, 거기에는 아직 實地의 作用이 없고 다만 方位性
즉 座標만이 設定되어 있는 것이다. ………… 그러므로 ㅗㅏㅜㅓ는 거기
에 '사람' ㅣ가 들어가서 ㅛㅑㅠㅕ로 될 때에 비로소 實地의 作用이 생기
고, 人間이 萬物의 靈長으로 能히 天地兩儀에 參贊하여 天地間에서 重要한
구실을 하게 되어 비로소 「天地의 作用이 事物에 發現하되 사람을 기다려
서 이룬다」고 생각된다.[71]

위의 주장 가운데서도 특히 밑줄 친 부분의 것이 여기서 논란의 대
상이 된다고 할 수 있다.

이 박사는 『훈민정음』 「제자해」의 중성 풀이에 대해 위에서와 같이
"견해를 달리하고 있다"고 했다. 다시금 아래에서 중요 부분을 되풀이
제시해 보자. "제자해에는 ㅏㅓ에서 이미 '천지의 작용이 사물에 발현
하되 사람을 기다려서 이룬다'고 하였지만 필자는 이에 대하여 약간
견해를 달리하고 있다"[72]가 그것이다.

위의 이 박사의 주장은 하도의 역학적인 풀이로 보아서는 이치가
있다 할 수도 있다. 이것은 하도의 음양오행방위생성수에 맞지 않는
것이 있다는 것을 말한 것으로 해석할 수 있기 때문이다.

그러나 한편으로 생각해 보면, 새로운 글자를 만들기 위해 '훈민정
음' 창제자들이 제시한 이론과 방법에 대해 이 박사가 '天人의 初交－
天人의 交合'에서 보는 바와 같이 말했다면, 이는 어떤 의미로 받아들
여야 할 것인가 하는 것이다. 여기서 관심의 초점은 '훈민정음' 창제자
들이 어떠한 이론과 방법으로 새로운 글자인 '훈민정음'을 창제했을까
하는 데에 있다. 결코, 『훈민정음』의 어느 내용이 역학에 맞고, 어느
내용이 역학이나 하도에 맞지 않는다는 것을 따지는 데에 있지 않다.
일반적으로도 이론의 바탕에 차이가 있고, 방법이 다를 경우, 또 초점

---

71) 이정호, 위의 책, 79쪽.
72) 이정호, 위의 책, 79쪽.

과 목적이 다를 경우, 대상에 대한 이론과 방법의 원용은 어떤 대상물의 전체 아닌 부분을 취할 수도 있으므로, 이론과 실제와의 사이에는 괴리가 있게 마련이다.

필자의 생각으로는, 『훈민정음』의 중성 11자 제자 이론의 전개는 바로 앞에서 말한 것처럼, 주로 주자의 「역학계몽」이나 『주역본의』의 이론에 의거한 것이 아닐까 생각해 본다. 근원적으로 차이가 있다면, 그것은 여기로부터 비롯한다고 본다. 그 밖의 것은 이 글의 해당 항목을 대조·참조하기 바란다.

생각건대, 이 박사가 위에서 말한 "견해를 달리 하고 있다" 하는 말의 뜻은 아마도 『훈민정음』의 풀이 내용이 "ㅗ初生於天, 天一生數之位也. …… ㅕ次之, 地八成木之數也"로 되어 있다든가 "中聲之中, 亦自有陰陽五行方位之數也"로 되어 있다든가 하여, 그와 같은 내용 모두가 음양오행방위생성수를 나타내고 있으므로, 이론과 방법은 마땅히 역학에 맞고, 하도의 방위생성수에 맞게 풀이되어 있어야 할 터인데도, 그것이 그렇게 되어 있지 않다고 판단한 데서 나온 것이 아닌가 생각해 보게 된다. 그리하여 마침내는 "약간 견해를 달리하고 있다"고 한 것이 아닌가 생각해 본다.

그런데 만약에 이 박사의 이 같은 주장에 긍정을 하게 된다면, 결국 이 박사님의 견해에는 『훈민정음』의 위와 같은 풀이가 하도河圖의 방위생성수方位生成數에 맞지 않게 되어 있으니, 'ㅏ ㅓ'는 '天人의 初交—天人의 交合"으로 풀이되어야 한다는 것이고, 『훈민정음』의 풀이는 잘못되었다고 해야 할 것이 아니겠는가? 그러나 여기서 다시 한 번 짚고 넘어가야 할 것이 있다.

문제는 초점을 어디에 맞추느냐에 있다. '훈민정음' 창제자들은 새로운 글자를 만드는 데에 있고, 여기서 '훈민정음' 제자원리를 찾는 데에 초점을 맞추어야 한다. 이런 것도 생각해 보자. 만약에 『훈민정음』이 문자학의 성전으로 일컬어지는 『설문』류에 영향을 받았다면, 또 『설문』류의 내용이 역학의 이론을 배경으로 하고 음양과 오행·하도에 대한 언급을 했다는 것이 확인된다면, 『설문』류에서도 철저하게 역학으로 해석 가능한 것만으로 일관되고, 음양오행방위생성수와 하도에도 빈틈없이 한 치의 뒤틀림 없이 맞아 떨어지느냐 하는 것이다. 항상 이론과 현실의 사이에는 괴리가 있게 마련이고, 모방과 원용에는 매개물을 통한 창의의 힘이 작용할 뿐이다.

구체적으로 이 박사의 '天人의 初交－天人의 交合'과의 관련을 생각해 보기 위해, 『훈민정음』으로 되돌아가자. 『훈민정음』에서 형체학적으로, 자형학적으로 중요시해야 할 첫째는 초성의 제자 이론에서도 마찬가지이지만, "中聲凡十一字"를 두고, 이를 어떻게 풀이하고 있느냐는 것이다.

여기서 중요한 문제의 하나는, 무엇보다도 움직일 수도 바꿀 수도 없는 것은, 형체소로서의 'ㆍ ㅡ ㅣ'의 형체이다. 그 가운데서도 여기서는 특히 'ㅣ'에 주의를 집중시켜야 할 것이다. 그런데 『훈민정음』에서의 'ㆍ'은 하늘처럼 둥글게 되어 있어야 하고, 'ㅡ'은 땅처럼 평평하게 되어 있어야 하고, 'ㅣ'의 것은 사람(人)처럼 서 있어야 한다는 것이다.

우리의 음절音節, syllable(聲音, 成字)의 짜임새에서 보면, 음소phoneme로서의 /i/는 단모음이며 형체로서는 'ㅣ'의 모습으로 쓰이나 'ㅛ ㅑ ㅠ ㅕ'의 반모음半母音, semi-vowel으로서의 /j/는 'ㅣ'의 형체를 가지면서도 역학적인 의의를 달리 띠고 있어 연계성이 매우 복잡하다. 앞(제1편 제2장 1.3)에서 정도전鄭道傳의 "天之文－日月星辰", "地之文－山川草本", "人之文－詩書禮樂"을 말하면서, 『설문』과 『훈정』의 세계에서는 "언어 표기로서의 자형, 입말(음성언어)과 글말을 맺어주는 자음, 정보전달의 기능을 갖는 자의의 셋은 서로 밀접하게 유기적으로 관련을 맺고 있다"고 했다. 이와 같이 형체로서의 글자의 세계, 즉 입말·글말의 소리의 세계와 뜻의 세계는 연속적이고도 융합적이다. 『훈민정음』에서는 'ㅏ ㅓ'도 'ㅛ ㅑ ㅠ ㅕ'도 글자로서는 한 글자이다. 중성 11자 가운데도 'ㆍ ㅡ ㅗ ㅜ'의 네 글자 이외의 글자는 아래에서 보인대로, 모두 'ㅣ(形之立, 象乎天)'와 관련·연계되어 있다. 특히 『훈민정음』 당시에도,

ㅛ ㅑ ㅠ ㅕ 起於ㅣ而兼乎人 (「제자해」)

一字中聲之與ㅣ相合者十, …… (「중성해」)

二字中聲之與ㅣ相合者四, …… (「중성해」)

라 하여, 반모음半母音에 대한 의식은 뚜렷했던 것으로 생각된다. 그리
하여 그들은 이에 대해 많은 지면을 할애·할당하고 있다. 심지어 'ㅣ
(侵字中聲)'에 대하여,

> ㅣ獨無定位數者, 盖以人則無極之眞, 二五之精, 妙合而凝, 故未可以定位成
> 數論也.

라고까지 하기에 이른다. 소리야, /i/든 /j/든 사람이 서 있는 꼿꼿한
모습(꼴)과 통한다. 그래서 지금도 '딴ㅣ'라는 말을 쓴다. 'ㅣ'는 'ㅣ'인
데 조금 다르다는 것이다. 역시 여기서도 /i/나 /j/는 모두 'ㅣ'-'사람'
-'形之立, 象乎人'과 연계된 것으로 처리하고 있으며, 이것은 항상 꼿
꼿하게 서 있는 영상映像, image를 띠고 있다. 사람이 서 있는 모습처럼.
『훈민정음』의 어디를 보아도 사람에 연계된 것은 'ㅣ'처럼 꼿꼿하다.
아무리 음양오행을 말하고, 하도河圖의 오행방위생성수를 말할망정,
시각적인 그림에는 꼿꼿하게 서서 있어야 한다. 혹 "ㅜ與ㅓ同出於一,
故合而成爲ㅟ"(「중성해」)의 'ㅣ'에서 모순을 말할지는 모르나 여기서
말하는 'ㅡ'는 '땅-음陰'을 말하고, 'ㅜ'는 "地二生火", 'ㅓ'는 "地四生
金"을 말한다. 이때의 "地二生火"는 음이 양을 생함을 말한다. 음양은
양단을 뜻하므로 음 가운데도 음양이 있고, 양 가운데도 음양이 있다.
오행에도 음양이 있고, 음인 물[水]에도 음양이 있다. 음양의 개념은
중층적이며, 음양에는 정체定體가 없다. 무정체無定體이다. 그러나 두 형
체소로 합체된 'ㅓ'는 'ㆍ×ㅣ'처럼 되어 있다. 「제자해」에서는 "ㅓ與
ㅡ同而口張, 其形則ㆍ與ㅣ合而成, 亦取天地之用發於事物待人而成也"로
풀이했다. 이에 대해서는 앞에서 풀이한 바 있다.

이것들은 하도河圖의 음양오행 생성수에 관련된 것이다. 『훈민정음』에서는 다만 'ㅣ(사람)'의 형체와 소리를 중시하면서, 역철학易哲學에서 우주 전체를 천지인의 세 영역으로 가르듯이, 'ㆍ ㅡ ㅣ'을 '천지인'의 세 류類로 갈라, 이를 상합相合시키고 있다. 하도의 오행생성도에 배치시킬 경우, '生者在內'의 'ㅗ ㅏ ㅜ ㅓ'를 '初出'에 두고, '成者在外'의 'ㅛ ㅠ ㅑ ㅕ'를 바로 '再出'에 두면서도 "ㅏ …… 取天地之用發於事物待人而成也"니, "ㅑ …… 起於ㅣ"이니, "ㅛ ㅑ ㅠ ㅕ 起於ㅣ而兼乎人, 爲再出也"니, "ㅛ ㅑ ㅠ ㅕ之皆兼乎人者, 以人爲萬物之靈而能參兩儀也"(「제자해」)니 하였다. 그 밖에도 많은 분량은 'ㅣ(사람)'에 충당하고 있다.

'ㅣ'의 형체도 보고, 그것이 생겨 난 때[寅]도 보고, 소리도 생각해 보라. 이것들을 연속적으로 융합적으로 일체화시켜 생각하는 이들의 사상에서 "起於ㅣ而兼乎人"의 사상이 나왔다. 'ㅣ(사람)'이 참여해야(겸해야) 하는 것으로 되어 있다. 여기서 '훈민정음' 창제자들의 사상의 한 면을 엿볼 수 있다. 그런데 여기서 중요한 것은 앞에서도 여러 번 강조한 바와 같이, 'ㅏ ㅓ; ㅛ ㅠ'는 '水火−무정체'이며, 'ㅗ ㅜ; ㅑ ㅕ'는 '木金−정질'임에 유의해야 한다는 것이다. 이 점이 이정호 박사와의 근본적 차이다.

2.3.4 중성 11자를 부수로서의 'ㆍ ㅡ ㅣ'에 분속시킨 이론

저 앞에서도 여러 차례 말한 바 있으나 역의 철학은 우주의 모든 존재를 두고, 이를 天·地·人의 세 영역으로 갈랐다. 만물을 天·地·人으로 나누는 것을 三才라 한다. 『설문』에서는 540이나 되는 부수를 배열할 때에 책 전체의 처음에 '天'에 해당하는 것을 놓았다. 만물의 근원인 '一'을 처음에 놓았다. 이 '天'은 '一'부에 속한다. 그리고 가운데에 '人'부, 마지막에 '땅[地]'을 상징하는 '二'를 놓았다. 『훈민정음』의 "初中終合成之字"의 생성 이론도 이와 꼭 같다. 여기서는 이와 같은 『설문』, 『훈민정음』의 연계성을 생각해 보고 이에 바탕을 두고, 『훈민정음』중성 11자를 부수로서의 'ㆍ(하늘), ㅡ(땅), ㅣ(사람)'에 분속시킨 이론에 대해 생각해 보기로 한다.

「제자해」에서는 이 "三才之道"와 연계된 'ㆍ ㅡ ㅣ'에 대해 다음과 같이 말했다. 삼재는 만물의 선두가 되고, 하늘은 또 삼재의 시초가 되는 것이, 마치 'ㆍ ㅡ ㅣ'의 세 글자가 여덟 소리의 머리가 되고, 'ㆍ'가 또 세 글자의 갓이 되는 것과 같다는 것이다.

取象於天地人而三才之道備矣. 然三才爲萬物之先, 而天又爲三才之始, 猶ㆍ
ㅡㅣ三字 爲八聲之首, 而ㆍ又爲三字之冠也.

여기서 유의할 것은 『훈민정음』의 제작자들은 어찌하여, "天開於子", "地闢於丑", "人生於寅"에 "三才爲萬物之先, 而天又爲三才之始"와 같은 차례를 제기했을까 하는 것이다. 첫머리의 「머리말」에서 말했듯이, 이에는 분명히 음양오행의 역사상易思想과 『설문』을 위시한 『설문계전』, 『고금운회거요』, 『홍무정운』 등에서 얻은 이론적 뒷받침이 있었을 것으로 본다. 더구나 이론의 전개에는 『노자』 제42장의 "道生一……"에서 볼 수 있는 유출사상과 송학적인 '이일분수'의 바탕, 곧 주자의 '월인만천'("月映萬川" 『주자어류』 제94; "一月普現一切水, 一切水月一月攝" 『주자어류』 제18)과 세종의 '월인천강'의 불교적 세계관이 그 밑바닥을 깔고 있는 것이 아닌가 생각해 보게 된다. 그런데 여기서 특별히 『노자』 제42장을 들고 유출사상을 강조하는 것은 근원적으로 『설문계전』, 『설문해자주』 같은 데에서 "道生一……"을 인용·강조하고 있으며, 여러 학자들이 또한 이에 공감·동조하고 있기 때문이며, 이에 더하여, 『훈민정음』 「제자해」의 첫 내용에도 "天地之道"의 '道'를 등장시키고 있기 때문이다. 『설문』의 인용은 『홍무정운』에서만 보아도, '칠백마흔여 군데', 『설문계전』을 지은 서개를 말하는 '徐曰'이 '스무여 군데' 나온다. 여기서도 비중은 컸던 모양이다. 아니, 그보다도 절대적이었으리라. '훈민정음' 창제를 앞두고 있는 그들에게 이만한 숫자가 그들의 눈을 스쳤다. 이를 어떻게 풀이해야 할 것인가? 이에 우리들은 『설문』에 대한 세종의 관심과 당대의 학자들은 관심의 눈빛을 짐작할 수 있으리라.

"三才之道"와 연계된 'ㆍ ㅡ ㅣ'는 팔성八聲인 'ㅗ ㅏ ㅜ ㅓ; ㅛ ㅑ ㅠ ㅕ'의 '首'가 되고, 'ㆍ'는 또한 'ㆍ ㅡ ㅣ'의 '冠'이 된다고 했는데, 이 세 글자(ㆍ ㅡ ㅣ)를 유출사상에 기반을 두고, 이를 "三才爲萬物之先, 而天又爲三才之始"라 하여, '先, 始'를 쓰고 있다. 이는 송학적인 '이일분수' 에도 물론 모순되지 않는다. 이일분수라면, 원래가 도학道學의 기본 명제의 하나이다. 주자는 이 말의 뜻을 우주론의 영역으로 확대하여, 천지간에 존재하는 理는 하나인데, 이 理는 동시에 개개個個의 理로서 나타난다는 것이다. 그리하여 도학의 기본 주장인, 만물일체萬物一體의 理一이란 말에 이것을 포함시켜, 그것과 함께 개개의 사물이 갖는 본래적인 특수성을 분수分殊라는 형태로 뜻을 매긴 것이다. 그러므로 이와 같은 관점에 서서, "三才之道"에 연계된 'ㆍ ㅡ ㅣ'는 그 차례에 있어서 어느 것이 '先'이고, 어느 것이 '始'냐는 것이다. 따라서 글자에 있어서도, 어느 것이 '首'이고, 어느 것이 '冠'인가를 말하고 있다. 이 같은 관점에서 본다면, 첫째로는 여기서 "ㆍ …… 天開於子", "ㅡ …… 地闢於丑", "ㅣ …… 人生於寅"의 '子·丑·寅'의 차례를 말한 것이나, '先, 始'를 말한 것 모두 음양오행의 역학이나 유출사상에 기반을 두고 있는 것으로 보아야 할 것이며, 둘째로는 이 같은 사상은 송학적인 이일분수의 이론 전개로 보아야 할 것이라는 것이다.

여기서는 다시 한 번, 앞에서 말한 '子·丑·寅'에 대한, 『설문해자』와 『성리대전』, 『훈민정음』의 관련 기록을 되새겨야 할 것이다.

『훈민정음』「제자해」의 'ㆍ(天), ㅡ(地), ㅣ(人)'의 상형과 유출의 차례에 나오는 '先-始', '首-冠'에서 중요한 것은 자형적인 풀이가 "取象於天地人而三才之道備矣. 然三才爲萬物之先 ……"에서와 같이, 모두 역학과 유출에 기반을 둔 이일분수의 이론에 기반을 두고 풀이되어 있다는 것이다. 앞의 '제1편 제3장'에서 다음과 같은 말을 한 적이 있다.

『설문해자』의 서(敍)에는 …… 복희씨(伏義氏)가 팔괘(八卦)를 그린 이야기 …… 팔괘를 문자의 기원으로 생각하는 중국 사람들의 독자적인 사고에 있다. …… 역은 팔괘와 그것들의 짜맞춤에 의해 …… 만상의 변화를 나타내고 있다. 이것은 일종의 상징주의적인 세계관이다.

그러므로 허신 시대의 한자의 체계도, 형상 가운데에는『역』에서 말한 괘효(卦爻)와 같은 존재의 뜻이 내포되어 있어 글자의 짜임새[構造] 가운데에는 각기 그에 해당하는 이법이 나타나 있다. 이렇게 생각하고 본즉, 과연『설문』에는 당시의 음양오행적인 자연관이 배경으로 되어 있는 것이 많다고 할 수 있다.

『설문해자』에 있는 이 같은 내용의 것은『설문계전』권38「착종錯綜」에도 "昔聖人之作書也, 觀變於天而生文, 觀象於陰陽而爲字, 幽贊於神明而河出圖洛出書極數於萬物, 而秬栗降測實於幽冥而鬼哭察於無聲著於無形曲而因之隨而模之一, 而繩之所以窮高遠而徹幽隱者也 ……"라 했고,『동국정운』「서序」의 다음 사상과 맥을 같이 하고 있다.

是故包犧畫卦蒼頡制字亦皆因其自然之理以通萬物之情 …… 於是溫公著之於圖康節明之於數探賾鉤深以一諸說

포희(包犧)가 괘(卦)를 그리고 창힐(蒼頡)이 글자를 만든 것도 역시 모두 자연의 이치에 따라서 만물의 정(情)을 통한 것이고, …… 이에 사마온공(司馬溫公)이 그림으로 나타내고, 소강절(邵康節)이 수학으로 밝히어서 탐색하고 깊은 것을 긁어내어 여러 학설을 통일하였다.

『주역』「계사전」에 있는 바와 같이『설문』을 쓴 허신도, 팔괘는 복희伏犧가 그렸고, 문자기호의 창시자 역시 복희라 했으며, 그는 '一'로써 양을, '--'로써 음을 나타내었다고 했는데『동국정운』「서」에서는 이에 더하기를 "司馬溫公이 그림으로 나타내고, 소강절이 數學으로 밝히어서 …… [溫公著之於圖康節明之於數 ……]"라고 했다. 이러한 내용은 모두 도가에서 전해진 도서상수圖書象數·음양오행적인 자연관을 배경으로 하고 있다고 할 수 있다.

『설문해자』「허서」에 있는 '一, 二, 三, 四, 五, 六, 七, 八, 九, 十'의 숫자 풀이로써 하나의 보기를 들더라도, 속에는 역학적인 음양오행사상이 짙게 나타나 있다고 할 수 있다. 아래에서 풀이의 보기를 든다. ('一, 三'의 것은 이 글의 곳곳에 따로 있으므로 뺀다.)

- 二, 地之數也 (13편 하)
- 四, 숲數也. 象四分之形 (14편 하)
- 五, 五行也, 從二陰陽在天地間交午也 (14편 하)
- 六, 易之數陰變於六正於八 (14편 하)
- 七, 陽之正也 (14편 하)
- 八, 別也. 象分別相背之形 (2편 상)
- 九, 陽之變也. 象其屈曲究盡之形 (2편 상)
- 十, 數之具也. 一爲東西丨爲南北則四方中央備矣 (3편 상)

이와 같은 관점에서 본다면, 『훈민정음』「제자해」에서 말하는 "取象於天地人而三才之道備矣"의 '三才之道'는 『설문해자』의 "三, 數名天地人之道也"와 어떠한 연계성이 있을까 하는 것이다. 상징적인 세계관을 문자의 체계에 연관시키고 있음을 알 수 있으며, 따라서 「제자해」에 있는 중성의 형체소인 'ㆍ ㅡ ㅣ'를 풀이하는 위의 "取象於天地人而三才之道備矣"의 역학적인 풀이가 『훈민정음』에서나 『설문』에서나 같이, 상징적인 세계관을 문자의 체계에 관련시키고 있음을 알 수 있다.

이 같은 발상의 배경에는 역시 『설문해자』의 유출사상, 음양오행의 이론적인 풀이를 다시 한 번 강조하지 않을 수 없다. 앞에서 말한 '一'은 태시이며, 근원적인 것이었다. 그리하여 "一, 惟初太極 道立於一 造分天地 化成萬物"이라고 했다. '一'을 부수로 하는 '元, 天, 丕, 吏'의 글자들이 이 '一'부수에 속한다. 『설문해자』에는 '一'을 글자의 형 안에 갖고 있는 글자는 60글자가 넘는다. 그러나 『설문』에서는 위에 보인 네 글자에 한정시켜, 태시로서의 道의 의미를 인정하고 있다. 이것은 단순히 글자의 꼴[形]만을 문제 삼은 것이 아니라, 그것의 구조적인 의미를 중요시한 것이다. 따라서 『설문』 삼재의 '三'은 다만 한갓 수만을 나타내는 것이 아니라, '天地人의 道'가 될 수 있다.

　三, 數名天地人之道也
　삼(三)은 수(數)의 이름이며, 天·地·人의 도(道)라.

그리고 이 풀이는 바로 "於文一耦二爲三成數也 凡三之屬皆從三"으로 이어진다. 그리고 또 바로 다음에 나오는 부수에 해당하는 '王'에 대해서는 "'三'이라는 것은 '天地人'이라. 그리하여 이것을 參通하는 것은 '王'이다"라고 하였고, 공자가 말하기를 "'一'로써 '三'을 꿰뚫는 것이 '王'이 된다"고 해설했다. 『설문』의 것을 그대로 인용하면 다음과 같다. 그런데 『설문계전』에서는 '三'에 대해 "三, 天地人之道也. 臣鍇曰通論備矣"라 했고, '王'에 대해서도 "……臣鍇曰通論備矣"라 했다.

　王, 天下所歸往也. 董仲舒曰 古人造文者 三畫而連其中謂之王三者天地人也
　而參通之者王也. 孔子曰一貫三爲王 凡王之屬皆從王
　'왕(王)'은 천하가 귀왕(歸往)하는 데라, 동중서(董仲舒)가 말하기를 옛날의 글자를 만든 사람은 세 획을 하여 가운데를 연결하여 이것을 왕이라 했다. 삼이란 것은 天·地·人이다. 그리하여 이것을 참통(參通)하는 것이 왕이다. 공자는 일이 삼을 꿰뚫는 것이 왕이 된다고 말했다. 무릇, 왕에 따른 (속해 있는) 것은 모두 왕을 따른다.

『설문』에서 보는 '文一'은 부수글자 하나만 싣고 있다는 뜻이다. '三' 부를 보면, '三' 하나뿐이다. '重一'이라 하여, 고문의 三을 달고 있기는 하나 역시 '三'이다.

그런데 고대의 중국에서도 이 '三'은 여기서 본 바와 같이 '천지인'을 의미하는 글자이다. 그러므로 이 '三'을 따르는(속하는) 다른 글자가 없을지라도, 단독으로 부를 만들지 않으면 안 된다. 이 점, 『훈민정음』에서도 'ㅡ(땅)'와 'ㅣ(사람)'를 따르는 글자 역시 이 'ㅡ'와 'ㅣ' 하나뿐이다. 다른 말로 하면, 이 '三'은 다른 부에도 물론 속하지 못하는 단독으로 된 부수이다. 까닭을 아래에서 생각해 보자.

『훈민정음』의 중성 11자의 형체소인 '삼재'의 'ㆍ ㅡ ㅣ'가 먼저 한 묶음이 되고, 나머지의 모든 중성글자들은 이로부터 펼쳐 나가는 것으로 되어 있는데, 이론의 전개는 역학적인 음양오행과 유출사상에 기반을 둔 이일분수로 되어 있다는 것이다.

『역』의 철학에서는 우주 전체를 '천지인'의 셋으로 영역을 분할하여 생각하려 했다. 그것은 「계사하전」에 있는 다음의 것을 보아도 알 수 있다.

　易之爲書也, 廣大悉備. 有天道焉, 有人道焉, 有地道焉, 兼三才而兩之, 故六. 六者 非他也 三才之道也.

　『역(易)』이 책됨이 넓고 커서 갖추어져 있다. 천도(天道)도 있고, 인도(人道)도 있고, 지도(地道)도 있다. 삼재를 겸(兼)하여 둘로 곱하였으므로 여섯 획(畫)이다. 여섯 획이란 다른 것이 아니라, 삼재의 도(道)다.

이에서 보면, 위의 것은 '하늘—사람—땅'의 차례를 따랐다. 이것은 영역의 구조적인 관점이다. 이와 같이 『역』이란 책은 광대한 내용을 갖추고 있어서, 거기에는 없는 것이 없다는 것이다. 곧, '하늘의 도', '사람의 도', '땅의 도'를 갖추고 있다는 것이다. 앞에서 '三'이나 '王'을 두고 "臣錯曰通論備矣"라 함은 이를 두고 하는 말이다. 여기서 하늘의 도, 사람의 도, 땅의 도의 차례로 되어 있는 것은 역의 괘(卦)를 위에서 본 차례의 것이다. 그리고 才란 것은 재능, 작용의 뜻이다. 천지인은 가장 위대한 재능(작용)을 가지고 있으므로, 삼재라 한다. 하늘은 우주의 사이에서 가장 영묘靈妙한 작용을 가지고 있으며, 땅은 가장 넓으며 만물을 싣고 이를 양육하는 작용을 가지고 있으며, 사람은 『상서尚書』에 있는 바와 같이, "만물의 靈"이다.73)

주염계는 「태극도설」에서 무극無極·태극·음양·오행을 말하면서 우주의 생성을 '天地人之道'의 삼재에 의거해 다음과 같이 말하고 있다.

　　故聖人與天地合其德, 日月合其明, 四時合其序, 鬼神合其吉凶. 君子修之吉,
　　小人悖之凶. 故曰立天之道, 曰陰與陽. 立地之道, 曰柔與剛. 立人之道, 曰仁與
　　義. (『성리대전』 권1 「태극도설」)

또 『훈민정음』에서는 'ㆍ(하늘)'과 'ㅡ(땅)'을 말하고 난 다음, 'ㅣ(사람)'에 대해서, "ㅣ獨無位數者, 盖以人則無極之眞, 二五之精, 妙合而凝, 固未可以定位成數論也"라 했고, 『설문』에서는 "人, 天地之性最貴者也"라 했다.

『훈민정음』에도 '하늘－사람－땅'의 차례로 된 세 영역으로 가른 천지인삼재의 도 사상이 있다. 이것을 '초성－중성－종성'이 합하여 하나의 소리, 곧 하나의 음절을 이루는 데 적용한 것이 있다. 『주자어류』에 보면 다음과 같은 말이 있다.

- 從有一太極, 物物有一太極. (「謙錄」 제94장)
- 保合大和, 天地萬物皆然. 天地便是大底74)萬物, 萬物便是小底天地. (「文蔚錄」 제68장)

그리고 참고로 하나를 더 붙인다. 『주자어류』(中華書局, 1986)에 있는 등애민鄧艾民의 '朱熹與朱子語類'의 풀이에 보면, "朱子所謂理一的理與分

---

73) "惟天地, 萬物父母. 惟人萬物之靈"(『尚書』 제6 「周書」)
74) '底'는 '的'의 뜻.

殊的理之間的關係, 旣不是一般的和特殊的關係, 也不是全體和部分的關係, 而是一種帶有神秘主義性質的類似大宇宙與小宇宙的關係"(3쪽)이라 했다. '이일분수'와 '소우주', '대우주'를 비유로 한 말이다. 초중종의 소리가 합하여, 하나의 소리[成音]. 곧 소우주를 이룬 것이다. 이를『훈민정음』에서는 다음과 같이 적고 있다. 여기서도 독자들은 사람의 위치를 "猶天地生成萬物 而其財成輔相則必賴乎人也"를 통해 재확인했으면 한다. "ㅛ與ㅑ又同出於ㅣ …… ㅠ與ㅕ又同出於ㅣ …… 一字中聲之與ㅣ相合者十 …… 二字中聲之與ㅣ相合者四 …… ㅣ於深淺闔闢之聲, …… 亦可見人之參贊開物而無所不通也"(「중성해」)의 'ㅣ(人)'도 함께. ('深淺'은 'ㆍ ㅡ ㅣ', '闔闢'은 'ㅗ ㅏ ㅜ ㅓ; ㅛ ㅑ ㅠ ㅕ')

以初中終合成之字言之, 亦有動靜互根陰陽交變之義焉. 動者, 天也. 靜者, 地也. 兼乎動靜者, 人也. 盖五行在天則神之運也, 在地則質之成也, 在人則仁禮信義智神之運也, 肝心脾肺腎質之成也. 初聲有發動之義, 天之事也. 終聲有止定之義, 地之事也. 中聲承初之生, 接終之成, 人之事也. 盖字韻之要, 在於中聲, 初終合而成音. 亦猶天地生成萬物, 而其財成輔相則必賴乎人也. (『훈민정음』「제자해」)

송유宋儒의 역관易觀으로 볼 때는 역의 천도天道를 미루어서 인사人事에 미치게 하고, 광대하여 갖추지 않는 것이 없다는 것이다. 우주와 인생의 밀접하고도 떼어 놓을 수 없는 관계에서 세워진 인생관, 우주관을 엿볼 수 있으며, 천문·지리 그 밖의 백반의 사항에 대해 시사하는 바가 무한하다.
　『주역』「설괘전說卦傳」의 다음의 것을 보자.

昔者聖人之作易也, 將而順性命之理. 是以立天之道, 曰陰與陽. 立地之道, 曰柔與剛. 立人之道, 曰仁與義. 兼三才兩之. 故易六畫而成卦. 分陰分陽, 迭用柔剛. 故易六位而成章.

우주의 만물을 '하늘'과 '사람'과 '땅'의 세 영역으로 나누는 것을 '삼재'라 하는데, 『설문』에서는 부수를 배열할 때에 놀랍게도 여기 이 삼재에 따른 세 영역의 사고 방법을 따랐다고 했다.

그런데 여기서 주목되는 것은 위에서 말한 『설문해자』의 '天地之道'에 관련된 내용과 『훈민정음』 「제자해」에 관련된 내용의 문제이다. 본보기(모델)와도 같은 내용을 아래에 대조시켜 보이면, 다음과 같다.

- 三, 數名天地人之道也 (『설문』)
- 取象於天地人而三才之道備矣. 然三才爲萬物之先, 而天又爲三才之始, 猶、一丨三字爲八聲之首, 而、又爲三字之冠也. (『훈민정음』 「제자해」)

위에 보인, "天地人之道", "三才之道"(바로 앞의 「계사하전」의 것과 함께)로 보더라도, 『설문』과 『훈민정음』의 상호 관련성을 짐작할 만하다. 특히 사상적인 내용에 있어서는 기실은 꼭 같다고 할 수 있다. 다른 것이 있다면, 표현하고자 하는 대상의 차이로 말미암아 그 표현만 약간 다를 뿐이다.

『훈민정음』 「제자해」에는 이 같은 '天地人, 三才之道'와 관련된, 구조적인 사고를, 초중종성을 합하여, 하나의 글자(음절)를 이룰 때의 음절의 구조에 적용시켰다. 이 같은 사고는 하나의 소리(음절)를 '하늘—사람—땅'의 차례를 따라 구성된 하나의 우주로 본 것이다.

『설문해자』에서는 540부 전체를 두고, 이를 우주론의 관점에서 '천지인' 삼재의 구조적인 영역을, '하늘—사람—땅'의 차례로 따랐다. 『훈민정음』과 대조하면서 내용을 구체적으로 검토하여 보기로 한다.

2.3.4.1 『설문』의 'ㅡ'과 『훈민정음』의 'ㆍ'의 위치

『설문』의 맨 처음에 해당하는 제1편 상의 'ㅡ'부에는 '하늘'에 해당하는 글자들을 배치시켰다.

• 一, 惟初太極 道立於一 造分天地 化成萬物 凡一之屬 皆從一
  이에 속하는(따르는) 글자: 元, 天, 丕, 吏

이들의 글자는 모두 '一'을 자형 안에 가지고 있다.

『훈민정음』에서도, 'ㆍ'가 'ㅗ ㅏ ㅜ ㅓ; ㅛ ㅑ ㅠ ㅕ'의 여덟 글자에 꿰
어 있다고 하여 다음과 같이 적고 있다. 편의상, 'ㅛ ㅑ ㅠ ㅕ'는 '한 글
자'와 '한 형체소'를 분별하여 제시하기로 한다. 이해를 돕기 위함이다.
'ㅗ ㅏ ㅜ ㅓ'는 '한 글자'이면서, '두 형체소'로 되어 있다. (다른 데서는
아래와 같은 'ㅗ' 등의 형체소를 'ㆍ ㅡ ㅣ'들처럼 표시했다.)

　ㆍ之貫於八聲者, 猶陽之統陰而周流萬物也. ㅛ(ㅣ+ㅗ⟨ㆍ×ㅡ⟩) ㅑ(ㅣ+ㅏ
⟨ㅣ×ㆍ⟩) ㅠ(ㅣ+ㅜ⟨ㅡ×ㆍ⟩) ㅕ(ㅣ+ㅓ⟨ㆍ×ㅣ⟩)之皆兼乎人者, 以人爲萬
物之靈而能參兩儀也. 取象於天地人而三才之道備矣. (「제자해」)

'ㆍ'가 여덟 소리에 꿰어 있는 것은 마치 양이 음을 거느려서 만물을 두
루 흐르는 것과 같고, 'ㅛ ㅑ ㅠ ㅕ'가 사람을 겸하고 있는 것은 사람이 만
물의 영장이 되어 능히 하늘과 땅과 사람에서 취하니 삼재의 이치가 갖추
어져 있다.

그리고 이 대목에 해당하는 「결」에 보면 다음과 같이 말하고 있다.

　吞之爲字貫八聲 維天之用徧流行 四聲兼人亦有由 人參天地爲最靈
'ㆍ'의 글자가 여덟 소리(ㅗ ㅏ ㅜ ㅓ; ㅛ ㅑ ㅠ ㅕ)에 꿰었으니, 오직 하늘
의 작용이 두루 흘러감일세. 네 소리(ㅛ ㅑ ㅠ ㅕ)가 사람을 겸한 것도 까닭
이 있으니, 사람이 하늘과 땅에 참여하여 가장 신령함일세.

라 했다. 그러므로 이를 간단한 형식으로 나타내어 보이면, 다음과 같
이 된다. 이 역시 앞에 보인 그림([그림 15])을 참조해야 할 것이다.

- `丶`之貫於八聲者, 猶陽之統陰而周流萬物也.

  '丶'에 속하는(따르는) 글자: ㅗ ㅏ ㅜ ㅓ ; ㅛ ㅑ ㅠ ㅕ

이로써 보건대, 『설문』의 삼재와 『훈정』의 삼재는 사상의 이론의 전개가 매우 흡사하다. 그리고 『설문』에서 '元, 天, 丕, 吏' 등에 '一'의 형체를 글자 안에 가지고 있는 것처럼, 『훈정』에서도 'ㅗ ㅏ ㅜ ㅓ ; ㅛ ㅑ ㅠ ㅕ'의 여덟 소리 안에 '丶'의 형체를 글자 안에 가지고 있다. 『훈정』에서는 이때, '周流, 流行'과 같은 말을 쓰고 있음이 주목된다. 이는 『설문』의 "凡一之屬 皆從一"과 『훈정』의 "丶之貫於八聲者, 猶陽之統陰而周流萬物也"의 형식에 서로 바꾸어 적용해 보아도 모순되지 않는다. 참고로 덧붙인다. 『주자어류』(94)에서는 '貫'을 "太極圖只是一箇實理一以貫之"와 같이 쓰고 있다. 그러나 유의할 것은 『훈정』의 것은 창제임에 반해, 『설문』의 것은 이미 있어 온 글자에서 우주론적인 질서를 잡으려 했다는 데 있다. 중요한 것은 『설문』의 "一, 惟初太極 道立於一 造分天地 化成萬物"임을 잊지 말아야 한다.

  凡'丶'之屬, 皆從'丶' → ㅗ ㅏ ㅜ ㅓ ; ㅛ ㅑ ㅠ ㅕ

  '元, 天, 丕, 吏' → '一'之貫於'四字'者, 猶陽之統陰而周流萬物也.

위에서 본 바와 같은 범신론적인 세계관으로 말하면, 하늘은 사람을 비롯한 만물 안에 머물러 있는 것으로 되어 있으므로, 하늘과 사람을 비롯한 만물과의 사이에는 연속적·융합적인 관계가 있다는 것이 이른바 천인합일天人合一의 사상이다.

2.3.4.2 『설문』의 '人'과 『훈민정음』 'ㅣ'의 위치

『설문』의 두 번째의 '제8편 상'의 맨 첫 글자에는 '사람'에 해당하는 글자들을 배치시켰다.

• 人 天地之性最貴者也. 象臂脛之形. 凡人之屬 皆從人.

　이에 따르는(속하는) 글자: 僮, 保, 仁, 企, 僮, 仕, 佼 등

　'人'부의 위치는 위에는 '하늘'이, 아래에는 '땅'이 자리잡고 있으므로, 천지의 중간에 위치하는 것으로 되어 있다.

　『훈민정음』의 ' ㅣ '는 『설문』의 '三, ㅿ, 久, 才, ……'처럼 그에 속하는 글자는 ' ㅣ ' 하나뿐이다.

　『훈민정음』 ' ㅣ '에 따르는 글자는 ' ㅣ ' 하나뿐

　이에 대하여는 앞에서 언급한 바가 있다. 그러나 위에서 말한 다음과 같은 내용은 다시 한 번 음미해야 할 것이다.

　　ㅛ ㅑ ㅠ ㅕ 之皆兼乎人者 以人爲萬物之靈而能參兩儀也. 取象於天地人而三才之道備矣. (「제자해」)

　그 밖에도 『훈민정음』 「중성해」에는 다음과 같은 기록이 있다. 이것은 한마디로 하여, 음은 음끼리 양은 양끼리로 하되, 이에 "獨無位數"인 ' ㅣ ', 곧 '사람'을 개재시킨 것이다. 하도河圖에 중성 11자를 배치시킨 것에 해당한다. 이 역시 음양오행의 사상에서 나온 것으로 매우 조직적이다. 아래의 것을 분류하여, 제시해 보면 다음과 같이 된다.

　㉠의 것은 이를 소리의 관점에서 보되, "二字合用"의 관점에서 본 것이다. 음은 음끼리 양은 양끼리로 되어 있다. 그런데 "二字合用"함에 대해서는 "其同出而爲類, 故相合而不悖"라 했다. 그리고 ㉡에서는 "一字中聲"의 " ㅣ 相合"을 말하고, ㉢에서는 "二字中聲"의 " ㅣ 相合"의 것을 말하였는데, ㉡의 것 역시 소리의 관점에서 보되, 중성 11자 가운데서, ' ㅣ '를 뺀 10자에 모두 ' ㅣ '가 '相合'되었다 하여 이를 " ㅣ 相合者十"이라 하고, ㉢의 것 역시 소

리의 관점에서 보되 음은 음끼리 양은 양끼리인데, 이에 'ㅣ 相合'을 내세웠다. 그러나 중요한 것은 이것들 역시 모두 음은 음끼리, 양은 양끼리인데, 이에 'ㅣ' 곧 '사람'이 개재 상합(相合)되었다는 것이다.

우리 학계에서 흔히 모음조화母音調和를 말한다. 이는 낱말 안 모음들 사이에 일종의 규칙을 말한다. 이 같은 규칙의 전형적인 것이 『훈민정음』「중성해」풀이에 나타난다는 것이다. 모음조화를 말할 때, 양성모음陽性母音은 양성모음끼리, 음성모음陰聲母音은 음성모음끼리 합하고, 중성모음中聲母音인 'ㅣ'는 음양의 어느 것에나 합할 수 있다고 한다. 이것을 쉽게 이해하는 데는 앞의 [그림 16]에 이 글자들을 배치해 보라. 쉽게 이 말의 뜻을 이해할 수 있으리라.

㉠ "二字合用"으로 된 것을 소리와 음양(陰陽)으로 풀이함

ㅗ與ㅏ同出於ㆍ, 故合而爲ㅘ.

ㅛ與ㅑ又同出於ㅣ, 故合而爲ㅛㅑ.

ㅜ與ㅓ同出於一, 故合而爲ㅝ.

ㅠ與ㅕ又同出於ㅣ, 故合而爲ㆌ.

以其同出而爲類, 故相合而不悖也.

㉡ "一字中聲"의 "ㅣ相合者十": ㅣ, ㅢ, ㅚ, ㅐ, ㅟ, ㅔ, ㆊ, ㅒ, ㆌ, ㅖ

㉢ "二字中聲"의 "ㅣ相合者四": ㅙ, ㅞ, ㅙ, ㅞ

그런데 여기서 중요시해야 할 문제의 하나는 "ㅣ於深淺闔闢之聲, 幷能相隨者 ……"라 함에 있다. 앞에서 'ㆍ ㅡ ㅣ'의 소리는 '深·淺'이라 했고, 'ㅗ ㅜ; ㅛ ㅠ'는 '闔(水·火―無定體)', 'ㅏ ㅓ; ㅑ ㅕ'는 '闢(木·金―定質)' 이라 했다. 『훈민정음』「제자해」에는 "中聲以深淺闔闢唱之於前 ……" 이라 하여, 중성을 '深淺'과 '闔闢'의 둘로 갈랐음을 기억해야 할 것이며, 거기에다가 "대연의 수는 五十, 不用의 一策은 역의 태극" 등의 말도 기억해야 할 것이다. 이 모두가 송학적인 풀이다. "ㅣ相合者"의 글

자 이론을 보라. 여기에서 '사람'의 위치를 재확인 할 수 있다. 'ㅣ'만이 "獨無位數者, 盖以人則無極之眞, 二五之精, 妙合而凝, 固未可以定位成數論也"라 할 수 있다.

'ㅣ'의 글자를 두고, 사람이 (천지가) 만물을 여는데 참여하고 도와서, 통하지 아니하는 바가 없음을 보여 주는 것이라는 것이다. 앞에서 말한 바와 같이, 천지인은 가장 위대한 재능(작용)을 가지고 있는데, 그 가운데서도 사람을 두고, 『상서尚書』에서는 만물의 영이라[惟人萬物之靈] 했고, 『설문』에서도 "人, 天地之性最貴者也"라 했고, 『훈민정음』「중성해」에서는 "ㅣ於深淺闔闢之聲, 竝能相隨者, 以其舌展聲淺而便於開口也. 亦可見人之參贊開物而無所不通也"라 했다.

2.3.4.3 『설문』의 '二(땅)'와 『훈정』의 'ㅡ(땅)'의 위치

『설문』은 'ㅡ'부에서 시작한다. 'ㅡ'은 만물의 근원이라 '太始'라 했다. 『설문』「전서全書」 끝 쪽의 제13편 하 여덟 번째에는 땅을 상징하는 '二(소전의 글자는 아래위 두 줄의 길이가 같다)'부를 배치시켰다. 여기 이 '二'는 『설문』 전체에서 보면, 끝 무렵에 자리 잡고 있다. '二'는 땅의 수라, 나란히 마주 선 'ㅡ'을 따른다고 했다. '二'에 속屬한 것은 모두 '二'에 따른다.

- 二, 地之數也, 從耦一. 凡二之屬皆從二.
  이에 따르는 글자: 亘, 竺, 凡 등 여섯 글자가 있음.

여기서 '二'를 '땅의 수'로 규정한 것은 아마도 역의 사상에 기반을 두었을 것이다. 「단주」에서도 "易曰 天一地二 惟初大始 道立於一 有一而後有二 元气初分 輕淸昜爲天 重濁仝爲也"라 했다.

역에는 부호를 양은 'ㅡ(陽爻)'로, 음은 '--(陰爻)'로 나타낸다. 또 양은 九, 음은 六의 수로 상징한다. 수에는 기수奇數를 양, 우수偶數를 음으로 친다. 기수의 근원인 '一'에는 양, 우수의 근원인 '二'는 음의 수이다. 양은 하늘을, 음은 땅을 상징한다. 다음 부수에는 '土'가 나온다. 여기서는 "地之吐生萬物者也. 二象地之上地之中 丨物出形也. 凡土之屬皆從土"라 했다. '土'를 따른 '地'에 대해서는 "元气初分輕淸易爲天重濁陰爲也. 萬物所陳列也"라 했다. 이것의 뜻은 대체로 원기元氣가 비로소 갈라져 경청輕淸이자 양인 것은 하늘이 되고, 중탁重濁이자 음인 것은 땅이 된다. 만물이 진열陳列하는 데라고 하는 것이다. 이것은 자연이 형성되어 가는 과정을 수리數理로써 표현한 것으로 역의 사상에 의거한 것이다.

이와 같이 『설문』에서는 역의 음양사상과 삼재사상 체계인 천지인 철학을 문자 세계에 펼쳐 나가려 했다.

『훈민정음』의 '一(地)'에 대한 풀이는 '하늘'과 '사람'에 대한 풀이만큼 부각되어 있지는 않으나 짜임새 때문에 군데군데 풀이가 곁들여 있음은 사실이다. 이 역시 '一'에 따르는 글자는 '丨'처럼 하나뿐이다.

『훈민정음』의 '一'에 따르는 글자는 '一' 하나뿐.

이상에서 보아온 바와 같이, 허신은 먼저, 『역』에서 말하는 '삼재', 곧 '천지인'의 사상을 그의 문자학에 나타내기 위해, '三'으로써 '天地人之道'를 말하였다. 그리고 '하늘'과 '땅'을 540부나 되는 처음과 끝부분에 배치하고, '사람'을 가운데의 위치에 놓았다. 그리고는 '부수'를 따른 글자들을 배열하였다. 이 같은 사상은 곧바로 『훈민정음』의 '삼재'인 'ㆍ ㅡ ㅣ'으로 원용되었다고 할 수 있다.

그런데 이러한 사상은 퍽이나 유교적이라 할 수 있다. 위에서 주목되는 것은 천인합일天人合一사상에 바탕을 두고 있다는 것이다. 그리하여 '天地人三才'가 서로 합하여 글자를 이루는 형상이, 천지초교天地初交의 뜻[義]을 취했다거나 천지의 작용이 사물에 피어나되, 사람[人]을 기다려서 이루어진다는 것인데, 여기서 '사람'을 위에서와 같이 '천지'

와 함께 늘어놓거나 만물 가운데서 지극히 높은 존재로 생각하는 사고 방법은 퍽이나 유가적儒家的이라 할 수 있다. 하기야『설문』에도 '사람[人]'을 '하늘[天]'과 '땅[地]'의 중간 위치에 두면서, "人, 天地之性最貴者也"라 했다.

2.3.5 '丶 ㅡ ㅣ' 삼재 풀이에 따른 '先, 始, 冠, 首'의 뜻풀이

『훈민정음』「제자해」에서는 중성 11자 가운데서도 '丶(天), ㅡ(地), ㅣ(人)' 삼재 풀이에 따른 '先, 始, 首, 冠'과 '사람'의 위치에 대해 아래와 같이 적고 있다.

> 丶之貫於八聲者, 猶陽之統陰而周流萬物也. ㅛ ㅑ ㅠ ㅕ 之皆兼乎人者, 以人爲萬物之靈而能參兩儀也. 取象於天地人而三才之道備矣. 然三才爲萬物之先, 而天又爲三才之始, 猶丶ㅡㅣ三字爲八聲之首, 而丶又爲三字之冠也.

여기서 논의될 문제는 다음의 둘로 한다. '사람'의 위치에 대해서는 바로 앞(제2편 제2장 2.3.3)에서 언급한 바 있다.

> 첫째는 "丶之貫於八聲者, 猶陽之統陰而周流萬物也"의 내용을 보되 이를 유출사상에 바탕을 둔 문자형체학의 관점에서 생각해 보기로 한다.
> 둘째는 '丶(天), ㅡ(地), ㅣ(人)' 삼재 풀이에 따른 '先, 始, 首, 冠'의 뜻풀이에 대해 생각해 보되 이를『노자』의 사상과『설문』을 통해 생각해 보기로 한다.

이러한 문제의 제기에는 물론『훈민정음』 중성 11자의 제자 이론이 과연, 음양오행과 유출사상에 기반을 둔 이일분수에 합치되느냐를 재검하는 데도 있음을 알아야 하겠다.

2.3.5.1 "ㆍ之貫於八聲者, 猶陽之統陰而周流萬物也"를 문자형체학의 관점
　　 에서 풀이해 볼 경우

　여기서 첫 번째 문제는 'ㆍ(하늘)'이 여덟 소리에 꿰어 있는 것이,
마치 양이 음을 거느려서, 만물에 '두루 흐름[周流]'과 같다고 했다. 이
의 역학적인 풀이와 이를 원용한 문자학적 풀이는 어떠한가에 대해
생각해 보기로 한다.

　먼저, 생각할 것은 "周流萬物"의 문제이다. 『주역』「계사하전」에서
는 '周流'를 다음과 같이 적고 있다.

　　變動不居, 周流六虛, 上下无常, 剛柔相易, 不可爲典要, 唯變所適.
　　변동하여 있지 않고, 육허에 두루 흘러 오르내리어 무상(无常)하고, 강
　　한 것과 유한 것이 서로 바뀌어 전요(典要: 일정한 방식)가 될 수 없고, 오
　　직 변하는 것만이 적당한 것이다.

　위에서 제시한 「계사하전」의 내용을 두고, 김경탁은 다음과 같은
해설을 달고 있다. 여기서 "周流六虛"는 '천지의 기운[氣]이 두루 흐른
다'는 뜻이다.

　"항상 변동하여 한 곳에 住着해 있지 않고, 천지의 기운이 六爻의
자리에 두루 흘러서 아래위가 일정해 있지 않고, 성질이 강한 陽爻와
유한 陰爻가 서로 바뀌어 고정적인 법칙이 없고, 다만 변하는 것만이
가장 적당하다."[75] 역학적인 '周流'의 뜻은 무엇일까? 위의 "周流六虛"
에서 뜻을 생각해 보자. 이 "周流六虛"의 '六虛'는 육위六位를 말한다.
'虛'는 '자리[位]'. 역의 괘卦에는 육효가 있으며, 하나의 효爻를 하나의
자리[位]로 한다. 위位는 다만 이름뿐 공허空虛한 것이므로 육허六虛라 한
다. 위位에는 양효나 음효가 오게 되므로, 위位가 되는 것이다. 그것이

―――――――――――――――――
75) 김경탁, 『주역』, 428쪽.

있지 아니할 때는 실체는 없고, 공허하기 때문에 육허라고 한다. <u>주류</u>
<u>周流</u>는 유통流通을 말한다. 양효陽爻나 음효陰爻는 초효初爻, 이효二爻, 삼효三
爻, 사효四爻, 오효五爻, 상효上爻의 어느 자리에도 있을 수 있으며 여섯
공허한 곳, 곧 여섯의 자리 어디에나 이동한다. '上下, 无常'이란 혹 위
로 올랐다가 아래로 내려왔다가 하여 늘 같은 곳에 있지 않는다는 것
이니, 육십사괘六十四卦에서 말하면 위의 괘인 세 효를 '上'으로 하고,
아래의 괘인 세 효를 '下'로 하는 것이다.

이로써 보면, '周流'는 '천지의 기운이 두루 흐른다', '주류는 유통한
다'는 뜻이다. 여기 이 "周流六虛"의 풀이로써 "周流萬物"의 역학적인
뜻을 알 만하다.

이 같은 바탕에서 『설문』에 있는 '一'과 『훈민정음』에 있는 'ㆍ'를
맞대어 풀어보면, 다음과 같이 된다. 둘 다 부수로서의 형체소인 '一'이
나 'ㆍ'가 그것을 따르는 글자의 구성요소가 되어 있음을 알 수 있다.

> • 凡一之屬皆從一 ······ (『설문』)
> '一' → '元, 天, 丕, 吏'
> • ㆍ之貫於八聲 ······ (『훈민정음』)
> 'ㆍ' → 'ㅗ ㅏ ㅜ ㅓ; ㅛ ㅑ ㅠ ㅕ'

『훈민정음』「제자해」에는 아래의 ㉠~㉢에서와 같이, 'ㆍ (하늘)'에
'ㅗ ㅏ ㅜ ㅓ; ㅛ ㅑ ㅠ ㅕ'의 여덟 소리가 꿰어 있다 했고, 이를 비유해서
"猶陽之統陰而周流萬物也"이니 "維天之用徧流行"이니 했다. 그리고 유
출사상에 근원을 두고 있는 것으로 보이는 '일원지기一元之氣'를 말했다.
이 모두가 음양오행과 유출사상에 기반을 둔 송학적인 이일분수의 이
론 전개로 보인다.

> • ㆍ之貫於八聲者, 猶陽之統陰而周流萬物也. (「제자해」)
> • 吞之爲字貫八聲 維天之用徧流行 (「제자해」「결」)

• 一元之氣 周流不窮 …… (「제자해」 끝머리)

여기서는 이 같은 주장을 굳히기 위해, 위에서 말한 "、之貫於八聲者, …… 然三才爲萬物之先, 而天又爲三才之始, 猶、ㅡㅣ三字爲八聲之首, 而、又爲三字之冠也"에서 '先, 始, 首, 冠'을 뽑아, 이를 유출사상을 중심으로 하여 생각해 보기로 한다. 그것은 『설문』이 그러하였고, 여기서 전개된 사상 이론은 송학적인 이일분수에 또한 모순되지 않고 일치하기 때문이다.

2.3.5.2 삼재 '、ㅡㅣ' 풀이에 따른 '先·始·首·冠'의 뜻풀이

이 같은 문제는 '제2편 제2장 1'에서도 비교적 자상히 말하였다. 그러므로 여기서는 유출론적인 관점에서 언급해 나가되, 위에서 말한 '先, 始, 首, 冠'자의 뜻풀이에 유의해 가면서, 중성 11자를 유출사상의 관점에서 구조적인 짜임새를 생각해 보기로 한다.

천지인 삼재와 연계된 '、ㅡㅣ'의 풀이에 쓰인 '先, 始, 首, 冠'의 네 글자와 그것들이 쓰인 내용과의 관련성을 표로 만들어 보이면, 다음과 같이 된다.

【표 15】『훈민정음』에서 '先, 始, 首, 冠'의 관련성

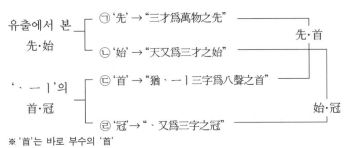

유출에서 본
先·始
　㉠ '先' → "三才爲萬物之先"　┐
　㉡ '始' → "天又爲三才之始"　┘ 先·首

'、ㅡㅣ'의
首·冠
　㉢ '首' → "猶、ㅡㅣ三字爲八聲之首"　┐
　㉣ '冠' → "、又爲三字之冠"　┘ 始·冠

※ '首'는 바로 부수의 '首'

위의 ㉠의 "三才爲萬物之先"과 ㉡의 "天又爲三才之始"의 것은 유출사

상에 대한 철학적 풀이로 보이며, ㉢의 "·ㅡㅣ三字爲八聲之首"와 ㉣의 "·又爲三字之冠"의 것은 유출사상에 연계된 문자학 내지는 형체학적인 풀이로 보인다.

그러니까 ㉠의 '三才'와 '萬物之先'은 ㉢의 '·ㅡㅣ'와 '八聲之首'에 대치·비유되고, ㉡의 '天'과 '三才之始'는 ㉣의 '·'와 '三字之冠'에 대치·비유된다는 것이다. 굳이 여기서 두 가지 사실을 덧붙인다. 독자들은 이 말을 되새겨 주기 바란다. 첫째, "·之貫於八聲者, 猶陽之統陰而周流萬物也". 둘째, '·ㅡㅣ'에 대한 'ㅗㅏㅜㅓ; ㅛㅑㅠㅕ'의 관계가 "深淺-"大衍之數五十"에 대한 "闔闢-其用十四九"의 관계라는 것을 말이다.

아래에서 이 같은 유출사상을 문자학 내지는 형체학의 관점에서 생각해 보기 위해, 무엇보다도 먼저 거기 쓰인 '先, 始, 首, 冠'의 뜻을 생각해 보기로 하자.

1) "·ㅡㅣ三字爲八聲之首"에 연계된 "三才爲萬物之先"의 '先'의 뜻풀이

아래에서 『설문』류와 『홍무정운역훈』에서 '先'의 글자를 찾아, 이것의 풀이와 사용의 예를 들어 보자. '先'은 지금도 '先祖, 先人, 先考, 先生, 先皇, 先帝, 先子' 등으로 쓰인다. 자상한 풀이에 대해서는 앞으로의 과제로 남기고, 여기서는 소개로만 그친다.

㉠ 先, 前進也, 從儿之. (『설문해자』 8편 하)

㉡ 先, 前進也, 從儿之儿先之屬 皆從先臣鍇曰之在人上也 鬼前反. (『설문계전』 권
   16 15장)

㉢ 蕭前切 (商次淸次音) (說文) 先, 前進也, 從儿之 徐曰 之往也 往在人上也 鄭
   氏曰 會意 一曰 始也 故也 又姓 有先軫 又霢 (易) 先天而天弗違說以先民
   (書) 先時者殺 (詩) 以先啓行 (記) 先立春三日之類 (左傳) 先人有奪人之心
   竝去聲. (『고금운회거요』 운6권 4장)

ㄹ蘇前切, 前也 又姓又銑霰二韻 毛晃曰 凡在前者 謂之先 則平聲 先王先公 孝

經必有 先也 漢書爲天下先 老子 象帝之先之類是也 先而導前與當後而先之

則去聲 易先天而天弗違 詩曰 予曰 有先後記先 立春先雷 孟子 先長者 老子

先天地生 弦高以乘韋先十二牛 光武沈幾先物祖生先吾著鞭之類 是也 他倣

此. (『홍무정운역훈』권제4 1장)

[표 15]의 ㄹ인 『훈민정음』의 "三才爲萬物之先"은 바로 위의 "取象於
天地人而三才之道"와 연계되어 있고, 이 "三才之道"는 또 앞에서 말한
「계사전」의 "三才之道"와 연계되어 있고, 이것은 또한 『설문』과 연계
되어 있다. 번거로우나 아래에 이를 한데 모아 제시한다.

- 易之爲書也, 廣大悉備. 有天道焉, 有人道焉, 有地道焉, 兼三才而兩之, 故六.
  六者 非他也 三才之道也. (『주역』「계사전」)
- 取象於天地人而三才之道備矣. 然三才爲萬物之先, 而天又爲三才之始, ……(『
  훈정』「제자해」)
- 三, 數名天地人之道. (『설문』)

이에서도 이들의 사상이나 이론이 상호 관련·연계된 것으로 보아야
할 것이다.
여기서는 『훈민정음』에서 "삼재는 만물의 선두가 되었다"하는 '先'
의 뜻의 근원을 한층 심화시켜 보기 위해, 『노자』제25장의 내용과
관련시켜 생각해 보려 한다. 이 장에서는 道를 풀이하면서, 道는 천지
보다 먼저 생겼고, 형체가 없는 것이므로, 절대의 것이며, 보편적인
것이며, 만물을 낳는 것(어미, 母)이라는 것을 말하고 있다. 이로써 「계
사전」의 "三才之道", 『설문』의 "天地人之道"는 내용에 있어서, 위에서
말한 『훈민정음』의 "삼재는 만물의 선두가 된다"라는 내용과 관련시
켜 말할 수 있을 것으로 보인다. 『노자』제25장의 말은 다음과 같다.

有物混成, 先天地生, 寂兮寥兮, 獨立不改, 周行而不殆, 可以爲天地母. 吾不知
其名, 强字之曰道, 强爲之名曰大. 大曰逝, 逝曰遠, 遠曰反. 故道大, 天大, 地大,
人亦大. 域中有四大, 而人居其一焉. 人法地, 地法天, 天法道, 道法自然.

혼성(混成)된 것이 있으니, 천지보다 먼저 생겼다. 적관요원(寂寬寥遠)하
여 독립하여도 개변(改變)하지 않고, 주행(周行)하여도 위태롭지 않으니,
천하의 어미[母]가 될 수 있다. 나는 이름을 모르지만 구태여 이것을 글자
로 쓴다면 도(道)라 하고 구태여 이것을 이름 하라면 '크다[大]'고 한다. 큰
것을 간다 하고, 가는 것을 먼 것이라 하고, 먼 것을 되돌아온다고 한다.
그러므로 도는 크고, 하늘은 크고, 땅은 크고, 사람도 크다. 우주 가운데
사대(四大)가 있으니, 사람이 그 중의 하나이다. 사람은 땅을 본받고, 땅은
하늘을 본받고 하늘은 도를 본받고, 도는 자연을 본받는다. (김경탁, 『노자』,
166~167쪽)

위의 내용에서 보면, '道'는 만물을 낳는 천하의 어미[母]라 할 수
있다. 이것은 천지보다 먼저 나왔다. 또 무시무종無始無終하므로, 포괄하
지 못할 것이 없으며, 道는 만물의 어미이므로 만물의 모체라 할 수
있다. 구태여 글자로 쓴다면 어디든지 통할 수 있다는 의미에서 '道'라
할 수 있고, 구태여 이름을 붙인다면 모든 것을 포괄할 수 있다는 뜻에
서 '大'라 할 수 있다. 이 道를 내포하고 발전하는 사물 가운데는 네
가지의 큰 것이 있다. 첫째는 전 우주를 포괄할 수 있는 道, 둘째는
만물을 덮을 수 있는 天, 셋째는 만물을 실을 수 있는 地, 넷째는 하늘
과 땅 사이에서 대도大道를 요해了解·직각直覺·체득體得할 수 있는 人이
다. 사람도 그 중의 하나이다. 사람은 하늘과 땅과 자연을 본받은 道와
더불어 천인합일天人合一의 경계에 이르게 된다. 천지인삼재는 道를 중
심으로 쉬지 않고 두루 흐른다[周行而不殆]. 이와 같이 道의 본체는 시
간과 공간을 초월하고 있으며, 그 작용은 영원한 태고 때부터 쉬지
않고 어디에나 어느 것에나 늘 미치고 있다는 것이다.
이로써, 『훈민정음』의 '三才之道─三才爲萬物之先'에서의 '先'의 뜻

에 유의하면서, 그에 관련된 사상적인 배경 곧 『노자』의 유출사상의
기반을 이해하게 된다. 그리고 이것은 앞의 [표 15] ㉢의 "、一丨三字
爲八聲之首‘ → ‘首’와 ‘先 ↔ 首’로 연결·연계되어 있음을 알 수 있다.
‘三才’는 ‘、一丨 三字‘에 ‘萬物’은 ‘八聲’에 연결·연계된다는 것이다.
이를 풀어 다시 말하면, ‘三才’는 ‘萬物’의 ‘先’이 되고, ‘、一丨’는 ‘ㅗ
ㅏㅜㅓ; ㅛㅑㅠㅕ’의 ‘首(부수)’가 된다는 것이다. 이때의 ‘先’의 뜻을
한층 근원적으로 심화시켜 본 것이다. 그러나 우리에게 더욱 중요한
것은 사상적으로 "三才爲萬物之先"에 있는 것이 아니라, 형체적 내지
는 자형적으로 본 "、一丨三字爲八聲之首"에 있다는 것을 염두에 두
어야 할 것이다.

2) "、又爲三字之冠"에 연계된 "天又爲三才之始"의 ‘始’의 뜻풀이

여기서도 『설문』류와 『고금운회거요』와 『홍무정운역훈』에서 ‘始’를
찾아, 이것의 풀이와 사용된 보기를 아래에서 제시한다. ‘始’는 지금도
‘始祖, 始元, 始原, 始初, 始皇’ 등으로 쓰인다. 자상한 풀이는 앞으로의
과제로 남기고, 여기서는 소개로만 그친다.

㉠ 始, 女之初也 從女台聲. (『설문해자』 12편 하 12장)

㉡ 始女之初也 從女台聲 臣鍇按易曰 有天地然後 有萬物 有萬物然後 有男女
　有男女然後 有夫婦 又曰 至哉 坤元 萬物資生坤母道也 會意 施起反. (『설문
　계전』 권24 5장)

㉢ 始, 首止切 [音與弛同] (說文) 女之初也 從女台聲 徐按 易至哉坤元 萬物資
　始 坤母道也 會意 (廣韻) 初也 又旬始星名前相如賦垂旬始以爲 幓 李奇曰旬
　始如雄鷄見北斗旁其怒靑黑色象伏鼈東京賦欃槍76)旬始注妖氣又州名屬廣漢
　郡魏改始州宋改隆慶府 [古作] [亦作] (『고금운회거요』 운11권 18장)

---

76) 참창(欃槍)은 혜성의 하나로서 전쟁의 전조(前兆)라 함.

㉣ 始 詩止切 俗音 숭下同初也 實韻式利切 方始爲之也毛晃曰 本初之始 則上
聲 始自今以始歲 其有漢書宣德 自近始春秋五始 天人之道 何所本始 易資始
大始之類 是也 方始爲之 則去聲 禮記桃始華蟬始鳴之類 是也. (『홍무정운역훈』
권7 11장)

[표 15]의 ㉡인『훈민정음』의 "天又爲三才之始"의 '始'는 '천지에 始
가 있으니, 그것을 천하의 어미라 한다[天下有始, 以爲天下母]' 하는『노
자』제52장의 '始－母'와 또 '이름이 없을 때에는 천지의 始이요, 이름
이 있을 때에는 만물의 어미다[無名, 天下之始; 有名, 萬物之母]'라고 하
는『노자』제1장의 '始－母'를 생각하게 한다. 『노자』제52·1장의 차례
로 연이어 생각해 보기로 한다.

- 天下有始, 以爲天下母. 旣得基母, 以知基子; 旣知基子, 復守基母, 沒身不殆.
  천하에 시(始)가 있으니, 천하의 모체라 한다. 이미 그 모체를 얻었으니,
  그 아들을 알 수 있고, 이미 그 아들을 알았으니, 다시 그 모체를 지키
  면 종신토록 위태하지 않다.
- 道可道, 非常道; 名可名, 非常名. 無名, 天地之始; 有名, 萬物之母. (『노자』
  1장)
  말할 수 있는 도(道)는 상도(常道)가 아니요, 부를 수 있는 이름은 상명
  (常名)이 아니다. 이름이 없을 때에는 천지의 시(始)요. 이름이 있을 때
  에는 만물의 어미[母]다.

『노자』제52장의 내용은 천하에 始가 있으니, 그것은 말할 것도 없
이 道이다. 그런데 이 道가 만물을 낳는 어미라는 것이다. 여기 있는
'始'는 천하의 어미인 道를 말한다. 그리고 '아들'이란 것은 道에서 났
으므로 어미를 파악하면 어미에서 생산된 아들 곧 만물임을 알 수 있
다는 것이다.
  그리고『노자』제1장에서는『노자』의 근본인 道를 풀이하고 있다.

『노자』의 道는 우주의 근본인 道를 가리키고 있다. 그러므로 이 道는 천지에 앞서 존재하는 절대의 것이며, 만물의 근원이다. 그것은 형체가 없는 '無'이다. 유가儒家에서 말하는 인류의 道나 인仁·의義·예禮·지智와 같은 이름도 참된 이름이 아니라는 것이다. 여기서 말하는 道는 세간에 존재하는 有는 아니다. 형체가 없는 無다. 이 無는 有에 대한 無가 아닌 절대의 無다. 이름이 없는 것, 곧 우주의 근본인 道는 천지의 始며, 이름이 있을 때, 곧 천지는 만물을 낳는 어미[母]라는 것이다.

굳이 여기서 '始'에 관련된 흥미로운 몇 마디를 덧붙인다면, 하나는 앞에서도 잠깐 말한 바 있는 가토加藤 씨의 주장이고, 다음은 사이토 마히루齋藤晌 씨의 주장이다. 아래에서 요지만 간단히 인용·소개한다.

가토 씨는 그의 『한자의 기원』에서도, 흥미로운 말을 하고 있다. 그는 이 책에서 '始'에 대해 다음과 같이 말하고 있다.

> 자형(字形): 『설문』에서 말한 대로, '女'에 따르고[의부(意符)] 台의 소리[성부(聲符)]의 형성자(形聲字)이다. 『설문』에서 '女의 始이다'라고 풀이하는 것은 제대로 한 것이다. …… 고대 중국에서는 남자 형제가 여형제(女兄弟)의 연장자를 부를 때에는 '맏누이[姉]'라 하고, 연소자를 부를 때에는 '손아래누이(妹)'라 했으나 여형제가 연장자를 부를 때에는 '姒(始)'라 하고 연소자를 부를 때에는 '娣'라 하였다.
>
> 자의(字意): '姒'와 '始'는 같은 글자이므로, '始'란 것은 여형제 상호간의 연장자의 칭위(稱謂)이다. 『설문』에서 말함과 같이, '女'의 '始'이다. 이것은 '女'의 의미가 탈락하여, 일반으로 '初'의 뜻으로만 쓰이고 있다.[77]

그리고 사이토 씨는 그의 『노자』(帛書)에서 또한 다음과 같은 말을

---

77) 加藤常賢, 『漢字의 起源』, 角川書店, 1976, 14쪽.

하고 있다. 주지하는 바와 같이, 『노자』 '백서帛書'는 1973년에 발굴된, 중국 호남성湖南省 장사마왕퇴長沙馬王堆의 일호한묘一號漢墓에 의한 백서帛書『노자』를 말한다. 사이토 씨는 「45」(通行本 제1장 河上公本 「道體」)에 나오는 다음의 것을 제시하고, 이어 풀이를 비교적 자상하게 달았다.

無名, 天地之始也, 有名, 萬物之母也.

무(無)와 유(有)를 각기 하나의 개념으로 독립시켜, '名'을 동사로 읽는 풀이가 있다(옛날의 송나라의 사마광·왕안석, 가까이는 양계초·고형(高亨)). 말하자면, 통행본(通行本) "無名天地之始, 有名萬物之母"에 따라 훈독하면 "무(無)는 천지의 비롯함[始]에 이름[名] 붙이고, 유(有)는 만물(萬物)의 어미[母]에 이름[名] 붙인다"는 것이 되어 수사학적으로는 유창하게 된다. 근거는 통행본 제40장(본서 4)에 "천하 만물은 유(有)에서 생하고, 유는 무(無)에서 생한다[天下萬物生於有, 有生於無]"라고 한 데서 온 것이다(고형). 이것도 하나의 풀이다. 그러나 백서본(帛書本)에 따르면, '천지'라는 말은 없고, 둘 다가 '만물'로 되어 있다. '유'와 '무'라는 두 개념의 설명으로는 볼 수 없고, '이름의 유무'에 따라 만물 발생의 제일차적인 원인[始]과 제이차적인 발현[母]을 해명한 것으로 보는 것이 자연스럽다. '始'와 '母'의 원의(原義)를 더듬어 찾아보면 흥미롭다. 『설문』에는 "始, 象懷子形, 一曰象乳也"라 하여, '아기를 품고 있는 꼴, 또는 젖을 본뜬다'했다. 그리하여 만물에 초조(初潮)가 생(生)하는 것이 '始'고, 만물이라는 아기를 낳아 포유하는 것이 '母'다. 무(無)와 유(有)라는 관계보다는 무명(無名)과 유명(有名)의 발전 단계라는 것이 더 이치에 맞지 않을까.[78]

그 밖에도 유의하여야 할 것은 『훈민정음』 「제자해」에 나오는 다음과 같은 始 역시 부수로 유도하기 위한 것임은 말할 나위가 없다.

---

78) 齋藤晌, 『老子』, 『全譯漢文大系』 15, 1980, 232~233쪽.

㉠ 'ㄴ ㅁ ㅇ ㅅ'이 始(부수)로 쓰임에 대한 풀이

　　ㄴ ㅁ ㅇ 其聲最不厲, 故次序雖在於後, 而象形制字則爲之始. …… ㅅ比ㅈ,
　　聲不厲, 故亦爲 制字之始.

㉡ 'ㄱ'이 始(부수)로 쓰임에 대한 풀이

　　唯牙之ㆁ, …… 今亦取象於喉, 而不爲牙音制字之始. 盖喉屬水而牙屬木, ㆁ
　　雖在牙而與ㅇ相似, 猶木之萌芽生於水而柔軟, 尙多水氣也. ㄱ木之成質, ㅋ
　　木之盛長, ㄲ木之老壯, 故至此乃皆取象於牙也.

　특히 위의 ㉡과 관련하여 하나의 풀이를 덧붙인다면, 'ㄱ'과 이에
따르는 글자들의 풀이 문제이다. 『훈민정음』「제자해」에서는 분명히
'ㄱ'에서 'ㅋ'이 가획·유출된 글자들의 풀이를 'ㄲ'으로까지 확대한 것
이라는 생각이 든다.

　우리는 앞에서 허신의 『설문』에서는 문자의 구조적인 원리를 중히
여긴다고 했다. 그리고 그것은 근원적인 理가 만상이 되어 펼쳐 나간
다고 하는 이른바 송대의 이일분수가 그때에도 있었던 모양이라고 했
다. 이 역시 근원으로서의 형체소인 'ㄱ'이 'ㄱ → ㅋ → ㄲ'으로 펼쳐 나
갔구나 하는 생각을 하게 된다. "ㄱ木之成質, ㅋ木之盛長, ㄲ木之老壯,
故至此乃皆取象於牙也"의 것이 이에 해당한다. 주목할 것은 앞(제2편
제2장 2.1.2)에서도 말한 바와 같이, 『성리대전』「황극경세서 이」에서도
"邵子皇極經世書, …… 初間一萬八百年而天始開, 又一萬八百年而地始成,
又一萬百年而人始生 …… 天開於子 …… 地闢於丑 …… 人生於寅也"라
하여 "天始開", "地始成", "人始生"이라 하여 '始'를 썼다. 어쨌든 위에서
보인, 'ㄴ ㅁ ㅇ ㅅ ㄱ'은 그에 속하는(따르는) 글자들에 대해서는 '始',
곧 '부수'라는 것이다.

　지금까지 보아 온 것을 종합해 보면, 여기서도 『훈민정음』「제자해」
의 "天又爲三才之始"의 '始'를 『노자』 '始ー母'와 연계시키면서, 이를 유
출사상에 기반을 두고 뜻을 생각해야 할 것이다.

　이로써, [표 15]의 ㉡의 "天又爲三才之始"와 ㉣의 ", 又爲三字之冠"을

연결·연계시키면서, 또한 가운데에 있는 '始'와 '冠'의 연계성을 생각해야 할 것 같다. 앞에서도 말한 바와 같이 ⓛ의 것은 유출사상에 기반을 둔 철학적인 풀이하고, ⓔ의 것은 ⓛ의 유출사상에 연계된 자형학 내지는 형체학적인 풀이로 보인다. 그러므로 ⓛ의 '天'와 '三才'는 ⓔ의 '·'와 '三字' 곧 '·ㅡㅣ'에 대치·연계된다. '始'의 갖가지의 뜻풀이와 근원적인 뜻을 볼 때 우리는 쉽게 '天一始'→'·ㅡ冠'를 생각하게 되며, 여기서도 유출사상에 기반을 둔 "·之貫於八聲者, 猶陽之統陰而周流萬物也", 곧 '·'→'ㅗㅏㅜㅓ; ㅛㅑㅠㅕ'를 확인하게 된다.

3) "· ㅡ ㅣ 三字爲八聲之首"의 '首'와 "· 又爲三字之冠"의 '冠'의 뜻풀이

여기서도 『설문』류와 『고금운회거요』, 『홍무정운역훈』 등에 나타난 '首'와 '冠'을 찾아, 이것의 쓰임과 뜻을 생각해 보기로 한다. 이 두 글자는 '冠首'의 형식을 띠고 함께 쓰이기도 한다. 여기서는 『한서』, 『오지吳志』, 『역학연구易學研究』에 쓰이고 있는 보기를 드는 데에 그치고, 자상한 문자학적 풀이에 관하여는 『설문계전』에서 보기를 찾아 제시할 것임을 미리 말해 둔다. 모두 『훈민정음』의 '冠', '首'의 쓰임과 대조·대비해 보기 위한 것들이다.

㉠ '관(冠)'에 대하여:
　이 역시 지금도 '冠角, 冠帶, 冠履, 冠網, 冠首' 등으로 쓰고 있다.
　• 冠, 絭也, 所以絭髮, 弁冕之總名也, 從(一)元, 元亦聲, 冠有法制, 故從寸.
　　(『설문해자』)
　• 冠, 絭也, 所以絭髮, 弁冕之總名, 從一元, 元亦聲, 冠有法制從寸 臣鍇曰 取其在首 故從元, 謂冠爲元服, 眷音卷, 卷束也, 古寬反. (『설문계전』 권14 19장)
　• 冠, [說文] 冠, 絭也, 所以絭髮絭音卷卷束也 從一元冠有法制故從寸 徐曰取其在首 故從元古亦謂冠爲元服, (釋名) 貫也 所以貫韜髮 (漢) 輿服志上古穴居野處衣毛齊皮後 聖人見 鳥獸有冠角頹胡之制遂作冠冕纓緌 (三禮圖)

云太古冠布冕則緇之後以爲始冠之冠今武冠則其 遺象又姓 (風俗通) 云古
者 鷁冠子之後集韻 (或作)「帢」又翰韻. (『고금운회거요』운5권 25~26장)
冠, 男子二十加冠曰冠白虎通男子幼娶必冠 女子幼嫁必笄又爲衆之首曰冠
又姓列仙傳 有仙人冠先又寒韻. (『고금운회거요』운21권 14장)

- 冠, 戴冠男子二十而冠又爲衆之首曰冠又寒韻. (『홍무정운역훈』정운 권12 3장)

ⓛ '수(首)'에 대하여:

이 역시 지금도 '首領, 首都, 首班, 首位, 首子' 등으로 쓰이고 있다.

- 首, 古文百也 《《象髮 髮謂之鬊 鬊卽《《也 凡𩠐之屬皆從𩠐. (『설문해자주』9
  편 상 16장)

- 百同古文 百也 《《象髮謂之鬊 鬊卽《《也 凡首之屬皆從首臣鍇曰禮謂亂髮
  爲髮 式九反. (『설문계전』권17 6장)

- 首 始九切 [次商次淸次音] [說文] 首頭也 [本作] 首象形又髮鬊也古文作
  𩠐《《象髮鬊禮謂亂髮爲鬊今文作首從文之省也 [廣韻] 又始也 又魁師也
  又有韻.79) (『고금운회거요』운16 6장)

- 首, 始九切 元也 俗呼爲頭 又有韻. (『홍무정운역훈』정운 권9 42장)

ⓒ '관수(冠首)'가 쓰인 보기를 들면, 다음과 같은 것이 있다.

- 招致英雋二百數, 被爲冠首. (『漢書』「伍被傳」)

- 同寮之中, 瑩爲冠首. (『吳志』「薛綜傳」)

- 至朱子與蔡元定, 本康節之意, 定十爲河圖, 九爲洛書, 以冠於本義之首,
  以演於易學啓蒙, 後世欣然從之, 以至於今, 其數不變. (「河圖洛書篇」, 徐斤芹
  庭 撰, 『易學硏究』, 五洲出版社, 中華民國 70, 376쪽)

여기서의 '冠首'는 '우두머리[頭], 제일第一'이라는 뜻으로 쓰인 것이
다. 특히 『역학연구』의 "以冠於本義之首"는 본의本義의 '首' 가운데서도

---

79) '欽定四庫全書'와 '아세아문화사'의 것은 차이 있다.

'冠(으뜸, 두드러지다)'이라 했으니, 『훈민정음』에서 '丶 ― ㅣ'가 首가 되는데, 그 가운데서도 '丶'가 '으뜸, 두드러진다[冠]'의 뜻으로 쓰인 것과 그대로 맞아떨어진다고 할 수 있다. 그리고 지금도 '冠首'는 '첫째, 수위首位, 다른 여러 사람 위'의 뜻으로 풀이한다.

위에서는 '先, 始'를 『노자』와 『설문해자』에 연계시키면서, 이를 음양오행과 유출사상에 기반을 두고 풀이하려 했다. 그런데 어쩌면 『훈민정음』, 『설문해자』, 『노자』에 깔려 있는 관련 이론을 유기적이고도 융합적이며 통일적으로 하나로 묶어 주는 우연으로만 생각할 수 없는, 아니 필연적이고도 본래적이라고 할 수 있는 또 하나의 자료를 제시할 수 있을 것 같다. 그것은 서개의 『설문계전』(소서본) 「說文解字通釋」卷第一 「繫傳一」 첫머리에 나오는 부수 '一'을 두고 풀이한 내용이다.

4) 『설문계전』의 '冠首', 『훈정』의 '冠·首', 『노자』의 '道立於一'의 연계성

『설문계전』에서도 『설문』의 맨 첫머리부수 '一'을 두고 이를 풀이하는 과정에서 '一로써 관수를 삼는다'는 말을 하고 있다. 여기서는 『설문해자』의 '一'을 풀이하는 과정에 나타난, 『설문계전』과 『훈민정음』의 '관수'와 『노자』의 '道'에 대한 연계성을 생각해 보기 위해, 다시 한 번 이것들의 내용을 간추려 보이기로 한다.

* 道生一, 一生二, 二生三, 三生萬物 …… (『노자』 제42장)
* 惟初太極, 道立於一, 造分天地, 化成萬物 …… 老子曰道生一 ……

  以一爲冠首 本乎天者 親上 故曰 凡一之屬皆從一. (『설문계전』 「通釋」)
* 天地之道,[80] 一陰陽五行而已, …… 丶之貫於八聲者, 猶陽之統陰而周流萬物

  也. (『훈민정음』 「제자해」)

---

80) "天地之道"와 "一인 道"의 '道'는 같은 뜻이다.

『설문계전』이 비록, 남당南唐 때의 것이기는 하나 허신 때와 더불어 생각해 볼 때에 중국인의 그 무렵 문자관을 이해하는 데에 중요한 자료가 될 것으로 안다. 그뿐 아니라 '훈민정음' 창제의 이론적 뒷받침에도 직접으로 간접으로 많은 영향을 주었을 것으로 생각되므로, 이에 가슴 벅찬 마음으로 이를 대할 수밖에 없다. 앞장에서 필자는 『훈민정음』 제정의 이론을 두고, 이를 본래적이라고 한 것은 이러한 사유의 형식·방법·형태가 오랜 문화가 지닌 사상적 전통성과 밀접한 관계가 있다는 것이다. 그리하여 '一'에 관한 내용 모두를 실어 다시 한 번 내용을 상기하기 바란다.

5) 『설문계전』의 부수 '一'

『설문계전』에서는 부수로서의 '一'을 두고, 다음과 같이 적고 있다. 이것의 내용을 담은 사진은 제1편 제2장 3.3의 [그림 1]이다.

一, 惟初太極 道立於一 造分天地 化成萬物 凡一之屬 皆從一 臣鍇曰 一者天地之未分 太極生兩儀 一旁薄始結之義 是謂無狀之狀 無物之象 必橫者象天地人之气 是皆橫屬四極 老子曰 道生一 今云道立於一者 得一而後道形 無欲以觀其妙 故王弼曰 道始於無 無又不可以訓 是故造文者 起於一也 苟天地未分 則無以寄言 必分之也 則天地在一之後 <u>故以 一爲冠首 本乎天者 親上 故曰 凡一之屬 皆從一</u> 當許愼時 未有反切 故言讀若此反切 皆後人之所加 甚爲疎朴 又多脫誤 今皆新易之伊質反 (풀이는 제1편 제2장 3.3 참조)

여기서 주목되는 대목을 줄여 보이면 다음과 같다.
첫째로, 서개는 『설문』 첫 대목 부수인 '一'을 제시하였다는 데에 주목하여야 할 것이다.

一은 오직 태극이니, 도(道)는 一에서 생겨나 천지를 조분(造分)하고, 만

물을 화성(化成)하니, 무릇 一에 속하는 것은 모두 一을 따른다

그리고는 이 말을 풀이하는 가운데서 태극·양의를 말하고 있다. 굳이 말하면, 이는 유학의 것이다. 이어 "一은 旁薄·始結의 뜻이니, 이것을 일러, 無狀之狀이요, 無物之象이라 한다" 했다. "無狀之狀 無物之象"은 『노자』 제14장에 나오는 말이다. 그리고 또 『노자』 제42장에 나오는 "道生一……"을 말하고, 이어 왕필의 "道는 無에서 비롯하고, 무는 또한 설명할 수 없는 것이다" 하는 말을 인용하고는 "그러므로 글자[文]을 만든 자는 一에서 시작했다. …… 천지는 일의 뒤에 있는 것이다. 그러므로 一로써, 관수를 삼고, 하늘에 근본한다는 것은 위로 親하는 것이다. 가로되 무릇 一에 속하는 것은 모두 一을 따른다"고 했다. 여기서 "一로써, 관수를 삼는다[以一爲冠首]"는 말의 뜻은 '제1편 제2장 3.3'에서 말한 바와 같이, 『설문』에서는 9,353이나 되는 글자를 540부로 나누고, 각 부마다 하나의 '首'의 글자, 곧 부수글자를 내세웠는데, 540이나 되는 부수글자 가운데서도 '一'로써 '冠'을 삼았다는 것이다 (一→冠, 一, 二(上), 示, 三, …… 酉, 戌, 亥→首). 또 "하늘에 근본 한다는 것은 위로 친하는 것" 역시 유학의 것으로 『주역』 「건괘문언乾卦文言」의 "本乎天者親上 本乎地者親下 則各從其類也"에서 나온 말이다.

이 내용은 모두 형체학·자형학으로 일컬어지는 문자학에 관련된 것이다. 그런데 '冠, 首'가 들어 있는 『훈민정음』 「제자해」의 내용을 다시 한 번 음미해야 할 것이다('丶→冠', '丶 ㅡ ㅣ→首').

이상의 것으로써 생각건대, 『훈민정음』에서 '丶 ㅡ ㅣ'를 두고, 이를 '首, 冠'으로써 말하고, 『설문계전』에서는 '一'을 두고, 이를 "冠首"로써 말하는 이러한 두 '冠首'와의 관계는 다 같이 『설문해자』과 『훈민정음』의 이에 해당하는 근원 사상인 『노자』의 "道生一"의 "道는 一에서 생겨난다"라는 내용과 연계된 것으로 볼 만하다. 그리하여 이 두 문헌에는 각기 다음과 같이 적고 있다. 이 내용들은 연속적連續的이요 유기적인 세계관에 서서 이해해야 할 내용들이다.

- 一, 惟初太極 道立於一 造分天地 化成萬物 凡一之屬 皆從一. (『설문해자』, 『설문계전』)

- 天地之道, 一陰陽五行而已. …… 理旣不二, 則何得不與天地鬼神同其用也. …… 取象於天地人而三才之道備矣. 然三才爲萬物之先, 而天又爲三才之始, 猶、一丨三字爲八聲之首, 而、又爲三字之冠也. (『훈민정음』 「제자해」)

그러므로 『훈민정음』의 근원적인 글자, 곧 형체소·부수의 선정에서는 여기서 말하는 '首, 冠'의 문제가 매우 중요한 의미를 가질 것으로 생각된다. 이 같은 관점으로 아래에서는 『설문계전』의 위의 내용을 유출사상에 기반을 두고 좀 더 자상하게 풀이하여 보기 위해 다음과 같은 문제를 생각해 보기로 한다.

위의 『설문계전』에는 유학의 태극이 나오고 『노자』의 "無狀之狀 無物之象", "道生一 ……"과 왕필의 "道는 無에서 ……" 등이 나온다. 부수인 '一'의 문제와 관련시켜 좀 더 생각해 보기로 한다.

6) 『설문계전』의 "以一爲冠首"의 뜻풀이를 위한 『노자』의 '道'에 대하여

앞에서 제기된 『설문계전』의 "惟初太極, 道立於一, 造分天地, 化成萬物 …… 老子曰, 道生一 ……"에는 비록 '太極'이 나오기는 하나 거의가 『노자』의 '道'에 관한 우주생성론 해석과 관련되어 있다. 『노자』「수장首章」은 사상을 '無'인 '道'에서 유출해 나간다는 의미에서 매우 중요한 의미를 갖는다. 따라서 아래 ㉠의 '武名'을 천지의 비롯함[始]으로 하는 것은 곧 우주생성론적 사고에서 나온 것이라 할 수 있다. 그렇다면 『노자』에서 말하는 '道'란 무엇일까? 이에 『노자』에 나오는 '道'를 찾아, 아래에 제시하여, 뜻풀이하고, 이에 간단한 '붙임'을 달기로 한다. 그리고 이어 『설문계전』의 '冠首'와 더불어 "以一爲冠首"에 관련된 것들을 검토하여 보기로 한다. 이 같은 문제의 제기는 『훈민정음』「제자해」의 첫마디 말, "天地之道, 一陰陽五行而已"와 위의 것들이 매우 긴밀

하게 연계되어 있는 것으로 보이기 때문이다. 편의상 차례를 ㉠ ~ ㉺로 표시한다.

㉠ 無名天地之始. 有名萬物之母 (『노자』 제1장)

이름 없는 것은 천지의 비롯함이요, 이름 있는 것은 만물의 어미이다.

[붙임] 천지의 비롯함(天地之始)이란 도(道)를 말하고, 만물의 어미[母]란 천지를 말한다. 그러므로 무명(無名)은 곧 도(道). 유명(有名)은 곧 천지이며, 만물을 낳는 어미이다. 도가 천지를 낳고 천지가 만물을 낳는다는 것은, 도가 천지 만물의 본원이며 본체라는 것을 밝힌 것이다. 이 사상은 다음 ㊇의 제25장 내용에서 밝혔듯이, 도는 "천지보다도 먼저 나왔다[先天地生]"는 것. 그래서 제32장에는 "도는 본시 이름 지을 수 없다[道常無名]"라 했다.

천지의 시원(始源), 곧 '천지의 비롯함(始)'으로써 '道'에는 "이름이 없다". 그것은 세계가 개벽되기 이전부터 실재한 형이상적인 근원의 진리이다. 그것은 인간의 말로는 이름 붙일 수 없는 혼돈이다. 그러나 천지가 개벽하여 만물이 생성되고, 형이하적인 세계가 성립되고부터는 만물을 낳는 '만물의 어미'라고 할 수 있는 천지가 존재하게 된다. 이때부터, 하늘[天]이라든가 땅[地]이라든가 하는 이름이 존재하게 된다. 이름은 이미 형체가 있는 것에 대해 부르는 이름이다.

앞에서 말한 바와 같이, 『훈민정음』에서는 "三才爲萬物之先, 而天又爲三才之始"라 했고, 또 "·ㅡㅣ三字爲八聲之首, 而·又爲三字之冠也"라 했다. '萬物之先'인 '三才之始'에 대한 '八聲之首'인 '三字之冠'이다. 근원적인 것에 대해 형체가 있는 것을 말한다. '先－首'에 대한 '始－冠'이요, '先－始'에 대한 '首－冠'이다. 지금도 '先－始'는 '先祖－始祖'의 '先－始'에서 그 뜻을 찾을 수 있다.

이것의 내용을 좀 더 생각해 보기 위해, 사이토 마히루齋藤眸가 쓴

『노자』(백서본)의 내용을 소개하기로 한다. 이것은 1973년 호남성湖南省에서 발견된 것으로 일반 통행본通行本과는 조금 다르다. 내용에 대해 퍽이나 흥미로운 소개가 되어 있다(본서의 325~326쪽 참조).

ⓛ 上善若水. 水善利萬物而不爭. 處衆人之所惡. 故幾於道. (『노자』 제8장)
상선(上善)은 물과 같으니, 만물을 이롭게 하면서도 다투지 않고, 뭇사람이 싫어하는 곳에 처(處)하여 있으므로 도(道)에 가깝다.
[붙임] 幾: 가깝다.
　　　최상의 선(善)은 물과 같다는 것. 이 장은 성인(聖人)의 무위자연(無爲自然)적 삶의 모습을 물에 비유한 것.

ⓒ 功遂身退. 天之道. (『노자』 제9장)
공(功)이 이루어지면, 몸이 물러가는 것은 하늘(天)의 도(道)이다
[붙임] 天之道: 자연의 도리.
　　　공(功)을 세우고 난 다음에는 자신이 물러난다.

ⓔ 視之不見. 名曰夷. 聽之不聞. 名曰希. 搏之不得. 名曰微. 此三者, 不可致詰. 故混而爲一. 其上不皦, 其下不昧. 繩繩不可名. 復歸於無物. 是謂無狀之狀, 無物之象. 是謂惚恍. (『노자』 제14장)
이것을 보아도 보이지 않음을 이(夷)라 이름하고, 이것을 들어도 들리지 않음을 희(希)라 이름하고, 이것을 잡아도 잡히지 않음을 미(微)라 하니, 이 삼자(三者)를 치힐(致詰)할 수 없으므로 혼합하여 일이라 한다. 그것이 위는 밝지 않고, 아래는 어둡지 아니하여 면면(綿綿)히 끊어지지 아니 하니, 다시 무물(無物)로 돌리어 이것을 무상(無狀)의 상(狀), 무상(無象)의 상(象)이라고 한다. 이것을 황홀하다고 하니, 이것을 맞이하여도 머리(首)를 볼 수 없다.
[붙임] 夷: 눈에 보이지 않는 것. 하상공(河上公)은 "無色曰夷"라 했다.
　　　希: 제41장의 "大音希聲"의 '希'처럼, 소리가 작아 거의 들리지 않

을 정도의 것. '석문(釋文)'에 "希, 靜也"라 했다. 하상공은 "無
聲曰希"라 했다.

搏: 치다.

微: 하상공은 "無聲曰希"라 했다.

致詰: 궁구하여 밝히다.

皦: 밝다. '교(皎)'의 뜻.

繩繩: 실이 끊어지지 않는 것과 같이, 운행이 끊어지지 않음의
형용. "無狀之狀"은 사람의 감각적인 영역을 뛰어 넘은 것이
므로, 상태가 없는 하나의 상태. 꼴이 없는 하나의 꼴.

無物之象: 물체가 없는 형상. '황홀(恍惚)'이라고도 함.

여기서 말하는 이(夷)·희(希)·미(微)의 셋으로는 도의 본체를
구명할 수는 없으나 결국 이 도라는 것은 이 셋은 '하나[一]'
된 것이 아니냐는 것이다. 14장에서는 도(道)가 인식의 대상
이 아님을 말하고 있다.

㉤ 保此道者. 不欲盈. (『노자』 제14장)

이 도(道)를 보존하는 사람은 채우려고 하지 않는다.

[붙임] 盈: 가득 차다.

이러한 도(道)를 보존하고 있는 철인은 남보다 잘하려고 욕심내
지 않는다는 것.

㉥ 道之爲物, 惟恍惟惚. 惚兮恍兮. 其中有象. 恍兮惚兮. 其中有物. 窈兮冥兮.
其中有精. (『노자』 제21장)

도(道)의 몬[物]됨이 오직 황홀할 뿐이다. 황홀하여 가운데 상(象)이 있
고, 황홀하여 가운데에 몬[物]이 있다. 요명(窈冥)하여 가운데 정(精)이
있다.

[붙임] 道之爲物: 도(道)의 실재(實在).

恍惚: 왕필주(王弼注)에는 "無形不繫之歎"이라 했다.

窈冥: 왕주(王注)에는 "窈冥, 深遠之歎"이라 했다.

도(道)의 모습을 형용한 것.

ⓐ 有物混成, 先天地生. 寂兮寥兮. 獨立不改. 周行而不殆. 可以爲天下母. 吾不

知其名. 字之曰道. (『노자』 제25장)

혼성(混成)된 몬[物]이 있으니, 천지보다 먼저 생겼다. 적관요원(寂寬寥

遠)하여 독립하여도 개변(改變)하지 아니 하고, 주행(周行)하여도 위태

하지 않으니, 천하의 어미가 될 수 있다. 나는 그 이름을 모르지만 구태

여 이것을 글자로 쓴다면 도(道)라 한다.

[붙임] 混成: ⓔ의 제14장에 있는 것처럼, 도(道)가 이(夷)·희(希)·미(微)

의 셋이 혼일(混一)된 것이라는 말에서 시작된 것.

寂兮寥兮: 형체도 소리도 없음을 말함이니, 무위(無爲)를 주장하

는 노자의 중심 사상.

獨立不改: 도의 절대성을 나타낸다.

周行不殆: 도의 보편성을 나타낸다.

可爲天下母: 도에서 우주·천지·만물이 나왔고, 또 도를 따라 모든

운행이 이루어짐을 말한다. 도가 만물의 어미[母]라는 것이다.

ⓞ 天下萬物, 生於有, 有生於無. (『노자』 제40장)

천하의 만물은 유(有)에서 생하고, 유는 무(無)에서 생한다.

[붙임] 여기 나오는 '有'나 '無'는 ⓙ의 제1장과 같다. 천하의 만물은 첫

번째 유(有)인 천지에서 생한 것이며, 천지는 또한 무(無), 곧 도

(道)에서 생한다는 것이다.

ⓩ 道生一. 一生二. 二生三. 三生萬物. (『노자』 제42장)

도(道)는 一을 생하고, 一은 二를 생하고, 二는 三을 생하고, 三은 만물을

생한다.

[붙임] 이 내용은 만물을 생하는 근원에 대해 말하고 있다. 『노자』에 의하면, 유(有)는 무(無)에서 생하는 것으로 되어 있다. 여기서 무는 『노자』의 도이다. 『노자』는 "道에서 一을 생(生)한다"고 했다. 이 도(道)에서 생한 일(一)은 유이며, 유교의 태극이다. 이 일은 부모—음양의 이(二)를 생한다. 유교에서는 이것을 "태극은 양의(兩儀)를 생한다"고 한다. 물론 양의는 음양이다. 그리하여 음양이 상교(相交)하는 힘, 곧 화기(和氣)가 생기고, 이 음기·양기·화기의 화합으로 만물이 생성된다. 사마광(司馬光)은 "道生一, 自無而有一生二, 分陰分陽, 二生三, 陰陽交而生和, 三生萬物, 和氣合而生物"이라 했다.

ⓩ 天下有道, 却走馬以糞. 天下無道, 戎馬生於郊. (『노자』 제46장)

천하에 도가 있으면, 주마(走馬)로 분차(糞車)를 끌게 하고, 천하에 도가 없으면 융마(戎馬)가 국경에서 생한다.

[붙임] 却: 물리치다.

走馬: 잘 뛰는 말.

戎馬: 전쟁에 쓰는 말.

郊: '交也', 국경.

무위자연(無爲自然)의 도(道)가 천하에 실현될 때와 그렇지 않을 때를 말하고 있다.

㋈ 以道莅天下. 其鬼不神. (『노자』 제60장)

도(道)로써 천하에 임하면, 귀신이 신령스럽지 않다.

[붙임] 莅: 임하다.

이 내용은 무위자연(無爲自然)의 도(道)로써 천하에 임하여 천하를 다스려 간다면, 귀신도 그의 신령한 힘을 발휘하지 못한다는 것.

㋓ 天地之道, 利而不害. 聖人之道, 爲而不爭. (『노자』 제81장)

하늘의 도는 이롭게 하여도 해치지 않고, 성인의 도(道)는 (행동)하되

[爲] 다투지 않는다.

[붙임] 『노자』의 이 마지막 장에서 지금까지 풀이해 온 무위자연(無爲自
然)의 삶의 모습, 곧 상덕(上德) 또는 상선(上善)을 유(柔), 곧 부쟁
(不爭)으로 끝맺었다.

위에서 『노자』의 道와 이에 관련된 내용을 12군데서 뽑아, 그 내용
을 알아보았다. 그렇다면 『노자』의 도란 무엇일까? 앞에서 『노자』「수
장首章」은 사상이 無인 道에서 무궁무진無窮無盡으로 만물이 유출해 나간
다는 의미에서 매우 중요한 의미를 갖는다고 했다. 그것이 바로, ㉠의
제1장 내용이었다.

이제, 위에서 보인 것을 다시 검토 정리하여 보면, ㉡의 제8장, ㉢의
제9장, ㉤의 제15장, ㉣의 제46장, ㉦의 제60장, ㉧의 제81장 등의 것들
은 道라는 말을 일반적인 용법에 따라 일반과 다름없이 자연스럽게
존재하거나 사람이 의지하여야만 할 이법·준칙과도 같은 뜻으로 쓰이
고 있음을 알겠다. 그러나 『노자』에는 이러한 보기와는 다른 특수한
'道'의 관념으로 쓰인 것이 다음과 같이 있음을 알게 된다. 그것은 위
에서 보인 ㉪의 제21장과 같은 것이 그것이다. 이를 유추할 경우, 『설
문계전』의 "無狀之狀 無物之象"이 들어 있는 ㉣의 제14장 내용 같은
것도 道를 풀이한 것이다. 그리하여 ㉦의 제25장에 있는 道 역시 같은
뜻으로 쓰인 것으로 생각된다. 그러므로 이와 같은 도는 천지가 생기
기에 앞서 있었다고 할 수 있다. 그런데 여기서 또한 주목되는 것은
황홀이니, 정황을 말로 나타내지 못하겠다느니 하는 표현을 쓰고 있다
는 점이다. 이 역시 생각할 문제이다.

특히 위의 ㉧의 제42장에 있는 "道生一, 一生二, 二生三, 三生萬物"의
내용을 위에 적어보인 여러 장의 것과 관련시켜 생각해 보면, 여기서
일종의 우주생성론과도 같은 사상을 도출한 자취같은 것을 찾아 볼
수 있다. 이와 같은 사상이 『노자』에 있었다는 것은 ◎의 제40장에 의
하여서도 알 수 있거니와 ㉧의 제42장은 道를 우주 만물의 본원으로

본 것이다. 도에서 생했다는 '一'은 만물이 아직 만물이 되지 않은 경지를 가리킨 것이라고 할 수밖에 없겠으나, 그것은 곧 만물을 혼돈의 상태로 싸가지고 있다는 것이다. '一'은 그것이 우주의 전체임을 나타냄과 함께, 만물이 아직 분화되지 않은 것을 말하는 것이다. 그것이 '二'가 되고 '三'이 되고 '만물'이 된다는 것은 혼돈이 차차로 분화하여, 우주 만물이 형상을 갖추기에 이르는 전개의 과정을 수로 나타낸 것이다. 이와 같이 생각할 경우, '三'은 곧 만물의 상징이라고 할 수 있으며, 따라서 '一'은 또한 道 자체의 상징이 될 수 있다. 이렇게 생각할 때, 도는 곧 우주생성론에 있어서의 혼돈의 상태를 가리킨 것이다. 위의 ㉂의 제25장 "有物混成先天地生"의 내용은 여기서 말한 것과 같은 방법으로 풀이한다면 뜻을 알 수 있을 것이다. 일이며 전체이므로 형체도 소리도 없이 절대적이라는 것이다. 만물의 근원이므로 천하의 어미[母]가 될 수 있다는 것이다. ㉣의 제14장 내용 곧 『설문계전』의 "無狀之狀 無物之象"의 것이나, ㉃의 제21장 내용 곧 "道의 몬[物]됨이 오직 황홀할 뿐이다. 황홀하여 그 가운데에 象이 있고, 황홀하여 가운데에 몬[物]이 있다"고 하는 내용의 것이나 여기서 말하는 혼돈을 뜻하는 것으로 이해할 만하다.

이로써 『설문계전』에 나오는 "無狀之狀 無物之象"은 ㉣의 제14장에 있는 것으로 그것을 "復歸於無物"과 더불어 생각해 볼 때, '無'는 무상無狀·무형無形·무명無名의 상태, 곧 일이거나 혼돈을 뜻한다고 생각되고, '有'는 그것에서 유출·전개된 유형有形·유명有名의 만물을 뜻하는 것으로 풀이할 수 있을 것이다.

여기서 주목되는 것은 남당南唐의 서개의 『설문계전』「통석」에서도 허신의 『설문해자』에 나오는 "一, 惟初太極, 道立於一, 造分天地, 化成萬物, 凡一之屬 皆從一"이라 하여 '一'을 두고 앞에서 말한 진환陳煥의 주에서처럼 『노자』의 유출사상과 관련시키고 있다는 점이다. 거기에 더하기를 『설문계전』에서도 『훈민정음』에서처럼 '冠, 首'를 쓰고 있으며, 『한서』「오피전伍被傳」에도 "招致黃雟以百數, 被爲冠首"라 하여 '冠首'를

'우두머리, 첫째'의 뜻으로 쓰고 있다. 위의 『훈민정음』의 '冠, 首'와
『설문계전』의 '冠, 首' 또한 『훈민정음』의 제정의 원리를 두고, 이를
유출의 관점에서 뜻을 생각하게 하는 "淵源精義之妙" 같은 것이 아닐
까 한다.

　이상의 것으로 보건대, 앞(제2편 제2장 2.3.5)에서 제시한 바와 같이,
「제자해」의 "三才爲萬物之先, 而天又爲三才之始, 猶·ㅡㅣ三字爲八聲
之首, 而、又爲三字之冠也"의 그림에서 보면, [표 15] ㉢의 "·ㅡㅣ三字
爲八聲之首"의 것은 '·ㅡㅣ'의 세 글자가 'ㅗㅏㅜㅓ; ㅛㅑㅠㅕ'의
'머리[首]', 곧 부수가 된다는 것이고, [표 15] ㉣의 "、又爲三字之冠"의
것은 '、'가 '·ㅡㅣ'의 '갓[冠]'이 된다는 것이다. '·ㅡㅣ'는 '首', '、'
는 '冠'이다. '제1편 제2장 3.3'에서 『설문계전』과 『훈정』의 '冠首'에서
말했듯이, 이는 마치 『설문계전』에서 'ㅡ'을 두고, "造文者, 起於一也
…… 故以一爲冠首, 本乎天者 親上"에 나오는 '以一爲冠首'와 꼭 같다.
『설문계전』의 '冠首'의 '首'에 해당하는 글자는 물론 부수글자인 'ㅡ,
二(上), 示, 玉, 王…… 酉, 戌, 亥'와 같은 540자를 말하고, '冠'에 해당하
는 글자는 물론 '首'에 해당하는 글자 가운데서도 첫째 'ㅡ'을 두고 말
한다. 반면에 위에서 말한 '·ㅡㅣ-首'와 연계된 [표 15] ㉠의 "三才爲
萬物之先"과 '、-冠'에 연계된 [표 15] ㉡의 "天又爲三才之始"의 것은,
유출사상에 바탕을 둔 철학적 근거에 의한 '先-始'에 의거한 풀이라
함은 앞에서도 누차 말한 바 있다. 이 역시 '·(하늘)'과 'ㅡ(땅)'와 'ㅣ(사
람)'의 세 글자와 나머지의 여덟 글자가 어느 것이 먼저가 되고, 어느
것이 나중이 되겠는가 하는 차례와 관련된 풀이로 보인다. 다시 말하
면, [표 15] ㉢의 "·ㅡㅣ三字爲八聲之首"와 [표 15] ㉣의 "、又爲三字
之冠"의 것은 문자 형체에 관련된 것이로되 유출사상이라는 관점에서
볼 때, '·ㅡㅣ'이 다른 글자들(ㅗㅏㅜㅓ; ㅛㅑㅠㅕ)과 관련을 맺으면
서 유기적으로 표현될 수 있는 하나의 구조체를 형성할 때, 그것들이
놓이는 자리를 어디에 잡을 것인가 하는 우주의 질서와도 같은 문제와
결부되어 있는 풀이로 보인다는 말이다. 다시 한 번 앞(제1편 제2장 1.3)

에서 "언어표기로서의 자형, 입말―글말을 맺어주는 자음, 정보 전달의 기능을 갖는 자의의 셋은 서로 밀접하게 유기적으로 관련을 맺고 있다"라고 한 말과 또한 앞(제2편 제2장 2.2)에서 보인 『성리대전』「본도서 제일」 '하도河圖'의 오행생성도五行生成圖에 『훈민정음』의 중성 11자를 배치한 그림([그림 16])의 뜻을 되새겨 보아야 할 것이다.

따라서 이와 같은 관점에서 본다면, 앞(제2장 2.3.5.2)에서 보인 천지인삼재 풀이의 '先, 始'와 이에 연계된 'ㆍ(천), ㅡ(지), ㅣ(인)' 삼재 풀이에 따른 [표 15] ㉠~㉣의 풀이는 『역』의 생성론과 『노자』의 유출사상에 기반을 둔 것으로 해당 글자들이 놓여 있는 위치, 곧 글자들이 놓이는 차례(질서)의 전체에 대한 위치 때문에 다시 '㉠ 先―㉢ 首', '㉡ 始―㉣ 冠'으로 묶을 수가 있다. 총체적인 관점에서 이를 보기 위해 [그림 16]의 풀이 내용과 더불어 다시 보기를 제시한다.

㉠ 取象於天地人而三才之道備矣. 然三才爲萬物之先, 而天又爲三才之始, 猶ㆍ
　ㅡ ㅣ三字爲八聲之首, 而ㆍ又爲三字之冠也.
㉡ ㅗ初生於天, 天一生水之位也. …… ㅓ次之, 地四生金之位也. …… 水火未離
　乎氣, 陰陽交合之初, 故闔. 木金陰陽之定質, 故闢. ㆍ天五生土之位也. ㅡ地
　十成土之數也. ㅣ獨無位數者, 蓋以人則無極之眞, 二五之精, 妙合而凝, 固未
　可以定位成數論也. 是則中聲之中, 亦自有陰陽五行方位之數也.

㉠의 『훈민정음』 'ㆍ ㅡ ㅣ'풀이에 따른 '先, 始; 首, 冠'의 뜻을 생각하면서, 또한 ㉡의 "『성리대전』 '하도'에 『훈민정음』의 중성 11자를 음양오행의 생성수에 맞추어 배치함"에 대한 송유宋儒들의 '하도河圖'풀이에 나오는 도설圖說과의 상관관계도 총체적인 관점에서 이를 함께 생각해야 할 것이다.

3. 『훈민정음』과 『설문』류의 형체학적 연계성에 대하여

'훈민정음' 창제자들이 먼저 『설문해자』, 『설문계전』, 『고금운회거요』, 『홍무정운』 등에서 얻은 문자형체학적인 사상 이론 등을 참고로 하여 '훈민정음' 스물여덟 글자를 만들었다고 생각한다면, 거기에 나오는 형체소·단체·독체·부수로 일컬어 질 수 있는 'ㄱ ㄴ ㅁ ㅅ ㅇ; · ㅡ ㅣ'의 글자들은 무엇을 본떠 어떻게 만들었을 것인가?

『훈민정음』 「정인지서」에 의하면 『훈민정음』은 "꼴[形]을 본떴으되 옛 전자[古篆]를 모방했다[象形而字倣古篆]"고 했고, 『세종실록』의 최만리가 한 말에 의하면 "설혹 말하기를 '언문諺文은 옛글자[古字]에 근본을 둔 것이고, 새로 된 글자가 아니라' 하지만, 글자의 꼴은 비록 옛 전문篆文을 본떴을 지라도 음을 쓰고 글자를 합하는 것은 모두 옛것에 반대되니, 실로 의거할 곳이 없습니다[儻日, 諺文皆本古字, 非新字也, 即字形雖倣古之篆文, 用音合字, 盡反於古, 實無所據]"(『세종실록』, 권103, 26년(1444) 2월 庚子)라 하고 있다.

이로써 보면, 정인지의 "꼴을 본떴으되 옛 전자[古篆]를 모방했다[象形而字倣古篆]"라는 말의 뜻은 중국의 『설문』에 나오는 고전문古篆文을 모방하여, 상형글자를 만들었다는 내용으로 풀이된다. 그리하여 학계에서는 흔히 '훈민정음' 제자를 말할 때에 글자꼴을 "象形而字倣古篆"에 의해서만 풀이하려고 한다. 이는 전문篆文 가운데서도 상형에만 국한시킨 제한적인 표현이다. 그러나 이 같은 표현을 두고, 이를 『설문』류의 상형의 여러 글자와 『훈민정음』의 'ㄱ ㄴ …… · ㅡ ㅣ'의 여덟 글자를 앞에 두고 자형을 가만히 대조·비교해 보면, 이 같은 정인지의 표현에는 문제가 있겠구나 하는 생각을 하게 된다. 너무 중국 글자인 '象形-古篆' 쪽으로만 단순하게 제한적으로 풀이했구나 하는 생각을 하게 된다. 특히 '· ㅡ ㅣ'는 『설문』대로 하면 육서의 상형보다 지사에 가깝기 때문이다(제1편 제7장 참조). 그러면 정인지는 왜 그 같은 정확성이 적은 제한적인 말을 했을까도 생각해 볼 문제이다. "古篆" 모두가

'상형'은 아니다. 그 밖에도 지사를 위시한 다섯이 더 있다.

그러므로 『훈민정음』의 형체학적인 풀이에는 차라리 포괄적이며 구체적으로 표현한 최만리의 것이 더 낫다. 『설문』의 상형과 '훈민정음'을 앞에 놓고 보면, 누가 봐도 'ㆍ ㅡ ㅣ'은 '상형'이랄 수 없다. '훈민정음'을 두고, 이를 '상형－古篆'으로만 한정시킨 것보다는 "字形雖倣古之篆文"으로 풀이한 최만리의 것이 더 낫다고 생각된다.

위에서 말한 정인지·최만리의 말을 총체적으로 종합해 보면, 적어도 "用音合字" 아닌 자형에 있어서만은 『훈민정음』이 위에 제시한 『설문해자』류의 문자학적 내지는 형체학적인 성격이 관련되어 있겠구나 하는 판단을 내릴 수 있으리라 본다. 이것에 확인·확신이 간다면 '훈민정음' 제자원리를 밝히는 데에 또 하나의 결정적 기여를 한다고 할 수 있다.

따라서 여기서는 위에서 말한 바와 같이 『설문』류와 『훈민정음』의 문자형체학적인 연계성을 전제로 하면서, 『훈민정음』의 형체소들이 어떻게 만들어졌는가를 생각해 보기로 하자. 그리고 또 "象形而字倣古篆"과 "字形雖倣古之篆文"은 어느 만큼이나 맞아떨어지는가도 생각해 보고자 한다. 특히 여기서는 최만리의 ('상형'은 말하지 않고) "字形雖倣古之篆文"이라는 표현에 더 무게를 두어야 할 것임을 강조한다.

"字形雖倣古之篆文"의 '篆文'이라면, '제1편 제6장'에 풀이되어 있다. 그리고 "象形而字倣古篆"의 '상형' 역시 바로 앞의 '제1편 제6장'에서 말한 것처럼, '日, 月, 山, 川'과도 같은 물건의 형상 또는 특성을 본뜬 글자를 말하고, '지사'라면, 'ㅡ, 二, 三, 上, 下, 本, 末'처럼 그리기 힘든 객관적·추상적인 사물이나 개념을 점이나 선 따위로 짜 맞추어 글자를 만드는 방법을 말한다. 그리고 여기서 정인지와 최만리가 말하는 '古篆'이라면 이는 『설문해자』에 나오는 전서篆書 가운데서도 진秦의 승상丞相인 이사李斯가 관여했다는 소전 곧 『설문』에 나오는 소전을 지칭한 것이라고 생각한다. 그러나 이로써 정확히 『훈민정음』의 서체를 다 말하였다고는 생각되지 않는다. 여기에는 정인지의 말마따나 천지

자연의 소리(새소리·바람소리·목소리 등)가 있으면 반드시 천지자연의 글자('글'은 '긁다'의 '글', '文'은 긁어서/긁혀서 나타나는 자욱 무늬)가 있는 법인데, 우리는 중국과 풍토의 다름으로 인하여 천지자연의 소리와 글자가 달라지므로, 우리에게는 우리에 맞는 글자가 있어야 한다는 것이다. 억지로 중국과 같이 하여서는 안 된다고 했다.

그러므로 정인지의 "象形而字倣古篆"이라는 표현과 최만리의 "字形雖倣古之篆文"과 같은 표현에 나타나는 '古篆—篆文'은 「정인지서」의 말대로 하면, 결국 새로운 글자인 『훈민정음』을 『설문』류의 자형을 참고하여 만들되 풍토, 소리에 맞추어 만들어 놓고 이를 적절하게 자형을 풀이해 보일 방법이 없으므로, 기왕에 알고 있고 또 많은 참고가 되었고 모방의 성격도 띠고 있는 중국의 글자인 '상형'이나 '古篆'이란 말을 빌어 썼다고 생각된다. 그러나 그것은 중국의 '상형', '고전' 그대로의 자체는 아니라는 것이다. 그러지 않으면 안 될 이유로써 정인지는 중국의 글자는 우리의 풍토에 맞는 소리에 대응하는 글자가 아니라는 것이다. 그리하여 풍토에 맞는 글자가 마땅히 있어야 한다는 것이다. 그리고 보니, 중국의 옛글자인 '篆文'을 본뜬 것이라 하여, "字形雖倣古之篆文"이라 했지만, 조금 다른 데가 있다는 것이다. 이에 대한 「정인지서」의 내용을 인용·제시하면 다음과 같다.

> 有天地自然之聲, 則必有天地自然之文. 所以古人因聲制字, 以通萬物之情, 以載三才之道, 而後世不能易也. 然四方風土區別, 聲氣亦隨而異焉. 蓋外國之語, 有其聲而無其字. 假中國之字以通其用, 是猶枘鑿之鉏鋙也, 豈能達而無礙乎. <u>要皆各隨所處而安, 不可强之使同也.</u>

초성과 종성과의 관계에도 우주론적인 질서가 있다. 앞에서 허신이 지사를 상형에 앞세운 이유와 『설문계전』의 "故以一爲冠首本乎天者 親上 故曰 凡一之屬 皆從一"과 『주역』「문언전文言傳」의 "[九五] 飛龍在天 …… 本乎天者親上, 本乎地者親下"를 말하였다.

『훈민정음』「제자해」에서는 초성과 중성의 관계에 대해 "初聲對中聲而言之. 陰陽, 天道也. 剛柔, 地道也. 中聲者 …… 天之用也. 初聲者, …… 地之功也"라 했다. "本乎天者 親上"은 '陰陽天道－天之用'(중성)에 "本乎地者 親下"는 '剛柔地道－地之功'(초성)에 관련되어 있다. 원래 '陰陽', '剛柔'란 『주역』「계사전」에 있는 말이다. '陰陽'이란 음과 양의 두 기운을 말하며, '剛柔'란 만물의 성질을 남성적인 강과 음성적인 유라 하여, 예시적으로 나눈 것이다. 초성과 중성은 「계사전」의 "在天天象"이요, "在地成形"이다. 한 마디로 하면 상과 하의 질서다. 이 같은 거시적이며 유기적이고도 융합적인 안목을 가지고 제자원리를 생각해야 할 것이다.

아래에서 『훈민정음』「정인지서」의 "象形而字倣古篆", 『세종실록』에 있는 최만리의 "字形雖倣古之篆文"의 풀이와 『설문해자』류의 형체학적인 연계성을 생각하면서, 『훈민정음』의 형체소이자 부수에 해당하는 'ㄱ ㄴ ㅁ ㅅ ㅇ; ㆍ ㅡ ㅣ'의 차례를 따라, 이것들이 과연 어떻게 만들어졌는가를 생각해 보기로 하자.

3.1 초성의 형체소인 'ㄱ·ㄴ·ㅁ·ㅅ·ㅇ'의 형체는 어떻게 만들어졌을까

여기서는 초성의 '아음牙音·설음舌音·순음脣音·치음齒音·후음喉音'에서 그 부수이자 형체소에 해당하는 'ㄱ ㄴ ㅁ ㅅ ㅇ'의 형체가 어떻게 만들어졌는가에 대해 생각해 보기로 한다.

3.1.1 아음(牙音)의 형체소인 'ㄱ'의 형체는 어떻게 만들어졌을까

『훈민정음』의 'ㄱ'과 『설문』의 '牙'의 형체적 풀이에 관련된 것에는 다음과 같은 것이 있다.

• ㄱ, 象舌根閉喉之形.

ㄱ木之成質, ㅋ木之盛長, ㄲ木之老壯, 故至此乃皆取象於牙也. (『훈정』「제자해」)

- 牙, 壯齒也, 象上下相錯之形. (『설문』2편 하)

『설문』의 것은 "壯한 것은 齒라, 아래위가 서로 맞닿는 꼴을 본뜬다"라 했다. 이것은 물론 소전을 두고 하는 말이다. 그런데 『설문』의 1편 상의 '士'부에 보면, "壯齒也"의 '壯'에 대해 "壯은 大이라[壯, 大也]"라 했다.

'牙'에 대한 「단주」를 보면, "'壯齒'인 것은 齒가 큰 것을 두고 말한다. 이것을 하나로 몰아 말하면(統言하면) '齒'라고도 말하고, '牙'라고도 말한다. 이것을 갈라 말하면(析言하면) 앞에 있으며 입술에 닿는 것을 '齒'라 일컫고, 뒤에 있으며 보차輔車(광대뼈와 잇몸)에 있는 것을 '牙'라 일컫는다. '牙'는 조금[較] '齒'보다는 크다[壯齒者 齒之大者也 統言之皆偁齒 偁牙 析言之則 前當脣者偁齒 後在輔車者偁牙 牙較大於齒]"라 했다.

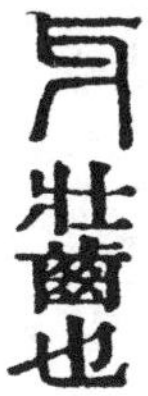

【그림 17】
『설문해자』의 '牙'

『고금운회거요』에서도 『설문』의 '牙'의 자형(小篆)과 풀이를 인용하고 있다. 그리고 "徐曰, 比於齒爲壯也"라 하고 있다.

그리고 도도 아키야스藤堂明保의 『한자와 문화』에 의하면, '牙'자와 관련시켜 다음과 같이 적고 있다.

'邪'란 것은 정상적으로 서로 맞닿지 않고, ㄴ형과 ㄱ형이 서로 짝이 맞지 않아, 어긋나는 것을 의미한다. 자연계에 있어서는 항상 음양의 조정이 유지되어 '--'또는 '二'와 같은 꼴로 정합(整合)되지마는 때에 따라 급변을 일으킬 때에는 '⊐'(ㄱ밑에 ㄴ을 맞물림)형과 같이, 어긋나게 물리게 된다는 것이다. 이것이 풍사(風邪)이다.

'牙'는 '枒(ㄴ형과 ㄱ형을 맞먹어 들어가게 끼우는 세공(細工)의 원자(原字))'이다. 견치(犬齒)는 짝이 맞지 않아, 어긋나는 치(齒)이므로, 아(牙)라 한다. 아(牙)는 또한 호(互)와 같은 계통의 것이다. 互의 해서의 자체를 보아도, 이것이 ㄴ형과 ㄱ형의 맞물림인 것을 알 수 있을 것이다. 양쪽에서 '서로가 맞물다'는 쪽으로 뜻이 기울어 상호(相互)의 互의 뜻이 되었다.[81]

이 같은 내용(특히 밑줄 친 곳)을 생각할 수 있음에도, 『훈민정음』에서는 "牙, 象舌根閉喉之形"이라 했다. 과연, 『설문』의 '牙'의 풀이와 무관할 것인가? 어쨌든 『훈정』의 것은 퍽이나 창의적인 발상이라 할 수 있다.

3.1.2 설음(舌音)의 형체소인 'ㄴ'의 형체는 어떻게 만들어졌을까

『훈민정음』의 'ㄴ'과 『설문』의 '舌'의 형체적 풀이에 관련된 것에는 다음과 같은 것이 있다.

- ㄴ, 象舌附上腭之形. (『훈민정음』「제자해」)
- 舌, 在口所以言別味者也. (『설문』 3편 상)

『훈민정음』의 'ㄴ'은 "혀[舌]가 윗잇몸에 닿는 꼴을 본떴다"고 했다. 『설문』의 것은 『훈민정음』의 것과는 달리, 다른 각도에서 적어 놓았으므로 도움이 안 된다.

그런데 여기서 주목할 것은 『설문』에서 '牙'를 두고 "아래위가 서로 맞닿는 꼴을 본떴다"라 한 것이다. 'ㄱ'과 'ㄴ'이 서로 맞닿은 꼴이라는 것이다. '上'의 것을 'ㄱ', '下'의 것을 'ㄴ'이라 했는데도 『훈민정음』의 '설음 ㄴ'을 "혀가 윗잇몸에 닿은 꼴을 본떴다"고 했다. 『설문』의 '牙'의 '下'에 해당하는 'ㄴ'의 꼴과 무관할 것인가? 위의 'ㄱ'과 더불어 'ㄴ'의

---

81) ①『漢字와 文化』(加藤明保, 昭和 52年, 314~315쪽)
②모로하시 데츠지(諸橋轍次), 『大漢和辭典』에는 다음과 같은 것이 있다. 枒: "차륜(車輪)의 아(牙). 아(牙)(7-19909)와 통함. [說文通訓定聲] 枒, 叚借爲牙. [說文] 枒, 一曰, 車网會也."(6권, 226쪽)

것 역시 앞(제2편 제2장 1.4.2)에서 제시한, 낙서洛書에 바탕을 둔 초성 형체소의 조음기관 상형의 자리(시안)를 나타낸 [그림 6]의 'ㄱ'과 'ㄴ' 형체와도 관련 있을 것으로 본다. 퍽이나 창의적인 발상이라 생각한다.

3.1.3 순음(脣音)의 형체소인 'ㅁ'의 형체는 어떻게 만들어졌을까

『훈민정음』의 'ㅁ'과 『설문』의 '口'의 형체적 풀이에 관련된 것에는 다음과 같은 것이 있다.

- ㅁ, 象口形. (『훈민정음』「제자해」)
- 口, 人所以言食也. 象形 (『설문』 2편 상)

『설문』의 것은 "사람이 '言食'하는 까닭이라. 상형"이다. 이로써 보면, 『훈정』의 'ㅁ'은 『설문』의 '口'과 관계가 있을 것이다. 한자는 '口'에서 'ㅁ'로 바뀌었다.

【그림 18】
『설문해자』의 '口'

3.1.4 치음(齒音)의 형체소인 'ㅅ'의 형체는 어떻게 만들어졌을까

『훈민정음』의 'ㅅ'과 『설문』의 '齒'의 형체적 풀이는 다음과 같다.

- ㅅ, 象齒形. (『훈민정음』「제자해」)
- 齒, 口齗骨也. 象口齒之形. (『설문』)

『설문』의 "口齗骨也" 다음에 보면, 「단주」에 "鄭注周禮曰. 人生齒而體備. 男八月, 女七月而生齒"라 했다. 이는 정鄭이 『주례周禮』에 주를 달아 말하기를, "사람은 이가 나고서 몸이 갖추어지는데, 사내아이는 여덟 달, 계집아이는 일곱 달이 되고서 이가 난다"(『주례』 秋官 "小司冦",

"自生齒以上, 登于天府"의 鄭注)는 것이다. 그러고 보니 이 말의 뜻은 지금의 우리가 보기에도, 앞니[門齒, 前齒]를 두고 하는 말인 것 같다. 그리고 "象口齒之形" 다음에는 「단주」에 "㸚者, 象齒. 餘凵字也"라 했다. 이는 앞의 'ㄱ'에서 말한 것처럼, 앞니를 두고 말하는 것 같다. 'ㅅ'은 '齒'의 '㸚'에서 본뜬 것이라 할 수 있다. '齒 → ㅅ'으로 표시된다. 이 역시 '낙서'에 바탕을 둔 초성 형체소의 하나인 'ㅅ'의 상형과 관련시켜야 할 것이다.

齒口斷骨也

【그림 19】
『설문해자』의 '齒'

3.1.5 후음(喉音)의 형체소인 'ㅇ'의 형체는 어떻게 만들어졌을까

『훈민정음』의 'ㅇ'과 『설문』의 '喉'의 형체적 풀이에 관련된 것에는 다음과 같은 것이 있다.

- ㅇ, 象喉形. (『훈민정음』)
- 喉, 咽也. (『설문』)

『설문』의 '喉'로부터 받은 직접적인 것은 없어 보인다. 『훈민정음』의 'ㅇ' 역시 독자적·창의적 성격을 띠고 있는 것으로 보인다.

초성의 형체소 글자들은 총체적으로 보아, 최만리의 말마따나 "字形雖倣古之篆文"하되, 낙서의 이론에 바탕을 둔 독자적인 발음기관의 상형이라 할 수 있다.

3.2 중성의 형체소인 'ㆍ ㅡ ㅣ'의 형체는 어떻게 만들어졌을까

여기서는 중성의 부수이자 형체소에 해당하는 'ㆍ, 如呑字中聲', 'ㅡ, 如卽字中聲', 'ㅣ, 侵字中聲'의 'ㆍ ㅡ ㅣ'의 형체가 어떻게 만들어졌을까 생각해 보기로 한다.

『훈민정음』「제자해」「결」에서는 "中聲唱之初聲和 天先乎地理自然"이라 했다. 이는 「제자해」에서 차지하는 자형학적인 차례가 중성이 초성에 비해 앞섬을 말한다고 보아야 할 것이다. '陰陽＝中聲, 天道'요 '剛柔＝初聲, 地道'라 했다.

3.2.1 중성의 형체소인 'ㆍ'의 형체는 어떻게 만들어졌을까

『훈민정음』의 'ㆍ'과 『설문』의 '天'의 형체적 풀이에 관련된 것에는 다음과 같은 것이 있다.

- ㆍ, …… 形之圓, 象乎天也. (『훈민정음』「제자해」)
- 天, 顚也, 至高無上從一大. (『설문』1편, 상1)

이에 대한 논란은 다른 것에 비해 비교적 많을 것으로 생각된다. 차례를 따라 생각해 보기로 한다.

『훈민정음』「제자해」로부터 생각해 보기로 하자. 정인지는 『훈민정음』의 자형을 두고, "象形而字倣古篆"이라 했고, 최만리의 말에는 "字形雖倣古之篆文"이라는 것이 나온다. 그런데 「제자해」에 보면 다음과 같은 말을 하고 있다.

- ㆍ舌縮而聲深, 天開於子也. 形之圓, 象乎天也. (「제자해」)
- 吞擬於天聲最深, 所以圓形如彈丸 (「제자해」「결」)
- 天體圓如彈丸 (『성리대전』권26「天度歷法附」25장)

그런데 위의 「제자해」의 "天開於子"는 북송의 도가적 계통의 사상가로 알려진 소강절의 '도서상수학圖書象數學'의 것이다. 소강절은 송초의 유명한 도사 진단(陳希夷) 계통을 이어받은 학자이다. 이에 관하여는

제2편 제2장 2.1에서 말하였다.

이는 『초사보주楚辭補注』(송, 洪興祖 撰)에 있는 「天問章句第三, 離騒」에 나오는 다음의 내용과 관련 있는 것으로 보아야 할 것 같다.

言天圜而九重. 誰營度而知之乎. 補曰圜與圓同. 說文曰天體也. 易曰乾元用九 乃見天則 南曰……

이는 "圜則九重, 孰營度之"(卷三)의 주註다. 이 내용에 나타나는 "天圜"과 "圜與圓同, 說文曰天體也"의 내용을 주목해야 할 것이다. 또한 위의 "易曰乾元用九 乃見天則"은 『주역』「문언전文言傳」의 '상구上九'의 것으로 관련된 내용을 아래에 보인다.

飛龍在天, 乃位乎天德. 亢龍有悔, 與時偕極. 乾元用九, 乃見天則.
나는 용이 하늘에 있다 함은 바로 천덕(天德)에서 자리를 잡았다는 것이요, 건원(乾元)이 구(九)를 쓴다 함은 바로 하늘의 법칙을 보았다는 것이다.

이에 대한 '해설'은 다음과 같이 할 수 있다.

나는 용이 하늘에 있다 함은 구오(九五)의 양기가 하늘로 올라가서 자연 법칙에 따라 자리를 잡고 있다는 뜻이다. 굳센 용이 뉘우침이 있다 함은 상구(上九)의 강한 양기가 너무 높이 올라가서 때와 함께 극도에 도달했다는 뜻이다. (김경탁, 『주역』, 454~456쪽)

여기서 말하는 '上九'는 역의 최상最上의 양효陽爻를 말한다. 이 역시 『용비어천가』 권1의 주에 나오는,

易曰, 時乘六龍以御天. 又曰, 飛龍在天, 利見大人…… 我朝自穆祖至太宗…… 故借用六龍之語也.

의 내용과 연계된 것으로 보여 그 당시 사람들의 사상이라는 생각이
든다.
　　그리고 또 『초사보주楚辭補注』 권3의 "斡(돌알)維焉繫. 天極焉加"의 주
註는 다음과 같이 적고 있다.

　　先儒說云 天是太虛本無形體　但指諸星運轉以爲天　天如彈丸 …… 太玄經曰
天圜地方極植中央

　　이에 나타나는 "天如彈丸"과 "天圜地方"에도 주목하게 되고, 또 『초
사보주』 권3 "天何所沓十二焉分"의 주註에 있는 다음과 같은 기록도 주
목하게 된다.

　　補曰 沓 …… 天體於陽故圓以動　地體於陰故平以靜.

　　그리고 『초사집주楚辭集注』(송, 주희 僎) 「천문편天問篇」에는 "天之形圓
如彈丸"이라 했다. 『초사楚辭』 권3의 주자의 집주集注를 아래에 보인다.

　　但天之形, 圓如彈丸, 朝夜運轉. 其南北兩端, 後高前下, 乃其樞軸, 不動之處,
其運轉者. 亦無形質, 但如勁風之旋 ……
　　다만, 하늘의 형은 둥글기가 탄환과 같고, 아침저녁으로 돌고 돈다. 남
북양단(南北兩端)이 뒤 높고 앞 낮은 것은, 굴대[樞軸]가 움직이지 않는 곳
으로써 돌고 도는 것도 또한 형질(形質)이 없고 다만 경풍(勁風: 센 바람)
이 휘몰아치는 것과 같다. ……

『주자어류』 권74 「역중易中」 「계사상전」 제6장에는

　　本義云, 乾一而實, 故以質言而曰大. 坤二而虛, 故以量言而曰廣. 學者請問. 曰,
此兩句解得極分明. 蓋曰以形言之, 則天包地外, 地在天中, 所以說天之質大. ……

이라 했다. 이 두 내용은 「宋元學案補遺六十二」에도 다음과 같이 적고 있다.

　　天至大而無所不包. 其形如彈丸, 朝夕運轉. 中有南北兩端, 後高前下, 乃樞紐 不動之處, 其運轉者, 易無形質, 但如勁風之旋.

　그 밖에도 '天圓地方', 곧 하늘의 형은 둥글고 땅의 형은 방형方形이라 는 것이 있다. 『여씨춘추』(일명 『呂覽』이라고도 함)「환도圓道」에서 그것 을 인용하여 아래에 보인다.

　　五曰, 天道圓, 地道方, 聖王法之, 所以立上下, 何以說天道之圓也, 精氣一上 一下, 圓周復雜, 無所稽留, 故曰天道圓, 何以說地道之方也, 萬物殊類殊形, 皆 有分職, 不能相爲, 故曰地道方.

　여기서 관심의 초점은 다음과 같이 적혀 있는 데에 있다.

　　天之形圓如彈丸. (『초사』 권3 「天問第三」)

　이 같은 내용은 『훈민정음』 「제자해」의 ' ˙ (呑字中聲)'를 두고, 아래 와 같이 적은 것과 관련시켜 볼 때, 그 내용이 같아 위에 제시한 문헌 을 참고하였겠구나 하는 생각을 할 수 있다.

- ˙ …… 天開於子也. 形之圓, 象乎天也. (「제자해」)
- 呑(˙)擬於天 …… 所以圓形如彈丸. (「제자해」 「결」)

　이 같은 내용의 일치는 세종 14년(1432)에 정인지·정초鄭招 등에 명하 여 옛 기록에 의거하여 혼천의渾天儀를 만들도록 했다는 기록을 연상케 한다. 이는 세종 15년(1433) 6월 9일조에도,

鄭招 朴堧 金鎭等, 進新造渾天儀.

라 하여, 새로 만든 혼천의를 올렸다는 기록이 나온다. 또 세종 16년
(1434) 7월 1일조에는 경복궁景福宮에 간의대簡儀臺를 만들고, 대간의大簡
儀를 설치하여 천문 관측도 하였다. 이는 중추원사中樞院使 이천李蕆과
호군護軍 장영실蔣英實 등의 노력으로 처음 완성을 보았다고 하니, 『훈
민정음』은 혼천의가 나오고 난 후에 창제되었다는 것을 생각하면,
'ㆍ(吞字中聲)'자와 '혼천의' 제작에 관련된 연계성을 알 만하다(『세종
실록』, 『증보문헌비고』).

되풀이 되거니와, 이 같은 사실들은 화엄종華嚴宗에서 말하는 "一卽一
切, 一切卽一"과 주자가 말하는 '이일분수', 당의 영가대사永嘉大師의 「증
도가證道歌」에서 말하는

一月이 普現一切水ᄒ니 …… 亭亭天外예有餘光ᄒ니라.
〈ᄒ 드리一切므레 너비ᄂᆞᆺ니 …… 亭亭ᄒ 하늘 밧긔 나ᄆᆞᆫ 비치잇ᄂ니라〉
一切水月을 一月이 攝ᄒ니 …… 只道寒光이 滿大虛ᄒᄂ다.
〈一切의 므렛 ᄃᆞᆺᄅᆞᆼ 흔ᄃ리 자ᄇᆞ니 …… 오직 닐오ᄃᆡ 서늘ᄒ 비치 大虛에
ᄀᆞ득다 ᄒᄂ다〉 (남명 하 10~11장)

의 내용이나 『월인천강지곡』이 내포한 월인천강의 불교사상이 『훈민
정음』의 글자 세계에도, 『용가龍歌』의 세계에도 그대로 펼쳐 나가는
것과 일치한다고 할 수 있다.

참고로 덧붙이면 일반으로 '혼천설渾天說'에는 다음과 같은 『상서尙書』
의 내용을 그 첫째로 인용할 수 있다.

按渾天儀者. 天文志云. 言天體者三家. 一曰周髀. 二曰宣夜. 三曰渾天. ……
蔡邕以爲考驗天象. 多所違失. 渾天說曰, 天之形狀似鳥卵, 地居其中, 天包地
外, 猶卵之裏黃, 圓如彈丸, 故曰渾天, 言其體渾渾然也. (『상서』「舜典」)

이에도 하늘을 두고 "天之形狀似鳥卵"이니 "圓如彈丸"이니 하고 있다. 저 『설문해자』 등에서는 '圓'을 두고, 무어라고 하고 있을지 보기로 하자.

- 圓, 圜全也, 從口員聲 讀若員. (허신, 『설문해자』 6편 하 10장)
- 圓, 圜全也, 從口員聲 讀若員, 臣鍇曰, 此音運幅員字也, 于問反. (『설문계전』 권12, 9장)
- 圓, 圜全也, 從口員聲 讀若員 王問切. (서현, 『설문해자』 권6 하 6장)
- 圓, [說文] 天體也 本作圜從口睘聲, 徐曰 此方員字書從諫若轉圜一曰全也. 又圜法錢也. 或作圓今方圓皆作此圓字 (易) 圓而神 通作圓 (孟子) 規矩方員 之至也. 俗作員又刪韻. (『고금운회거요』 권6 7장)
- 圓 周也, 方圓也, 圓備也, 亦作圜. (『홍무정운역훈』 정운 16장)

위에서 '圓'을 두고 "圜全也"라 하고, 아래에 보이는 바와 같이 "圓, 圜全也"라 하고 있으므로, '圜'의 것도 아래에 참고삼아 제시하여 보기로 한다.

- 圜, 天體也. 從口睘聲. (허신, 『설문해자』 6편 하 10장)
- 圜, 天體也. 從口睘聲 臣鍇曰 此方員字雨專反. (『설문계전』 권12)
- 圜, 天體也. 從口睘聲王權切. (서현, 『설문해자』 권6 하)
- 圜, 易乾爲圜, 說文天體也. 又圜法錢也. (『홍무정운역훈』 정운 16장)

그런데 단옥재의 『설문해자주』에는 위의 『설문해자』(허신)의 "圜, 天體也"에 대해 다음과 같이, 이른바 「단주」를 내고 있다. 참고로 아래에 내용을 제시하여 둔다.

圜環也, 呂氏春秋曰, 何以說天道之圜也, 精氣一上一下圜周復襍. 高曰襍猶 帀無所稽畱. 故曰天道圜何以說 地道之方也, 萬物殊類 殊形皆有分職, 不能相

爲. 故曰 地道方 按天體不渾圜如丸 故大戴禮云 參嘗聞之. 夫子曰 天道曰圓 地
道曰方 方盧云 道曰 方圓耳 非形也 淮南子曰 天之圓 不中規之方 不中矩白虎
虎通曰 天鎭也 其道曰 圓地 諦也 其道曰方 許言 天體亦 謂其體一氣 循環無終
無始 非謂其形渾圜也 下文云 圓圜全也 斯爲渾圜 許書 圓圜圓 三字不同 今字
多作 方圓方員方圜而圓字廢矣 依許則言 天當作圜. 言平圓當作圓. 言渾圓當作
圓. (『설문해자주』 6편 하 10장, 279쪽)

또 『설원說苑』, 『한서』, 『진서晉書』에도 '彈丸'이 나온다.

- 不知彈丸在其下也. (『說苑』 正諫)
- 大如彈丸. (『漢書』 五行志中之下)
- 是以知天體圓如彈丸. (『晉書』 天文志上)

총체적으로 말한다면, '天圓地方'은 천도天道와 지도地道를 유형적으
로 표시하기 위하여 천지에 비상比象한 것이라 할 수 있겠다. 그리고
위에서 말한『고금운회거요』에 있는 "(易)圓而神"은『주역』「계사상전
」에서 따온 것이다.

子曰, 夫易, 何爲者也, 夫易, 開物成務, 冒天下之道, 如斯而已者也. …… 是
故, 蓍草之德, 圓而神. 卦之德, 方而知. 六爻之義, 易以貢……

그러므로 '圓'이란 천변만화千變萬化하여 변화가 자재自在하는 것을 원
형에 비유했다 할 수 있다. 둥근 것, 원만한 것은 방해 받지 않고, 어디
에도 잘 굴러 간다는 것이다. 또 '神'이란 것은 신묘 불가사의한 것으
로 사람의 사려·분별로는 예측 불가능한 것으로 되어 있다.

그 밖에도 잊지 말아야 할 것은 앞에서 '大衍之數五十'과 관련하여,
"蓍草之德, 圓而神. 卦之德, 方而知"의 '五 → 中央 → 、'을 말하였다. 위
魏의 왕필은 천지의 수에서 태극의 일을 끌어왔다고 한다. 천지의 수에

서 천지간의 온 가지의 만상이 연출되므로, 이것을 대연오십大衍五十이라 한다. 『주역』「계사상전」의 왕주王注를 아래에 든다.

王弼曰, 演天地之數, 所賴者五十也. 其用四十有九, 則其一不用也, 不用而用
以之通, 非數而數以之成, 斯易之太極也.

위에서 당시 학자들의 눈을 거쳤을 것으로 예상되는 여러 가지 참고 문헌들의 해당 내용들을 늘어놓았다. 이 같은 역사적 기록들은 그때 학자들의 세계관에 어떻게 자극했을까? 그들은 'ㆍ―하늘[天]―彈丸'의 형체적인 세계를 어떻게 융합·통일시켜 그 형체를 「제자해」에서 말하는 것처럼 "ㆍ 舌縮而聲深, 天開於子也, 形之圓, 象乎天也", "呑(ㆍ)擬於天聲最深, 所以圓形如彈丸"이라 했을까?

『주역』「계사상전」에는 "在天成象, 在地成形"이라 했다. 'ㆍ(하늘)'를 하나의 형체로 나타내려고 할 때에 위에서 늘어놓은 갖가지 기록들을 보면서도, 「정인지서」의 말처럼, "象形而字倣古篆"으로만 규정지을 수 있겠는가? 『훈민정음』의 형체소 글자의 꼴과 『설문』에 나타나는 글자들의 꼴을 앞에 놓고 들여다보게 되면, 『훈민정음』의 자형학적인 원리를 알아보는 데는 차라리 최만리의 말이 더 낫다고 생각된다.

총체적으로 말하여, 'ㆍ'의 형체는 하도河圖에 '중성'의 형체들을 배치시켰을 경우, 이것은 하나의 통일된 것으로 나타나야 한다는 배려에서 만들어졌을 것이다. 앞(제2편 제2장 2.2.2)에서 보인, 『성리대전』'하도河圖'에 『훈민정음』의 오행의 생성수를 첨가·배치한 [그림 14]의 각 주에 다음과 같은 말을 적어 제시했다.

• 圓者, 星也. 圓者, 河圖之數, 言無那四角底, 其形便圓. 以下啓蒙圖書. 淵.
(『주자어류』 제65 '하도낙서'; 『성리대전』 권14 「역학계몽 일」)

여기에는 "圓者, 星也"라 했다. 보아 하니, "呑(ㆍ) …… 圓形"의 됨됨이가 "如彈丸"(「제자해」「결」)이다. 그리하여 그 형체는 위에서 말한 '天體'라든가 '大衍之數五十'과 관련된 "蓍草之德, 圓而神"(「계사상전」)의 '五-中央-丶'를 상징적으로 나타낸 '彈丸'의 형체가 되었다고 생각한다. 앞(제2장 2.2.2)에서 소개한 주희의 『주역본의』에 나타난 「계사상전」의 "天一地二 …… 天九地十"의 '하도' 풀이는 바로 『훈정』 「제자해」의 중성 풀이에 나타나는 "ㅗ初生於天, 天一生水之位也. ㅏ次之, 天三生木之位也 …… 丶 天五生土之位也. 一地十成土之數也. ……"의 것과 연계되어 있음을 다시금 강조하는 바이다.

그런데 이 같은 '彈丸'의 형체는 위에서 소개한 각종 예들을 참고(특히 '지사'를 '상형'에 앞세운 허신의 말 참조)로 한 창의적인 것으로 생각되며, 이것은 어디까지나 추상적인 것이다. 상형이라기보다는 굳이 『설문』대로 말하면, 지사에 가깝다.

이상의 것을 종합해 볼 때, 여기 이 '丶'의 형체는 근원적으로 어디에 의거한 것일까 생각해 보게 된다. 앞에서 『주자어류』와 『성리대전』「역학계몽」「하도낙서」에서 "圓者, 星也. 圓者, 河圖之數, 言無那四角底, 其形便圓"을 말했다. 성급한 감은 있으나 여기서는 이 '하도낙서'의 이 '圓'이 바로 『훈정』의 '丶'를 두고 "形之圓 象乎天地"라고 한 바로 그 '圓'이 아닌가 잠정적으로 생각해 보기로 하자.

3.2.2 중성의 형체소인 'ㅡ'의 형체는 어떻게 만들어졌을까

『훈정』의 'ㅡ'와 『설문』의 '二, 土, 地' 등을 말하여야 할 것이나 여기서는 '旦'의 형체적 풀이에 관련된 것을 중심으로 생각해 보기로 한다.

- ㅡ, …… 形之平, 象乎地也.
  即聲(ㅡ) …… 其形之平象乎也
  洪(ㅗ) …… 象取天圓合地平 (『훈정』 「제자해」)
- 旦, 朙也, 從日見一上, 一, 地也. (『설문』 7편 상 14)

- 明也, 從日見一上, 地也. …… 臣金十皆曰, 日出于也. (『설문계전』 권13 6)
- 說文, 旦明也, 從日見一上, 一, 地也. 徐曰, 日出於地也. (『고금운회거요』 권21 9)

『설문』의 '旦'은 "밝음[明]이라, '日(해)'가 '一(땅)' 위에 보이는 것에 따른다. '一'는 땅[地]이라"는 것이다. 태양이 지평선으로 떠오르는 형상이다. '旦'의 '一'를 지평선으로 보면 상형이 되나, '一'를 지평선을 상징적으로 나타내는 기준선이나 기호적인 것으로 보면 이것은 지사 글자라 할 수 있다. 이 같은 기록들은 모두 『고금운회거요』로 연계되었음에 유의해야 할 것이다.

『훈민정음』의 '一'는 위의 'ㆍ'의 것과 마찬가지로 추상성에 기호성을 띠고 있다. 가령, 'ㆍ'와 '一'의 합체인 'ㅗ'의 형체를 두고, 이를 "其形則ㆍ與一合而成, 取天地初交之義也"라 한 것이 바로 그것이다. 그러므로 이 풀이 역시 최만리의 말의 내용이 더 합리적이고 참고가 된다. "字形雖倣古之篆文"에는 탓할 것이 없다. 이에 관련 있을 것으로 생각되는 것을 찾아보면 다음과 같다.

『설문』의 "二, 地之數也"(13편 하)의 '二'는 지사이다. 옆으로 그은 두 줄로써 수의 '二'를 나타내었다. 아래위 두 줄의 길이가 같다. 「단주」에 보면, "易曰 天一地二 惟初大始 道立於一 有一 而後有二 元气初分 輕淸易爲天 重濁会爲地"라 했다. 또 '土'는 상형相形이다. 『설문』에서는 "土, 地之吐生萬物也, 二象地之上地之中, ㅣ物出形也"라 했다. '地'의 풀이는 "地, 元气初分輕淸易爲天, 重濁会爲地"라 했다.

이 역시 『설문』의 '旦'의 '一(땅)'의 것을 참고는 했을망정, 창의적이라 할 수 있다. 이 역시 하도河圖의 통일적인 하나의 구조를 생각하면서 만들었다고 생각한다. 그러므로 여기 이 '一(땅)'의 형체 역시 앞의 'ㆍ(하늘)'와 더불어 다음에 나올 'ㅣ(사람)'에 대한 구조와 조화 같은 것을 생각하면서 그러한 형체가 되도록 만들어졌을 것으로 보인다.

3.2.3 중성의 형체소인 'ㅣ'의 형체는 어떻게 만들어졌을까

『훈민정음』의 'ㅣ'와 『설문』의 '人'의 형체 풀이에 관련된 것에는 다음과 같은 것이 있다.

- 形之立, 象乎人也.

  侵(ㅣ)象人立…… (『훈정』「제자해」)

- 人, 天地之性, 最貴者也. 象臂脛之形. (『설문』)

- 人, [說文] 人, 天地之性, 最貴者也. 象人立形. (『고금운회거요』 韻 4卷 39張)

『설문』의 풀이를 보면, '人'은 상형인데, "팔[臂], 정강이[脛]의 꼴[形]을 본떴다"고 했다. 물론 이것은 소전을 두고 하는 말이다. 『고금운회거요』에서는 "象人立形"이라 했다. 한층 『훈정』의 것에 가깝다. 그런데 『설문』의 '目'의 풀이를 보면, "人眼也, 象形重童子也"라 했다. 이것은 상형─소전이로되 그 글자는 가로눈[橫目]의 상형이다. 그런데 한자에는 '罠, 睪'과 같이 세로눈[縱目]의 글자도 있다. 『훈민정음』 역시 사람의 형체를 'ㅣ'로 했다 하여 어색할 것은 조금도 없다. 이 역시 형체는 앞의 '一'에서처럼, 추상적이고 기호화한 것이므로, 상형이라기보다는 소전의 꼴을 닮은 지사에 가깝다. 『훈민정음』의 풀이를 기다릴 것도 없다. 중요한 것은 역시 하도河圖에 중성의 글자를 배치시킬 때, 전체로서의 통일성, 조화성 같은 것을 고려한 나머지 만들어진 것이라 볼수 있다.

『훈정』의 중성 풀이는 앞에서 말한 바와 같이, "ㅗ初生於天, 天一生水之位也. ……"로 되어 있다. 중요한 것은 역시 하도河圖에 중성의 글자를 배치시킬 때, 전체로서의 통일성·조화성 같은 것을 고려한 나머지 만들어진 것이라 볼 수 있다. 거기에는 이미 'ㆍ'도 있고 '一'도 있고 'ㅣ'도 있다.

4. 『훈민정음』「예의(例義)」 글자 수와 『설문』 부수 글자 수의 연계성

고대의 중국에는 숫자가 신비스런 뜻을 가지고 있었다. 역에서는 양을 상징하는 수를 '九', 음을 상징하는 수를 '六'으로 한다. '—(陽爻, 九)'와 '--(陰爻, 六)'를 짜 맞춘 이원론二元論에 의하여 우주의 삼라만상을 표현한다. 『주역』에서 보기를 든다.

- 居第一位, 故稱初, 以其陽爻, 故稱九. (「乾卦」 初九 疏)
- 八爲陰數而畫陰爻, 今六爲老陰, 不可復畫陰爻, 故交其體, 避八而稱六. (「乾卦」, 初九 潛龍勿龍 疏)

특히 『송서宋書』에서는 양효에 대해 "夫陽爻初九, 氣始正北"(律歷之下)라 풀이했다. 『역』은 공자孔子가 '위편삼절韋編三絶'할 만큼 애독했다 하니 여러 경서 가운데서도 으뜸의 자리에 놓일 만큼 많이 읽혔으리라.

되풀이 되거니와, 『역』의 철학은 우주의 모든 존재를 두고, 이를 천지인의 세 영역으로 갈랐다. 만물을 천과 지와 인으로 나누는 것을 삼재라 한다. 『주역』「계사하전」에 있는 말이다.

易之爲書也, 廣大悉備. 有天道焉, 有人道焉, 有地道焉, 兼三才而兩之, 故六. 六者非他也, 三才之道也.

허신은 『설문해자』에서 삼재의 체계를 근거로 하여, 책의 처음에 '天'에 해당하는 만물의 근원인 '—'을 놓았다. '天'은 '—'부에 속한다. 가운데에 '人'부를, 마지막에 땅을 상징하는 '二'를 배치했다. 「계사전」에는 "天一地二, 天三地四, …… 大衍之數五十, 其用四十有九"라 했다. 자연이 형성되는 과정을 수리數理로써 풀이하는 『역』의 사상에 근거한 것들이다.

그리하여 허신은 『설문해자』에서 '6×9×10＝540'이라는 계산에서 오백사십이라는 수의 부를 세우고, 각 부에 따라 글자들을 수용했다. '오백사십'의 '오십사'란 '6×9=54'이다. '六'과 '九'는 위에서 말한 것처럼, 역의 음과 양의 상수象數이다. 말하자면, 만물을 구성하는 두 요소인 음과 양을 상징하는 수를 곱한 것이다. 오십사라는 수를 『설문해자』에서는 사상의 기반으로 하고 있는 것이다.

『설문해자』 부수는 모두 오백사십이다. '오백사십'에 대한 '오십사'의 관련이다. 앞(제2편 제2장 2.2)에서 말한 '송학적 상수론'을 생각한다면, 이 역시 『설문』과 『훈정』의 연계성을 말해 주는 것이 아닐까.

허신의 문자 세계에 있어서는 우선적으로 우주의 근원인 '一'에서 시작한다. 그리하여 '一'을 두고 "惟初太極, 道立於一, 造分天地, 化成萬物"이라 했고, 이를 이어받아, 『설문계전』에서는 "以一爲冠首, 本乎天者親上"이라 했다. 이 같은 주장은 우리에게 퍽이나 흥미를 불러일으키게 한다. "天地之道, 一陰陽五行而已"는 『훈민정음』 「제자해」의 첫마디 내용이다. 또 「제자해」에서는 "初聲之中, 自有陰陽五行方位之數也"라 했고, "中聲之中, 亦自有陰陽五行方位之數也"라 했다.

'훈민정음' 제자원리가 『설문』의 것과 연계되어 있고, 『설문』과 『훈민정음』이 다 같이 『역』의 음양 오행사상에 근거하고 있다고 생각된다면, 『설문』에 나타나 있는 부수의 '오백사십'이라는 수나 아래에 보이는 바와 같이 『훈민정음』 「서序」인 「예의例義」에서 언급한 '오십사'라는 글자 수는 어떤 관련이 있을 것인가? 더구나 『월인석보月印釋譜』(喜方寺本) 첫째 권 책머리에 실려 있는 『세종어제훈민정음』, 곧 『훈민정음언해訓民正音解』의 "나랏말ᄊᆞ미 中國에 달아 …… 날로 ᄡᅮ메 便安킈ᄒᆞ고져 ᄒᆞᆯᄊᆞᄅᆞ미니라"의 글자 수가 놀랍게도 일백팔이다. 이에 최만리 상소문上疏文의 "以爲二十七字諺文足以立身於世, 何須苦心勞思, 窮性理之學哉"(『세종실록』 권103 세종 26년)에 나오는 '二十七字'의 '이십칠'까지 생각해 본다면, 이것들 사이에는 우연치고는 너무도 합치되는 점이 많다는 감을 씻을 수 없다. 아래의 문헌들과 글자들의 숫자를 보라. 이것들 모두가 그들에게는 어떠한 의미가 있었을까 생각해 보게 된다. 여기에는 또

다른 측면(불교사상)에서 말할 수 있는 논의도 뒤따르겠지만.[82)]

- 「27」: 최만리(崔萬理)의 "二十七字諺文"의 자수(字數).
- 「27×2=54」: 『훈정 「예의」의 자수.
- 「27×2=54×2=108」: 『훈정』 「예의 언해」의 자수.

『설문』 부수의 '540'이라는 글자 수와 『훈민정음』 「예의」의 '54'라는 글자 수 사이에는 분명 연계성이 있다. 이로써 『설문』과 『훈민정음』과의 연계성을 말해 주는 또 하나의 뒷받침이 마련된 셈이다.

---

82) 당시의 정치적 사회적인 분위기는 이른바 사대모화적(事大慕華的)·숭유억불적(崇儒抑佛的)인 사대교린(事大交隣)을 주장하는 보수적 학자들의 위압 속에 있었다. 학문적으로도 물론 그러했을 것으로 볼 수밖에 없다. 따라서 덧붙이기로 여기 몇 가지 기록을 두고 말한다면, 다음과 같은 것이 있을 수 있다.
첫째는 『세종실록(世宗實錄)』에 있는 끝의 "欲使人易習便於日用耳"(권113 세종 28년(병인) 구월)는 아무리 보아도, '人'이 하나 더 있어야 할 것 같고, 거기 적힌 '易' 역시 '昜'이어야 할 것이다. 이 같은 사실은 당시의 분위기로 보아, 의도적인 것은 아니었던가 의심이 간다.
둘째는 정인지의 "象形而字倣古篆"의 풀이의 것도 정확성에 비추어 볼 때, 최만리의 "字形雖倣古之篆文" 등의 풀이의 내용으로 비추어 보면 이 역시 그때 분위기에서 이렇게 기록된 것인가 생각해 보게 된다.
셋째는 「훈민정음해례」를 『실록』에서 뺀 것과 관련시켜 생각할 문제이다. '훈민정음' 제자원리가 『역(易)』의 생성론, 『노자』의 생성론, 불교사상(佛敎思想)의 월인천강(月印千江), 송학적인 이일분수 등과 직접적으로 관련이 있다면, 그 중에서도 『노자』의 "老子曰, 道生一"이나 불교사상의 "月印千江"의 사상은 사대모화적·숭유억불적인 최만리 무리와 『실록』 집필자의 뇌리판단에 어떻게 자극·작용했을까도 생각해 봄 직하다. 마침내는 여기서 지적한 그러한 의도적 흠집 내기에 반발하는 성격을 띤 내용으로 나타날 수 있었던 것이 아니겠는가 생각해 보게 된다.

　'훈민정음' 제자원리에는 『설문해자』류에서나 마찬가지로 『역』의 음양오행의 생성론과 근원으로서의 '道'의 의미를 갖는 'ㅡ'이 만상이 되어 유출되어 나간다는 『노자』 제42장의 "道生一……"의 사상과 송학적인 '이일분수'의 사상이 배경이 되어 있다고 할 수 있다.

　제1편에서는, '훈민정음' 제자 풀이에 나타난 문자 창제의 형체학적인 이론과 방법이 중국의 문자학의 성전으로 일컬어지는 후한의 허신의 『설문해자』를 위시한 『설문계전』과 그 내용을 담은 『고금운회거요』, 『홍무정운역훈』의 문자형체학적인 풀이와 연계성을 갖는다는 데 대해 언급했다.

　여기서는 주로 제2편에 있는 중요 부분을 제시함으로써 내용을 되새겨 보기로 한다.

- 一, 惟初太極, 道立於一, 造分天地, 化成萬物. (제1편)

  一, 天地之始也 一氣之化也 (『설문계전』 권31 「부서 상」)

- 道生一, 一生二, 二生三, 三生萬物 (『노자』 제42장)

- 天地之道 一陰陽五行而已

  一元之氣 周流不窮

  天地之化本一氣 (『훈민정음』 「제자해」)

- 理一分殊 月映萬川 (『주자어류』 제94장)

위의 내용에서 보면『훈민정음』「제자해」첫머리의 "天地之道 一陰陽五行而已"의 '道'는『설문』의 "一, 惟初太極, 道立於一, 造分天地, 化成萬物"의 '道'에 연계되며, '一' 역시『설문계전』의 '一'에서 연계성을 찾을 수 있을 것으로 생각된다. 그리고 여기서 분명히 해둘 것은『설문』류의 "道立於一"에서 '一'이나,『훈민정음』의 "天地之道 一陰陽五行而已"의 '一'이나, "天地之化 本一氣"나, "一元之氣"의 '일기一氣'라는 데에 있다.『설문계전』의 "一氣之化"를 보라.『설문해자주』에도『설문』"元, 始也"의 주(注)를 "元者, 氣之始也"라 했다. 그것은「제자해」마지막 대목의 말인 "一元之氣 周流不窮……"과「제자해」「결」의 첫마디 말인 "天地之化本一氣"의 내용으로 또한 연계된다. 근원적인 것이다.

　　『설문해자』와『설문계전』은『고금운회거요』와『홍무정운역훈』으로 연계된다.『홍무정운역훈』에도 '說文'이라 적은 것이 740여 군데, '徐曰'라 적은 것이 20여 군데, '徐鍇'라 적은 것이 대여섯 군데 나온다.『설문』류에는 문자 구성요소의 형체학적인 형식으로 '凡某之屬 皆從某'를 제시했다. 이것을『훈민정음』의 문자형체학적인 풀이의 것과 맞대어 보면 다음과 같다. ( ) 안의 것은 이해를 돕기 위해 필자가 넣은 것이다.

【표 16】

	형식	부수	따른(속한) 글자
『설문』	凡一之屬 皆從一	一	一, 元, 天, 丕, 吏
『훈정』	凡ㄴ之屬 皆從ㄴ	ㄴ	(ㄴ)ㄷㅌ
	凡、之屬 皆從、	、	(、)ㅗㅏㅜㅓ; ㅛㅑㅠㅕ

　　특히『훈민정음』「제자해」에서 보면, 형체소와 관련시켜 근원적인 실재에 대한 사상과 이론을 다음과 같이 적고 있다.

　　• ㄴ ㅁ ㅇ …… 象形制字則爲之始

・ 、之貫於八聲者 猶陽之統陰而周流萬物也

저 앞(제2편 제2장 2.3.5.2)에서 '始'의 뜻풀이를 "、又爲三字之冠"에 연계된 "天又爲三才之始"의 '始'임과 이것을 또한 『노자』의 '始'의 풀이와 관련시켜 보기들을 들었다. 가령, 『노자』 제52장의 "天下有始"의 '始' 는 道를 말한다. 이 도는 만물을 낳는 어미[母]이다.

위에서 말한 『훈민정음』의 문자형체학적인 풀이의 것은 내용으로 보아 『설문』류의 문자형체학적인 형식과 비슷하여 그 내용이 조금도 모순되지 않는다. 다만 허신은 이미 있어 온 9,353이나 되는 글자에서 먼저 이를 범주론적으로 나누고, 거기에서 근원적인 의미를 가진 형체소 글자 540을 부수글자로 삼아, 이 글자를 먼저 내세우고는 이에 따른 이것의 형체를 글자의 한 구성 요소로 가지고 있는 글자들을 앞에서 보인 바와 같이 펼쳐 나갔다. 세종은 『설문』류의 이론과 방법을 참고로 하여 "正音二十八字, 各象其形而制之" 내지는 "字形雖倣古之篆文"하되, 역시 먼저 이를 아·설·순·치·후의 다섯 음류音類와 '천지인' 삼재의 '、(天), 一(地), ㅣ(人)'으로 가르고, 거기서 근원적인 의미를 갖는 형체소의 글자를 부수로 삼아 이 글자를 먼저 '冠首'로 내세우고, 이것의 형체를 글자의 한 구성 요소로 가지고 있는 글자들을 위에서 보인 바와 같이 1차 가획, 2차 가획으로 가획하면서 글자 수를 늘여나갔다.

생각건대 이에서 대전제가 된 제자制字와 관련된 말을 「정인지서」에서 찾아보면 다음과 같다. 이것은 글자가 만들어진 보편성에 대한 말이다.

有天地自然之聲, 則必有天地自然之文. 所以古人("包犧畫卦蒼頡制字"「東國正韻序」)因聲制字, 以通萬物之情, 以載三才之道(이 점은 說文의 풀이가 해당된다), 而後世不能易也.

그러나 『훈민정음』에서는 중국의 한자를 염두에 두고, 글자를 창제함에 즈음하여 "然四方風土區別, 聲氣亦隨而異焉 …… 要皆各隨所處而安, 不可強之使同也"라 하여 독자성·당위성을 강조하였다. 이는 보편성에 대한 특수성과도 같은 것이다.

『설문』의 "道立於一"의 사상은 '一'→'一, 元, 天, 丕, 吏'로 펼쳐 나간다. 『훈민정음』의 "天地之道 一陰陽五行而已", "一元之氣 周流不窮", "天地之化本一氣"와 같은 사상은 'ㄴ→(ㄴ) ㄷ ㅌ'와 '、→ㅗ ㅏ ㅜ ㅓ; ㅛㅑ ㅠ ㅕ'로 펼쳐 나간다. 이 같은 방법은 분명히 위에서 말한 바와 같이 범주론적이다. 이러한 범주론적인 글자 떼[部]들의 유기적인 관련에 의해 『설문』이 조직되었다면, 이 같은 방법은 근원적인 理가 만상이 되어 펼쳐 나간다는 송대의 존재론, 곧 이일분수가 그때에도 행해지고 있었다고 할 수 있다. 실체에 대한 작용이요, 태극에 대한 만물만상이요, 진월眞月에 대한 수월水月이다. 『주자어류』의 "釋氏云, 一月普現一切水, 一切水月一月攝"(제18장), "或問. 萬物各具一理, 萬里同出一原"(제18장), "月映萬川"(제94장)이 그러한 사고를 바탕으로 한 것이다. 송학적인 월인만천月印萬川, 세종의 월인천강月印千江이 그러한 것이다. 이것은 물론 '훈민정음' 제자원리에도 적용된다.

『훈민정음』의 중성 풀이에는 『성리대전』 「역학계몽」의 이른바 송학적인 상수론과 합치된 것이 있다. 가운데서도, 중성의 자형 풀이에 나타나는 음양오행방위지수陰陽五行方位之數와 송유宋儒들의 '하도낙서'에 나타나는 '도설圖說'의 내용이 그것이다. 따라서 『훈정』의 중성에서 단체이자 독체이자 형체소라 할 수 있는 '、 ㅡ ㅣ'와 나머지의 팔성, 곧 형체적으로 보아서는 합체에 해당하는 'ㅗ ㅏ ㅜ ㅓ; ㅛ ㅑ ㅠ ㅕ'의 자형적인 풀이를 음양오행방위지수와 관련하여 생각해 보아야 할 것이다.

여기서는 첫째 '、 ㅡ ㅣ'의 소리는 '深淺', 둘째 'ㅗ, ㅜ; ㅛ, ㅠ'는 '闔－水火－無定體', 'ㅏ ㅓ; ㅑ ㅕ'는 '闢－木金－定質'이라는 데 대해 송학적으로 이해해야 할 것이며, 셋째 'ㅏ ㅓ; ㅑ ㅕ'에 대한 "天地之用發於事物待人而成"의 풀이와 "天地初交"(이정호 박사)의 문제 등을 생각해야 할 것이며, 넷째 만물이 오행에 의해 생성될 때의 기氣와 질質에 대해 생각하되 이를 『주자어류』에 나타난 사상을 참고해야 할 것이다. 따라서 "天地初交"는 "天地之用發於事物待人而成"과 무관한 것으로 보인다.

『훈민정음』에서는 "ㅗ …… 天一生水之位也. ㅏ …… 天三生木之位也. ㅠ …… 地六成水之數也. ㅕ …… 地八成木之數也"라 했다. 이를 『주역본의』나 『성리대전』「역학계몽」의 '하도'에 맞추어 보면 이론이나 방법이 빈틈없이 그대로 맞아떨어짐을 알 수 있다. 이는 『훈정』에 중성의 제자 이론이 송학적임을 말해 주는 것이다.

그 밖에도 『훈민정음』 중성 11자의 제자이론을 『주역』과 『노자』의 생성론에 바탕을 둔 송학적인 이일분수의 이론 전개라 볼 때, 형체소에 해당하는 '丶(天), 一(地), ㅣ(人)' 삼재의 문자형체학적 풀이에 해당하는 아래의 ㉠과 같은 풀이의 내용은 바로 아래의 ㉡ 『설문계전』류의 것과 너무나도 비슷하다. 그 연계성을 말하는 것이다.

㉠ 取象於天地人而三才之道備矣. 然三才爲萬物之先, 而天又爲三才之始, 猶丶一ㅣ三字爲八聲之首, 而丶又爲三字之冠也. (『훈정』「제자해」)

㉡ 一, 惟初太極 道立於一 …… 鍇曰 一者天地未分 太極生兩儀 …… 橫者象天地人之氣 …… 老子曰 道生一 …… 故王弼曰 道始於無 無又不可以訓 是故造文者 起於一也 …… 則天地者在一之後 故以一爲冠首 本乎天者親上 (『설문계전』 권제1)

또 『훈민정음』에는 '丶 一 ㅣ'을 두고, 이를 풀이하는 데에 '先-始, 首-冠'이라는 글자를 썼다. '先-始'는 『노자』의 생성론에 바탕을 둔 것이고, '首-冠'의 '首'는 지금의 '부수', '冠'은 '부수' 가운데서도 '冠'에 해당한 것이다. 『설문』에서는 '一, 二(上), 示, 王, …… 酉, 戌, 亥'는 '首'인데 그 중에서도 '一'은 '冠'이 되듯이, 『훈정』의 중성 '丶 一 ㅣ'는 '首'인데 그 중에서도 '丶'는 '冠'이 된다. 『설문계전』의 것은 어떠한가? 이것은 '一' 하나만의 문자형체학적 풀이임에도 내용이 거의 같다. '始

結(시작과 끝맺음)'의 '始', '冠—首'가 그러하다. 그 밖에 『고금운회거요』
에서는 '先'을 두고, "徐曰 之往也往在人上也 鄭氏曰 會意 一曰 始也"(권
6)라 했고, 『홍무정운』에도 '先'을 두고, "老子 象帝之先之類是也"(권제4)
라 했다. 이 역시 연계성을 말해 주는 것이다.

다음으로 생각할 문제는 초성의 형체소인 'ㄱ(牙)·ㄴ(舌)·ㅁ(脣)·ㅅ
(齒)·ㅇ(喉)'와 중성의 형체소인 '·(天), ㅡ(地), ㅣ(人)'의 형체를 두고,
이것들을 어떻게 만들었을까 하는 제자이론에 대한 풀이 문제이다.
『훈민정음』의 글자체는 소전문小篆文에 속하는 것으로 보인다. 이럴 때
각종의 소전문을 앞에 두고 형체들을 가만히 들여다보게 마련이다.
생각건대 『훈민정음』의 것은 차라리 정인지의 "象形而字倣古篆"보다는
포괄성이 있는 최만리의 "字形雖倣古之篆文"의 것이 더 풀이가 낫겠다
고 생각된다. 초성의 것은 그렇다 치더라도 중성의 것을 잘 들여다보면
형체가 초성의 것에 비해 매우 다르기 때문이다. 특히 허신이 『설문』을
짓고, 육서 가운데서도 '상형'의 것보다도 '지사'의 것을 앞세웠다고
하는 '지사'의 서체를 보고, '·(天), ㅡ(地), ㅣ(人)'의 형체를 보게 되면,
금방 이것은 '상형'이라기보다는 차라리 '지사'의 것에 가깝구나 하는
생각을 하게 된다. 『훈민정음』에서는 "初聲對中聲而言之 ……"에서 '중
성'에 대해서는 "五行之氣 …… 天之用"을 말했고, '초성'에서는 "五行之
質 …… 地之功"을 말했다. 시속의 말로 하면, '하늘'에 대한 '땅'의 차이
이다. 게다가 『주역』「문언전文言傳」에서는 "本乎天者 親上, 本乎地者 親
下"라 했고, 『설문계전』에도 'ㅡ' 부수를 두고, "以一爲冠首 本乎天者
起於一"이라 했기 때문이다. 이 역시 연계성을 말해 주는 것이다.

『설문』에서는 부수를 540으로 정할 때에 양을 상징하는 수를 '구(陽
爻)', 음을 상징하는 수를 '육(陰爻)'으로 보고, 이것들을 곱한 수인 '오
십사'의 열배의 수를 취한 것이라 한다. 이 같은 사실을 생각한다면,
『훈민정음』의 서문은 그대로 54자로 이루어졌다. 이 또한 '훈민정음'
제자이론이나 방법을 생각할 때에 좋은 참고가 될 수 있겠다.

끝으로 초성 17자와 중성 11자의 짜임새를 간단한 표로 다음에 보인다.

【표 17】 초성 17자의 경우

오음(五音)	형체소 부수	가획(加畵)		이체
		1차	2차	
아음	ㄱ	ㅋ		ㆁ
설음	ㄴ	ㄷ	ㅌ	ㄹ
순음	ㅁ	ㅂ	ㅍ	
치음	ㅅ	ㅈ	ㅊ	ㅿ
후음	ㅇ	ㆆ	ㅎ	

【표 18】 중성 11자의 경우

	"一深一淺"	"一闔一闢"	
	형체소·부수	합성/출생	
		1차	2차
如呑字中聲	·	ㅗ ㅏ ㅜ ㅓ	ㅛ ㅑ ㅠ ㅕ
如卽字中聲	ㅡ		
如侵字中聲	ㅣ		

1차의 '合成'과 '出生'

　㉠ '合成'의 것

　　ㅗ: 其形則丶與一合而成.

　　ㅏ: 其形則ㅣ與丶合而成. ……

　㉡ '初出, 初生'

　　ㅗ ㅏ ㅜ ㅓ 始於天地, 爲初出也.

　　ㅗ ㅏ ㅜ ㅓ之一其圓者, 取其初生之義.

2차의 '合成'과 '出生'

　㉠ '合成'의 것

　　ㅛ: ㅛ與ㅗ同而起於ㅣ.

　　ㅑ: ㅑ與ㅏ同而起於ㅣ. ……

ⓒ '再出, 再生'

ㅛㅑㅠㅕ起於ㅣ而兼乎人, 爲再出也.

ㅛㅑㅠㅕ之二其圓者, 取其再生之義也.

합(闔)

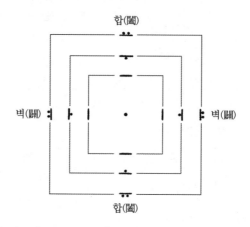

벽(闢)　　　　　　　　　　　　　벽(闢)

합(闔)

【그림 20】 중성 11자를 「역학계몽」 '하도'에 배치했을 경우

* '、ㅡㅣ'는 "一深一淺". 'ㅗㅏㅜㅓ; ㅛㅑㅠㅕ'는 "一闔一闢"

합(闔)인 'ㅗㅜ; ㅛㅠ'선상에 있는 'ㅡ'는 땅,

벽(闢)인 'ㅏㅓ; ㅑㅕ'선상에 있는 'ㅣ'는 사람이며, "獨無位數"이다.

：ㅗㅏㅛㅑ之圓居上與外者, 以其出於天而爲陽也.

：ㅜㅓㅠㅕ之圓居下與內者, 以其出於地而爲陰也.

：、之貫於八聲者, 猶陽之統陰而周流萬物也.

：、ㅡㅣ三字爲八字之首, 而、又爲三字之冠也.

「역학계몽」의 '하도 십수도'에서는 오십상수五+相守로 되어 있다. 이 '五'는 '、'를 두고, "天五生土之位"라 하고, 'ㅡ'를 두고, "地十成土之數"라 한, 그 '五, 十'의 음양오행생성수陰陽五行生成數이다. 또 『주역본의』의 '하도' 풀이를 보면, '五'와 '十'은 가운데에 있는데, 가운데 자리에 있는 중궁中宮의 천수天數인 '五(음수)'는 부연된 수의 자식[子]이라 했다.

초성을 낙서에 배당시키는 구체적인 그림의 제시에 대해서는 신중을 기해야 할 것 같다. 초성의 제자 풀이에는 비록 '地方(土)−洛書九數圖'에서 말할 수 있는 낙서가 뒷받침되었다 하더라도,『훈정』의 풀이에서 보는 바와 같이, 초성에 대해서는 중성과는 달리 '음양오행'의 '방위지수方位之數'에 대한 언급을 하고 있지 않기 때문이다. 아래에 '낙서'에 이론적 바탕을 둔 초성 형체소의 조음기관 상형과 자리(시안)를 제시한다.

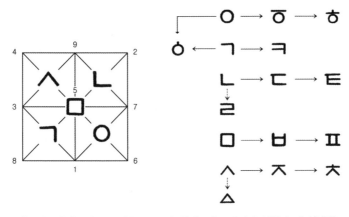

【그림 21】 '낙서'에 바탕을 둔 초성 형체소의 조음기관 상형과 자리(시안)

굳이 말한다면 초성은 낙서에 바탕을 두되 실제에 있어서는 조음기관의 상형의 실체를 반영시킨, 'ㅁ'이 중앙에 배당되는 다섯 형체소에서 1차·2차로 가획이 이루어지는 것을 생각할 수도 있다.